第一次世界大战全史

The History of the First World War

张乃燕 ◎ 著

华文出版社
SINO-CULTURE PRESS

图书在版编目（CIP）数据

第一次世界大战全史 / 张乃燕著. —— 北京：华文出版社，2020.6
ISBN 978-7-5075-5293-5

Ⅰ.①第… Ⅱ.①张… Ⅲ.①第一次世界大战—历史 Ⅳ.①K143

中国版本图书馆CIP数据核字(2020)第057437号

第一次世界大战全史
DIYICI SHIJIEDAZHAN QUANSHI

著　　者：	张乃燕
出版策划：	兴盛乐
责任编辑：	曹昌虹
出版发行：	华文出版社
社　　址：	北京市西城区广安门外大街305号8区2号楼
邮政编码：	100055
网　　址：	http://www.hwcbs.com.cn
电　　话：	总 编 室 010-58336239　　发 行 部 010-58336267　58336230
	责任编辑 010-58336195
经　　销：	新华书店
印　　刷：	北京柯蓝博泰印务有限公司
开　　本：	710×960　1/16
印　　张：	26
字　　数：	350千字
版　　次：	2020年6月第1版
印　　次：	2020年6月第1次印刷
书　　号：	ISBN 978-7-5075-5293-5
定　　价：	49.80元

版权所有　侵权必究

◎战场留影

序

　　世界大战开始之年，乃予赴欧之后一年；世界大战结束之年，乃予回国之前一年：故大战始末，予得窥其全豹焉。予先后留学英国三年，法一年，瑞士三年；予所研究者为化学，暇则涉猎彼国史乘，以偿予夙好。又以其时适值世界大战，其关系之重，影响之巨，尤非往时诸战役可比，意欲于历史上新陈代谢盛衰递嬗之故例而外，为吾国人所当引为前车而急起直追者，凡关于精神上者若干事，关于物质上者又若干事，一一表而出之，以自附于提要钩玄之义，爰搜集战事资料，着手编纂，冀成巨帙。及至瑞士，复得汇集"同盟""协商"及中立各国书报，以定折衷之论断。而又虑见闻之未周至也，休战约既签，曾一度赴西战场，借考察当日战争情形之大概。回国后，方期将大战始末，原原本本，振笔直书，乃忽膺国立北京大学之聘，教授高等有机化学亘两载；责职所在，未遑他顾，然每当深夜，犹复凭几握管，不顾疲惫，蕲是书得早日问世也。十一年夏，先父弁群公在沪病笃，予南归侍疾；迨先父逝世，予又以治丧留沪。回忆往年游学之日，家人以战事剧烈，俱欲予辍学归国，先父时虽抱疴，犹力辟众议，谓求学不可中道止，继且一再赐书，谆谆勉予终业，予学业之得不中辍者以此，予得窥战事之全豹者亦以此。自念若得完成此书，一则借以贡献国人，一则聊以纪念先父。脱藁有日矣，而吾浙省教育会又以会长见推，予赴杭就职垂一载，予书亦因是而暂行搁置。综计是书付梓之日，已在大战告终后四年余，时日迁延，不能无憾；然其间又得参考书籍数种，取材益以宏富，叙事益以确当，亦非无小补也。予又闻欧美各国之撰大战史者，至今尚未杀青，原其所以迟迟之故，求审慎耳。至私家著述之流布，在彼国今日，虽层见迭出，而续出者尚不知凡几。即如与于大战之法孟强将军，尝作《大战如何结束》一书，于大战后二年出版，其序首有言曰："此时而欲著一切实之战史，似觉太早。"据此，则予书之披露，倪亦未为晚乎？夫作史，难事也：有个人之偏见，如魏蜀吴三国，司马公以魏为正统，朱子则以蜀为正统；有国家之偏见，如滑铁卢一役，英史家俱扬惠灵吞，德史家又佥誉蒲留歇。予著此史，虽自问立论公允，无所偏倚，然以非史家而著史，其中纪载，或不无挂漏之处，脱蒙大雅闳达，不弃而赐教之，是尤予之幸也夫。

张乃燕

一九二三年九月

凡　例

（一）本史详纪此次世界大战始末，因定名曰世界大战全史，中分二十七章，都二十余万言。所搜辑材料，悉采取"协商""同盟"暨中立各国之撰著，互证参稽，绝无偏徇之见。

（二）本史于大战之远因，旁考各家，一一追叙，而于近百年中之事实，抒写尤详，即以作世界近百年史读，亦无不可。

（三）本史纪述，大概至一九二〇年为止，然于必要时，亦述及一九二〇年以后事。至如大战结束后，或力谋改革，或侈议和平，惨淡经营，各行其是，其影响于未来世界者，至深且巨，兹为胪举众说，一一推阐，彰往知来，庶时局得有真正之解决。

（四）本史于战时人物，或政治家，或军事家，凡关系重要，足以左右战局者，咸采取其生平事迹，随时叙入，余从略。

（五）大战中应用之科学，至为繁夥，书中不惮缕，以见平日镂肝鉥肺，浚导文明，迨战祸发生，在在可变为杀人之利器，利害常相因也。

（六）史与图，相辅而行：本史所载地图，于形势阨塞，尤为明晰；至当日战争情形，暨新发明之战具，与关于战事之各国名人，所有影片，及饶有兴趣之寓意画，间亦择要附入。

（七）本史纪载，仍用文言，句读则概用新式标点。人名地名，旁列单双线，以示区别。

（八）本书所据书报，另列一表；所载外国译名，亦列有对照表：同附卷末，借便检查。

目　录

第一章　导言

第二章　世界大战概说

　　第一节　世界大战与世界 / 009

　　第二节　世界大战与欧罗巴 / 015

第三章　大战之原因一

　　第一节　德意志之勃兴 / 022

　　第二节　德奥意三国同盟 / 024

　　第三节　俄法两国同盟 / 026

　　第四节　英德争执之由来 / 027

　　第五节　德人之经营巴格达特铁道 / 028

　　第六节　英法俄三国协商 / 029

　　第七节　同盟协商在摩洛哥之接触 / 032

第四章　大战之原因二

第一节　土耳其侵入欧洲后之巴尔干 / 034

第二节　希腊独立战争 / 036

第三节　克里米亚战争 / 036

第四节　俄土战争 / 037

第五节　柏林会议后之巴尔干 / 038

第六节　巴尔干战争 / 041

第七节　巴尔干战争后之东欧形势 / 042

第五章　大战之实现

第一节　奥皇储之被刺 / 043

第二节　奥塞之决裂 / 047

第三节　德俄之宣战 / 050

第四节　德法之宣战 / 052

第五节　德之假道于比利时 / 053

第六节　英德之宣战 / 054

第六章　同盟与协商之实力

第一节　同盟与协商之陆军 / 056

第二节　同盟与协商之海军 / 059

第三节　同盟与协商之经济 / 061

第七章　德军进攻比法及其见阻

第一节　德法两方面之战争方略 / 064

第二节　德军进攻比利时 / 069

第三节　德军进攻法兰西及其被阻 / 071

第四节　德军进窥比法海岸及其被阻 / 073

第五节　德军掠地之状况 / 075

第八章　俄军进攻德奥及其败绩

第一节　俄军进攻东普鲁士及其受挫 / 077

第二节　俄军进攻加里西亚 / 079

第三节　德军进攻波兰 / 083

第四节　奥军进攻塞尔皮亚 / 085

第九章　英德海上之颉颃

第一节　窦毕兹之政策及其影响 / 086

第二节　英德海军战于南美海滨 / 089

第三节　英德海军战于北海 / 092

第四节　德意志殖民地之丧失 / 093

第五节　德意志对付英吉利于海上之手段 / 094

第十章　日本之侵占山东

第一节　日本与世界之关系 / 098

第二节　日本对大战之决定方针 / 101

第三节　日军之攻陷青岛及侵犯我国之中立 / 103

第十一章　近东战事

第一节　土耳其之加入战争 / 108

第二节　英法联军之进攻达特奈耳与加里波利及其败绩 / 112

第三节　意大利之加入战争 / 115

第十二章 俄军之偾败

第一节 德奥联军之恢复加里西亚 / 121

第二节 德军进陷波兰 / 124

第三节 俄军大败时之法英联军 / 126

第十三章 德意志之控制近东

第一节 协商于近东之失势 / 130

第二节 保加利亚之参战及塞尔皮亚之扑灭 / 132

第三节 法英联军之登陆于萨洛尼加 / 135

第四节 德意志控制近东之完成 / 138

第十四章 德意志之谋解决战争

第一节 德意志未攻击前之声势 / 143

第二节 德军进攻凡尔登之失败 / 145

第三节 奥军进攻佛南西亚之无功 / 149

第四节 爱尔兰革命之颠覆 / 151

第十五章 海上最后之决战

第一节 德意志海上政策之变迁 / 155

第二节 英德海军之大战 / 156

第三节 吉青纳之死事 / 162

第十六章 协商之会攻

第一节 协商会攻之筹措 / 165

第二节 司的尔与散赉脱两河上俄军之攻击 / 166

第三节　衣松苏河上意军之攻击 / 168

第四节　索姆河上法英联军之攻击 / 170

第五节　凡尔登前法军之反攻 / 172

第六节　罗马尼亚之参战及其覆败 / 173

第七节　当轴之更换与和议之空谈 / 179

第十七章　俄罗斯之革命及其议和

第一节　俄罗斯君主政治之倾覆 / 182

第二节　俄罗斯中等阶级之当国 / 187

第三节　苏维埃之统治俄罗斯 / 197

第四节　俄罗斯之单独媾和 / 200

第十八章　美利坚之参战

第一节　美利坚之世界政策 / 206

第二节　美利坚参战之机缘 / 209

第三节　美利坚之准备 / 211

第十九章　大战中中国之内忧外患

第一节　中国因帝制酿成之日祸 / 217

第二节　中国因参战酿成之内乱 / 220

第二十章　联军成败之转机一

第一节　联军所受兴登堡战线上之经验 / 225

第二节　联军坚持声中意军之败绩 / 231

第三节　联军于近东势力之恢复 / 233

第二十一章　联军成败之转机二

第一节　中欧罗巴之杌陧不安 / 236

第二节　联军诸国之转危为安 / 240

第三节　威尔逊提议和平十四条 / 249

第二十二章　德军最后之攻击

第一节　德军攻击之准备 / 251

第二节　德军破英军于毕加第及弗郎特 / 254

第三节　德军挫法军于哀因河及奥士河 / 258

第四节　德军之见阻 / 260

第二十三章　大战之结束

第一节　德意志之力竭退师 / 267

第二节　保加利亚与土耳其之乞降 / 271

第三节　奥匈联邦之瓦解 / 275

第四节　德意志之求和及其革命 / 281

第五节　俄罗斯之别开一局 / 289

第二十四章　巴黎和议

第一节　和议之经过 / 295

第二节　和约之大概 / 305

第三节　《国际联盟规约》与《国际劳动规约》 / 309

第四节　和约之反响于美利坚 / 315

第二十五章　大战中人口与财产之损失

第一节　人口之损失 / 317

第二节 财产之损失 / 320

第二十六章　大战中科学之应用于军事

  第一节　近百年来科学之进步 / 323

  第二节　陆地战争 / 324

  第三节　海上战争 / 328

  第四节　空中战争 / 332

  第五节　化学之应用于战争 / 335

第二十七章　结论

附录一　参考书报汇志

附录二　人名、地名对照表

第一章 导言

地球六大洲，人类三大族，近百余年来发生之关系，可不谓多乎哉！六大洲者，亚细亚、欧罗巴、阿非利加、澳大利亚、南北阿美利加，是也；三大族者，"蒙古""高加索""哀的沃比"[①]是也。夫既举六大洲三大族之地与人沟通而辐辏之，各因其利害之接触，不能不发生关系，于是非澳与南北美，既一变而为欧罗巴之殖民地，而"哀的沃比"复久为"高加索"族所征服；其间大部"蒙古"族萃聚之亚细亚，不幸沦为殖民地与半殖民地者，亦不一而足。即有先醒之国，惧祸至之无日，步武欧西，以图自存，而其势亦等于孤立。然则欧罗巴之"高加索"族，诚天之骄子哉！虽然，"高加索"一族，既合谋协规以图人矣，宜若可以相安于无事，乃其势反各不相下，且始而嫉妒，继而仇视，终且出于自相残杀，而酿成亘古未有之大战，蔓延及于全世界，此又何故欤？予得一言以蔽之曰，此盖肇端于欧罗巴之"工业革命"而已。

"工业革命"起于十八世纪之末叶，科学上之多所发明，其最大原因也。析言之，若机械之日出而日新，若汽若电若煤与铁之效用日大，皆是也。惟其然，而制造交通传递三端，顿改旧观。于是往昔社会之生活，国家之状况，亦不得不变其本来之面目，而资本主义遂首应潮流而出矣。此主义出，而社会中即发生两种阶级。何者？一厂之主人翁，既挟其雄厚之财力，颐指气使，不耕而获，而朝夕供役于其下者，仅仅以血汗之资，得免冻馁；相形之下，一则资财日以丰盈，一则终身沦为仆隶，而资产劳动两阶级，遂判若天渊矣，此资本主义之所由大张也。夫既有资本主义矣，而经济帝国主义又相因而至，其故盖由工厂之出品日益多，一国之内，供过于求，势不得不求尾闾于海外。斯时也，大地上温热两带之农业国，不在不动彼族之觊觎，而商舶所至，即尽攫其原料以去，一转移间，又复输入，操我矛以攻我盾，久之，一国脂膏，尽被吸收，而反客为主之势成矣，

---

① 即尼格罗人种。——编者注

此又经济帝国主义之所由大张也。综言之，资本主义为之倡，而经济帝国主义必从而应之，连类而至。如响斯应，所异者，今之经济帝国主义，其所恃以朘削他国者，原未尝不借武力，惟视往日帝国主义之专以武力谋兼并者，又稍稍不同耳。

◎科学社会主义之鼻祖马克思

　　二十世纪之初，世界号称独立国者约五十，类皆有名而无实，故其间能具有绝大之势力以支配全世界者，实不外英、德、法、俄、奥、意、日、美八国。试问此八国者，何一非处于资本主义之下，又何一非处于经济帝国主义之下者乎？其他若印度，若埃及，若摩洛哥，若土耳其，若波斯，若安南、缅甸、高丽与我国，不过为经济帝国主义所压迫，非沦为彼族之殖民地，即为半殖民地已耳。虽然，钟之无声也，扣之则大鸣，水之就下也，决之则横溢，彼被压迫于资本主义与经济帝国主义之下者，长此甘为他人之奴隶，异族之牺牲也则已，否则叩无声之钟而不大鸣，决就下之水而不横溢，吾未之见也，果尔，则又有所谓社会主义与民族主义在。

　　社会主义者，反乎资本主义之谓也。秉是义者，盖谓一切生产事业，当归诸社会，不得为少数人所私有。故昔之谈社会主义者，若坐待资产阶级之觉悟，自马克思之学说出，则又主张全恃劳动阶级之起而奋斗矣。马氏从研究哲学与政治经济学之结果,确信劳动阶级将代资产阶级于未来,一若资产阶级代权贵阶级于已往者然,历史上递进之程序,应尔也。今日社会主义之支派虽多,然其国际性质则一,综言之,即无论何国之劳动阶级,应一致打破国界,认定推翻资本主义为公共目的是也。

民族主义者,反乎帝国主义与经济帝国主义之谓也。民族主义由来旧矣,而近世之民族主义,则发生于法兰西革命之后。其义盖谓种族、文字、宗教、习惯相同下之民众,应团聚于天然之疆域,以完成其政治与经济之独立国家而后已。近百年来德意志意大利之统一,巴尔干诸国之独立,挪威之分立,非其成效大著者乎?若夫匈牙利、波海米亚、波兰、芬兰、爱尔兰之革命而未成,印度、埃及、菲律宾之谋脱羁绊而不果,虽不幸而中遭挫折,而其奋斗之精神,固不因是而稍馁也。

◎主张铁血政策者俾士麦

反乎资本主义之社会主义,与夫反乎帝国主义之民族主义,既有然矣,而在帝国主义下之英、德、法、俄、奥、意、日、美八国则又如何?曰,彼因经济帝国主义之接触,决不免发生特殊之变化。斯说也,于何证之?证之英德两国之互争雄长可知矣。英为工业革命之先进,论其地势,海水环焉;而海军又为世界冠,其广大之殖民地,皆其畅销出品之市场也。德以后起之雄,内患人满,外乏市场,徒坐视英人之捷足先得而无从染指,且其历年所经营之殖民地,又率夐远荒瘠,尠可浚之利源。故德人欲发展其经济帝国主义,势不得不取之于英，英而欲保持其经济帝国主义，非有以遏抑德人不可，而两国之争端，自此伏矣。抑德人之思攫取于人者，非独英也，于他国亦然，故其求地之心愈切，树敌亦愈多。德法之争利益于摩洛哥也，法英弃宿怨而言好矣；德之筑巴格达特铁道也，俄英释前嫌而握手矣。德奥意既为"同盟"，英法俄亦结"协商"以为抵制。两大战团既各盘马弯弓，跃跃欲试，事机一至，遂勃发而不可遏。说者谓此次世界大战，原因虽甚多，而肇祸于经济帝国主义之接触，则尤彰彰也。

◎海牙平和会会所

虽然，兵凶战危，夫人而知之矣；百年以来，科学日精，杀人之械，谈者色变，不幸而战端启，祸害之烈，实有不可胜言者，于是弭兵运动起焉。弭兵运动有二，一为国际弭兵运动，一为社会弭兵运动。

倡国际弭兵运动者，俄前皇尼古拉二世是也；其宗旨在解除各国之武装，否则亦必减轻之。当一八九九年五月间，海牙平和会开幕之日，与会者自欧洲二十一国代表外，美利坚、墨西哥、日本、暹罗及我国亦尝派遣代表，一堂济济，可谓盛矣。然卒因意见分歧，不获通过减轻武装之提议；其得列为会场之成绩者，不过于海牙平和会，得设永久公判法庭以为仲裁而已。至一九〇四年，以美前总统罗斯福之提议，仍由俄前皇尼古拉二世召集第二次会议。至一九〇七年六月，又于海牙开幕。与会者有四十七国代表。当时所议决者，为潜艇之袭击，水雷之施放，市镇之轰击等，皆为战时残忍之行为，一一悬为厉禁；而独于武装之解除或减轻，仍未能通过。厥后有提议一九一五年续开第三次会议者，而世界大战已于将开会之前一年突然爆发，为时已无及矣！

社会弭兵运动,其宗旨在联合各国劳动阶级之群力,以消弭未来之战祸。一八六八年,各国社会党代表之开会于比京勃留塞耳也,通过反对战争案。其言曰:"不幸而战争将启,凡交战国之劳动阶级,当一致罢工,以遏制惨祸之发生。"此通过之议案诚美矣,然越两载而普法之役起,不闻有社会党人起而实践其言也。迨此次大战,法人晓来斯痛劫运之将至,力求实行勃留塞耳之议案,一矢口间,饮弹而死;嗣是而大多数之党人,非惟噤若寒蝉,且为之奔走于枪林弹雨之下矣!夫国际弭兵运动之不能成功,犹可说也,社会弭兵运动,则出乎党人之群力,似非国际弭兵运动可比,而亦卒不能成功者,庸非怪事乎?或谓各社会党之所诉揭橥者,名号虽同,而意见未必一致,且皆生息于资本帝国两主义结合之下,其不足以有彼等之踩藉也明甚,审是则又奚怪焉?

◎倡导和平者诺贝尔

以上两种运动而外,有以私人资格崛起而与其事者,则有若瑞典之诺贝尔与夫苏格兰之卡内基。兹二公者,皆以轻财仗义闻于世;其祈祷和平之心理,尤先后同揆。说者谓以国际与社会之运动,尚不能发生效力,如二公者,亦不过徒抱奢望已耳,然已弗可及矣。

◎倡导和平者卡内基

各种弭兵运动之不能成功，既如前所述，而世界隐伏之危机，又随时随地而可以触发。郁之既久，发之愈烈，至一九一四年遂若洪流之横溢矣。积四年余之血战，人口丧失近五千万，财产损耗几五千万万（银圆）。夫以如许之代价，其结果不过由八大强国而减为五。且巴黎会议时，此五国者，其妄自支配世界也，武断如故，专横如故。非惟对于已往之大战，无几微之悔祸，而无形中犹复钩心斗角，为第二次惨剧之预备，忍乎不忍？

所可庆者，凡帝国主义下之诸国，虽不惜互相残杀，而社会与民族两主义，幸得当此血飞肉薄中，乘势而起矣。何者？俄罗斯之革命，社会主义之胜利也；土耳其之复兴，民族主义之胜利也。其所由胜利者，实无一不受大战之赐，试分述之。

一九一七年中，俄罗斯之革命凡两度。第一度时期在三月，推翻君主政治之革命也。然起而操国柄者，类皆出于资产阶级，否则必不忍持赓续战争之政策，犹恃其帝国主义为生活也。然正惟其赓续战争故，而民怨于以沸腾，沸腾而莫可遏，至十一月而第二度之革命起矣。是役也，劳动阶级既取资产阶级之政权而代之，马克思之学说，又得一显著之发展。此非社会主义之胜利而何？

土耳其于世界大战以前，常受列强不平等条约之束缚，虽拥独立国家之名，实一列强之半殖民地也。迨一九一四年大战启，土耳其政府突然加入"同盟"，举往昔不平等条约，悉数以明令取消之。迨战事毕，又以败北故，其首都及各要隘，复为"联军"所扼而一切不平等条约之束缚如故，且又变本加厉焉。土耳其至是，几不国矣！乃突有基玛尔其人者，首义于阿那多利亚，登高一呼，全国响应。尤异者，基玛尔知生息于帝国主义下之列强，终不能不因切身之利害而渐致携贰,吾窥其隙而投其隙,自足以制人而不为人所制,阅三载而不平等条约又废,即与订条约之经纪政府,亦随之而倾覆。此非民族主义之胜利而何?

◎弭兵运动牺牲者晓来斯

　　以上两种主义之胜利,不过举其荦荦大者言之,其他若德奥以社会党人秉国政,虽不得谓社会主义之完全胜利,而一国中之劳动阶级,实由是而得几许之保障。至里勃克耐希脱,卢森堡等之甘付牺牲,则更有足多者矣。民族主义之胜利者,土耳其之外,有若波兰、芬兰、捷克斯洛伐克(即昔之波海米亚)等国之奋袂而起,其情形虽与土耳其不同,而其所达之目的,则一也。余若埃及、印度、爱尔兰、高丽、斐列宾等弱小之民族,虽不幸而偶遭摧折,其所抱之主义一日不泯,亦未必无光复之一日也。总之,俄罗斯社会主义之胜利,与夫土耳其民族主义之胜利,实皆隐受大战之赐,天下事有因祸而得福,转败而为功者,类若此也,然亦足悲矣!

◎一将功成万骨枯

抑予又闻大战既毕，国际联盟之组织，又因之而生焉。倡是策者，原欲排除国际之纠纷，亦借以稍杀帝国主义之气焰也。然在组织之始，仍为五大强国所把持，而战败诸国与别开一局之俄罗斯皆无与焉。内既不能无专断之弊，外又不能无向隅之憾，谓是种组织而有裨于国际也，其谁信焉？或谓国际联盟，不若民族联盟，以国际狭而民族广也；或又谓民族联盟，又不若人类联盟，以民族广而人类尤广也。然而扪钥不足以当日，画饼不足以充饥，托诸空言，万不若见诸行事之为美。故无论国际联盟也，民族联盟也，人类联盟也，皆非空言所能奏效也。今者，受资本主义支配下之诸强国，其社会主义已有骎骎日盛之势，而弱小民族之受经济帝国主义压迫者，其民族主义尤有旭日始升之象。尤幸者，社会与民族两主义，隐隐中已若联镳并辔，奋往直前，一若不达其目的而决不止者。异时大功告成，气象一新，由是而进言世界之大同，其庶几乎！

◎塞拉约

第二章
世界大战概说

第一节　世界大战与世界

　　星星之火，可以燎原，涓涓不塞，将成江河，其塞拉约佛惨剧之谓乎！一九一四年六月二十八日，奥匈联邦皇储斐迪南偕其妃霍亨堡女公在塞拉约佛观军事演习，一转瞬间，而夫妇二人俱饮弹以仆。若论肇祸地，其居民不过五万余，一蕞尔之城邑也；若论杀人犯，其年龄不过十有七岁，一中学之学生也；若谓被刺者为奥匈联邦皇储，其名位至为尊崇，然考诸历史，一国元首之突被暗杀者，或为皇帝，或为总统，亦屡见不一见，未闻因是而发生极大之战祸也。何以奥皇储一死而掀天动地之大战因之而起？曰，祸之所作，非作于作之日，必有所由作，盖履霜坚冰，其由来殆非一朝夕矣。

◎刺客之就逮

质言之,斐迭南之被刺,实一九〇八年奥匈联邦实行占领波黑两州肇其端。波黑两州者,塞尔皮亚民族丛居之地也,一旦为奥匈联邦所兼并,微特塞尔皮亚衔之,即凡隶于奥匈联邦下之塞人,亦决不甘心臣服也。故此次奥皇储之遇刺,骤闻之,则可怪,深思之,则又不无蛛丝马迹之可寻也。惟其然,故肇祸之后,奥匈联邦政府遂张大其事,谓暗杀之徒,实为塞尔皮亚政府所发踪指示,突发最后通牒以问罪。斯时也,奥既咄咄逼人,而塞又不甘示弱,而两国之战端启矣。

　　以幅员论,奥之为奥,謷乎大哉,塞之为塞,眇乎小哉!卵石之不敌,其谁不知?然塞之于奥,居然敢以螳臂当车辙而绝无难色者,恃有强俄之为其后盾也。夫塞之土地,虽仅足当奥十三分之一,而俄之视奥,则三十二倍而有余。塞得俄助,何畏于奥?虽然,俄何以乐助塞,奥何以明知俄之助塞而视若无睹,卒至剑拔弩张,毫不退让者,何也?曰,奥则恃有德意为臂助,俄又恃有英法为后援故也。故欧洲大战,随时随地皆可触发,奥皇储之被刺,特其导火线而已。

　　两大战团之对峙也,德奥意称"同盟",英法俄称"协商"。"同盟""协商"之外之可得而屈指者,比以德之犯其中立,蒙因与塞有唇齿相依之谊,而先后加入"协商"矣。意本"同盟"国之一,顾与奥有成约,其初不遽反汗而出以观望,旋且脱离盟约而助"协商"矣。土本为欧洲列强之俎上肉,人人所得而脔割者,既不得中立,又不得为左右袒,毋宁昵就一方之较为得策,其加入"同盟"者,势也。迨保起而加入"同盟",罗起而入"协商",于是全欧几皆入漩涡中矣。

　　他若东方之日本,西方之美利坚,皆与欧洲大陆不相关涉者也。以地势论,兹两国者,皆不妨作壁上观。然日与英为同盟,又以其利益所在,不得不与"协商"为一致之行动。美当"同盟""协商"疲敝之秋,思一举足为轻重,乃弃其闭关自守之孟禄主义而与德宣战。嗣是对"同盟"方面,有宣战者,有绝交者,纷纷然接踵而起,而欧洲大战,乃一变而为世界大战矣。兹将世界各国参与战事者与未曾参与战事者,列表如下:

参与战事各国人口表

国名	人口
奥匈联邦	五千万
比利时	八百万
布利维亚*	二百二十六万八千
保加利亚	五百万
巴西	二千三百万

续表

国名	人口
中华民国	四亿四千二百万
科司他里加	四十二万五千
古巴	二百万
受加度*	一百五十万
法兰西	九千万
戈德美拉	二百万
德意志	六千七百万
大不列颠	四亿四千万
希腊	五百万
海蒂	二百万
洪度拉司	六十万
意大利	三千七百万
日本	五千四百万
里半利亚	二百万
蒙丹尼格罗	五十万
尼加拉加	七十万
巴拿玛	四十万
秘鲁*	四百五十万
葡萄牙	一千五百万
罗马尼亚	七百万
俄罗斯	一亿八千万
桑马里诺	一万
桑多度敏哥*	七十九万五千四百
塞尔皮亚	四百五十万
暹罗	六百万
土耳其	四千二百万
美利坚	一亿一千万
鸟鲁甘*	四百五十万
共计	十六亿零七百五十九万八千四百

＊对德绝交而未宣战者

未参与战事各国人口表

国名	人口
阿皮西尼亚	八百万
阿富汗	六百万
恩度拉	六千
亚尔然丁	八百万
菩丹	二十五万
智利	五百万
哥伦比亚	五百万
丹麦	三百万
墨西哥	一千五百万
摩纳哥	二万
乃巴尔	四百万
荷兰	四千万
挪威	二百五十万
巴拉甘	八十万
波斯	九百
萨尔伐多	一百二十五万
西班牙	二千万
瑞士	三百七十五万
凡南坐拉	二百八十万
共计	一亿三千四百三十七万六千

若以人口计，则全世界十七亿四千一百九十七万四千四百人中，十六亿零七百五十九万八千四百参与战事，占总数十分之九有奇。

世界人种，约分为三：曰"蒙古"族，曰"高加索"族，曰"哀的沃比"族。列表如下：

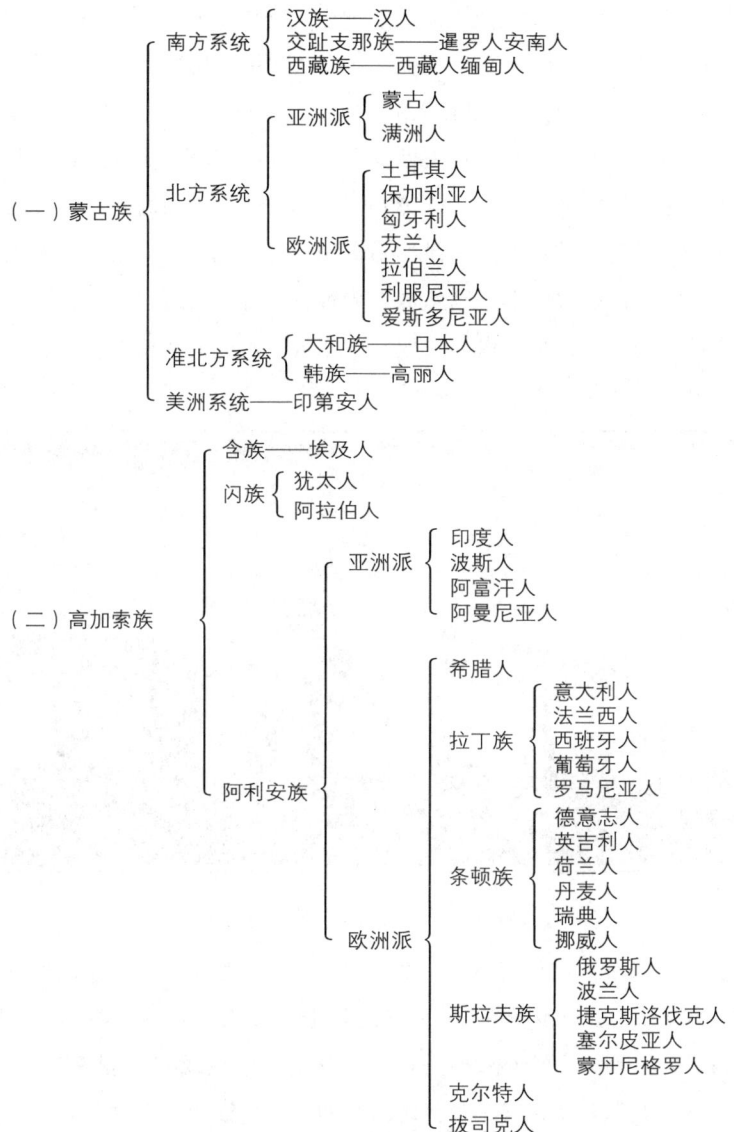

（三）哀的沃比族——非洲土人

欧洲战场中，法、比、葡、英联军御德军于西，是谓"拉丁"族合"条顿"族与"条顿"族之战。俄军御德军于东，是谓"斯拉夫"族与"条顿"族之战。德奥两军与意军相持于南，又与塞军相持于东南，是谓"条顿"族与"拉丁"族及"条顿"族与"斯拉夫"族之战。英法联军之攻土，是谓"高加索"族与"蒙古"族之战。德奥军之助土，是谓"高加索"族助"蒙古"族而与"高加索"族战也。迨英国遣印度兵赴欧陆，则为亚洲派之"阿利安"

族与欧洲派之"阿利安"族之战。继而英法复遣非洲土人赴援,则为"高加索"族利用"哀的沃比"族以与"高加索"族战也。美国参战,于是"蒙古"族之"印第安"人亦加入。"蒙古"族之日本人则与"高加索"族之德人战于胶州,角逐于太平洋。是故战场之上:白肤碧眼隆鼻而金发者,吾知其为德人英人俄人也;白肤棕眼隆准而褐发者,吾知其为法人意人罗人也;印度人则棕肤隆准,"印第安"人则红肤隆准而高颧;"哀的沃比"人则黑肤鬈发而厚唇;至黄肤棕眼而发之黑如墨直如丝者,则中国人与日本人也。世界人口,既已十分之九参与此次战事,且已含世界三大种族而有之,而战地又几遍于六大洲,斯战也,谓之"欧战"也可,谓之"世界大战"也亦可。然或又谓总战场在欧洲,世界之重心亦在欧洲,要当以欧洲为主,余五洲为客。

◎苏格兰红十字会看护妇队

东西历史上最著之大战,有可指数者,如一八一二年拿坡仑征俄之役。兵数五十万人,已骇人听闻;然至一九一四年合东西战场之德军,实六倍之。又如一八一三年拿坡仑自俄京莫斯科败退,遇联军于来伯齐西,史称为第一之大战,然其时战士亦仅四十七万四千人。又一八六六年普奥萨独伐之战,两国兵数四十三万六千人。一八七〇年普法革拉凡洛脱之战,两国兵数三十万人。一九〇四年日俄奉天之战,战线八十英里,时期二旬余,兵数七十万人,已可谓多矣;然比之此次之大战,其战线视前此之八十英里而两倍之,且三倍之,又能于数月间集兵至二百余万,相去可谓远矣。大战四年余,交战国兵数达六千万以上之多,是战也,诚开前古未有之世界大战也。

第二节　世界大战与欧罗巴

　　世界大战，六大洲中既以欧罗巴为主位，则欧罗巴大战初启时之情形，不能不分举其大概，以为读者告。

　　世界六大洲中，除澳大利亚外，以欧罗巴为最小。然其面积虽三百八十五万方英里，而海岸线则有五百万英里，是为六大洲中之最长者；其人口为四亿八千五百万，又为六大洲中之最稠密者。故其民族，因海岸线之延长，而能富于冒险性，习于航海术；又因其人口之过于稠密，不得不侵掠他国，以求开拓其殖民地也。

　　虽然，欧罗巴人口之所以如是稠密者，皆由百年来繁殖力至速之故，而晚近尤甚。如一八〇〇年欧罗巴人口，其数为一百八十兆，至一九一四年，增至四百八十五兆，百余年间，几突加两倍半以上，其生齿可谓繁矣。又按一九一四年之欧罗巴，每四十八人占一平方千米，视亚洲以二十人，美洲以四人占一平方千米者，其人口之稠密，实远出他洲之上。

　　欧罗巴之种族，就其强大者言之，则有四，曰"拉丁"，曰"条顿"，曰"斯拉夫"，曰"蒙古"。若法兰西人、意大利人、西班牙人、葡萄牙人、罗马尼亚人等，"拉丁"族也，其人口约一百零三兆。德意志人、英吉利人、瑞典人、挪威人、丹麦人、荷兰人暨瑞士人之四分之三，比利时之弗拉蒙人等，"条顿"族也，其人口约一百六十兆。"斯拉夫"族约可分为三支：一曰"东斯拉夫"族，俄罗斯人与鲁舍尼亚人是也，其人口约六十六兆半；二曰"西斯拉夫"族，波兰人、捷克人、斯洛伐克人、文得人是也，其人口约二十兆；三曰"南斯拉夫"族，塞尔皮亚人、斯洛文人、克鲁西亚人是也，其人口共七兆半；综计"斯拉夫"族人口，其数共九十三兆人。至"蒙古"族人：于北，则有芬兰人、拉伯兰人、利服尼亚人、爱斯多尼亚人等，共九兆；于多瑙河中流，则有匈牙利人，约七兆；于南，则有保加利亚人，约三兆半，土耳其人约六兆；于俄罗斯，则鞑靼人约五兆：总计"蒙古"族人，其数约三十兆半。

　　此外"希腊"族三百五十万人，居希腊；"克尔特"族二百万人，居法之不列他尼及英之伟尔斯，苏格兰之北部及爱尔兰之西北部；"拔司克"族约五十万人，居法西之交界处。至"犹太"人散居各国，在全世界总数千二百万中，居欧洲者，约九百余万人。

　　试即大战中诸名人分述之，霞飞贝登属于"拉丁"，兴登堡麦耿生属于"条顿"，列宁属于"斯拉夫"，基玛尔属于"蒙古"族外，克来蒙苏路合乔治则为"克尔特"人，福煦为"拔司克"人，托罗次基为"犹太"人。至近代科学界之泰斗，于大战正酣中完成其相对原理之恩斯坦，亦"犹太"人也。

虽然，欧罗巴之种族，既如前所述矣，然人类相处，本无纯粹种族之可言，况今日者，交通愈便利，种族亦愈混杂。试就欧罗巴论之，"高加索""蒙古"两大族，其状貌，其性质，非截然不同者乎？然考之五世纪阿铁剌之横行欧陆，十二世纪成吉思汗之兼并欧亚，与夫十五世纪土耳其族之侵入东欧，则"高加索"族已含有"蒙古"族之血统矣。今日"蒙古"族之芬兰、匈牙利、保加利亚、土耳其诸国，日与"高加索"族诸国相接触，更无论矣。此外若"拉丁"族之意大利法兰西，则杂有"条顿"族之血统；"拉丁"族之西班牙葡萄牙，则杂有"闪"族阿拉伯人之血统；"条顿"族之英吉利，则杂有"拉丁"族与"克尔特"族之血统：如是者，又不一而足也。

言乎文字，则欧洲各族，除"犹太""拔司克"与"蒙古"族外，皆源于"希腊""拉丁"，然同一族中，而其文字又互异。试即法文而论，其构造与意文不同，与西文葡文又不同。推而至于英之于德，俄之于波，亦莫不若是。故欧罗巴之文字，分述之，几多至二十余种云。

言乎宗教，概言之，则"拉丁"族奉旧教（俗名天主教），"条顿"族奉新教（俗名耶稣教），"斯拉夫"族奉希腊教：是三教盖皆基督教之支派也。然"条顿"族中亦有奉旧教者，如德意志之南部，奥匈联邦中之德人，比属之弗人，及瑞士人，皆是也。"斯拉夫"族中亦有奉旧教者，如波兰人、捷克人、鲁舍尼亚人、克鲁西亚人、斯洛文人皆是也。余若"蒙古"族之匈牙利，"克尔特"族之爱尔兰，其人民亦皆崇奉旧教。新教自"条顿"族外，奉之者尚有芬兰与爱司多尼亚人。希腊教自希腊俄罗斯外，奉之者尚有罗马尼亚与塞尔皮亚人。三教而外，又有土耳其人鞑靼人所奉之伊斯兰教，犹太人所奉之犹太教。综计欧洲各教徒之人数，旧教徒约百六十二兆，新教徒约八十一兆，希腊教徒约九十兆，伊斯兰教徒约七兆，犹太教徒约六兆。

欧罗巴之种族文字宗教，既如是其复杂矣，故其地之纠纷，亦由是而起。当二十世纪之初，欧洲四大族，群聚萃处，愈形接触。如"斯拉夫"族之"大斯拉夫"主义，则欲集各"斯拉夫"族而团结之，而以俄罗斯为之长；"条顿"族之"大条顿"主义，则欲集各"条顿"族而团结之，而以德意志为之魁；土耳其之倡"大以色兰"主义，则又拟合全世界伊斯兰教徒所集之地，举土耳其、埃及、印度、波斯、多尼斯、阿尔支利、摩洛哥而团结之，而以土耳其为之盟主。故以上三种主义。前二者以种族为主，后者以宗教为主。德土两国之亲善也，不啻"大条顿"主义与"大以色兰"主义之同盟也。迨至塞拉约佛惨剧出，有"大条顿"主义与"大斯拉夫"主义相接触，几若仇仇之逢于狭路，有不能并立之势，而大战于以起矣。

至"拉丁"族之团结力,远不如他族之坚固。如西班牙僻处西南,又有比拉尼山天然之保障,自不复与人争雄长。如意大利与法兰西二国,本属同种,而一为"同盟"国,一为"协商"国,其势又若"拉丁"族之分裂。迨意大利脱"同盟"而加入"协商",则"拉丁"族又认"条顿"族为公敌矣。英吉利虽为"条顿"族,而自以为"盎格罗撒克逊"族,又若于"条顿"族中,能独树一帜者。故欧陆之争,惟英吉利常若操纵其间,翻手为云,覆手为雨,种族二字,盖非彼所措意也。

"条顿"之英,"拉丁"之法,"斯拉夫"之俄,既相结而为"协商",于是"条顿"之德奥,"拉丁"之意,已若被困于重围之中。迨意脱离"同盟",于是德奥两国,尤觉陷于绝地。试即其四周言之,西有法,东有俄,南有意,此三国外,足以操德人北门之管而控制北海者,英吉利也。厥后土保两国,虽幸加入,而"同盟"之形势,依然如故,外受重围,内忧粮绝,苟非生降,即遭饿毙。德之所以必突围而出者,情也,亦势也。

◎亚尔萨斯 法国油画家道贲作品

亚尔萨斯洛兰两州，德法两国相争不已之地也。按罗马时，亚洛两州曾隶戈尔省（约今法地），原为"克尔特"族所居地。及罗马亡，"条顿"族进而瓜分之。及至四世纪至五世纪时，"条顿"族之"法兰克"人据戈尔而有之，而兼辖亚洛两州。至十世纪，亚尔萨斯几尽为"条顿"族所化，而洛兰则又为"拉丁"族所化矣。奥之强也，亚尔萨斯为所并。依一六四八年凡斯脱法利亚和议，奥复让亚尔萨斯所占土地于法。又据一六九七年里斯维克和约，法奄有亚尔萨斯全州，是法人更加一重保障矣。至一八七一年，德意志以战胜之威，又将亚尔萨斯及洛兰之一部而吞并之。嗣是法人对于亚洛两州，认为奇耻大辱，寝馈不忘恢复。甚且学校课本，无不以湔洗国耻为材料；而油画馆中，所绘国军败衄之情状，尤无微不至：其所以激怒后生，鼓励士气，如是其切也！或曰，欧洲所以遭此次大战之浩劫者，其原因不一，简言之，东有波黑两州，西有亚洛两州，实皆兴戎之地也，信矣哉！

更有进者，普法战役中之军官，自一八七一年至一九一四年，此四十四年中，太半已垂垂老矣。在法人，积数十年之生聚教训，既日夜不忘报复，而彼德人者，狃于前三次战胜之已事，对于法人，既有灭此朝食之心，对于世界，尤有囊括席卷之想，故两国领袖军官之欲相时而动久矣。兹将一九一四年两国重要军官之年龄录之如下：

德将名	年龄
海司勒	七十八
果尔池	七十一
兴登堡	六十七
克罗克	六十七
宝毕兹	六十六
麦耿生	六十六
毛奇	六十六

法将名	年龄
加里安尼	七十
霸胡	六十六
加司丹尔诺	六十三
宝拔依	六十三
福煦	六十三
霞飞	六十二
爱司半来	六十二

不特德法两国之领袖军官然也，即英之吉青纳费赘起，亦何独不然；俄之尼大拉大公年近花甲，而意之加度那则逾古稀矣。反观史册，则罗马恺撒破本贝于法萨利亚时，年五十有二；英将马尔抱罗胜于勃莱姆哈之役，年五十有四；美之华盛顿率师抗英时，年四十有四；法之拿坡仑挫奥军于奥司丹里兹时，年三十有六；英将惠灵吞滑铁卢一役，年四十有六；美利坚南北之战，北将革兰德年四十有一，南将李意年五十有四；日将乃

木攻陷旅顺时，年五十有六。由是以观，古来统帅中未有如今日大战中各国领袖军官之年迈者。夫以欧洲各国之领袖军官，于行将就木之年，突然奋起，上以备家国之干城，下以展生平之抱负，几不约而同，英雄髀肉，是翁矍铄，古今中外，其情一也。

◎人道主义下之科学家巴斯德

抑予又知当一九〇六年巴黎某报馆征求投票之多寡，以月旦十九世纪全国之伟人。时巴斯德得票最多，列第一。夫巴斯德不过一制革工人之子耳，而声誉彪炳功业卓著之拿坡仑大帝，则列诸第四。此岂漫为轩轾哉？推其意，一若拿翁黩武，功罪参半，而巴氏于化学、医学、生理学上，发明至夥；即就其所发明之疯犬病治疗法言之，活人之多，已不可以更仆数。故巴氏之列为第一，盖有由也。且巴氏尝有言曰：

◎被毁之城市—以帕

"今日有两种互相冲突之主义：一为流血与死亡之主义，即谋杀僇之新方法，并使国际战争时时可以触发者也；一为和平，工作与健康之主义，即谋人类脱离其周围之劫运者也。前者为黩武主义，后者为人道主义。黩武主义者，不惜牺牲万千生命，以图逞一人之野心者也；人道主义者，当置人类生命于无论何种胜利之上者也。我等既为人道主义下之工具，凡对于黩武主义之残忍病，即当竭力治疗之，虽赴汤蹈火，所不辞也。"

味巴氏之言，并考其对于人类之贡献，知其得列为国中第一者，正足以见一国民众之心理，对于活人之人，则崇拜之，反乎活人之人者，必深恶而痛绝之。由斯以推，一国民众之心理如是，世界各国民众之心理，亦当如是，其犹声色臭味之有同情乎！

◎被毁之城市二拔卜姆

抑群众之心理，莫不厌战，既如前所述矣，试进而溯之一九一四年六月二十八日以前，欧洲繁盛之区，如伦敦，如巴黎，如柏林，如罗马，推而至于发出第一次最后通牒之维也纳。兹数地者：自人民之职业言之，士安其学，工安其艺，商贾安其市廛，若不知战争之为何事也；自人民之娱乐言之，若戏院，若跳舞场，若咖啡馆，比肩继踵，牵袂捉臂者，又若不知战斗之为何物也。惟其然，故通衢之上，熙来而攘往，几乎在而非承平之景象矣！一入夜间，则尤电光照耀，几同白昼；士女酣歌，时或达旦。而康庄之上，车水马龙，络绎不绝。入其境者，几有山阴道上，应接不暇之势。斯时也，又孰料匝月之后，有莫大之浩劫，突如其来者耶？迨战事既作，向所谓庄严灿烂之城市，曾不旋踵，一变而为寂寞荒凉之景象；其为炮火所轰击者，黔其庐，赭其垣，危楼断壁，触目皆是；向时繁华之场，无异于昙花之一现也！抑有甚者，此时有断臂折足，一息奄奄，僵卧于医院中者，一望而知为战场运回之伤兵也；扶儿携女，两泪淫淫，缁衣而过市者，一望而知为新丧其耦之孀嫠也。综其悲苦之情状，岂太平无事时所能料及哉？由斯以观，战祸之烈，一至于此；谁为为之，孰令致之，此则不能不太息痛恨于当国之一二人也！

◎欧洲著名建筑之一来姆大教堂

第三章
大战之原因一

第一节　德意志之勃兴

　　普鲁士当威廉一世时，首相则有俾士麦，统帅则有毛奇；两人之才，出类而拔萃，殆不易数数观。其所抱之政策，野心勃勃，不可一世。其所以奉为先务者，开疆拓土是已。故一出而败丹，丹既戢戢然就范矣，复逞其兵力以败奥，一跃而为德意志联邦之雄长，终则乘其有战必克之势以败法，而收德意志联邦成立之效果，自是德意志遂称霸于欧洲大陆。德既称霸，而欧洲形势，由是一新，卒至事变棘，酝酿久，而大战之机，乃兆于此。

　　普丹一役，为普鲁士雄心之起点，亦即俾士麦所以试其铁血政策之第一步也。先是，普以希来斯惠克霍耳斯丹两州地势至险要，攫而有之，既足以纵横北海，且得借此以与奥争霸于德意志，遂借口丹人擅取德人所居之希霍两州，会奥师伐丹，大破之，遂于一八六五年八月十四日签《喀斯丹约》。据约：希州归普；霍州归奥；普得筑基尔运河，以沟通北海与波罗的海，霍州邻近之劳恩堡，由德转售于奥。时沃固斯登堡亲王弗来得里以受奥之唆使，欲联希霍两州而自王之。普不之允，而普奥之龃龉遂起。普相俾士麦恐他国之助奥也，乃先以佛南西亚饵意，以比利时啗法。且波兰革命之际，普曾助俄平之，俄既感普，自不愿助奥。于是而意法俄三国皆守中立矣，奥以希霍两州事，陈诸联邦议会，普则以有《喀斯丹约》在先，无用议会解决；双方相持不下，战事遂起。普名将毛奇大破奥军于萨独伐。普王威廉拟令毛奇长驱直捣奥都维也纳，俾士麦忽谏止之，盖俾翁不欲使奥一败涂地，而结两国不共戴天之仇，竟以去就力争，遂顿兵不进。一八六六年八月二十三日，普奥不拉格和约成立。据约：解散旧德意志联邦，重组织之，摈出奥大利；希霍两州归普鲁士；佛南西亚归奥大利。此约结果，奥未丧地，亦不赔款，惟不复为德意志联邦盟主耳。职是之故，异日普法之战，奥坚守中立，绝不借端助法者，亦以此也。

盖初未因此次战争而介介于胸；更如最后一九一四年之大战，德奥同心御外，无时或懈，以此知俾翁当时之对奥，取宽宏政策，所见盖甚远也。

是时之法兰西，适拿坡仑三世时代，文治武功，皆称极盛，骎骎然又有左右欧陆均势之象。然普鲁士方崛起东邻，野心勃勃，非败法兰西，不得称霸于欧陆，而普法战争之因肇焉。一八六八年，西班牙以王位之继承，属之普王威廉族中之来沃卜尔亲王。说者谓俾士麦之所嗾使，有以启普法之衅端。法外长革拉蒙侯即谓霍亨咤伦氏（普王姓）之王西，实侵害法之尊严与利益，即饬驻普之法大使贝耐代梯要求普王发言否认。时威廉方游爱姆司行宫，事前未与俾翁预洽，且视西班牙之王位，与普无甚关系，径诺之。而法人犹以为未足，再遣贝耐代梯致书于普，要求普王嗣后永不准以一霍亨咤伦继承西班牙王位，词同最后通牒，逾越外交常度。威廉虽视为失礼，而仍礼遇法使，仅以否认复文，商诸俾氏，予俾氏以全权修改。时俾翁方与陆长罗洪统帅毛奇筹侵法之策，见复文措辞委婉，意有未惬，遂改而为激烈，其语气一若普王怒叱法使之字样。一八七〇年七月十四日，此著名之爱姆司文书印出，法兰西举国震怒；是年七月十九日，法即向普宣战。适德意志联邦各国，以法国实先失礼，群起助普，普势大振。统帅毛奇围法将巴散于美芝，法将麦克马洪率大军救之，不得解，退归山塘，毛奇更重围之，法军不支，大败。法帝拿坡仑三世乞降。一八七一年正月十一日，德意志联邦各君主拥普鲁士王威廉为德意志皇帝，加冕于法之凡尔塞故宫，德意志联邦于是告成。二十八日，巴黎陷落。二月十二日，法国组织临时政府于包尔都，拥梯尔为首领，予以议和全权。德法两国，遂于五月十日签《弗兰克福和约》。据约：亚尔萨司洛兰两州归并于德，并赔款五千兆法郎。普鲁士自败丹以后，一胜奥而长德意志，再胜法而称霸欧陆。俾士麦操纵大局，声震远迩，各国无不侧目而视矣。德法两国因此遂成不解之仇。

◎德皇威廉一世在法国凡尔塞宫之加冕

第二节　德奥意三国同盟

　　德意志联邦成立以后，俾士麦恐法兰西之图报复也，遂易其铁血政策而为阴柔政策。阴柔政策者何？即以外交手腕，使欧洲各国不袒法，以孤法势，而德则左右操纵，俨然为欧洲之盟主。

　　俾士麦外交之第一步，即为联俄奥两国。德俄从无间言，且患难与共，由来已久。俄皇亚历山大二世，德皇威廉一世甥也；姻娅之谊，益足增两国之感情。且当一八六三年时波兰革命，波乞助于普，威廉弗许，亚历山大深德之，是德俄之同盟，理所当然也。至德与奥，虽有同种同文之关系，然互相争长于联邦，于兹已两世纪。弗来得立大王之取西来西亚省于奥也，奥人犹忆之；萨独伐之挫，奥遂被摈出于德意志联邦，奥对之，不能忘怀也。时适包安斯脱为奥首相，包恨普，不善俾士麦。包不去，俾之目的不得达；欲达其目的，惟有先去包而已。

　　奥匈联邦，三大民族所组织也；三大民族者，"条顿""匈牙利"与"斯拉夫"也。一八六七年，"条顿"与"匈牙利"两族订约，分治奥匈，而"斯拉夫"族不与焉。首相包安斯脱既为"斯拉夫"族所痛恨，亦为"匈牙利"族所嫉妒。时领袖匈牙利者为安得拉喜，以为与德联盟，可以膨胀匈人势力。且一八六六年萨独伐一役，受挫者奥人，而非匈人也。匈人之所欲发展者在巴尔干，而与德之利害无冲突也。于是俾士麦之时机至矣。俾士麦由包安斯脱之绍介而识安得拉喜；俾安既会晤，推翻包之计划乃定；而包则如在五里雾中，茫然不觉也。包卒于一八七一年罢职，继之者即安得拉喜。安之对俄政策，即使俄自由处置加里西亚之波兰人，而奥匈联邦则自由发展于多瑙河畔及巴尔干半岛为交换条件。条件既妥，于是所谓德俄奥三帝同盟者，即告成立。

　　德俄奥三帝同盟，实无同盟之性质。德俄虽修好，而奥俄之宿怨，终不得释。奥尽向巴尔干发展，巴尔干诸小国多属"斯拉夫"族，俄则自任"斯拉夫"族之保护人，是则俄奥两国，终不能融洽也。一八七五年，德法风云复起，德欲覆法，使其一蹶不能复振，俄闻而力阻之，以期见好于法；同时英亦不以德法再战为然，于是德志不得逞。夫俄不欲德覆法者，因恐法覆而德势益盛，于俄有不利也，而德俄间之芥蒂于是生。

　　一八七八年适以近东之纠纷问题而开柏林会议。此会议中，俄奥两国因巴尔干问题之不能互让，遂起冲突。俾士麦袒奥，俄德之隙遂生，俄代表高却果夫于是衔俾次骨。虽然，德皇威廉一世与俄皇亚历山大二世舅甥间关系尚密，是德俄两国，尚有调和之余地，乃俄奥不两立，则德处两难间矣。联俄必舍奥，联奥必舍俄，事无两可。俾翁辗转考虑，卒以联奥较联俄之利益为大，于是遂弃俄而与奥于一八七九年结德奥两国同盟，而三帝同盟遂解散。德奥同盟之内容秘密，大概如下：

（一）两缔盟国之一，如受俄罗斯攻击时，两缔盟国须以全力互相援助。

（二）两缔盟国非双方同意，不得单独媾和。

（三）两缔盟国之一，如受他国攻击时，其同盟国守善意中立；如攻击者受俄罗斯之助，则同盟国立即加入援助，至战争终了而后已。

德奥两国同盟既成，俾翁恐其势力之尚未足，又转而媚意。意大利者，当其未统一前，其北部向受奥之宰制。奥意之宿怨，未尝或释。而意之与法，同源于"拉丁"，是意法之结合，实为天然之趋势；且意当独立战争之际，拿坡仑三世助意，大破奥军于马琴泰及苏耳甫利诺，后日意之独立，无不肇基于此，是法之示德于意也深矣。乃拿坡仑三世以兵护教宗驻罗马，教宗者，意大利独立之障碍物，而法竟助之，意之憾法，于此焉始。未几普法战争起，法始撤回罗马驻兵，意大利乘此时机，统一始告完成。迨夫普法战争而后，俾翁复扬言于意，谓法必不忘恢复教宗之权势，意益恐怖。一八七八年之柏林会议中，俾翁阴许法取多尼斯。法之所以欲取此地者，以多尼斯为阿尔支利之邻省，得之可独霸北非，增地中海之权势。俾翁既壮其胆，法卒于一八八一年取之。然多尼斯在意之对岸，地势所系，殖民所关，意垂涎已久，今骤然为法所得，能忍之乎？遂于一八八二年由俾士麦之请，结德奥意三国同盟。然则俾翁之用心，亦可谓深矣。盟约极为秘密，世人无由得知其详，然大体不外乎由三种条约构成之，即《德奥条约》《德意条约》《奥意条约》是也。据世人所喧传者，大概如下：

（一）《德奥条约》，一如德奥同盟之规定。

（二）《德意条约》要点，则德意志受法兰西攻击时，意大利须负援助义务。

（三）《奥意条约》要点，则奥大利不得助教宗恢复势力，致妨害意大利之统一。

自德奥意三国同盟告成后，德之声势益大，而俾士麦犹以为未足，乃复修好于俄，结欢于英，以陷法于孤立。夫俄德关系，本以柏林会议之结果而成仇。然至一八八一年俄帝亚历山大二世为虚无党所刺，新帝亚历山大三世继位，未几虚无党人又送以胁迫公开状，俄帝彷徨无措。其时虚无党人根据地在德国境内，俄政府欲假手德人以除内乱，不得不释怨而亲德，与俾士麦积不相能之高却果夫，时亦以事去职，俾翁利用时机，俄德遂复言好。一八八四年九月七日，俄德遂订密约，约以俄德两国如受第三国攻击时，俄德当守善意中立；所谓第三国者，于俄则指英而言，于德则指法而言也。同年俄奥亦释前怨，复结三帝同盟。然至一八八七年，俄奥两国卒以巴尔干问题，三帝同盟又复破裂。然俄德两国，重订盟约。所谓"再保险约"者，其大意如下：

（一）两缔盟国中之一国，若与第三国有战事时，其同盟国当守善意中立；惟两缔盟国中之任何一国，若先与法或奥启战端者，不在此例。

（二）德意志承认俄罗斯在巴尔干之权利。

照第一条解释之，德俄虽结"再保险约"，而与德奥之同盟，俄法之感情，无所损害也。照第二条解释之，则德意志苟承认俄罗斯在巴尔干之权利，则对于奥大利在巴尔干之权利，未免有所冲突。异日"再保险约"之终不能久持，殆即以此。然俾士麦相国二十八年，始以普鲁士而冠德意志，继以德意志而霸欧陆，运筹帷幄，折冲樽俎，使欧洲列强，但知言连横而不敢言合纵，可谓神乎其术矣！

第三节　俄法两国同盟

自一八七一年拿坡仑三世城下乞盟，身作俘虏以来，法几一蹶不振；旋承认赔款五千兆法郎，期以两年清付，法之残喘，幸得保存。顾俾士麦则以既狡且锐之外交政策，结三国同盟以增厚其势力，使野心勃勃之俄，牵之不能西渐，阴谋重重之英，制之无从东窥，而孤悬之法，是时惟德之鼻息是仰。既闻德将毛奇又屡建议再图法国，以绝后患，于是法人惶恐交集，不战而栗，未雨绸缪，力又不给。正在彷徨无措之际，而时机至矣！一八八八年，德皇威廉一世薨，其子弗来得里嗣位仅九十日，以癌病卒。弗来得里之子威廉二世践阼之初，年方二十有九，性聪颖，豁达有大度，顾其野心胜于才能，骄狂过其识力，每临大事，轻于一发，视乃祖之老成练达，俾士麦之谋定后动，大相悬殊。其唯一政策，即君主独裁是已，故与俾士麦积不相能，卒于一八九〇年罢其职，而对外政策，因之一变。初，俄德奥三国以一八七八年柏林会议之结果而龃龉，继俄德以姻娅关系而结三帝同盟，后俄奥之冲突于巴尔干过剧，俄德乃单独订"再保险约"。既而于一八九〇年，"再保险约"期满，俄帝方拟续之，而威廉二世不允，俄德亲善，自是告终，遂促成俄法之同盟。

夫拿坡仑一世之失败，实肇因于莫斯科一役（一八一二），故法人恨俄次骨。克里米亚之战，拿坡仑三世统法英土联军以拒俄，则俄之恶法，又不言可知。甚者，法为民权首倡，俄则厉行专制，政治上又如水火之不相容。然自"再保险约"废，俄亦处于孤立。夫以法俄两孤立国之相遇，而缔盟之事以起。且俄之财政，既穷且紊，苟欲整内政，兴实业，则苦无资本；向也借援于英德，而德助之尤多，自一八八八年后，俄即利用法资，偿还德债，脱离德资羁绊，以免债权之关系，而法俄关系，遂进一步。自一八八八年至一八九〇年之间，俄人所借法资，多至十亿法郎；法民踊跃应募，达十万人以上，不可谓不巨矣。俄之于法，既因经济关系，而日益接近，法复在巴黎代捕虚无党九人，以献媚于俄。时俄以经营西伯利亚铁路，取给法资过多，经济界偶来恐慌现象，法又以五亿法郎国债，代为救济，两国亲善，机会益熟。

法俄亲善之机会既熟，于是法之总统游俄，俄之皇帝答聘至法。两国元首周旋之结果，法俄同盟遂于一八九一年告成。翌年复订军事协约。法俄正式同盟内容，至一九〇一年，方揭载于各报纸。其大要如下：

俄法两国之一，受他国攻击时，二同盟之一国，须举其海陆军及经济上之力以互相援助；若二同盟国与交战国媾和时，非经同盟国双方协议，断不单独与交战国缔结和约。

俄法同盟要着，以军事密商为前提。密商之大要：凡他国对于同盟国双方之一下动员令时，同盟国双方亦皆下动员令，是盖默认德意志为假定敌人矣，但不公然揭之于世耳。一九一二年八月五日，法之内阁总理普嘉赉（后为总统）诣圣彼得堡会俄皇尼古拉二世，同立海军新协约，以匡同盟之不足，俄法同盟于是完成。

俄法同盟既成，不啻予德意志一大打击。迨英吉利加入而成英俄法三国协商，其范围益广，而团结力亦益厚，特纵横捭阖之谋，终属破坏和平之祸根耳。

第四节　英德争执之由来

英德国际关系，本无恶感，益以种族之同系，姻娅之式好（英女王维多利亚之夫阿尔勃脱为德人，德皇威廉二世之母为维多利亚之女），二国固亲善者也。自普法战争以迄德意志联邦之成立，英恒袒德。终俾士麦柄国之日，英德从无间言。英以为德国纵横行欧陆，无碍于英之海权，故无所虑于德也。及威廉二世践位后，忽变俾士麦所行之政策。时德意志之人口日渐增加，其商务日渐扩充，国势之蒸蒸日上，一日千里。威廉二世固野心勃勃者。向者俾士麦以普鲁士冠德意志，再以德意志霸欧陆；今威廉二世更进一步，竟欲以德意志而王世界。而所谓世界政策者，实在海外之发展，以伸拓其版图。然德意志为后起之雄，举目四瞩，海外殖民地已先为人捷足先占。世界各国得殖民地最多者莫英若，英向以海王自豪，在海面者，莫不仰其鼻息。今德欲实行其政策，自不得不侵犯英之势力，此两国芥蒂之所自来也。

英吉利以地势之险要，乘欧陆频年多故，攫取海外诸地以为藩属，而使强大之舰队连贯而保护之，故其国旗遍天下；英人常夸大英帝国内无日没处，良有以也。或有询于英人曰："英之攻城略地，凌弱欺小，得为文明国乎？"英人必答曰："英吉利三岛所产之山薯，不足以供三岛人民之食，故不得不求之海外属地以为灌输。"故无论何国，苟欲与英争衡于海上，英誓必弃之，是以西班牙也，荷兰也，法兰西也，相继受挫矣。今也德意志扩充其海军，有加无已，无非欲与英国颉颃于海上。威廉二世尝曰："德意志之将来在海上。"英德战机，已伏于此。

英德第一次之仇视，实见端于一八九六年威廉二世贺南非共和国总统克罗干战胜千米生之电文。夫千米生者，英人也，千米生之率队犯南非共和国，其为受英之指使无疑。且一八八四年之伦敦会议，南非共和国外交之权，当属于英国，今忽有此电文，如众炬突燃，震眩一世。英人愤恨之声，亦自是始。厥后南非英脱之战，德显然袒脱，使德于是时而即有御英于海上之能力，则英德之国交，已早以破裂闻矣！

自是英德二国，皆日以扩充海军为职志。一八九八年，德之海军费扩张比例，皆以英国为标准。其时对于英国之比例为一对于六；一九〇〇年，乃为一对于四八；一九〇四年，乃为一对于三五；至一九〇六年，乃为一对于二九之比例矣。逮夫大战之初，则几与英国等，更进一步则超于英国矣。此英德争执之由来，而即英法趋于接近之原因也。

第五节　德人之经营巴格达特铁道

巴格达特铁道问题，实为英德冲突之又一原因。德人经营东方，其规模之最大而又最猛者，莫此铁道若：其小者，则有小亚细亚米索波泰米亚及亚洲土耳其诸地，因交通之便利，而实业于焉发展，商务于焉膨胀；其大者，复伸张其势力于东方，以冀与英角逐于波斯印度与埃及。巴格达特铁道之大计划何自来？则以德之世界政策，与伊斯兰教诸国之"大以色兰"主义融洽而成之也。夫东方之土耳其，虽衰颓已极，而一息尚存，若欲巩固国基，非联盟诸伊斯兰教国不可，于是土耳其为之首，以结合波斯印度多尼斯阿尔支利摩洛哥诸国；又诸国者，地适为比邻，跨亚欧非三洲，殆可合而成一伊斯兰教国大同盟，是谓"大以色兰"主义。此主义固美，然有兵而无械，有库而无财；他如交通也，实业也，教育也，商务也，无一足与列强抗衡者。时德之谋近东久矣，借土之助以窥东方，而逞其隐谋；土亦借德之助，以便整理一国之财政，发展一国之实业。一八八三年，果尔池将军受苏丹之聘，教练其陆军。土之士官，转入德国各陆军大学，俾受高等军事教育。希土克来脱之役（一八九七——一八九八），列强拟取此岛充国际共管矣；土耳其一失此岛，则君士但丁堡之险要已撤，苏彝士北岸无从守矣。惟德意志独辟此议。结果，土耳其命脉所系，卒以保全。此则德土两国亲善之由来，而亦两国利益之互相交换也。德皇威廉二世于一八八九年及一八九八年两次游土，以表其对于土皇之尊敬。方其第二次在土时，又作亲善之演说，自称为"以色兰"之良友。设有德人评及土事，亦均加以钳制。德国驻土大使皮勃斯丹男爵操纵土政凡十五年（一八九七——一九一二）。德施行于土之政策而得最大之效果者，即于一八九九年苏丹从德皇之请，以德之资本筑巴格达特铁道是也。巴格达特铁道：起自抱斯福东岸之斯古塔利（亚洲土耳其之极西城，在君士但丁堡之对岸），经阿那多利，穿叨罗斯至阿达那及阿来卜，再绕苛特斯坦南面达木苏耳，沿底革里斯河以迄巴格达特，再由巴格达特南向出巴比伦至卜色拉以讫波斯海湾之瓜唯脱为止境。全路之长凡一千五百英里，沿路两岸每岸之阔凡六百一十二英里，共计凡一万八千平方英里：皆许德人以永享特殊利益，盖德皇海军以外之最重要计划也。尚有名海夹子铁道者：即由阿来卜经叙利亚及海夹子至美咖；该铁道权亦在德意志掌辖之下。方巴格达特铁道建筑之始，德人亦曾请英法共同投资，和者固不乏其人，英终以此铁道之将来，有碍于印度，起而反对之。英外长郎司董宣言曰："凡有欲于波斯海湾以内谋建海军根据地或筑壁垒者，是对于英之利益，有直接之冲突，英必尽全力破坏之。"故德人之招英股者，英人皆拒绝之。时瓜唯脱之酋长，本奉土皇之正朔，至时受英人之压迫，亦反对此铁道之及于波斯海湾矣。要之巴格达特铁道之对于英，实有大不利焉。英俄方和，德踵起以窥印度，且英之视苏彝士运河，如一身之脊髓，以其连埃及印度与英而一以贯之者也，至是亦须仰巴格达特及海夹子两铁道之鼻息矣！

第六节　英法俄三国协商

自克里米亚战争而后，英吉利以岛势之险要，海军之坚强，抱闭关自守之政策，不复与他国相角逐。既而德意志勃兴,争长北海,为英劲敌;而德之殖民及商务,又有蒸蒸日上之势;英国至此,势不能不变其政策;故自一八九七至一九〇七年间,欧陆列强,弃仇相结,而柏林会议所造之均势,为之颠倒矣。此十年间,真可谓之外交变化时期。至此又不得不追溯十九世纪中英法之关系与英俄之关系。夫英与法,世仇也;琼英烈女之焚死,拿坡仑一世之禁锢,友琴路易亲王(拿坡仑三世之子)之阵亡,皆法人所引为痛心切齿而时刻不忘者。其他若印度,若埃及,若加拿大,本在法人掌握之中,英人据而有之,读史者,盖屡见之矣。一八九四年,法国外交总长哈诺多鉴于英之侵占埃及,益报仇英政策,将与德修好。英相沙司勃来与法本不相善,尝谓"拉丁"者,日趋于沉沦之民族也,故亦与德善。英法之冲突,遂见于法勖达之役。

时一八九八年法马西航上校率队据尼罗河畔之法勖达,英政府遂遣吉青纳将军由嘉通发兵拒之。此时两国皆厉兵秣马,以备相见于兵戎,而其结果则竟由两国外交家之调停,互相让步;法退出法勖达而领惠台,使法之非洲属地,由北而西,联为一气,法勖达一役遂寝。调停其事者,法外长代尔喀赛与英外长郎司董也。

法勖达之役,实为英法接近之第一步,盖代尔喀赛之政策,夙以亲英为前提,且为首倡英法同盟说者。英王爱德华七世爱法甚笃,自一九〇一年即位以来,骤变其母维多利亚之政策,专以亲法为事,以为与法提携,则可以保全世界之均势,而制德人之野心也。时日俄两国,方酣战于旅顺,英为日之同盟,法为俄之与国,二国以同盟之关系,似有不得不牵入漩涡之趋势。英法苟牵入漩涡,德必乘此时机,以冀发展其横行天下之野心,故英法二国,断不出此。两国于一九〇四年四月亟行协商,以解决钮芬兰暹罗缅甸埃及摩洛哥之利害关系,所谓英法协商者是也。其关于埃及与摩洛哥,其内容如下:

法国承认英国在埃及之地位,英国确认法国在摩洛哥之利益,同时共保证苏彝士运河直布罗陀海峡之航行自由。

当摩洛哥问题(详后)争执剧烈之时,英人许法以实力之援助,订有密约,大意当法德开战时,英国陆军登陆袭击德国侧部,即英法陆军协定是也;既而英法海军协议又盛传于世,大意谓法国以海军全力集中地中海独当奥意,英以海军全力防德而兼护法。

自英法协商成立以后,代尔喀赛以法跨地中海,则足以兼顾北非之摩洛哥,阿尔支利与多尼斯;然对于沿地中海诸大国,如意大利,如西班牙,尤不得不与之修好。一八九八年,法意两国签商务协约:向两国以关税之争执,频年不解者,今日告一结局矣。寻法承认意之拓其势力于脱里波利,而意亦不再有所求于多尼斯。自是以后,法意两国,虽无实际上之互助,而德奥意三国同盟之因之动摇,则显然矣。一九〇四年则有法西之协约,各画定其在摩洛哥之势力范围焉。

夫英法以世仇而归和好，举世奇之，而英俄之势不两立，亦竟至携手，世事之变幻无常，洵有不可测度者矣。在十九世纪之百年中，英俄之相仇最深，角逐亦最力，盖俄之久窥君士但丁堡而思达地中海，英必以全力阻之，而英之经营印度，俄亦必有以破坏之，故英俄之争点，不在于欧，而在于亚，以其所争之点，有地势毗连之关系也。况日俄之战（一九〇四——一九〇五），以英袒日而俄败，是则英俄两国间之纠纷，似无从解决者也。

自葛赉长英外交以来，继续郎司董之外交政策，即与俄弃怨言好。当一九〇五年之末，波斯国会要求改专制为立宪。翌年七月，戴郎（波京）有一万四千余人，声明不再受王之节制，愿求英使馆保护；王不得已而从国会议员之请，遂于一九〇七年元旦日签一改制约。是年老王卒，其子践位，虽宣言绍述先志，然对于宪法，因有违伊斯兰教之本旨，而又畏立宪党，于是貌合神离，延至九月尚未宣誓。国民大哗，顿呈骚扰之象，英俄遂乘机干涉。夫俄之所以觊觎波斯者，以波斯适当其冲；甚欲假道波斯，以逞其东达印度，西攫君士但丁堡之野心也。而英属印度与波斯间有小国曰俾路支者，英人吸收之而据为己有，故所谓波斯者，不啻北界俄，南界英，而在此两国势力范围之中也。顾俄自新挫于日，元气已伤，且以英在波斯之南，其志终不得逞，而德奥又每饭不忘巴尔干，于是俄遂有与英结合之倾向。俄谚有云："吾友之友，亦吾之友。"盖俄之友，乃指法而言；英既友法，则又为俄之友矣。时英亦以德骎骎日盛，利用时机，故于一九〇七年英俄协商遂告成立。此协商有关于波斯阿富汗条文，其内容之大概如下：

（一）波斯境内划分势力范围三区：北归俄，英不干涉俄之特权；南归英，俄不干涉英之特权；中区波斯自主，两国在波斯之经济利益为均等，不得独占。

（二）俄罗斯承认英吉利在阿富汗之特殊势力；俄国不得派遣驻在官；两国共同恪守商工业机会均等主义。

……

英俄与英法，本水火不相容也，竟释前怨而相协商，无他，有畏于德耳；故无论为同盟，为协商，其效力皆均，正不得以协商故而异视之。英某报曰："英俄法原属协商耳，协商与同盟异也，葛赉则故将协商政策而变为同盟政策，故虽无同盟定名，已有同盟旨趣，因之乃生一定之义务，且有一定之责任，所不同者，不过无正式缔盟之形式耳。"即是以观，可知英法俄协商真相。英法俄三国协商既成，意大利之于德奥，又复不关痛痒，则德奥形势，已包围于英法俄三国之中，至是而欧洲均势，又为之一变。国际之营营扰扰，洵如一棋局也，能不寒心乎！

第七节　同盟协商在摩洛哥之接触

当十九世纪末叶，欧洲列强，以苏彝士河开辟后之便利，有巴尔干之竞殖势力，及北非之争相占领，地中海遂为逐鹿场矣。至二十世纪之初，非洲西北有伊斯兰教国名摩洛哥者，虽奉土耳其之正朔，实拥独立国之虚名。其地北界地中海，西临大西洋，地势险要；且又土地肥沃，矿产丰富。列强垂涎，已非一日。德意志之求尾闾地也久矣，今见摩洛哥之有隙可乘，遂乃蛊惑苏丹（摩王称），得其许可，而投资于其境。然摩洛哥之东邻阿尔支利，法属也；法之图摩洛哥也先于德，如路矿，如邮电，已早握其大半。德法两国之利害，本不相容，至是而冲突遂起。

摩洛哥内地之数部落，以仇视欧人故，数数暴动；摩政府无力禁止，法遣兵剿之，遂乘机占领其地。德意志于此乃有所借口矣！时俄罗斯方新挫于日本，无力西顾；英吉利又以南非独立之战，元气未复。德皇威廉二世遂于一九〇五年三月借英法之秘密协约为名，亲至汤其亚（摩洛哥之沿大西洋海口）谒摩王。德皇承认摩为独立国，礼遇甚渥，是不啻间接挑衅于法兰西也。法方陷于孤立，卒从德请，开会公判。法外长代尔喀赛不愿抗席樽俎，乃辞职；或曰："德皇之压力使之然也。"时德法英美西摩诸国开会于西班牙之阿耳其西拉司。德国代表力争摩洛哥完全独立；英代表则以摩洛哥为一法国问题：两说相持不下。一九〇六年十二月三十一日签约，约存西京玛德利特，期五年。据约：摩人巡缉全国，以法西军官为之长，而以一瑞士军官稽查之；国内立一国家银行，英德法西诸国皆得派监理官干预之；各国在摩之贸易，有同等之机会。至一九〇九年，德法两国，另立分约，以定两国在摩相当之权利，而德国不欲使法独吞摩洛哥之目的，卒告成功。

虽然，法之欲包摩洛哥而与阿尔支利多尼斯成北非之一大属地，其雄心未尝已也。于是煽动其阿尔支利及摩洛哥交界之匪徒，嗾使扰乱，乃得借口武装干涉，突然进兵。一九〇七年，摩兰哈非特率叛军战败国军，入番市（摩京），自称苏丹，以声言能守《阿尔其西拉司和约》，得列强之承认。既而摩兰哈非特被围于番市，不得已向法乞援。是时欧人之在番市者，皆有殃及之虞。法人借此，乃遣士兵数队，统以法将，长驱入番市。城内欧人，始皆出险。旋摩兰哈非特迫于其弟之争位，又乞援于法，而摩洛哥之实权，至是几近入法人之掌握矣。

德见法之势力日拓，始悟为法所欺，即责问法人之违《阿尔其西拉司条约》；然法人始终坚持。是时也，英方有南非之不靖，未能尽力袒法；德人遂乘机要求在摩洛哥之相当利益。法人不允。一九一一年七月一日，德遂遣炮艇"本丹号"驶至阿加第尔以示威。是时驻英之德大使通知英外长葛贲曰："法违约，占领番市，是以有'本丹号'之遣；解决之法，惟以摩洛哥均平剖分。非然者，则于法属康哥画一地以作酬劳耳。"葛贲与全体阁员商酌后，乃复德曰："英法未有先事之协商，故英德关于摩洛哥之事，不能开议。"德以英正多故，势不能顾法，遂又索法在中非之殖民地为摩洛哥外相当之交换品。英财长路合乔治则谓德之要求，未免过甚，恐酿他祸；此七月事也。至九月，德又知俄国内讧未靖，力不能助法，遂以强力索法答复。法不得已与开议。一九一二年三月议定：摩为法之保护国，而守开放主义，许德人自由贸易；法割让喀墨龙数地于德。议既成，德遂归还阿加第尔。

使德而能久据阿加第尔也，既能保护在非之属地，复能夺英在南美之商务，甚至英有之两海边，一由大西洋而地中海而印度而澳大利亚，一由大西洋而南非而南美，皆为所钳制矣。顾德竟犹豫未决者，亦有故；盖英法协约之真相，其实力所至，德未之知，故卒以观望而失机会。

抑尚有进者，德人什九主战，即不战，亦不能不作备战状，以期洞悉法军召集之速率。于是欲下动员令，既又以不能筹得巨款而罢。盖德之财政，实恃外债；英法为德之债主，至期而索偿矣。德商诸美，亦不果。于此并可见德受财政之钳制；英法于美，有经济之私约，致德不能逞其所欲也。

更就此役之结果而论，德法两受损伤：德则摩洛哥所有之利益，尽归于法；法则割去康哥沿喀墨龙二十三万平方千米，人口一百万。惟英人以助法故，使英德之仇，愈演愈深。且此役实为"同盟""协商"接触之焦点，亦即千钧一发之时也。法恃英为后盾，故对德始终坚持，未尝稍让。夫德法以地势之毗连，形同鹬蚌；英以海峡之荫，成渔翁之势；故德法相争，英实坐收其利。况英法两岸之最近者，相隔仅二十英里，大炮之射击力所能及也，英又不得不预为之备。故英法之缔协商，实英之所以自护，亦即借法以御德之意，于法有何补乎？德人哈通尝著《德法战事记》，其首句曰："德法和而天下定。"在德，威廉二世亦未始不思联法以抗英；在法，哈诺多（史家兼外交家即订俄法同盟者）倡之于前，喀煜（曾四掌计政，一任首揆；任首揆时，适摩洛哥役也）继之于后，皆主法德提携，以孤英势者：可见德法又未尝不知己之将为鹬蚌，而英为渔翁也。夫法之所以怨德者，不过一八七一年之败，割去亚洛两州，而法英则为世仇；故法人有倡德以亚洛两州归法，法以南非马特加斯加大岛与德为交换之条件，以冀德法之亲善者。庸知英之爱德华七世郎司董葛贲辈，以灵敏之外交手腕，从中斡旋；复因法之代尔喀赛克来蒙苏普嘉赍等力主亲英；法英联合之时机熟，而法德亲善之说遂熄矣。一九一一年，普嘉赍继喀煜任总揆兼长外交，一九一三年被举为总统，法英自是日益亲密，以迄大战，终成唇齿之交。

第四章
大战之原因二

第一节　土耳其侵入欧洲后之巴尔干

自一四五三年土耳其人占领君士但丁堡之后，势力日拓，旋即蔓延巴尔干半岛，声势大盛。于是此数百年间。欧洲历来崇奉耶教之大小二十余国，不为土耳其所征服，即为其所震迭。迨一六八三年土以常胜之军围维也纳，为波兰王沙皮斯基所败，由是土势稍衰。

十七世纪之末，为土耳其全盛时代之季世。论其幅员：在欧则有巴尔干半岛、匈牙利、倍萨拉皮亚、克里米亚，及沿黑海附近数地；在亚则有自地中海以迄波斯界之全境；在非则有沿地中海之北岸（摩洛哥不与焉）。说者谓尔时之地中海，宛然一土国之池沼。顾土于是时虽有可用之军队，而以之辖辽廓之版图，顾此则失彼，击东则遗西，其难以持久也明甚。是以所辖北非诸省，如脱里波利多尼斯阿尔支利，名虽奉土正朔，而实际则无异于独立。十八世纪时，汉帕斯堡氏据匈牙利。而俄人复乘机而起，以排斥异教，于是黑海北岸之土人，乃不得不被摈矣。

十九世纪初，巴尔干半岛及亚洲之西部尚隶土皇掌辖。然土耳其帝国之地势，适当欧非亚三洲之冲；即其所属之人民，亦不能不以种族文字宗教而异。亚洲土耳其版图之中，若土耳其人，阿拉伯人，苟特人，伊斯兰教徒居其多数者也；若阿曼尼亚人，希腊人，耶教徒居其多数者也。至欧洲之土耳其，则土人居少数，大半为"斯拉夫"族之耶教徒。故近东问题之纠纷，即因巴尔干民族之复杂而起。巴尔干半岛者，世常目之"危险区域"者也，观于近百年来欧陆之多故，罔不肇基于此，信然哉！

巴尔干民族含有亚欧两洲移居之人民，故极形复杂。如塞尔皮亚人，源于"斯拉夫"族，居塞尔皮亚、蒙丹尼格罗、波司尼亚及黑詹果维那各地者也。如保加利亚人，虽以"斯拉夫"语为国语，而属于"蒙古"族，盖由西亚移居于此，与"斯拉夫"族之土人混合而成者也。

罗马尼亚人自以为罗马后裔，则以今日所居之罗马尼亚，即往昔罗马帝国之达西亚省，且所用之文字，亦根源于"拉丁"，实则"斯拉夫"之"伐拉克亚"支与少数之"拉丁"人混合而成者也。巴尔干半岛之南部为希腊，即古希腊旧壤，其居民每以今日之文艺学术，正为高僧矩矱之所留传，且以巴尔干领袖民族自居，第按之实际，则今日之希腊人，虽所用文字为古希腊文之变相，而实与"斯拉夫"人混杂者也。沿希腊数岛之居民，大半为古希腊族之嫡系。阿尔巴尼亚人则为五方杂处之游牧民族，坚忍耐劳，精悍善战，而其中又分耶稣教和伊斯兰教两派，伊斯兰教徒忠于土皇，余则为四散之阿曼尼亚人及犹太人耳。阿曼尼亚人宗耶教，无一定之区域，故所处地位最为卑弱，而常受他族之凌虐者也。犹太人虽亦无固定之疆土，然较之阿曼尼亚人差为优胜，以犹太教与耶教相水火，而伊斯兰教徒能利用之，以与耶教抗；犹太人与伊斯兰教徒之结合如此，故其地位视阿曼尼亚人为胜也。至于巴尔干之商务，皆执自犹太希腊及阿曼尼亚三族居民之手。

巴尔干半岛内，宗教与政治实有连带之关系，甚至种族依宗教而分别。每一宗教团体，能于其所居之地，操行政司法之特权，其首领盖为土皇所承认者也。大都此半岛之居民，皆奉希腊派之耶稣教，其宗旨礼节及组织，皆与俄相仿佛，盖俄希人民，同皈一教。其首领称总牧；总牧之居君士但丁堡者，为土皇所特派，职是之故，总牧常为其徒众所疑忌焉。

统治以上诸族者为土耳其人。其驾驭之力，无非由于征服巴尔干半岛以后之效果，兼之以耶稣教和伊斯兰教两教之不相容。耶教徒之唯一职分：曰服从，曰纳税。且法律上于耶稣教和伊斯兰教两教皆遵土耳其之制，不得处平等地位；举凡重要职务与海陆两军，无任用耶教徒者。

土耳其为专制帝国，苏丹（土皇称）独裁，设国务卿以辅行政，且有"以色兰"（凡奉伊斯兰教正朔之称）盟主牧长以传其意旨。全国分若干行省，每行省设一总督以治理之。土耳其政治腐败，财政紊乱；法纲不举，贿赂公行。在内，酿成国人之革命；在外，引起列强之干涉。说者谓巴尔干诸小国使不自相屠戮，或欧洲列强分肥而匀，以土耳其当日尳尴之现象，其能免于灭亡乎？然则土国得延此一息者，盖亦幸矣。

十九世纪前叶，英俄两国最注意于土事。夫俄之所以垂涎君士但丁堡者，以其为地中海之锁钥，一旦据有其地，可借以经营四方之贸易，且得自由驶行船只，以达雄霸地中海之野心也。矧巴尔干诸民族，大抵与俄有同种同文同教之关系，是又为俄人所易借口也。

英人对土之政策则反是：彼以俄人苟占有土耳其，则其势力范围中之印度埃及，不能一气联贯，而时时有堵截之虞；且俄人而据君士但丁堡，则必与英人角逐于地中海，虎咒出柙，不可复制，此其事为英之所不欲，又彰彰明甚。是以英之于土耳其，始终以保全其领土为职志。当日英吉利对于近东之政策，盖如是也。

第二节　希腊独立战争

巴尔干人民受法国革命之影响，复经数世纪以来土耳其之压制，蠢蠢欲动也久矣。一八二一年，希腊首树革命之帜。英国著名诗人摆伦投笔请缨以应之，一时希军声势大盛。然经数年之血战，希军卒以众寡不敌，行将颠仆；英俄法联军以保护希腊文化为名，起而干涉。一八二七年，英俄法土四国代表会议于伦敦，要求土皇停战。乃会议未及终了，适联军歼土耳其舰队于那伐利诺。时英军恐土耳其灭亡，不利于英，遂退出联军团体。俄法二军大破土兵；俄军长驱向土耳其进发；法军逐土人出麻利亚（希腊南部）。土皇乞和，签《阿突利亚堡约》，许希腊完全独立，时一八二九年也。

塞尔皮亚亦时起革命，自希腊独立后，遂于一八三〇年亦得地方自治，惟必奉土耳其之正朔耳。

第三节　克里米亚战争

希腊独立战争结果，俄罗斯虽未得大偿其欲望（俄曾得高加索数地），然于巴尔干半岛，已殖广大之势力；盖由其地之居民，大半为"斯拉夫"族，俄人于此，借同种之名，不难假保护两字为口实。且俄对土之唯一目的，即为占君士但丁堡；君士但丁堡而入其掌握，则俄之舰队可由黑海而至地中海。俄意欲与英平分土耳其，英以利害关系拒之，俄皇尼古拉一世遂单独进行。

一八五〇年，适耶教之"罗马""希腊"两派僧侣因柏来斯丁圣地管辖问题而起争执，柏来斯丁者，土之行省，耶稣诞降之所也。各处教徒进香，源源不绝，由来已数世纪矣。争执既起，俄以属"希腊"教故，要求土政府予俄以在土境内保护希腊教之特权，土皇以俄干涉其内政，不之应。一八五四年，俄遂对土宣战。

此役也，英以抵制俄之南下，起而助土。法因俄帝尼古拉一世不承认拿坡仑三世为法帝，且拿坡仑一世之受挫于莫斯科，引为憾事，乃亦挺身袒土。比特蒙（时加富尔当国）乘此出兵，俾将来得列席和会，以促成意大利之统一，亦复加入联军。时则奥大利以守中立故，大触俄人之怒；俄人之意，以为一八四八年匈牙利之革命，曾助奥以平乱，今俄遇劲敌而奥乃作壁上观，两国之仇，由是而始。至普鲁士，以观望故，亦守中立。

联军先攻克里米亚，以绝俄军黑海之出路。寻联军陷西拔司笃卜尔（克里米亚要塞），俄军渐不支，联军亦无再进意，双方遂息兵。一八五六年，双方签和约于巴黎，列席者为英法俄土奥普比特蒙诸国。和约规定：黑海为中立区；沿黑海各地，不得筑炮垒；黑海之中，各国皆不许驶行舰队；多瑙河可由各国自由行驶；俄罗斯拓地自多瑙河至摩尔达维亚，得倍萨拉皮亚之一部；否决俄在土保护"希腊"教徒之要求；许摩尔达维亚及伐拉克亚两省之地方自治，惟仍奉土耳其之正朔。

克里米亚战役之结果：土耳其反受其利，且又列席巴黎会议，与欧洲列强抗席樽俎之间；俄罗斯故犯和约，不承认黑海之中立：此皆受战争之直接影响者也。若间接之影响：在俄则释放奴隶；在意则促成统一；在法则增加拿坡仑三世之权势。

第四节　俄土战争

自克里米亚战争以后，摩尔达维亚及伐拉克亚之罗马尼亚人依希腊之故事，拟脱土耳其之羁绊而成一独立国。一八七五年，黑詹果维那之农民，因历受土之苛税及土官之酷待，忍无可忍，起而革命。翌年，保加利亚继起。土政府遣重兵分剿之。斯时耶教徒遭土人之残杀，欧洲各国闻之，咸大怒。俄帝亚历山大二世借口土人残害耶教徒，乃倡议伐土。英及其余各国犹豫未决，俄军遂于一八七七年对土宣战。是年冬，俄军陷波来符那（在保加利亚）。翌年正月，陷阿突利亚堡；方将长驱入君士但丁堡，土皇遣使求和。一八七八年二月，俄土签《圣司梯法诺和约》。据约：塞尔皮亚蒙丹尼格罗罗马尼亚完全独立；保加利亚包罗罗米利亚及马西顿尼亚完成"大保加利亚"；土耳其仍有君士但丁堡及其附近与阿尔巴尼亚。然希腊及塞尔皮亚亦垂涎马西顿尼亚，起而反对"大保加利亚"；英又以圣司梯法诺和约若告成，俄势力必益形扩大；奥亦因欲得沿爱琴口岸，同声否认。于是欧洲列强，皆谓巴尔干问题，乃全欧所关，不可不由全欧解决之。俄以众寡难敌，不得已而从众意，遂于一八七八年开柏林会议。列席者为英俄德奥法意土等国，德首相俾士麦被推为主席，提司来利代表英，高却果夫代表俄，皆会议席上之中坚分子也。会议之结果如下：

（一）《圣司梯法诺和约》完全取消。

（二）塞耳皮亚蒙丹尼格罗及罗马尼亚完全独立。

（三）"大保加利亚"三分其地：保原地得称自治国，惟奉土之正朔；罗米利亚之东部设耶教总督以治之；马西顿尼亚仍属土耳其。

◎柏林会议

（四）奥大利得波司尼亚及黑詹果维那两州之统治权，惟以尚属土耳其为名。奥又得拿维拔柴之军政及商务特权。

（五）英得据居伯罗司岛。

（六）俄以度勃罗剧数地易罗马尼亚所属多瑙河北岸之倍萨拉皮亚。

（七）列强承认土耳其之保全。

柏林会议之结果，未得巴尔干问题之解决，反益增其纠纷。保加利亚自是卧薪尝胆，以冀贯彻其"大保加利亚"之主义。俄罗斯以有胜土之功而无其实，愤而进行其新计划，即一方南下印度以制英，一方煽动巴尔干诸小国以拒奥。至若此次之德意志，一无所得，反以袒奥为俄所恨，惟俾士麦于柏林会议中为之主席，尚得引以为虚荣耳。

第五节　柏林会议后之巴尔干

自柏林会议而后，巴尔干顿成一世界重要问题；所以然者，一为诸小国之相率抗土耳其；一为诸小国之互相仇妒；一为列强之利用诸小国，竞殖其势力于巴尔干。酝酿既熟，遂演成世界大战。

巴尔干诸小国之中，希腊独立最早，盖其时在柏林会议之前。独立成功，国人于一八三三年改国体为君主立宪，迎立巴燕之乌多亲王；然至一八六二年而又废之，以丹麦王克利斯金九世之子承其位，是为乔治一世。后英吉利以伊沃宁岛屿见归（一八六四），土耳其亦让出丹色利（一八八一），版图遂渐扩大。乃希腊犹以为未足，缘有希人所居之数地尚奉土皇正朔，若马西顿尼亚与爱比路司与爱琴岛屿者，正不一而足；而克兰脱居民几全为希人，屡谋脱土人之羁绊而不果。至一八九七年，希腊对土宣战，卒为所败，志不得遂。一九一〇年，克兰脱领袖梵尼瑞洛司为希首相。梵生平所抱政策，一为力图希腊民族问题之解决，一为怂恿巴尔干诸小国合纵以抗土耳其。

塞尔皮亚与蒙丹尼格罗之独立，得自柏林会议者也。初，塞之掌政权者有两族：一曰喀拉乔治维起，一曰屋勃来诺维起。当一八〇四年时，喀氏起义，谋塞尔皮亚之独立而不成，至一八一五年，屋氏踵起，屡败土军，卒于一八三〇年获得塞尔皮亚之地方自治而为之首领。数传至米兰，以柏林会议之结果，既得完全独立，遂于一八八二年晋号为王。米兰崇尚专制，且好亲奥。一八八五年为保军所败，民心蠢动，乃许国人改良宪法以缓和之，然至一八八九年卒为国人所废。其子亚历山大即位，厉行专制，甚于乃父，至一九〇三年遭暗杀。国人迎喀族之彼得为王。彼得改良宪法，易亲奥而为亲俄，而奥人之势力尽失，波黑两州，塞民族所居之地也，柏林会议结果，奥获得两州之统治权，塞人对之，耿耿不忘。而两州人民，秘密结社，以图反抗，塞政府复予以援助，促其革命，意欲举波黑两州归还塞人。奥大利乃抵制塞人货物之进口（一九〇五）以困塞，盖塞向以豕类及农产物为出口大宗，恃法奥为行销场，一旦受奥抵制，塞人自必受困，而奥之策略胜矣。一九〇八年，奥皇正式宣布波黑两州并入奥国，而塞人仇奥之心，至是乃更进一层矣。蒙丹尼格罗，塞之同种国也，其领袖尼古拉于柏林会议后称王号；所抱政策，视塞尔皮亚为转移。

与塞尔皮亚蒙丹尼格罗同时得完全独立者，又有罗马尼亚。国王加罗尔及王后以利沙伯虽为德人，深受国民之爱戴。后尤以文学著，尝以喀门特西尔伐别号署签题，著作宏富，一时传诵。至其对外发展，一如其余诸小国。俄之倍萨拉皮亚，奥之蒲古维那及德兰西耳伐尼亚，其居民泰半为罗人，时时欲归己有者也，然与俄奥抗，力实不敌，只能徘徊观望，以待时机而已。

巴尔干诸小国中，维保加利亚之独立为最晚。初，保加利亚赖俄人之助，宣布自治，而俄人在保势力，亦因之日益扩充。且保王亚历山大又与俄皇有连，重以军政长官之显要者，皆俄人充之。青年志士日睹大权之旁落，愤眦欲裂，咸谓保加利亚者，保加利亚人之保加利亚也，斯言出而俄保之衅肇其端矣。一八八五年，保人之居东罗米利亚者，违柏林和约而叛归保国。俄皇以事先未尝与闻，深恶保人之专擅，乃撤回其在保之军官，使保军失其统驭，以为惩罚之地。塞尔皮亚见机可乘，乃大举侵保。保人虽失统将，而骁勇善战，卒破塞兵。保既获胜，废亚历山大，立德人斐迭南（一八八七），而保之亲德自是始。一九〇八年，保加利亚正式宣布完全独立，斐迭南乃称王号。自是而后，保人专谋国外之发展，意欲由马西顿尼亚而达爱琴海，盖其地为保人所夙昔觊觎者也。然是事也，非特见阻于土，且又见阻于希塞，而异日保与希塞之争端，可于此预卜矣。

土耳其自柏林会议后，虽疆域日蹙，犹不失为老大帝国，惟各国对土政策，骤为一变。俄以俄土战争之结果，虽胜而不获利，遂弃巴尔干而觅新机会于远东，终酿成日俄之战。英以攫取埃及苏彝士运河故，亦失睦谊于土。德意志势力，遂乘机侵入。德自俾士麦罢职后，政策亦为一变；向之视土耳其为无足轻重者，今则威廉二世之视线，专注于此。巴格达特铁路也，果尔池将军之教练土军也，皆德土两国亲善之效果。时土内政紊乱，财政竭蹶，巴尔干叛离诸国咄咄逼人，欧洲列强，又无不争先恐后，以封殖其势力：国势濒危，莫此为甚。且苏丹哈米突，暴君也，怙其专制之淫威久矣，国人忍无可忍，遂酿成一九〇八年之革命。

土耳其青年志士，往时游学欧西，俱吸受法国革命之空气，羡人民自由之精神；归国之后，组成统一进步党，固日夕以改革政治为宗旨者也。一九〇八年六月二十三日，党人以军队之援助，逼令哈米突复一八七六年之宪法（哈米突于一八七六年即位之初，即订定宪法，二年后废之）。哈米突阳奉阴违，党人卒圈禁之于萨洛尼加，迎其弟摩哈默特五世践位，土耳其君主立宪，始告成功。新政府之下，举凡伊斯兰教徒耶教徒犹太教徒，皆受同等法律之待遇。然执政诸青年（统一进步党员），常以厉行土化主义为己事；土化主义者，即集各省行政之权于中央，各学校中，又以土文为强迫科者也。顾土国版图中之诸异族，本有地方行政之独立，至是反受束缚。于是阿尔巴尼亚、阿剌伯、马西顿尼亚、克兰脱先后叛乱。欧洲列强之在土耳其，如领事裁判权，如关税权，如宣教权等，本有特殊之势力，至是尽为土执政青年所恢复，尤不免触列强之忌。时奥乘机夺波黑两州（一九〇八），保亦正式宣布独立（一九〇八），意则占脱里波利，启来乃加，爱琴岛屿，是谓意土战争（一九一一）。初，德以与哈米突同好恶，见弃于土之执政青年。迨列强压迫日烈，德忽挺身而出，土耳其瓜分豆剖之祸，方得以免；而德人在土之势力，不特尽行恢复，且蒸蒸日上矣。

第四章 大战之原因二

第六节 巴尔干战争

巴尔干诸小国鉴于土之日趋倾颓，由希人梵尼瑞洛司之主张，组织一巴尔干诸国攻守同盟，以对付土耳其。一九一二年，希保塞蒙四国要求土政府许马西顿尼亚自治，土不许，战事遂起。时列强因摩洛哥形势严重，危机一发，遂无暇干涉。

土耳其四面受敌：蒙人攻阿尔巴尼亚；塞人掠北马西顿尼亚；希人击南马西顿尼亚；保人窥脱拉斯。保将萨服夫身先士卒，掠取基克基利塞，复大破土军于罗尔菩加斯，土军退守却泰嘎以保君士但丁堡。同时塞军于西占不里司抵那，拿维拔柴，摩那斯抵及窦拉孰；希军陷马西顿尼亚南部，占萨洛尼加及爱琴海内数岛屿。各国经英外长葛贲之调停，于一九一二年十二月三日签休战约于伦敦。然此约未能发生效力，因土不愿交阿突利亚堡于保及爱琴诸岛于希。翌年二月，战事复起。希人进占耶尼那；保塞联军攻陷阿突利亚堡；蒙人亦同时猛攻斯古塔利，于第二次休战期内陷落之（一九一三年四月二十三日）。一九一三年五月三十日，参战各国代表齐集伦敦，签订和约，即所谓《伦敦和约》是也。此约之结果：土耳其除保留君士但丁堡及邻近诸地外，几已逐出欧洲；克兰脱割归希腊；爱琴诸岛及阿尔巴尼亚容后定：是谓第一次巴尔干战争。

第一次巴尔干战争之结果，巴尔干诸小国获完全胜利；然以权利之分配未均，各小国间又发生莫大之波折。保加利亚以首功而索马西顿尼亚全州。然希之觊觎萨洛尼加，已非一日；塞因奥之干涉，不能收战胜阿尔巴尼亚之果，至是亦欲得马西顿尼亚之一部为交换品；罗欲觅沿黑海之一海口，以偿其素愿：故皆不之允，战争遂起，所谓第二次巴尔干战争也。是役以保为众矢之的：塞蒙两军攻其西；希犯其南；罗窥其北。保军经数次血战，卒以众寡不敌而败，土亦乘机夺回阿突利亚堡。各国因奥之发起，开和会于罗京蒲加来司脱。一九一三年八月十日，约成：希得马西顿尼亚之南部；塞获马西顿尼亚之西部，且与蒙同分拿维拔柴；罗由保沿黑海画出一边以偿；至保则于马西顿尼亚之沿海地及西脱拉司外，凡第一次巴尔干战争所获之胜利几全丧失。一九一三年九月二十九日，土保签约，所谓《君士但丁堡约》者，土收回阿突利亚堡及东脱拉司。是时巴尔干最难解决之问题，厥维阿尔巴尼亚。塞蒙二国久垂涎此地，且欲分而吞之，然见阻于奥意，卒不果。其所以被阻者，盖不欲塞之得有海口而扩其势力于阿突利亚的克海也。职是之故，阿尔巴尼亚问题，遂成大战前之一焦点；盖俄以种族之关系而袒塞，德亦以种族且兼同盟之关系而袒奥，塞卒以压迫过甚而还窦拉孰，蒙亦还斯果塔利。阿尔巴尼亚卒为自治国，而以德之维德亲王威廉长之，而纷争暂定。

第七节　巴尔干战争后之东欧形势

　　巴尔干战争之结果，保与塞蒙希罗四国之互相仇视益甚；向之一致仇土者，今且同类相残矣。列强于诸小国，既各有袒护，于是巴尔干问题，乃一变而为列强问题。

　　二十世纪初，德奥两国于巴尔干势力，至为伟大。土之于德，唯命是听，宛然一被保护国。巴尔干诸小国，几无有不与德发生关系者：保王斐迪南，德人也；罗王加罗尔，亦德人也；德皇威廉二世之女弟苏斐亚，许字将来之希王康士但丁；塞王亚历山大，一切仰奥皇之意旨：故当时之巴尔干，实"条顿"族势力范围中之巴尔干也。及至一九〇三年塞王亚历山大被刺后，新王彼得，以与俄关系较深，遂倾向俄，此不可不谓予德奥以一大打击。至俄国，则自败于日本以后，远东方面，已无从逞其野心，遂返其视线于巴尔干，且以保护"斯拉夫"族为名，以实行其笼络之政策。德奥两国，见俄人如此，乃行先发制人之计；一九〇八年十月七日，奥违《柏林和约》，正式宣布波黑两州隶诸奥国版图之下。俄以新挫之后，元气未复，不敢猝动。自是"条顿"人之势益强，一时德皇威廉二世威震东西，列强姑避其锋，待诸异日。无何，意土战争起，土失脱里波利，足证意之于三国同盟，无足轻重，而异时之易于脱离盟约，亦于此见端。且意奥两国之仇恨，由来甚深，此为三国同盟之一大弱点，而亦日后反响之所由来也。巴尔干二次战争告终，如前节所述，塞蒙两国拟东拓至阿突利亚的克海边，卒为德奥所阻，不果，自是"条顿""斯拉夫"两族仇视益甚。一九一三年，各国报章，莫不谓欧洲形势，险恶已极，其机一发，必至牵动全局。各国之准备战事，自兹益急：德国增加常备军十三万六千人；法国随之，改二年当兵制为三年；俄国改三年制为三年又四分之一；奥增常备军九万七千人；意亦有重大军政之改革；比则实行强迫从军制；英又密增其海军：各国钩心斗角，惟恐落后。形势如是，欲求世界之和平，其可得乎？故奥储之被刺，不过大战之导火线，其酝酿则固非一朝夕之故矣。

第五章 大战之实现

第一节 奥皇储之被刺

大战见端,起于奥塞两国之决裂,而决裂之原因,又由于奥皇储斐迭南之被刺;斐迭南者,奥匈联邦之继承人也。先是,一九一四年六月间,斐迭南偕其妃霍亨堡女公至波司尼亚观两州之军事演习,两州为何?波司尼亚与黑詹果维那是也。一八七八年柏林会议议决,畀奥以统治两州之权,一九○八年奥竟擅自取归,认为己有。两州之居民皆塞籍,奥之南邻为小且悍之塞尔皮亚,固日夕觊觎此两州,以冀达其"大塞尔皮亚"之目的者也。奥既强占两州,而两国之嫌隙,由是而生。洎凶案既起,刺死皇储者,又为旅奥之塞人,而奥人乃大哗。维时奥皇储偕其妃于六月二十七日抵波司尼亚之首府塞拉约佛,二十八日晨,皇储偕妃由阿不耳码头驱自动车至市会,将至菊木利亚桥,暴徒突向之掷一炸弹,皇储以手拨弹,弹落于后车,伤陆军侍官及行路之妇女。暴徒名喀勃利诺维起,年二十,黑州之塞种人也,操印刷业,当场被逮。迨宴会既毕,皇储出市会,取道弗兰兹约瑟街;此街之命名,以奥国取得波黑二州,始于老皇弗兰兹约瑟之手,奥人以其名名之,所以志不忘也。未几皇储车至弗兰兹约瑟街与阿不耳码头交界之角,而炸弹又飞至,幸不爆裂;暴徒急出手枪击皇储,皇妃以身蔽之,胸腹洞贯而仆,皇储颈部又受弹洞穿,两人同时长逝。刺客名卜林切布,年十七,波司尼亚之中学生,亦"大塞尔皮亚"主义下之塞种人也,立就捕,供词牵涉甚众,皆塞种人。后知暗杀之总机关在塞京贝尔革拉特,主谋者为塞军官;奥人至此,忍无可忍,惊天动地之风云,于是乎起!

◎奥皇储斐迪南

◎被刺前一小时之奥皇储夫妇

　　夫塞尔皮亚之于奥皇储,何以必欲置之死地而后快?质言之,则斐迪南之"大帝国"主义与塞之"大塞尔皮亚"主义,利害冲突,积不相能也。考两主义之由来,实奥匈联邦境内民族复杂之所致。

　　据一九一〇年之调查,其主要之"日耳曼""匈牙利"两族,其人口前者仅一千二百万,后者仅一千万,而奥匈联邦"斯拉夫"族之人口,除波黑两州之居民不计外,已达二千一百七十五万之众;夫以占全国最多数之民族,而受制于少数民族之下,其能甘心乎？且自法兰西大革命以后，革命之风，已充满欧陆，矧匈牙利在往昔，亦尝受束缚于奥大利者，一八四八年之革命，虽因俄援奥，未竟其志，而进行之热忱，未尝或懈；一八五九年，奥败于意法联军；一八六六年，奥又大挫于普鲁士；于是奥皇弗兰兹约瑟，鉴于内忧外患，相继迭乘，遂于一八六七年，许匈牙利独立，奥皇兼摄匈王王号，奥大利帝国，改称奥匈联邦。初，一八四八年之役，波海米亚之"捷克"族，亦欲揭革命之旗而不果，及见奥匈联邦成立，于是南北各"斯拉夫"族益愤，顿呈不安之象。皇储斐迭南，实"三重"主义之首倡者。"三重"主义维何？即合"斯拉夫"各族，组成一自治国，与奥匈鼎足而立，而以奥皇主之。此项计划：对内则各"斯拉夫"族既得自治之权，必感斐迭南之厚德，而愿听其指挥；对外则巴尔干之诸"斯拉夫"族，无所借口而攫取其土地，以扩充己国之版图：是诚高瞻远瞩之政策，而亦斐迭南之绝大野心也。然其时尚有一主义焉，与斐迭南之"三重"主义，势不两立，即为塞尔皮亚之"大塞尔皮亚"主义。此主义维何？即凡塞族所栖止之地，奥版图内之波司尼亚、黑詹果维那、达尔马西亚、克鲁西亚，必夺而归诸塞尔皮亚王国中而后可。时奥皇弗兰兹约瑟，年已八十有四，在位之日，可屈指数，异日斐迭南嗣位，即"三重"主义实行之期，故塞人必死斐迭南而后已也。

或曰，斐迭南英明有大志，苟一旦嗣位，则满朝群僚，断不敢以向日之弄老皇弗兰兹约瑟者弄斐迭南；故斐迭南果行践阼，必群僚所不愿。或又曰，斐迭南之死，其主谋出于维也纳；一九一九年，皇妃霍亨堡女公之宗教顾问某，尝述塞拉约佛之惨剧，谓皇储之死，实由于维也纳之诸亲贵及匈首相铁察之阴谋。然则皇储之死，除奥塞间之关系外，奥与匈皆不能无嫌疑焉。其说不一，姑并志之。

奥皇储斐迭南之妃，有名苏斐亚而氏秋丹克者，"北斯拉夫"族之"捷克"支人也，为伊萨蓓拉公主之女侍官；斐迭南恋之，遂与订婚。又伊萨蓓拉之女，曾欲许字斐迭南，不幸而中变，女常郁郁，及他适后，卒为女僧。惟奥人对于斐迭南与苏斐亚之结婚，不能无异议，谓苏斐亚非皇族，断不能以非皇族之女，而为异日之后。老皇弗兰兹约瑟，于其储之偶苏斐亚，初不之允，继以斐迭南求之再三，方如所请；惟必诏告国人，将来斐迭南嗣位，决不奉苏斐亚为后；苏斐亚所生之子，决不能嗣异日奥皇之位；斐迭南亦勉从之。然考匈牙利之旧制，苏斐亚亦可为后，只以其属之"斯拉夫"族而恨之耳。乃苏斐亚自嫁斐迭南后，命途日佳：越五年，老皇锡以"殿下"之尊称；又越四年，竟赐以霍亨堡女公爵；嗣后一切礼秩，甲于贵嫔。当时维也纳人民，莫不啧啧私议，老皇崩后，斐迭南即位之日，其第一事即册苏斐亚为后，昔日之誓，或不免食言。以此可见斐迭南之"三重"主义，虽曰其政策，其野心，亦未始非由恋爱苏斐亚之一念而起。

◎奥皇弗兰兹约瑟

奥皇储斐迪南，老皇之弟卡尔路易之子也。其死也，汉帕斯堡皇族，增一惨史；奥老皇弗兰兹约瑟又添一巨创。夫弗兰兹约瑟者，非为十九世纪欧洲大改革后愁遗之一老乎？并世英雄，什九物化，彼则虽经奥意，奥法，奥普诸役之败绩，而坐镇泱泱大国如故；虽经匈牙利波海米亚之变，而拥九五之尊又如故。在弗兰兹约瑟，不可谓不幸！然其弟麦克西米伦伏诛于墨西哥；其子鲁铎尔夫暴卒于猎舍；后伊里沙伯游幸日内瓦，又被刺于无政府党：帝王家所受之惨祸，古今中外，罕有其比。今则皇储夫妇又遭横死，于是老皇忍无可忍，欲以此事为借口，俾师出有名，灭塞以杜后患。当奥塞决裂时，《日内瓦日报》主笔伐尼安亚传弗兰兹约瑟之言曰："以奥大利之国势，举足重轻，何不保持和平，以弭世界之大祸；且以弗兰兹约瑟之行将就木，何不仗义而前，为举世之仁人；计不出此，而燃导火线于世界，不大可惜乎？虽然，事亦有出于不得已者，以待千秋论断可耳。"鸣呼！

◎宝珠顿行宫

第二节　奥塞之决裂

　　自奥皇储被刺之噩耗传来，欧洲各国，莫不震惊失措，盖咸料大祸之酝酿已久，爆发之期，已在眉睫，且尔时奥塞之关系，已一变而为"日耳曼"与"斯拉夫"两大民族之问题矣！俄之于塞也，名虽同族，顾其南牧巴尔干之野心，无时少戢，至是时会之来，有所借口，势不得不尽吾力以助塞。若夫德之于奥，则以同种同盟之关系，又不得不为之后盾。"日""斯"两族，一旦接触，而均势问题于以生。均势问题者，"同盟""协商"之接触点也；于是全欧几皆卷入漩涡中矣！

　　奥塞关系，既牵动欧洲全局，于是"同盟""协商"两方面，各事布置，以为万一之备。七月五日，德皇威廉二世召集海陆军首领外，若"克虏伯"炮厂总理，若财政要人，若驻各国德大使等，开军事会议于宝珠顿行宫，所议秘密。传说会议结果，先以外交取胜，以增进德意志之威权，文不能取胜，则继之以武，是皆各军官所一致渴望者也，德之方针于是决。或曰，奥之最后通牒，实此会议之所促成也！六日，德皇忽出巡游于挪威海滨，以为消夏计，盖德皇于每年盛暑时，必出巡游；当此夏日炎炎，忽言出游，此尤足以表示其雍容无事之态度，而使人不疑也。二十日，法总统普嘉赏偕国务总理维维亚尼访俄帝尼古拉二世于圣彼得堡，会商军政要务，与外交上之一致行动。同时英之海军，大演习于北海。"同盟""协商"，各有盘马弯弓之概，故至奥之最后通牒发出，与夫塞之严行拒绝，而大战作矣！

◎战云密布时法总统之访俄皇

　　在全世界注目之奥京维也纳城中，时则有示威运动，遍地皆是。"日耳曼"学生三百人，围塞尔皮亚之使馆，而焚其国旗，毁其器具。皇储遗骸运归都城时，学生结队迎迓，慷慨激昂，欢呼震地。其最激烈者，则为波司尼亚首府，凡塞人所设之商店，被毁百三十余家，学生结队游行，均首插红旗，大书"爱国"二字，同声高呼，誓不与塞人共天地。至塞京贝尔革拉特，塞人于奥，亦复裂眦嚼齿，握拳透爪，以图一逞；甚至驻塞奥领事之被鸩，报章论调，不复以严究罪人为事。迨七月二十三日，奥以暗杀皇储者，虽人为奥民，地为奥地，而主谋之处，则为塞都，塞政府之查办，其结果不过敷衍塞责，乃遂对塞发最后通牒，限四十八小时答复，其内容如下：

（一）塞政府当治排斥奥国者之罪，并保证以后不再发生此种事变。

（二）塞政府当于官报宣言，申明排奥之失当。

（三）塞政府于凡加入排奥之官吏军人，当表示歉意，并须一律罢免之。

（四）塞政府须严行处分暗杀事件之罪人及与此案有关系者。

（五）塞政府当立即通知塞王，将此宣言晓谕各军。

（六）塞政府当严行禁止刊行排奥报章及别种印刷品。

（七）塞政府须解散"纳洛德那奥特勒拉那"之秘密社，并禁止将来复组织此种排奥性质之团体。

（八）塞政府当严行禁止排奥教育。

（九）此次暗杀皇储，隐有关系之军人官吏，须一律罢免，并严重处罚；其关系人之姓氏，须由奥政府指定。

（十）处分犯罪人，奥政府须派代表至塞国，为共同之裁判。

（十一）塞政府当于奥皇储既被刺之后，说明其在国内外当道之言行。

塞政府以第九第十两条，与塞之独立生存有关，且谓奥政府而未能满意，可交海牙平和会公判之，否则取决于列强之会议。不谓答复至奥，奥政府意殊未餍，遂令驻塞公使，即日归国，而驻奥之塞使，亦畀以旅行券，促令离去；于是双方大下动员令，至二十八日，奥遂向塞宣战矣。

初，英外交总长葛赉于月之二十四日提议于驻伦敦德法意各大使，调停奥塞之争端，开会议于伦敦。时意先赞成，法亦允诺，而德使独否认。盖德以奥塞之交涉，当由奥塞两国自决之，葛赉之提议，不啻如仲裁制；且俄以袒塞而俄奥之龃龉生，势亦必由俄奥请求而后可，否则不能避越俎之嫌。至二十七日，德政府电其驻英大使里企诺夫斯基亲王，使通知英政府，谓德不能坐令同盟国与塞尔皮亚之争端，一听列强之公断；若俄奥有开战之虞，则德愿调停其间耳。同日，又电谓德已劝告奥政府，与俄国自相交涉云云。翌日而第三电又至，则谓已得奥外长勃企杜特之答复，深惜其劝告之已晚，吾国已与塞开战矣。要之，自奥皇储被刺之后，奥之最后通牒，几及一月始发出，此一月中，德奥两国，已胸有成竹，且侦知尔时之列强，英则有爱尔兰独立问题之纠纷，俄则有罢工风潮之日益汹涌；至于法，则全国人民方竭全力以反抗其三年从军之新制，其政府又复审判与政治极有关系之"飞加罗"报馆主笔加而曼脱谋毙案（杀加而曼脱者，前国务总理喀煜妻也，世传加欲宣扬喀之隐事，喀妻因杀之以灭口，酿成大案），警报迭来，自顾不遑，况是时总统总理，远游俄都，协商机密，宁非"同盟"一方之绝好时机！至"协商"一方，塞之敢于毅然拒绝者，实恃有俄法英三国为之后盾。若夫俄法：一则虽败衄于日，而元气已复；一则虽见挫于普，而军备已充。英则以海上舰队甲天下，纵令德人急起直追，而仍有望尘莫及之虞。矧乃"协商"新成，精神团结；益以地势之险阻，财力之雄厚，乘此以蹶德，其时会正不可复得！两方盘旋已久，一旦奥塞决裂而"同盟""协商"，如箭离弦，如刀出鞘，势已不可复止。战衅一启，即偏小如蒙丹尼格罗，亦以与塞人同种，有唇齿辅车之谊，亦于月之二十九日向奥宣战。

◎塞王彼得

◎蒙王尼古拉

第三节　德俄之宣战

奥塞既宣战，于是全世界之视线，突由多瑙河而移于肃佛河；换言之，即集于维也纳与圣彼得堡两地耳。盖俄不对奥宣战则已，对奥宣战，德必起而助奥，致牵全欧于漩涡中，此势所必至也。七月二十五日，奥塞邦交决裂，俄皇尼古拉二世即召集御前会议，议决下半部之动员令，俟奥一攻塞，令即随下。二十七日，俄陆军总长告驻俄之德陆军随员，谓吾国虽已为军事之预备，然动员令尚未下，苟奥国一旦侵入塞境，则吾国当于邻奥之军区，立下动员令，而于邻德军区则不尔，此即二十五日御前会议所议决者。至二十六日，奥政府下半部动员令。二十九日，俄以奥既对塞宣战，遂下半部之动员令于邻奥境内。同日，威廉二世乃自挪威海滨归。二十八日，德对塞宣战。是日晚，德皇再召集紧急会议于宝珠顿行宫，终宵讨论，向明方已，于是对俄对法宣战遂决。法总统普嘉赉及内阁总理维维亚尼亦于是日归巴黎，总理宣言，与俄国取一致行动，盖预有接洽也。是日驻俄德大使波塔来司告俄外长萨绍诺夫，谓德国欲担保塞国疆域之安全，奥政府必能实践其言，不至失信。萨绍诺夫驳之，谓塞国虽幸而保存，亦必降为奥国之附庸，俄政府而加以容忍，则民情愤激，势必乘间革命，俄政府之不能不俯顺民意者以此。既而奥见俄之态度强硬，愿开和平谈判。至三十日下午一时，德皇闻俄已下半部动员令，致电俄皇曰："闻贵国已下动员令，此举危险已极，使朕居中之地位，亦为动摇矣。"三十一日，奥以俄丁毗奥之地下动员令，亦下全部动员令，以为抵制。俄闻之，又遂下全部动员令。是日下午二时，德皇致俄皇电曰："若俄不立即取消其动员令，则破坏和平之责，俄当负之。"同日晚十二时，德遂发出最后通牒，限以十二小时答复；时间既促，词复激烈。如俄而果接受此牒也，则一等强国之令名，必为所损。无何，俄皇覆德皇曰："尔我之渴望和平，彼此同心，愿继续谈判，不致孤注一掷。"德皇以其词气含糊，认为缓兵之计，遂再电俄皇，促其切实答复，俄置不理。八月一日，德皇遂下动员令。令既下，全国民政，不数小时，皆移于军官掌辖之下。同日，德遂对俄宣战。

◎德皇威廉二世

◎英王乔治五世与俄皇尼古拉二世

第四节　德法之宣战

当德对俄宣战之前一日，德政府致电于驻法德大使许恒，使询问法政府意向，谓德俄不幸开战，法究取何等态度，并限十八小时答复。八月一日，法国务总理维维亚尼最后之答复，则谓法国态度，当视其利益之所在而定。德法谈判既竣，法遂于是日下全部动员令。二日，下戒严令。三日，德借口法飞机盘旋于德境内，抛掷炸弹，损伤威塞尔、哀弗尔、喀尔司路安、牛伦堡等处，又谓法飞机在比境内，尤破坏比之中立，至是而德法又复宣战。

此时之法，元气虽已恢复，然单独御德，力有所不敌，其所以毅然决然与德战者，以有英俄之助，及意大利之观望也。外交既妥，于是国内之谋毙报馆主笔案，亦轻率了之，以一致对外。被告喀煜夫人，竟判决无罪。

◎法总统普嘉赉

当战云密布之际，德法之社会党，无不主张弭战。法有晓来斯其人者，为全世界和平主义之首倡，人皆奉为先河者也。晓来斯善辞令，演说时口若悬河，听其言论，莫不为所感动。且彼于巴黎《人道》日报鼓吹弭兵外，复随地演讲，以冀保世界和平，人类幸福；即至战衅已启，犹欲运动全欧工界，立时罢工以抵制怀抱帝国主义者之侵掠政策。不谓三十一日晚，晓来斯方出自《人道》报馆，偕二三友人，小饮于蒙麦脱街之

"克鲁阿乐"咖啡馆,举杯祝世界之和平,而突有暴徒者出,乘其不备,连发手枪,一倏忽间而读破万卷富于思想者之头颅,已饮弹而仆,至是而世界和平之保障,可谓全撤矣!暴徒名维兰,立就捕,或谓维兰此举,实受当轴侵掠家之嗾使。未几而德之社会党,除里勃克耐希脱等之少数共产党外,多数左袒政府之宣战,而法之社会党亦加入"神圣团体"。"神圣团体"者何?即无论为保王,为共和,为社会,当国家危急之秋,亦复消除意见,归于一致,勠力对外是也。夫如是,而世界之和平,益不可得矣。

第五节 德之假道于比利时

德对俄法既宣战,其军事上之唯一计划,对俄利用守,对法利用攻。盖俄远处东隅,地尽空虚,且冬令将届,一旦深入其境,则不免蹈昔日拿翁之覆辙;惟专用守势,则可殚其全力以攻法,法败则俄无能为,而英亦随之屈服矣。顾法毗连德国之地,山河险阻,道路崎岖,其所恃为固围者,又复坚垒深沟,形同金汤,攻之亦非易易;且其北境,则与比为邻,防御懈弛,苟假道于比,则如迅雷之不及掩耳,法人于此,防不胜防,德之操胜算也,如左券矣!德之军事计划既定,遂于八月二日占卢森堡大公国。是晚,德要求假道于比以袭法,比拒之,且宣布。戒严,准备战具,英法军官,分布险要。五日晨,比恃英法之援,与德决裂,五日午,德军进境者达三十万。

比利时之中立,于此大战最有关系,不可不补述之。一八一五年,维也纳会议结果,联荷兰比利时而为一国,称荷兰王国,以奥兰治族人为之领袖,盖欲限制法国或他国之吞并也。惟此新王国种族有二:一为"弗拉蒙",倾向于荷,盖系于"条顿"族者也;一为"伐龙",同情于法,盖系于"拉丁"族者也。一八三〇年,比利时革命,列强亦遂承认其为独立国。一八三九年,英法俄奥普五国签约,担保比利时为永久中立国。一八七〇年,普法战争起,英相克兰斯顿与普法分签特别条约,以担保比之中立。一九〇七年,海牙平和会复申明中立国定例曰:

(一)中立国之疆界不得侵犯;

(二)中立国不得假道以输运交战国之军队。

由是以观,比利时之中立,各国所不能侵犯者也。大战之前,德人于邻比之区,建筑轻便铁道,德人虽以商务为名,而掩饰其非,终不能释人之疑。至大战之始,比国各要塞发见英法军官,是各国之对于比之中立,早已胸有成竹也。德相荷尔惠克在下议院宣言曰:"德军已假道卢森堡(其永久中立,为列强于一八六七年所承认),今又将假道比利时,其中立固不能侵犯,然德不假道比以攻法,法必假道比以攻德,若法先假道,则德军之厄运立至,法可待而德不可待,故宜先发以制人,且事有出于不得已者,讵尚能以法律束缚之乎?矧夫假道之策,乃为暂时计,战争一了,即可恢复原状,我德固负赔偿损失之责也。"据荷氏之宣言,德之犯比中立,彰明较著,故卒为世人所借口。德比既决裂,德军径袭,以为指日可下。然比人抵抗力之充分,出乎德人之所预料,而作战方略,因之顿挫。迨法国防守完成,"协商"已占优势,战争延长,皆从比利时抵抗而生莫大之影响也。

◎比王阿尔倍

第六节　英德之宣战

八月四日,德军长驱直入比境,比王阿尔倍遂乞援于英法俄三国。英外长葛赉电英之驻德大使哥斯镇,责问德政府侵犯比之中立,要求德军立即退出,若置之不理,即请发归国护照,英政府当尽全力以维持比之中立,盖一八三九年五国签字之条约,英亦参与其中者也。德外长耶果谓英使哥斯镇曰:"德军队已入比境,不能收回。"英政府闻之,遂于同日晚十一时对德宣战;驻柏林英大使哥斯镇返英,驻伦敦德大使里企诺夫斯基亲王返德。十余年来利害不相容之英德,终见诉于武力以解决之矣!

英之对德宣战,自表面观之,伸正谊,扶弱小,始终保护比利时之永久中立,振振有词,名正而言顺也;不知其所以宣战者,实有最大之生死关键在!前节所述邻比之法境,防卫空虚,比守中立,足以为法之保障,而不知尤足为英之保障也。以地势论,英比仅隔一海峡,比之昔尔脱河,与英之推姆斯河,遥遥相对;昔尔脱河一落敌人之手,则英之东部不能守,敌人乘势登陆矣。昔拿坡仑以盎凡斯为手枪对英伦心脏之直射点,以盎凡斯为昔尔脱河之口岸也。故比之于英,犹唇之于齿,比之永久中立,即所以保护英之地位也。有破坏比之中立者,英必弃之:当"百年战争"(起自一三四〇)之际,英助比人以抗法军;后西班牙称霸欧陆,英人复歼西之"无敌舰队"(一五八八)而比人得以脱西之羁绊;法兰西大革命时,罗勃司比堂董诸执政,以觊觎比而为英相必得所阻;(一七九三)拿坡仑之世,拿以占比故,而终成英法不解之仇:由此以观,英之重视比之中立,不啻重视其伟大海军也。故其所谓伸正谊,扶弱小,为保护比利时之永久中立而战,特假借之美名词耳!

八月中旬,"同盟"方面,惟德与奥;"协商"方面,为俄法英比塞蒙六国:两方握拳透爪,务求达胜利之目的而后已。且德奥虽若寡助,而两国之团结则甚固。英俄法三国为防遏中道寒盟起见,复于九月在伦敦协定三国中无论何国,苟非得全体赞同,决不得单独媾和,是谓《伦敦之约》。

第六章
同盟与协商之实力

第一节 同盟与协商之陆军

大战开始矣,当未记战事之前,请先述"同盟"与"协商"之实力。实力维何？曰陆军,曰海军,曰经济。

德意志以陆军冠天下者也,凡身体健全之男子,自十七岁至四十五岁,均为当兵年限;其实在服役,则自二十岁至三十九岁。初入伍时,为现役兵:步兵之现役期限为两年;骑兵与马炮兵则三年。现役期满,退为预备兵:步兵五年;骑兵与马炮兵四年。预备期满,退为后备;后备分两期:第一期五年,期满入第二期,至满三十九岁止。此外则为国民兵,其中又分二类:第一类为十七岁以上,三十九岁以下,未经训练之人;第二类为三十九岁以上,四十五岁以下,已训练或未训练之人。如每年营中额数已满,则另为补兵,依次补入国民兵。至德意志军队之组织法:其步兵每千人为一营,三营为一团,二团为一旅,二旅为一师,二师为一军;另有十师,则每师有三旅,此例外也。每步兵一师,附以炮兵一旅(旅分十二队,计司炮七十二尊),骑兵一团(团分四方队),每军附重炮队四队,工兵一营,冲锋兵一营。全国共分有二十五军;每军有司令部一,参谋部一。一九一二年之律,规定平时兵额七十万人(其实不止此数),战时可召集曾训练者四百万人。然在生死与共之大战中,男子之服役者,乃扩而为十五岁以上,六十岁以下矣。故一年之中,可得服役之人,约一千五百万,其中加以精选,至少可得六百万人,如是则赴前线者,已不下五百万人,且每年又可得新军五十万人,故德意志之人力,除俄罗斯以外,可谓无匹;而其训练之精,尤有非他国所能及者。

奥匈联邦之陆军,大概仿德意志制。后备兵有二:一为奥大利之后备兵;一为匈牙利之后备兵。国民兵则奥匈一律。全国共有十六军。每军分步兵二师(每师又分二旅),

骑兵一旅，炮兵一旅，及别种军队；战时每军各加后备兵一师。全国之军队，平时凡四十万人，战时可得二百万人（国民兵不在此例）。大战中奥匈联邦可得已训练未训练之兵约六百万人于战场。唯种族复杂，颇难驾驭；联邦政府知其然也，故以波族当意军，意族当俄军，征发调遣，煞费苦心，然终非尽善之道也。

意大利陆军：分现役兵，预备兵，地方后备兵三种。在战时即分为三线：现役兵列于第一线；预备兵列于第二线；地方后备兵列于第三线。凡男子自二十岁始服兵役，役期共十九年：即现役二年，预备十年，地方后备七年是也。军队之编制：每军分二师，每师分步兵二旅及炮兵一团（共五队），每旅又分二团，每团又分三营。平时意大利共有十二军，及骑兵二十九团；每军尚附有冲锋兵四营（内步兵三营，脚踏车兵一营）。此外尚有陆军警察兵六营，守山炮兵八团，盖皆独立者也。意军平时兵数约三十万人，战时能置于前线者，约百二十万人。

法兰西之陆军，自经一八七〇年挫折以来，卧薪尝胆，数经改革，至一九一三年而颁行新律；然此与一九〇五年之律无稍异，不过变本加厉，改现役兵两年制为三年制耳。故法国男子，除身体不合格外，无一人不入伍者。职是之故，法国征兵制，在世界各国中，可谓最严厉者。至从役年龄之支配，则自二十岁起，入现役军，凡三年，期满依次入预备军十一年，地方军七年，地方预备军七年，至四十八岁止，共二十八年。法兰西全国，共有二十一军；以二十军分驻于母国，其余一军，则驻阿尔支利。每军分为二师，师分二旅，旅分二团，团分三营，每营共一千人，皆步兵也。每军之中，步兵而外，尚有骑兵一团，及炮兵十二队（每队有炮四尊至六尊）。凡每八军，又有冲锋兵一队。又骑兵十师；每师又分六团。更有以特别区域之兵，凑合成师者。此外又有"坐阿芙"兵四团（此等军队，照例驻阿尔支利，然屯母国），非洲冲锋军六团；至在非洲所招者，则有"土哥"兵二十营，"司伯衣"骑兵四团，"散南格来"游击步兵一师。全国预备军共分十一班，以此推算，每营可得二千人。地方军在动员令既下之后，可得三十六师，以充交通操作守卫等役。然与地方军司同样之役者，尚有宪兵，共和护卫军，税关役员及森林防御兵。其在阿尔支利之一军，则法人与土人参半；在一九一四年，此军有八万七千人。国内外平时兵额为七十万人，战时可立置一百四十万人于前线；一月之后，可得已经训练之兵四百万人。其训练之精，称世界第二。每年可得新军二十万人，较之德之每年五十万人者，有逊色矣。

俄罗斯亦行通国皆兵制；国内居民，有百七十兆，故其兵数之多，列世界第一。男子当兵期限，自二十岁以迄四十三岁。其现役期，则步军三年，余皆四年。全国共分三大军区：一为欧俄，共有二十七军及骑兵二十师；一为高加索，共有三军及骑兵四师；

一为西伯利亚,共有五军:总计俄罗斯平时有兵约一百七十万人,较德意志平时兵数倍之矣。战端一启,可得五百五十万人于前线,而后方之调遣而来者,尚绩无纪极。俄戈阁将军谓自大战开始以迄一九一六年终,俄军之召集者,达一千四百万人之多。以人数论,俄军之多,实足惊人。然其兵士之程度,军官之统率,与夫国内之交通,远不如中欧与西欧各国,故人数虽多,未足以影响战争也。

英吉利陆军为招募制,与欧洲各国不同。英本岛国,无预于欧陆之争,而其海军强盛,足以自守,故陆军非其所重也。其陆军之用途有二:一以卫戍母国;一以防御属地。一言以蔽之,用于守,非用以攻也。故其全国(母国及属地)兵员,平时二十五万人,战时亦只八十万人。然使战事不遽完了,而延至三年之久者,则英全国所召集之大军,可增至五百万人也。

三同盟国之陆军统计

国名	平时兵数	战时兵数
德意志	八十七万	五百二十万
奥匈联邦	四十万	二百万
意大利	三十万	一百二十万
统计	一百五十七万	八百四十万

三协商国之陆军统计

国名	平时兵数	战时兵数
法兰西	七十二万	四百万
俄罗斯	一百七十万	五百五十万
英吉利	二十五万四千五百	七十三万
统计	二百六十七万四千五百	一千零二十三万

以上两表,第就战前形势而言。大战启后,意大利脱离"同盟"而加入"协商","同盟"方面,复又得土耳其之助,于是两方形势,为之一变。土耳其有现役兵四十二万,预备兵七十八万,故战时兵数亦有百二十万之多,且转战经年,又得德人为之教练,故

足以补意大利之缺也。

至巴尔干诸小国：罗马尼亚平时有兵九万五千人，战时可得五十万人；保加利亚平时有兵六万人，战时可得三十八万人；希腊平时有兵二万八千人，战时可得三十五万人；塞尔皮亚平时有兵二万五千人，战时可得三十二万人；蒙丹尼格罗平时有兵一万人，战时可得四万人。

巴尔干而外，比利时平时有兵四万二千人，战时可得二十二万二千人。

第二节　同盟与协商之海军

海军之重要，不下于陆军，盖有强大之海军，然后可以执国际间之牛耳，可断敌人之商务，可夺敌人之殖民地，其甚者，更能封锁敌人之口岸，使之困毙，其重要有如此也。海军中坚之力为无畏舰，即新式之战斗舰，最大者至三万吨，或更过之，其速度为每小时行二十二海里，或二十三海里。其次则为战斗巡洋舰，船身较小，其武装自小炮外，装重炮自八尊至十四尊；所谓重炮者，其口径均在十二英寸以上，至英德新造之炮，则均以十五英寸为标准矣；此种军舰，大概与无畏舰仿佛，惟船身以小而轻，故其速度为每小时行二十六海里至二十八海里，以是战争时，战斗巡洋舰较之无畏舰，更为敏捷。其次则为巡洋舰，凡三种：曰装甲巡洋舰，船身四周装甲；曰保护巡洋舰，其船面装以钢板，要害处均予保护，故名；曰无保护巡洋舰，即船面无钢板之巡洋舰也。此三种巡洋舰，又各视其坚锐之程度，分为一等二等三等，实则各国有各国之标准，无一定之界说也。炮艇实即一小巡洋舰。驱逐舰鱼雷艇潜艇皆用以放逐鱼雷：在水面者，谓之驱逐舰，谓之鱼雷艇；在水中者，谓之潜艇。大概此等水面船只，自三百至二千一百七十吨者，谓之驱逐舰，四百吨以下者谓之鱼雷艇，此又驱逐舰与鱼雷艇之别也。驱逐舰与鱼雷艇，至今日已失其重要。潜艇为最新发明之利器，能出没海中：各国竭力制造，故其势力，未可轻视。尚有所谓辅佐巡洋舰者，实即武装之商船，英有二，一为"路昔推尼亚"，即被德潜艇击沉而启德美之争端者也（见第九章第五节）；英之外，德有四艘、俄有七艘，法意日本等国亦皆有之。此外又有运煤船、运油船、布水雷船、扫水雷船、修理船等，其数极多，不能尽述。要之列强海军，年年增加。且战时所造之飞机，其数多，其术精，与时俱进也。兹举一九一四年"同盟""协商"之海军列表如下：

三同盟国之海军

国名 舰类	德意志	奥匈联邦	意大利
无畏舰	二十	四	八
战斗巡洋舰	七		
战斗舰	十九	九	九
一等巡洋舰	十	三	六
二等巡洋舰	五	二	四
三等巡洋舰	三十八	七	十
炮艇	七	三	六
驱逐舰	一百四十	十八	三十七
鱼雷艇	四十八	五十三	七十一
潜艇	三十一	十五	二十二
吨数	一百零七万二千六百四十八	二十二万七千一百三十四	三十四万二千三百四十七
人数	六万五千七百八十三	一万八千一百	三万三千零九十五

三协商国之海军

国名 舰类	英吉利	法兰西	俄罗斯
无畏舰	三十	十七	九
战斗巡洋舰	十一		五
战斗舰	三十八	十五	七
一等巡洋舰	四十三	十八	六
二等巡洋舰	三十六	四	五
三等巡洋舰	三十四	九	四
炮艇	九	六	九
驱逐舰	二百二十九	八十八	一百零一
鱼雷艇	五十九	一百七十	二十二
潜艇	八十四	八十九	四十七
吨数	二百零八万六千三百四十五	七十二万九千五百五十六	四十二万三千三百六十九
人数	十三万七千五百六十	六万一千一百	五万二千四百六十三

就以上两表观之，德海军不如英，"同盟"海军尤远不及"协商"，益以意大利之去"盟"就"协"，双方更无比较之可言；不过此次大战，乃英德之争霸权于海上，争点只在北海，他国特其陪衬而已。以形势论，英海军在可战可守之地位，而莫利于守。德海军而欲争霸权于海上，势必出于一战，以解北海之围，否则终受困于敌方封锁之策也。

此外土耳其加入"同盟"，亦有战斗舰三艘，及巡洋舰等，吨数达四万五千吨；迨德之"戈朋"与"勃来斯老"两舰加入后，声势为之一振（见第九章第二节）。巴尔干诸小国中，希腊以泛海国称，故亦有一小规模之海军，至罗马尼亚则唯有装甲巡洋舰一艘而已。他若美日两国，亦为世界海军国：美国海军之吨数为八十六万七千五百一十一；日本为五十九万两千六百六十五。设以数量之多寡等差之，则一九一四年世界之海军，当为英德美法日俄意奥之顺序也。

第三节　同盟与协商之经济

两方交绥，胜负决之陆军或海军，是固然已；然自陆海军而外，对于胜负之判决，其重要足以与陆海军相埒者，厥惟经济。战事而能速了则已，若一延长，则两方之胜负，尤当视其经济以为判。经济维何？简言之：一曰食物之源源接济；一曰军需之层出不穷；一曰财力之足以维持。

今先就食物论之，英吉利孤悬海外，其食物之大宗，麦类百分之八十，肉类百分之四十，以及牛乳、牛油、糖、谷类，大抵皆为输入品，间亦有由"同盟"国输入者，不过少数，余则来自各地；使无海军之力为之护送，则英吉利三岛，不出三月，民有菜色矣。法兰西富于农产，故足自给；其可虑者，即德军之长驱直入，占其土地，使能耕之农夫，皆释耒而从军耳。俄罗斯土地肥沃，即以一千万人置之前线，亦无乏食之患。至"同盟"方面，则瞠乎后矣。意大利食物自给有余，给人不足。奥匈联邦足以自给。德意志之仰求输入品，与英情形略同，惟所处之地势较恶，一经战事，即被封锁。向之仰给于俄美两国者，今俄以干戈相见，美则重洋远隔。奥匈联邦与罗马尼亚，虽亦能供给，然不能代俄美两国，故战事设竟延长，则德必受食物缺乏之虞。然其战前之预备，与夫科学方法培植之精良，断不至于短促期间，即告饥荒，不过其士马之不得饱腾，已显然有必至之势耳。

次论军需。英吉利以执海上之霸权,故无原料缺乏之患;国内多产煤,故实业以盛;战时丁壮未尽从戎,故军需厂内,不乏人为之制造。法兰西国内煤与铁之产额均不多,虽亦有殖民地为之供给原料,然只能勉强敷衍而已。至俄罗斯,则实业极为幼稚,全仗英法为之接济。意大利无煤,其煤均来自英吉利;铁亦极少,故战时必感军需之困难。奥匈联邦产煤铁铜甚丰,因是实业繁盛,其"司各达"炮厂与德之"克虏伯"法之"克勒索"齐名。德意志情形最为特别,煤铁极富,而铜与橡皮则时虞缺乏,故于军需不无影响;然德人有鉴及此,乃于战前竭力奖励全国各商店,各私宅,各衙署,门前标示之牌匾,悉用铜制,以为战时拆用之备,类乎是者,不胜枚举,益以化学一端,素着高明,能以人力代天工,故战事延长,当亦不致有军需缺乏之患也。

最后论财力。战事延长,交战国之如何支持,亦当视其财力之充分与否;其源得之国民,得之缔盟国,或竟借之中立国,然终不如得之国民与缔盟国之为愈也。大战既启,现金之准备,极为重要;国之现金缺乏者,则惟有抵押品与征税为之抵偿。英吉利无战争现金,然其银行制度,伸缩自如;人民之富,又视其余战争各国为倍蓰,故英吉利即受金融恐慌,当亦不若各国之烈也。法兰西征税甚重,所负国债亦甚巨,然现金充足,其数达三十六亿二千五百万法郎,贮于法兰西银行,而民间之藏现金者,又复不少。俄罗斯亦备有战争费,其现金储诸国家银行,故俄罗斯对于财力一端,无须抱悲观也。意大利之财力。不甚充裕,良由支付国债利息之重,与其维持头等国之名,而耗费于海陆军也;然每年统计,尚能稍有剩余者,不过重抽其国民之税耳。奥匈联邦之岁入,大概得之关税,故大战一启,奥匈联邦即不得不受财力之牵制矣。德意志于其国内各银行中,盈余甚多,重以战争现金,早已储诸"司邦道"敌楼,以应不时之需;其贮存之款,一为一八七一年法之赔款,现金中提出一亿二千万马克,一九一三年加至二亿四千万金马克,同时又加以一亿二千万银马克,共计现金三亿六千万马克,苟有战争,即于下动员令之第一日,全数交于帝国银行,以增发三倍之钞票,故德意志财力充盈,亦政府筹之有素也。至战衅既启,商务实业,因之停滞,德惟有用其储蓄,筹之国民,此则"同盟"方面,又小异于"协商"者矣。今就一九一四年"同盟""协商"之财力及国债,以华弊计算(每华币一元,等于英币二先令,德币二马克,法币二法郎半,余类推),列表如下:

国名	财力	国债
英吉利	一千七百亿	六十六亿一千万
法兰西	一千二百亿	一百三十一亿五千万
俄罗斯	八百亿	八十九亿
意大利	四百亿	五十七亿两千八百万
奥匈联邦	五百亿	七十五亿九千八百万
德意志	一千六百亿	九十九亿九千八百万

余若比利时土耳其及巴尔干诸国，均从略。

第七章
德军进攻比法及其见阻

第一节 德法两方面之战争方略

一八七一年普法战争既告终了，两国当轴复汲汲焉从事于第二次战争之筹备。德不惜倾其全力，求一鼓而歼灭法；法则生聚教训，乘时报复，以蕲克复亚洛两州之旧地。光阴荏苒，似白驹之过隙。既而德之生齿逐岁增加，商务日繁盛，国帑日充盈，而军事之布置，尤臻完备，其势力已远出法国之上。法人于此，自审其力之不能敌德也，不得已而北盟俄，西联英，而欧洲大陆，遂不复如曩昔之形势已。

◎德皇威廉二世及其名将

皮罗　麦耿生　毛奇　德皇储　福根海　鲁登道夫　阿安能　贝散勒　荷尔惠克　海林琴
巴燕王储　维登堡公　德皇　克罗克　哀米希　海司勒　兴登堡　窦毕兹

第七章　德军进攻比法及其见阻

法俄之同盟，势足以令德君臣之旰食；盖以德之全力对一法国，自不患为敌所乘，今则当分其防法之力以防俄，备益多，力益分。而意大利者，又若模棱首鼠，设一旦中途而食其前言，且不免有倒戈相向之势，此实德人之隐忧也。然德虽孤，而对敌之攻势，一如往昔。此无他，陆军之强，枪炮之精，参谋部之筹划有素，有以使然也。

一九一四年，德意志参谋部筹设之完备，实为有史以来所仅见，此盖世人所公认也。其所以有如是之成绩者，要不得不归功于毛奇。毛奇为普丹普奥普法三役之常胜将军，德人倚之若长城。此次大战开始，德之参谋总长名毛奇者，即前此常胜将军之犹子；德皇以之长参谋部，殆以其威名之足以惊人而树之先声欤！

德意志所奉之战争方略，皆出于克老山维兹（一七八〇——一八三一）；克又常胜将军毛奇之师也。其学说有如下三种：

（一）与敌国战，既击败之，尤当毁其军队；

（二）获敌国作战之实力；

（三）得敌国舆论之辅助。

所谓得敌国舆论之辅助者何？即煽诱敌国人民之心理，使之厌恶战争，失道寡助，成为瓦解，而预占无形之胜利。若夫破其军，占其首都，在昔毛奇用之以直捣法京巴黎，丰功伟烈，至今犹啧啧人口。此次大战，德人以全力猛扑法军，损失之巨，毫不顾惜；盖其目的地为巴黎，巴黎既得，法自丧胆，城下之盟，旦夕可待。又当胜负未决时，德人以巨金运动敌国之舆论，使反对政府之作战计划，以故德之间谍，与夫中立国之说客，常接踵于"协商"各国：是亦本克老山维兹之学说也。至攻法之方略，则在迅速决胜，如往日蒲留歇惠灵吞之战胜于滑铁卢然，为时不及一周耳。时老将毛奇有言曰：

"说者谓战争计划，须旷日持久，及各方攻击而后能决胜，此欺人语耳实则第一次交绥之结果，而胜负之形势已判。"

毛奇又曰：

"战争方略，在一遇敌人，立施攻击无稍缓；而对于我国之军队，当如身使臂，臂使指，联为一气。"

德参谋部准备如此，故攻取巴黎，利在神速；其预决之时期，不过六周。希里芬上将任参谋总长时，复引汉尼拔破罗马大军于加南之故事，拟以两翼围敌军而夹击之，以为取胜之地，此德人方面之计划也。然法自一八七五年以后，凡壤地之邻德者，早已分筑炮垒，严密防御，其最著者曰凡尔登，曰多尔，曰哀比那尔，曰倍尔福脱：莫不崇墉巩固，坚若金城。时则又有德之福根呼顺中将建议，谓法军左翼，暴其弱点，当以我国右翼之军队猛击之。故侵犯比利时中立一说，希里芬倡之于前，福根呼顺和之于后，胸有成竹，目无全牛；德人之阴谋，已昭昭然矣。

　　大战以前，欧洲各国，莫不各筑炮垒，以防万一，而尤以德法两国为最力。至炮垒之若何坚固，事前尚难悬揣，一旦交战，则实验时至矣。顾德人于未战前，有失着二：一则自以为其新式短炮（奥"司各达"炮厂出品）必能攻破敌国炮垒；二则未料及比人之敢于迎战。故利爱其那米尔盎凡斯三役，德军虽攻破其垒，而死亡枕藉，且已踰预计之日程：军事方略，因之失败。不宁惟是，德参谋部以俄国军队之调集，必万分迟缓，绝不视为重要；不图德军方进窥巴黎，而俄军已突陷东普鲁士。德人于此，势不能不抽调军队，救其后方，而参谋部"一鼓破法，移师击俄"之计，顿成画饼矣。

　　至法人之方略，似亦预知德必破坏比国之中立，然不能料冲入比境之德军队实力如何。故法之上策，莫若俟德军之侵入，节节退让，以避其锋，不使有用之军队，付之虚掷；迨时机既至，一鼓作气，突然加以痛击：此以逸待劳之策，霞飞将军所以有玛因河上之捷也（见本章第三节）。抑法人之初意，犹不仅此。大战开幕，法人雄心勃勃，欲一鼓直捣柏林，且欲以最短之时间，分胜负而定全局。当时最大希望，即以猛攻东普鲁士之责委诸俄人，使德军腹背受敌，不遑兼顾；乃泰伦堡一役（见第八章第一节），德加俄军以巨创，而法之军事计划，亦归于失败。观乎此，而知德法两国预定之军事计划，皆不能有效，而战事遂延长矣。

赴巴黎
（德人之目的）

◎德国寓意画

赴柏林

（法人之目的）

◎法国寓意画

第二节　德军进攻比利时

德军既犯比利时，长驱直入，一往无前；虽经比军迎击，终以为指日可定。讵知距德境约二十英里，比炮垒名利爱其者，炮台十二，环绕四周，首当德军之冲；盖其地即比之军事保障也。八月四日，德将克罗克军前锋哀米希将军进次利爱其东境，招降利爱其守将赉芒。赉芒以一师二旅之兵力，与德军酣战一昼夜，德军死亡枕藉。既而德大军骤至，渡墨士河，为哀米希后盾。哀米希乃复以四十二毫米口径重炮续行攻击。七日，鲁登道夫旅长首先冲入炮垒，而利爱其遂陷。利爱其既陷，德军节节进攻，每战必胜。时比王阿尔倍亲率大军集中罗文；无何，守利爱其之比军，亦退至其地，与王卒会合，谋持久。十九日，比军复大败，德军陷罗文。比残军退西北部，守盎凡斯。二十日，克罗克军进占比京勃留塞耳；复乘胜南下，窥蒙斯及莫勃其。同时德将哈胡仁及维登堡公阿儿勃来希脱进窥比之东南境。二十二日，德皮罗军又以重炮轰那米尔炮垒，陷之。自是比军重陷于四面楚歌之中，穷于接应，遂一蹶不能复振。

法军之所以不及赴援者，以军队调集，事起仓促，一时未能完备；且所调集之军队，大部分驻于法德毗连之地。故当德军进陷比利时，法统帅霞飞即命霸胡与加司丹尔诺两军分道进攻亚尔萨斯洛兰两州，以捣德军之虚。七日，霸胡将军占亚洲之阿尔脱几希，翌日，陷密罗仁，失而复得；其北则加司丹尔诺将军侵入洛州，旋又据萨尔堡：此盖法人之旧地，而亦霞飞之策略也。然是时德军方由卢森堡比利时鼓勇直入，法军虽攻入亚洛两州，又不得不移兵北向，以抵御维登堡公及德皇储威廉两军于阿儿丹森林间。同时霞飞复遣郎萨克率师驰赴比境，以助英军；盖由英将费赉起于二十日率军五万进驻法公台至比蒙斯，为数不多，又非精锐，故法遣郎萨克助之也。顾其时加司丹尔诺军之在洛州者，为海林琴与巴燕王储路不赉脱两军暨曼兹炮垒之防兵三面包围，不得已率残军退至囊西；而亚洲之法军，旋亦退出。至是法军进攻亚洛两州之策略，已完全失败。然法人于斯两州者，以国耻所在，每饭不忘，虽一时败挫，而增长法人之敌忾，则不得不归功于是役。

是时法比英联军屡战屡北，德军乘势追袭。法大军由阿尔丹退山塘，蒙美提，龙惠。郎萨克军又因皮罗军之进逼，于二十二二十三两日连败于夏勒陆埃，退归法境其凡与莫勃其两垒。二十三二十四两日，英德军战于蒙斯，英军败退，守甘勃来勒夏都郎特来西之壕堑；又以克罗克军之进逼，不支而再退。是役英军丧军官二十三人，兵一万三千四百一十三人。自是比境除西北一部分外，皆为德军所占，德军遂侵入法境。

◎德意志参谋总长毛奇

◎德军骁将克罗克

第三节　德军进攻法兰西及其被阻

德军侵入法境，所向披靡。时法兰西当呼吸存亡之顷，举国之人，咸倚统帅霞飞若长城。霞飞者，大战以前，未闻有赫赫之名。十八岁时始为少尉，厥后由尉而校而将，及为统帅，年六十矣。初虽服务安南苏丹及马达加斯加诸地，训练士兵，建筑要塞，亦无特殊之勋绩；说者谓承平之世，无可表见故也。然霞飞之一旦擢为统帅，亦自有说。霞出身陆军工程，工计算；性质直，勤于操作，即一刀一鞍，亦必躬自洗濯；在军与士卒共饮食，同甘苦；不与闻政治，不迷信宗教；俭以自奉，诚以待人：一模范军人也！虽当时资格学识足与霞飞相埒者，不乏其人：如霸胡，如加司丹尔诺。然霸为贵族所拥戴，加出身贵族，而又墨守宗教。故米也郎为陆军总长时，不委霸与加以重任，而特识霞飞于万军之中也。霞飞既为统帅，霸与加副之。霞飞镇静有谋，见德军之势盛，乃命全军暂退以避其锋，并以期聚精会神于后方，以备背城之举，故法之利尔、伐伦新、莫勃其、曼徐安亚、蒙美提及龙惠相继沦陷。九月二日，德军续进：克罗克军进次工比尼；皮罗军进次劳恒；哈胡仁军于阿的尼附近渡哀因河；维登堡公阿儿勃来希脱及皇储弗来得里威廉两军屯于符齐安及凡尔登左近；巴燕王储路不赍脱与海林琴两军与法要垒凡尔登多尔哀比那耳倍尔福脱相对峙。

德军之攻法，既势如破竹，迎刃而解；又复奋勇前进，以期达攻夺巴黎之目的。巴黎人民，惊惶无措，闻炮声隆隆，尤不寒而栗。法政府遂迁于包尔都，又简加里安尼为巴黎卫戍总司令。加里安尼有肝胆，从容就任，严密布置，以期决一死战。是时法军左翼退巴黎北境以拱卫都城，右翼坚守凡尔登，中路驻玛因河南岸，俾成一直角形。当是时德军深入重地，劳逸自分，霞飞乃下令曰："时间已至，诸军当奋勇直前，宁死毋退。"此所谓玛因河之第一役，而法人之生死存亡系此矣。

法军既不再退，而两军之恶战以起。自九月六日始，至十二日止；计双方兵士凡二百余万人，战线一百五十英里。战斗之猛，战区之大，为历史上所未有。先是，德右翼克罗克军以法英联军左翼费赍起军新挫，易视之，突由巴黎之北转向东南，进攻摩胡及哥罗米哀，意欲会皮罗暨哈胡仁两军，与法军决最后之胜负于山让及维得利勒法郎沙阿等处，其地即在巴黎凡尔登线内。使德军攻破此线，则法军当被横截为二，首尾不能相应，而全军覆没矣。不知克罗克军并非对费赍起军，乃对法将摩拿利新组织之第六军。先是，加里安尼见形势已急，乃尽调巴黎守兵于四十英里之外，命摩拿利统之，以猛扑德军右翼，实举世罕有之冒险举动。又其时巴黎之自动车，悉用以载兵士赴前敌，搜括殆尽，法人因美其名曰"自动车队"。战场法军，得此新援，士气大振。摩拿利军与克罗克军战于乌克河畔。法军在凡尔登之西者，亦同时进攻，鏖战于玛因河附近，是谓玛因河之役。

◎法军统帅霞飞

是时法将福煦亦统率新组织之第九军加入嘉利所统之第四军与爱斯半来所统之第五军之间，声势益壮。克罗克军既受摩拿利军攻击，不得已，再西返迎敌，酣战二日，胜负未分，皮罗军分兵赴援。而法军之对皮罗军者，为爱斯半来军，亦乘机抽调精锐，以援福煦。时福煦军适受重迫，得此援军，突猛击哈胡仁军于番埃香贝诺阿士，溃之。同时摩拿利军复接加里安尼援不绝于道，与费贲起及爱斯半来两军猛攻克罗克与皮罗两军。克皮两军遂不能支，乃向北退。巴燕王储军及海林琴军转攻沿亚洛两州之炮垒，又为加司丹尔诺军阻于襄西。德皇储军力搏阿而克痕，复为萨拉意军力拒。维登堡公军亦为嘉利军击退。德军既不得逞，法军遂乘胜渡玛因河，收复夏龙及来姆，追至哀因河，玛因河之第一役遂告终，双方死亡约三十万人。

玛因河第一役为大战中之第一关键，亦有史以来之一大关键也。苟德人而胜，则法必覆，法覆则英俄亦随之，大战亦当于是日告终，而德之称霸天下，亦将成事实矣。乃法卒败之，而沿长战事至四年之久，以为最后之胜利张本，则法之救己救英救比救俄之功，岂寻常可比哉！霞飞统帅以再造之功，成全国崇拜之英雄；"爸爸霞飞"之尊号，由此声遍全国；倚畀之诚，于兹可见。名将加瑞安尼既拱卫京师，复遣援兵，促成玛因河之捷，自当分霞飞之功。福煦亦于此役露头角，成后日玛因河第二役立功之"联军"统帅。至若比之力拒德军，使后方法军，有所整备，而卒收玛因河之全胜，其功尤不可没，即其事迹殊出德人意料之外也。

◎巴黎卫戍总司令加里安尼

第四节　德军进窥比法海岸及其被阻

　　玛因河一役，德军溃者，只哈胡仁军，余皆未受巨创。克罗克统率群将，且退且战，至哀因河附近，早已浚深壕，以为负固计。此线自纳容岭起，其北适自哀因流入奥士，复由哀因之北岸，以迄般利奥白；再由哀因北而南向，至来姆，越阿而克痕森林，以迄凡尔登。法军自南进攻劳恒，不克。德军自北窥来姆，亦不果。自九月十九二十两日，德军以炮火猛轰来姆哀因两军，亦相持不下，形势遂暂定。
　　中路形势既暂定，于是右翼德皇储军力攻凡尔登境。初，德军曾陷凡尔登南之小垒脱罗容，至是进占圣米哀尔于墨士河之南，若将三面包围凡尔登垒者，法人亦力守之，至亚尔萨斯一方，法军进据泰恒。

◎英军统帅费赉起

在西，则法军自阿米恒袭克罗克军之右翼。德军急退北，以避其锐气，卒至战线延长，自纳容以至海滨，几成一直角形。德军据甘勃来，杜威，里尔；法军守阿米恒，阿拉斯，以帕及滕甘克。

时比军尚守近海之马利恒及盎凡斯，德军恐英法联军由此登陆，遂于九月二十七日陷马利恒。盎凡斯为世界坚垒之一，翌日亦落于德军之手；虽得英法海军陆战队之赴援，亦以众寡不敌而败。比之坚垒，自是皆成齑粉；残军遂退弗郎特境。

德军乘胜占琴脱，勃罗其及徐勃罗其与奥斯登特两海岸，盖欲借之为潜艇根据地，得自由行驶于英吉利海峡，以断英军赴法之路；故拟再袭法海岸滕甘克，加来与蒲落尼，于是巴燕王储皮罗将军及维登堡公三军猛向渡佛海峡进攻。十月底，两军遇于以散河之以帕，拉拔山及阿拉斯之前面。当时战区皆在弗郎特州，故世即名之为弗郎特之战，亦称之为以帕第一役云。

时比残军以死力御维登堡公军于以散河，英舰队亦于海面发炮助战，自倪安保至以帕之德军，几不能支。然德军又进占提克司蜜特；其南巴燕王储军自拉拔山进屯纳夫夏板耳，亦终不得逞于海岸。再南德皮罗军与法摩得意军相持于阿拉斯。寻德军复以全力攻以帕，而英法援兵适至，以帕得以保持。两方形势不相上下，剧战遂告一段落，而互持于壕堑中矣；即偶有出入，亦不过数百码地之数。寻届冬令，两方军士，皆于壕中设具以防严寒。

自哀因之役以迄弗郎特之战，战线遂延长自英吉利海峡以迄瑞士。一九一四年止，比军守战线十八英里；英军三十一英里；法以大军二百五十万人守其余之五百四十三英里。西欧形势，暂告大定。

德军又复被阻于进窥比法海岸之役矣，窦毕兹常惜之。窦毕兹者，德海军之领袖也；当时陆军将领之目的在法，而海军将领之目的则在英。大战初起，比法海边，防卫懈弛，以德军之声势，使用其直捣巴黎之精锐，移以进窥比法海岸，比法海岸一入德人之掌握，则英无可守之险，势必不支。而大战或即因以告终；乃陆军派舍此图彼，此窦毕兹之所以引为憾事，而归咎于陆军派也。及德军既挫于玛因河上之后，再图进窥比法海岸，晚矣！

第五节　德军掠地之状况

德军既挫于玛因河，其对法之第一军事计划败；复不得志于比法海岸，其第二军事计划又败。然比利时全境，除倪安保至以帕一小段外，已尽为德人所有。比京勃留塞耳，德则设总督以治之。自是比之工业之财产，皆在德人掌握之中。甚至罗文之大学及教堂，尽付一炬。然德人于罗文之被焚，诿过于其地居民之欲图反攻。德将皮罗尝出示恫吓利爱其居民曰："阿尔丹城内居民，既已宣布和平趋向，复乘我军不备，突然袭击，故予下令火灭全城。主使者可百人，皆伏诛。尔辈其万勿效尤，以贻后悔。"德军之在伐佛尔城者，向居民勒索三百万法郎，否则以焚毁罗文之策对付之。"协商"目击德人之惨无人道，群起非议；而德人则强词以解曰："此军事上之所必需耳。"又曰："战凶事也，以凶事中而求和平，设汝与我易地以处，又将何如？"时比主教曼尔西哀上书教宗，诉德人之暴；又复力恳各国速援其水深火热之同胞，自是表同情于比者日以众。

于英则吉青纳自简为陆军总长后，加意招募新兵，日夜练习。一九一四年八月，法战场之英军，不过十五万，至一九一五年四月，已逾七十五万；而此七十五万中，英属地加拿大、澳大利亚、钮西兰、印度尚不与焉。

于法，自玛因河德军见阻以后，法之军势，得以保持；政府遂于一九一四年十二月间由包尔都迁回巴黎，而民气为之复振。然德军已占法之北境，其地约当全法二十分之一，如里尔、圣广丹、杜威、伐伦新、莫勃其、山塘、蒙美提、凡尔文、劳恒等地，皆富于实业，丰于矿产之区域。全法铁矿百分之九十，钢铁实业百分之八十，煤百分之七十，至是皆落德人之手。

于德，玛因河上德军失败，克罗克不复重用。然德人骁勇善战，虽见挫于玛因河，其精锐依然存在。德军在比法掠得之地，克氏之力居多，其功不可没也。至德军之所以失败，德皇归咎于参谋总长毛奇，以为非罢黜之，不足以鼓励军心；毛奇罢斥而陆军总长福根海（曾任中国陆军教师）继其任。夫德人预计先一鼓"破法"，复以凯旋之兵，东向击俄；不谓法未破，而俄大军已攻入东普鲁士，德参谋部遂命西战场军队坚守所获地，而聚其全副精神于东战场。

第八章
俄军进攻德奥及其败绩

第一节 俄军进攻东普鲁士及其受挫

玛因河德军之见阻,由俄军之捌其背也。俄乘德人之不遑后顾,突攻东普鲁士,声势之浩大,足令闻者股弁。德于是时,非抽调西方之精锐,兼程赴援,不足绝后顾之忧也。至俄之进攻东普鲁士,由于俄法之预有成约;大旨谓当德军压法境时,俄当乘德东部之空虚,长驱深入,俾德不暇接应,而东西夹击,可一战而成功。至是俄卒如约,遣赍伦甘拍夫率一军自尼门河,萨姆沙纳夫率一军自那赍夫河,同攻入东普鲁士。说者谓俄德地势,自俄属波兰边境以迄柏林,仅二百英里,俄统帅尼古拉大公不欲由此直入,而必迂道进击者,以波兰地势陡出,东普鲁士障其北,奥之加里西亚屏其南,一旦直入,将被德奥军之夹击,必至全军覆没,故俄军不得不以一面攻东普鲁士,一面攻加里西亚。

俄之攻入东普鲁士也,势颇汹汹。东普鲁士守将弗郎沙埃御之于哥皮能,败绩;俄军追击,复遇之于殷司得堡,又败绩;弗郎沙埃遂退保哥尼斯堡及维司斗拉河之东岸。俄军之由赍伦甘拍夫统率者,复进围哥尼斯堡。东普鲁士之居民,纷窜柏林,即比法居民同窜巴黎之日也。

"协商"之计划,不可谓不敏捷。然东普鲁士之地势,道路崎岖,不利行军;益以湖池河沼,纵横布列,密如蛛网。俄军不谙地势,贸然深入,已为失计。时德之朝野上下,以俄军之突焉进逼,莫不惊皇失措。时则鲁登道夫适归自西战场,乃力荐宿将兴登堡于德皇,且谓非兴登堡不足以御强俄于东普鲁士。德皇从之,立遣鲁登道夫赍命往访兴登堡,为之劝驾。时兴登堡方躬耕陇亩,翛然物外。鲁登道夫一见兴登堡,白德皇命。兴登堡欣然就道,至东普鲁士膺统率之职,而畀鲁登道夫以参谋长。兴鲁两人,和衷共济;凡遇一事,意见每为一致,一若左右臂之相联者,直至战争终了而后已。

◎德军东普鲁士总司令兴登堡

试复述兴登堡将军之历史。兴登堡者，一八七〇年普法之役，曾著战功。又服务于东普鲁士有年；退任后，于东普鲁士之形势，靡不详晰考虑，了如指掌。或谓德下议院尝建议将东普鲁士所有湖沼，悉改田畴；兴登堡闻之，驰赴柏林，谒见德皇，力陈不可。德皇乃作诙谐之辞以答曰："请如卿议，此湖沼已不啻为卿有，卿可善自为之。"观此则兴登堡知德之战，必不能免，料之已审，筹之有素；一旦两国启衅，大有舍我其谁之概。或又谓兴登堡尝与德皇为作战之戏，以斗军智；德皇为兴登堡所围，不能解，遂佯为宣告罢战。既而宴诸将，诸将称觞相视，德皇亦自矜诩，兴登堡忽起立，徐语德皇曰："然则今日之结局，陛下竟为臣俘虏矣。"德皇闻其言，滋不悦，兴登堡遂乞归田里。至一九一四年，大战实现，俄军攻东普鲁士，德皇卒如鲁登道夫之请，寄兴登堡以重任。兴登堡髀肉复生，乘时奋起。抵任时，衣服褴褛，一军皆惊，若不知其胸中有数百万甲兵也者。兴登堡收拾弗郎沙埃之残军，益以由西战场抽调之卒，总数亦不过十五万人，先出御萨姆沙纳夫军，佯败于弗兰克诺，此盖诱敌之计也；而萨姆沙纳夫不之觉，猛进如故，且欲渡河达阿伦司丹。行至奥司丹落特，其地当阿伦司丹与维司斗拉河之间，弥望皆森林，湖池河沼，衡从皆是。八月二十六日，萨姆沙纳夫始知中计，欲退不得；盖兴登堡列阵河后，敌不得入，正进退维谷时，兴登堡以两翼由侧面包围俄军于泰伦堡及麦苏林河之间，击以重炮，战五日，俄全军覆没，萨姆沙纳夫战死。赉伦甘拍夫亟撤哥尼斯堡之围，退归俄境。是役兴登堡生俘俄军九万人，将二员，军械子弹无算，是谓泰伦堡之役。九日，兴登堡复移胜军穷追赉伦甘拍夫军，至俄境之苏伐尔基，赉伦甘拍夫军退至尼罗河。幸俄援军由可夫诺与维尔那齐至，兴登堡乃退归东普鲁士。

总之，泰伦堡一役，实予俄军以巨创；俄法间之军事计划，亦受一大打击。惟兴登堡以是役故，得与拿坡仑后先媲美；声誉所播，几遍环球。德皇崇其功，擢为上将，畀以统率东战场全军之职。德人亦以其摧敌之功，将九月一日纪念毛奇统帅大破法军之期，改而为纪念兴登堡此役也。兴登堡遂为全国崇拜之英雄。

第二节　俄军进攻加里西亚

当大战之开幕也，德奥约定，德以全力猛扑法军，奥则力拒俄军于北，独当一面。奈奥之军队，为异族所集合，而散漫无团结力，军官亦因是无统驭能力。且奥之南有犷悍之塞蒙两国，其西南又有乘机观望之意大利；故不得不分兵以御塞蒙，又不得不分兵于脱瑞安斯脱及脱伦底诺以防意于万一。加里西亚者，旧属波兰地也：以地势论，加里西亚及奥匈平原间，有横贯之加尔拍脱山岭；以军事上之便利论，加里西亚偏于俄境。奥于加里西里之来姆堡耶路斯拉夫不耳串米希及克拉可夫等处，坚垒密布，严阵以待，亦可谓周且至矣。至守卫加里西亚之上策，亦不外先发制人。奥乘俄之注意东普鲁士也，乃遣邓格耳将军率三十万人屯不耳串米希及耶路斯拉夫，以窥俄之汤马沙夫与维司斗拉河之间；沃乎芬堡将军率三十万人屯来姆堡至蒲格河上流之南北两岸以迄哈里起，与邓格耳军成一直角形。一九一四年八月十日，奥军侵入俄境，占克拉司尼克，复破俄军于路勃林。时俄将之守此境者为伊伐诺夫，至是乃退于蒲格河之北岸。

◎奥军统帅弗来得里大公

俄之军事计划，初不拟由奥之北攻入加里西亚，而秣马厉兵于路子克，度勃诺及基安夫之间者，盖欲窥奥之东部也；故对邓格耳军则主退却，对沃乎芬堡军则主力拒。八月十四日，俄将罗士基率大军由路子克及度勃诺进攻加里西亚之东北部，占沙加耳；越六日，复进驻距来姆堡三十英里之内。同时俄将勃罗细落夫率一军自基安夫进窥沃乎芬堡之右翼。二十七日，勃罗细落夫军占泰诺卜尔及哈里起，旋进迫来姆堡。

来姆堡一役，始于九月一二两日。勃罗细落夫攻奥军右翼，陷格尼拉里伯线；罗士基于来姆堡之北攻奥军左翼，以绝沃乎芬堡之交通。奥军军队本杂乱，而兵士之属"斯拉夫"族者，又逗留不进。俄军卒于九月三日陷来姆堡，俘虏十万人。

勃罗细落夫军乘胜据吉诺维兹，旋越加尔拍脱山与罗士基军会合，进窥不耳串米希。时奥之邓格耳军方侵入波兰，闻耗后，遂回兵救沃乎芬堡；而奥将约瑟费迪南德大公亦率援军至，阵线自维司斗拉河至路勃林。自九月六日至十日，两军大战之结果：约瑟费迪南德军败，向散河退却；沃乎芬堡军受创尤重；邓格耳军虽力战，终以不支而退。幸赖克拉可夫炮垒之远击，俄军未能穷追。

时加里西亚已入俄军势力范围之中。九月二十三日，俄军据耶路斯拉夫，旋围不耳串米希；九月三十日，进屯泰诺夫，距克拉可夫仅百英里。克拉可夫者，为维也纳与柏林间之要冲，俄军得之，奥与德将成为两截，故奥必出全力以守其地也。十月初，兴登堡被简为东战场德奥联军统帅。时西方战事，不过相持于壕堑中，可谓暂告结束。兴登堡乃留一小部分之兵士守东普鲁士，余皆悉数调赴东战场，以窥波兰。其调赴之兵士，合驻西来细亚及扑顺之德军凡七十五万人，咸次于西来细亚南之托尔恒及路不利尼兹。复以驻克拉可夫之奥军不能得力，置德军官数人统率之，而以德兵士参伍其中，使成一有力之军队。时德奥联军数达百万；兴登堡见时机已至，遂下总攻击令。

俄统帅尼古拉大公得耗，令各军退至华沙，维司斗拉河及散河间。十月中旬，兴登堡军之左翼，已进驻维司斗拉下游之拍劳克；中路次路维起之东，逼近华沙；右翼抵拉度姆及奥司多维克。时邓格耳军在维司斗拉河散河之间，乘胜收复耶路斯拉夫，并解不耳串米希之围。

自十月十六日至十九日，为华沙之战。兴登堡之左翼突为来自诺服乔其司克之俄援军所攻，德军中路及右翼亦暂退。统率俄援军者为赍伦甘拍夫，曾为兴登堡击败于东普鲁士者。然剧烈之战，实在兴登堡之右翼。俄将罗士基坚守维司斗拉河畔之伊文甘拉特，德军不得渡，卒于十月二十二日退却。十一月三日，德军又为罗士基军所迫，弃基尔司。兴登堡全军退于伐尔脱河之后面；奥军亦退守克拉可夫。俄军乘胜复占耶路斯拉夫，围不耳串米希，重向克拉可夫进攻。

第八章　俄军进攻德奥及其败绩

◎俄军统帅尼古拉大公

十二月八日，保将特米脱里夫统率俄军进攻克拉可夫，寻奥军越加尔拍脱山之度格拉路以袭其后，特米脱里夫又退泰诺夫。

同时另一俄军进窥蒲古维那以图据加尔拍脱东南部之险要。一九一五年一月六日，俄军占金普龙；十七日，越加尔拍脱山之基尔里拔拔路，自是遂迫匈牙利之德兰西耳伐尼亚。斯时也，使俄人而能占蒲古维那与德兰西耳伐尼亚，则罗马尼亚亦将因地理与军事之关系，起而助俄，奥之厄运可立待。由是奥匈朝野大惊，一月十三日，老皇弗兰兹约瑟罢外长勃企杜特职，而易以匈人蒲龄。蒲龄秉政而奥匈之政见一；奥匈之政见一，则政局前途无所阻，而匈牙利之利益，亦得完全保存矣。适兴登堡二次大举进攻波兰，奥之友琴大公亦率三军赴匈为应援，俄以首尾不应，卒为奥军恢复蒲古维那，三解不耳串米希之围。加尔拍脱东南之险，亦赖以保存；而罗马尼亚卒以俄军不得逞，亦不敢妄动。

◎加尔拍脱山间之奥军

一月中旬，为奥军总攻击时期：勃姆爱木里率第一军越加尔拍脱之度克拉，洛拍可夫。乌孰克三路，以救不耳串米希；德将林心琴率第二军由门加克司北向；弗冷斋率第三军次蒲古维那。弗冷斋军进行最速，收复基尔利拔拔路及吉诺维兹后，再北向入加里西亚，越可落米亚，占司丹尼斯老之铁道总线，然不久即退回可落米亚。林心琴军自门加克司进窥来姆堡，不得逞。勃姆爱木里力战两月，力不支；度克拉路及洛拍可夫之北部，卒于三月下旬为俄军所得。

◎被轰后之不耳串米希垒

奥军既败，不耳串米希炮垒又被围。守将柯斯麦南克以罗掘既尽，不得已而与俄军为背城之战，不利，乃悉毁其军用品，率十二万守兵以降。此外自来姆堡经不耳串米希至泰诺夫及克拉可夫之铁道，亦全为俄军所得。俄军之围不耳串米希垒者数十万，至是亦得移用他处。四月杪，俄军共占加尔拍脱峰凡七十五英里，辖及度克拉，洛拍可夫及罗司笃克诸路；加里西亚又复入俄军掌握矣。

一九一五年春，俄军以目的地克拉可夫终不能达，且有疲色，德军又进攻波兰不已，于是俄军之在加里西亚者渐不振。

俄罗斯无普及教育，军士泰半无智识，即中级军官中，亦有不识字不辨图者，故军士作战，徒迫于军官之命令，军官则又受迫于彼得罗格拉特之命令；彼得罗格拉特者，专制政府之首都也。俄皇尼古拉二世，优柔寡断，诸佞臣乘间弄权，无异挟天子以令诸侯。朝中贿赂公行，弊窦百出。朝臣中有袒"协商"者，有袒"同盟"者，各树一帜，以排异己。俄皇后亚历山德拉又为德人，有通德之嫌疑；多鱼之漏，时或有之。在野则怀有革命思想者，秘密结社，以待时机，有触即发。俄之崩溃，诚旦夕间事！至一国军事：既无财力以充戎费，又乏铁路以便输运；且国内工厂，寥寥无几；军械弹药，咸仰给于日美两国，而运输则仅恃辽远之西伯利亚铁道；军事上之不便利，又不言而喻。以此御久经训练军械充实之德军，势必不敌；加里西亚之数胜，特侥幸耳。且俄军精锐，已尽出于初次调集时，一战而受衄于东普鲁士，其元气已不易恢复，况复经加里西亚之久战，欲不为强弩之末，其可得耶？

第三节　德军进攻波兰

一九一四年十月，俄军方进攻加里西亚，克城陷地，势不可遏。迨兴登堡攻入波兰，拟多方以分其势，而俄果分道赴援矣。兴登堡初次攻波兰，既无功而返，而于奥则加里西亚之围立解，于前节见之矣。当兴登堡之由波兰退兵也，乃沿维司斗拉河而驻于伐尔脱河之后，掘壕筑垒，以谋二次之进攻；又复北毁伐尔脱附近之铁道，以冀诱俄军之深入而断其交通。十一月初，兴登堡乃遣麦耿生以八十万兵由托尔恒攻入波兰之西北部；己则渡伐尔脱河，突出酣战，历二十三二十四两日，麦耿生曾被重围，既又溃围而出，破俄军防线于洛治，俘虏九万人。十二月六日，德军陷洛治，进军于华沙三十五英里之内。是役也，德军虽不能取华沙，而波兰之西部，已皆为所得。

一九一五年之初，俄军战线长九百英里：其中路罗士基军阵于波兰之诺服乔其司克，华沙及伊文甘拉特三垒前，拉夫加与勃勍拉两河之后；其及右翼在那赘夫与尼门两河间，亦归罗士基掌辖；其左翼则为伊伐诺夫与爱伐脱两军，次于尼达河，在基尔司之西；特米脱里夫军在加里西亚据泰诺夫；勃罗细落夫军据加尔拍脱山之北部；亚力山夫军屯蒲古维那。至德军之支配：则自守东普鲁士之四军外，当罗士基军于正面者为麦耿生军；其右则为邓格耳之奥军，驻尼达河之西；再南则为德将符一喜所统率之德奥联军，阵于泰诺夫之西；极右则为友琴大公所统率之奥军，御俄军于加尔拍脱山间。

◎德兵作战前之准备

一九一四年十二月，麦耿生进攻无功。一九一五年二月初旬，麦耿生重行攻击；时适冬令，严寒逼人，复以遍地积雪，攻者困于视察，其结果仅获俄军拉夫加河之三战壕耳。二月中旬，兴登堡由东普鲁士攻入苏伐尔基，歼俄兵一军，进次尼罗河之东岸，格洛特诺之附近，离彼得罗格拉特至华沙之铁道仅十英里。同时另一德军进次抱勃耳河以攻奥沙维兹；又一军攻华沙北六十英里内之不耳察希尼子，以冀渡那赉夫河而断华沙之交通。至二月终，德军于尼门、抱勃耳、那赉夫三河之总攻击均不利，暂向东普鲁士退却。一九一五年四月，俄军据奥属加里西亚之大半，而德军则据俄属波兰三分之一。俄军虽仍固守华沙，然其军势则渐不振矣。

波兰者，俄普奥于十八世纪中三分之：俄得波兰之大半；普得西来细亚；奥得加里西亚。波兰共有人口二千三百万，分布数地，为纯粹之"斯拉夫"族；言语文字悉皆统一，而又从罗马教。虽亡国已百五十余年，其不忘祖国之心，拳拳如故也。俄德奥既相见于疆场，其军队中之波兰兵士，亦互相残杀。波兰之建筑物，凡迫近于战场者，尽毁于枪林弹雨之中，较之比利时之残破，殆又过之，悲惨之状，几不忍睹。往时俄遇波兰，较德奥尤残酷，至是俄恐波人乘间革命，乃许其自治，而以效忠俄国，杀退敌兵为互易条件。然同时奥之于波，亦有同等之约；而隶奥之波兰民族，又素受奥人较优之待遇，故俄统帅尼古拉大公许波兰自治之宣言出，波人洞烛其情，卒归无效。盖波人之心理，德奥胜固非其所愿，俄胜则尤非其所愿也。

第四节　奥军进攻塞尔皮亚

俄之于波兰，以同一"斯拉夫"族而加以吞并；其于塞尔皮亚，则又以同族之关系，而力负保护之责，且因是而启世界之大战，亦在所不恤。所以然者何？为巴尔干之利益耳。不然，俄与保，亦得称同族也，又何以相周旋于疆场乎？

当奥之对塞宣战也，世人咸以为易与之事；塞奥之不敌，其谁不知？然塞兵额二十五万，后备兵五万，加之与塞同休戚之蒙丹尼格罗兵五万，又皆犷悍趫捷，惯于山战，往年两次巴尔干之战争，不啻为军事上实地之练习；故奥虽以大军压塞境，而胜负则未可逆料也。

一九一四年八月中旬，奥军二十万渡特利那及萨凡两河，以窥塞之西北部，而直捣其伐里安服之大本营。塞王彼得闻讯，立遣王储亚历山大迎敌。两军战于特利那与萨凡间之夏拔兹及耶大，地皆山僻；塞人于此方形势，了如指掌。奥虽有重炮飞机，足以威胁塞人，然其由北部及由西部攻入之两军，终为塞军截断，以呼应不灵而致败；此八月十六至二十三，一来复间事也。是役塞军死三千人，伤万五千人；奥军死八千人，伤三万人，降于塞军者约四千人，辎重丧失，难以数计。其时奥军复以俄之窥加里西亚甚猖獗，不暇留意于塞，遂收拾残军而归。

奥军既退出塞境，塞军反乘势进窥奥境。九月初，塞以一军由贝尔革拉特渡多瑙河，据山姆林；又一军进攻波司尼亚以窥塞拉约佛。奥不得已再集二十五万人以御之。九月初旬，塞军败绩；奥军乘胜复窥伐里安服，十一月十五日陷之。塞京贝尔革拉特亦于十二月二日为奥军所得。

亡何，塞军力御，卒败奥军，恢复伐里安服，俘奥兵四万，夺炮五十尊，子弹无算。奥之右翼残军，渡特利那而回也，又为蒙军困于维希革拉特。十二月十五日，塞军恢复首都，自是塞境内无复有奥兵踪迹。

奥塞战争之结果，可谓两败俱伤。然奥以大国之故，元气不难恢复，故拟于一九一五年二月间与塞谋最后之武力解决。方筹备中，意大利政府忽对奥发一警告，谓奥匈于巴尔干任何行动，必得意大利之同意，否则两国亲善，或因之决裂。奥于意虽深仇，而形格势禁，决不欲以惩罚区区之塞而驱同盟之意，加入"协商"，故一闻意人之警告，而克期大举伐塞之说遂中止。

自是奥塞两国，相持不下。局部冲突，无关大势；而塞京贝尔革拉特则受奥军重炮之轰击无已。时奥之惩罚塞，既不得逞；塞欲为其同胞谋脱奥人之羁绊，亦未能有济；各俟俄德奥东战场大战之结果耳。

第九章
英德海上之颉颃

第一节 窦毕兹之政策及其影响

◎一手创成德意志伟大海军之窦毕兹

一九一四年八月四日,英吉利既对德意志宣战,两国以无线电知照其海军,令为祖国效力。北海之中,阴风惨惨,英德角逐之场也;波罗的海之中,浓烟缕缕,俄德争雄之区也;地中海、印度洋、大西洋、太平洋之间,则英、日、俄、法舰队共追逐德舰队

第九章　英德海上之颉颃

之所也。回溯二十年前，英德向无违言，益以姻娅之关系，其情谊尤亲于他国；英许德以陆军称霸于欧陆，德许英以海军称雄于海上，一若鸿沟之画，各不侵犯矣，而英德两国，始而相亲，继而相仇，终且不免决裂者，何哉？则以德皇有"德意志之将来在海上"一语有以造成之也。德皇何为而有是语？盖有足以自豪者在：当一八七○年普法战争之后，德意志之舰队吨数，既不及法，又不及俄，若以比素称海王之英吉利，更瞠乎其后；迨一九○九年，德之海军忽一跃而为世界第二，设复数年，必且超越英吉利舰队之上矣。英亦恍然大悟，汲汲焉从事舰队之增造，以维持其"所辖舰队等于两国舰队"之政策，此英吉利之所以防德意志也。然德意志海军力能于十五年间突飞猛进，而与英相颉颃者，亦非窦毕兹一人之聪明毅力，不足以致此。窦毕兹者，一手造成德意志海军之伟人也。

德意志之内阁，或总理，或各部总长，此去彼来，每多更调，惟窦毕兹上将之长海军部，始终未尝更动。所以然者何？窦翁犹德意志海军之父，德皇倚为长城，以冀达其覆英吉利而称霸天下之目的也。窦毕兹于一九一四年，春秋已六十有六；彼自幼侧身海军。一八九一年，任基尔参谋长，以建造及改良鱼雷艇之结果，而名大噪，旋又设鱼雷艇专门学校，以研究施放鱼雷之专门技术，成绩昭著。一八九八年，升为海军次长，履任后，即倡设海军社，以皇弟亨利为之长，复分设支社于各府各县，同时又设海军新闻社，无一非鼓吹海军之重要，使德意志人民，皆具海军智识，以为将来称霸海上之预备，其用心亦良苦矣。一九○○年，窦毕兹升任海军总长；自是而后，大权在握，措置裕如矣。是年上议院应窦毕兹之提议，通过海军律，立增造战舰二队，简言之，即将德意志原有之海军而倍之是也。自后一九○六、一九○八、一九一二年，凡三建海军议案。一九一三年，海军航空议案之附入陆军议案者，皆为国会一一通过。上述所谓一九一二年之议案，盖已不啻增设一第三舰队矣。一九一四年，基尔运河竣工，德意志军舰，得出没于北海波罗的海之间。总计新建之舰队，以数目论，尚不逮英，至制造之坚锐，则过无不及。大战既启，窦毕兹欣然谓德皇曰："今而后，海军可以战守惟命矣。"

英吉利既悟德意志野心之所在，卧榻之侧，自不容他人鼾睡，于是增加舰队，不遗余力。德造二舰，英则三之四之，竞争之烈，莫兹为甚。且英又令地中海之舰队，调回北海，以资防守。而保护印度航路之安宁，则委之法兰西海军。主其事者，费歇上将也。费歇始造无畏舰，意谓德既乏资本，又缺造船厂，势不能造此巨大之船只。乃窦毕兹于三年中（一九○六至一九○八），竟造成无畏舰十七艘。一九○八年，德下议院应窦毕兹之提议，通过建造无畏舰五十八艘之议案，窦毕兹盖亦足自豪矣。然无畏舰之增造，实无补于海上战争，费歇后鉴及之，德误而英亦误也。费歇曾为英之海上参谋总长凡七年（一九○四至一九一○），一九一四年末，拔登堡亲王路易辞职，费歇复为海上参谋总长，与海军总长丘吉尔和衷共济；旋简奇利果上将（费歇之生徒）为海上总司令，弼德中将为前锋司令，以御德意志舰队于北海之中。

◎基尔运河口之德意志舰队

德意志陆上形势，为法俄两国所包围；海上形势，又为英所包围。英对德之唯一政策；即以海军封锁北海，断绝德意志与外洋之交通，使德之海外殖民地，失其联络；海外商务，失其保护；其海外舰队，既不能驶回北海，而北海舰队，又不能越雷池一步：如是而德之海外舰队，不啻为英之囊中物矣。职是之故，德意志一方原料饷械之向由海外供给者，至是无由输入；商务既绝，工厂自停，工人以辍业而无以维持其生活，无异自处于绝地。至是英乃借海军力运亚非美三洲之兵以登欧陆，与既困犹奋之德人斗，务必置之死地而后已，于是向之所谓均势者，至是皆为英人所左右矣！

◎英国海上参谋总长费歇

◎英国海军总长丘吉尔

封锁者,英人所用之惯技也。往时攻拿坡仑,曾以此技施之于法。今德意志崛起而与英争霸,英人举向之施于法者,移而施之于德。德之食品,向来自海外,至是来源顿绝;一国之妇孺老少,皆有乏食之虞。时有英之大文豪贝那晓论封锁政策之利害曰:"有婴孩于此,吾固不忍死之者也;必欲死之,则当杀之以炸弹手枪,而决不忍见其饿毙也。"此殆目击其祖国封锁政策之残忍,而为鸣不平乎?

由是以观,德意志唯一政策,唯有与英吉利立决胜负于北海,以为孤注一掷,或不无万一之望。乃自大战既启,德皇专注意于陆地之雌雄,而置其他于不顾,此窦毕兹所以引为憾事,不得已而出潜艇袭击之下策也。

第二节　英德海军战于南美海滨

德意志舰队,皆集中基尔运河:东出波罗的海,可以与俄罗斯舰队相角逐;西出北海,可以与英吉利舰队相颉颃。故屯于波罗的海及北海之舰队,皆为其总舰队,而波罗的海与北海以外之舰队，概为其海外舰队。

大战之初，德国海外舰队，厥为地中海与太平洋两处。在地中海者，仅"戈朋"与"勃来斯老"两艘。"戈朋"为最坚锐战斗巡洋舰之一，"勃来斯老"则为寻常巡洋舰。此两舰出没地中海，足以妨害"协商"国之运输，而于法兵之由阿尔支利运往法境者，尤为所梗；故英法地中海舰队，不得不用狮子搏兔之全力，以谋对付。两舰以众寡不敌，遁至美西那，继又驶入达特奈耳海峡，抵君士但丁堡。异日土耳其之加入同盟，此亦其一因也。

德舰队之出没于太平洋者，有巡洋舰八（内一艘名"以利沙伯皇后"属于奥），皆停泊青岛。既而太平洋舰队司令司彼将军率"香霍斯脱""格那赛瑙""纽恩堡""来伯齐西""特来斯顿"五艘乘间逸出青岛，而向南美之西岸前驶，盖欲以避日英舰队远东之锋，而亦求南美之接济煤饷也。时英亦有三巡洋舰驻南非：曰"好望"，曰"蒙木斯"，曰"格拉司果"；又老式战斗舰一：曰"加诺帕司"；装甲商船一：曰"沃脱伦笃"；皆为克拉道克少将所统率。一九一四年十一月一日，英德两舰队遇于智利海滨（近可洛奈尔）。英之"加诺帕司"号因修理未参与战事；德之"来伯齐西"号亦然。时夕阳反照，海潮突向英舰冲激。至七时，德之"香霍斯脱"号率其余三艘乘机奋击。英舰皆为敌弹所中："好望"号先受巨创而被焚，火光冲霄汉，高约二百英尺，至七时五十分，乃炸裂而沉没；旋"蒙木斯"号亦被击沉；"格拉司果"与"沃脱伦笃"两号皆逸去。而克拉道克少将则与其全舰之将士一千六百五十人，皆与波臣为伍矣。至是德舰队遂获全胜。

克拉道克败耗至伦敦，英朝野莫不裂眦切齿，众口一辞，求雪此耻而后已。时海上参谋总长拔登堡亲王路易，德人也，与英王室有姻娅之谊，转入英籍，迭长海军，至是突为辞职，以避嫌疑。费歇继之，其第一政策，即遣海军少将司得提于十二月初率战斗巡洋舰二：曰"无敌"，曰"无挠"；装甲巡洋舰三：曰"加瑙文"，曰"甘德"，曰"康沃尔"；巡洋舰一：曰"勃里司多"；装甲商船一：曰"马西顿尼亚"：凡七艘，奉命前往南大西洋复仇。迨司得提抵福尔克兰岛，"格拉司果"号亦来听命，乃以无线电召"加诺帕司"号至福尔克兰岛之斯丹来口岸。时德之司彼将军已率队至好望角，电浪所传，亦为侦得消息，拟于中途要击英舰队；司彼固不意司得提之新舰队，已潜至福尔克兰岛也。十二月八日，两舰队遇而开战。司得提以早知司彼之来而取优势，而司彼则猝不及防，迨知中计，为时已晚。战斗结果，据司得提之捷报观之："香霍斯脱""格那赛瑙""来伯齐西""钮恩堡"相继沉没，司彼殉焉；"特来斯顿"则于翌年三月间被毁：司彼全军，至是乃覆没无余。

如前所述，德意志在太平洋之舰队凡七艘，五艘为司彼所统率，已为司得提歼灭于南美海滨；余二艘仍留青岛：一即著名之"爱姆顿"；一为"哥尼斯堡"。"爱姆顿"仅为三千三百五十吨之寻常巡洋舰，其速度为二十五海里，最大炮径，不过四点一英寸。此舰出没于印度洋者三阅月，击沉"协商"国商船凡二十五艘，合计损失所载之货物，约值二千万银圆之谱；旋又击马德拉斯之油池而焚之；又毁停泊兰贡海岸内之英船四艘；又潜至槟榔屿击沉俄巡洋舰一，法鱼雷艇一。"协商"国舰队往来追袭，而终不能得其踪迹之所在，倏东倏西，神出鬼没，真足令协商国闻之而舌挢不下也。

◎德国巡洋舰爱姆顿号

先是，"爱姆顿"之纵横海上也，时变其舰上之旗帜，屡髹其舰体之颜色，以诱击"协商"国商船。如法船来，则树英旗；英船来，则悬法旗；英法船来，则升俄旗。驶至敌船之旁，而敌不疑，乃突出而加以炮击。其屡髹其船体之颜色也亦然。尤奇者，又以法接得"协商"国商船之无线电报，而知其踪迹之所在，俟其将至而邀击之。其飘忽如风雨，其隐见如神龙，使"协商"国商船往来海上，咸有戒心者，"爱姆顿"也。至某日，"爱姆顿"又驶至爪哇南之可可岛，将毁其无线电台，突为一澳大利亚之巡洋舰"西得南"号所见，奋力追击，"爱姆顿"乃触海岸而被焚焉。"爱姆顿"之舰长曰密和勒上尉，被俘解往伦敦，诚不失为举世一奇杰矣。

"哥尼斯堡"号闻于"爱姆顿"沉没之前数日，毁于东非之浅滩内；计其所沉"协商"国船只凡十二艘。其舰长之勇敢，亦足与密和勒媲美。

一九一五年三月十日，德巡洋舰"埃得尔弗来得里"号逸出北海，为英舰穷追，西行三万英里，方抵美，佛其尼亚省钮乎堡钮和斯海口内而避祸焉。又德巡洋舰"威廉皇储"号击沉英船九，挪威船一，亦于同年四月十一日遁至钮乎堡钮和斯海口内，解除武装焉。

总之，德之海外舰队，至斯已无孑遗，其蛰伏于基尔运河之巡洋舰，偶或逸出，亦殊危险。德意志之不愿以海军为孤注，其以此欤！

第三节　英德海军战于北海

一九一四年八月二十八日，英舰队之一部分与德舰队之一部分战于海里果兰湾，是即英德海军遇于北海之第一役。海里果兰岛者，距德意志海滨可三十英里，实为基尔运河之咽喉。德人以基尔运河为其海军之根据地，乃于此岛严密布置，置重炮三百六十四尊，内一百四十二尊皆四十二厘米口径。世界军事专家咸谓以全球之海军力扑此岛，其胜负之数，亦未可预卜；盖敌国舰队若驶入此岛十五英里以内，皆为其重炮力之所及，世人呼之为世界第一坚垒，殆非虚语。二十八日晨，天气晴朗，波涛不惊，英舰分队长基司率八潜艇逼近海里果兰；其西北则为泰立脱分队长之驱逐舰队；东则为古德奴分队长之轻便巡洋舰队；西南则为克利斯金将军之巡洋舰队；弼德将军自率其战斗巡洋舰队布阵后方，指挥一切。俄而德之驱逐舰一队，巡洋舰二艘出而应战，英潜艇二，小驱逐舰二故向西退，以为诱敌之计，德舰队进击之，忽见英驱逐舰队由西北冲出，德舰又复退还。斯时英德两方之巡洋舰，已起战斗，英之"阿利苏萨"当德之"阿里阿定"，"无畏"对德之"司脱拉司堡"，两方驱逐舰队亦同时鏖战。胜负未分，遂各休战。既而德舰队见英之潜艇队及驱逐舰队尚在海里果兰附近，以为英之大队已去，又出击之。英驱逐舰颇受创，急以无线电乞援于弼德。弼德率大队至，战数小时。德巡洋舰"麦因兹""可恒""阿里阿定"均沉没，"司脱拉司堡"受创，又沉没驱逐舰一，死七百人，被俘三百人；英则"阿利苏萨"受伤，死三十二人，伤五十二人；结果双方引退。

海里果兰之役，英舰队取攻势，而德舰队应之；道格滨之役，德舰队取攻势，而英舰队应之。说者谓道格滨之役，德所以复福尔克兰一役之仇也。一九一五年正月二十四日，德意志海军少将余伯率战斗巡洋舰三艘："散得利兹""毛奇""特弗令格"；装甲巡洋舰一艘："蒲留歇"；轻小巡洋舰六艘；驱逐舰一队：自威廉哈文驶出。以海里果兰北面之水雷区域扩大，再以潜艇绕之，意欲诱英舰队入水雷区域。时英吉利海军少将弼德率战斗巡洋舰五艘："狮""虎""公主""钮西兰""无制"；轻小巡洋舰七："沙司汉帕顿""诺丁恩""勃明恩""罗司多夫脱""阿利苏萨""奥陆拉""无畏"；一及泰立脱分队长所率之驱逐舰队迎击。英舰队，战于北海之道格滨。战线延长二百英里。弼德侦知此计，避水雷区域，而迂道以进。结果：德舰"蒲留歇"沉没，"散得利兹""毛奇""特弗令格"受创；英之"狮"亦受重伤：各回原驻地焉。

第四节　德意志殖民地之丧失

大战初起，德人雄心勃勃，意谓陆军之强，为世界冠，最后之胜负，终决之于欧陆，视操胜算，若左券也。至如英人方急图运其陆军以登欧陆，断不暇再角逐于他方，即使德之殖民地尽落于英人之手，而战胜之后，亦必一一交还；矧英殖民地如爱尔兰印度南非等，其人民莫不乘机思逞，英迫于眉睫之祸，当亟亟焉求固己之版图，必不暇觊觎他人之属地：德之料英也如是。不谓大战至一年后，欧陆战场，旷日持久，正未知鹿死谁手，德一鼓再鼓，其气已衰；"协商"既多声援，势力日增，向之希冀英属地多事者，至是不克如愿以偿。若爱尔兰，则旧教派雷得门德（英之爱尔兰议员）与新教派卡孙（乌尔司得之领袖反对爱尔兰自治最力者）相携手，协力供献于英政府而为之招募士卒，使效力战事；虽以"新芬"党之激烈，亦慑伏于强权之下，而莫敢轻于发难。若加拿大，初则因英法两大民族之不同，积不相能，及见两祖国弃嫌修好，缔结盟约，则又各释其平日之嫌隙，而并力对外；当一九一五年十月间，加拿大募得兵士二十万人以赴前敌。同时澳大利亚、钮西兰、纽芬兰亦相继应征：澳大利亚十万人；钮西兰二万人；纽芬兰三千人：皆遣往欧洲助战。至于印度，日本以与英有同盟之关系，为之运兵派舰，以防止其革命，英人借以释东顾之忧；且印度大多数部落，仍效忠于英吉利，或以兵力相援助，或以金钱为供献，一九一五年一月，印度总督哈代其称其地已有二十万人入欧洲战线之报告。此皆出德人意料之外者也。

至于南非，当大战初起时，曾有一度之革命。初，英之南非殖民地，以脱兰斯哇，沃兰治及那塔尔最为紧要；其白色人种，大抵为荷兰人苗裔，称"巴尔"，即乡人之谓。当一八四三年沃兰治与那塔尔被据于英吉利时，脱兰斯哇尚不为人所注意。及一八八五年发现金矿以来，欧人垂涎其地，无不争先染指。然以其四围皆为英吉利之殖民地，英人遂遣兵取之，卒酿成英脱之战。脱之抗英也，结沃人为同盟，与英酣战三年（一八九九—一九〇二），蹙英人者屡。旋英调大军二十万人至，脱兰斯哇以众寡不敌，降于英，遂与沃兰治，那塔尔，及好望角同称南非联邦矣。及大战作，"巴尔"人乘机谋动，思脱英人之羁绊。主其谋者为英脱战争时之宿将：曰拔叶斯，曰麦利兹，曰特惠脱。然忠于英者，亦为当年抗英之宿将：曰菩太，曰司磨兹。菩太为南非联邦之首相，与国防总长司磨兹力拒革命军；军械饷糈，悉由英人供给。而革命军以无接济，先后败绩；拔叶斯淹毙，特惠脱被擒，麦利兹窜入德属非洲西南部。一九一四年十二月，南非联那呈报：革命军四千人入狱，千人加以监视：事遂寝。

南非革命军既败，英军遂分向德殖民地非洲西南部及东部进行；然德人坚守其地，英军不易攻入，自是用围困之法，待其自毙。初，一九一四年八月二十七日，英法联军降基纳湾之多果兰；又南非联邦军围西南非者再，中经革命军骚扰而撤还；革命军既仆，南非联邦军于一九一五年七月复大举进兵，德之西南非全部遂被陷。西南非陷落时，法自中非，英自那其拉率联军进窥喀墨龙，一九一六年二月攻拔之。

德于东非，持守最久；盖以守其地者，为莱多夫福培克，德之名将也。英陆军既不得逞，乃以海军封锁其海滨。一九一六年，德人在东非者，罗掘殆尽；司磨兹率大军进窥，酣战累日，仅得其殖民地之北部及中部。一九一七年六月，司磨兹复进攻之，莱多夫福培克力竭不支，窜入葡属东非。一九一八年，司磨兹复会合英军穷追，莱多夫福培克乃南走善白西；既而于是年九月间，复入德属东非，旋又潜入英属路特西亚北部，十一月十四日，卒为英军所擒。东非战事尽了；而德属非洲属地，至是全失。

德意志于亚洲之势力，我国之胶州湾为其租借地，德人用为海军根据地，借以图远东之发展，以与日、俄、英、法相角逐；日本因近就便攫之以去，另详下章。德意志殖民地之在太平洋者，钮西兰兵于一九一四年八月二十八日占其萨摩阿岛；澳大利亚兵于同年九月占其黑勃脱旭及苏路门群岛，复于二十五日占其凯撒威廉岛，十月间，日兵占其马夏尔、马利恒、加路陵三岛。十一月，英日约定：凡太平洋中之德意志殖民地，其在赤道以北者归日本；赤道以南者归澳大利亚；萨摩阿归钮西兰。太平洋中德殖民地既失于大战之初，其非洲殖民地，亦相继沦陷，德意志本土而外，从此海外无复有寸土尺地，此亦其地势使然也。

第五节　德意志对付英吉利于海上之手段

德意志于开战时，冀大不列颠藩属之多事，既未克如愿，其亟欲决欧陆战场之胜负，

第九章 英德海上之颉颃

又不能克日奏效,而其海外海军,相继歼灭,海外殖民地,相继丧失,至是海外势力既扑灭无余,其得与英人相角逐者,厥惟北海;然众寡不敌,又不敢孟浪从事,于是对于英吉利之纵横海上,又不得不另筹对付之手段。手段维何?即以己之海军,蛰居港内,俾英海军受其牵掣,不得不分布北海,而亟肆以罢之,多方以误之,所谓以我之逸,待人之劳也。次则于英舰队之阵线内,伏水雷以中伤之;"齐泊林"气艇分驶天空,伺探敌状,或径飞至英土,抛掷炸弹;其最烈者,则以巡洋舰数艘,乘英舰队之隙,突然冲过阵线,以炮击英吉利及苏格兰之海滨。如一九一四年十一月三日之役,德军舰炮击耶卯司及罗司多夫脱。同年十二月十六日之役,德军舰再击哈得卜尔,司加波罗,惠得培三处。于哈得卜尔,死一千一百九十九人,伤三百人;司加波罗,死十六人,伤七十人;于惠德培,死三人,伤二人。三处房屋,损失皆巨。"齐泊林"气艇常抛掷炸弹于伦敦巴黎,毁其房屋,伤其人民;既而几及伦敦之英吉利国家银行。英法两国之天空,实不胜其扰,而英为尤甚,故英人衔之次骨,谓德人不以正大光明之手段,相见于战场,徒以凶器枉杀无辜之妇孺,于人道有背,因呼德人为野蛮民族云。然德人数数自辩曰:"此军事上之作用,吾以气艇攻伦敦,则英必备飞机以为抵御,而战线内之飞机,可因之减少;果如是,则有裨于德军者实大。"此举殆亦有不得已之苦衷欤!

德巡洋舰之炮击海滨也,"齐泊林"气艇之轰炸市镇也,不得谓之烈;尚有一更猛烈之器而收效更多者,即潜艇是已。潜艇不但可击英之军舰,且可毁其商船,而绝其饷械。盖英之原料,皆自其殖民地或日本或美洲之供给;军器之输入亦然。潜艇者,英、美、法、俄、意、日皆备者也,而德用之为最有效,则以德之潜艇更较诸国为精锐,且为对付"协商"之唯一法门耳!德人喜而自庆,以为拿坡仑虽强,不能抗英,今德乃有潜艇以制英人之死命,殆亦天赐耶!自是德意志专以潜艇对付"协商",并用以对付中立国,盖恐中立国输运饷械以供给"协商",或"协商"船只冒用中立国旗帜也。故被遣出之潜艇,皆奉"一见船只立即袭击"之令。初,英巡洋舰"拍斯芬特"号于一九一四年九月五日为德潜艇所沉;二十二日,德潜艇U字第九号复连沉英巡洋舰三艘:曰"克来西",曰"霍格",曰"阿蒲格"。至U字第九号艇上人数只二十五,其艇长惠提琴遂名震一时。自是德意志益以潜水艇之万能自豪矣。

当大战之初起也,美利坚严守中立,且以最公正之手段对付交战国。美国食物,供给欧洲之"同盟""协商"中立三方,无有偏倚。然英吉利以地势之要冲,美国食物之输入"同盟"国者,必为其扣留,即输入中立国者亦扣留之,甚至扣留其书信,此皆有违于万国公法者也。于是美人对于英吉利之感情,日趋险恶。一九一四年十二月二十六日,美政府遂以严重之书词相诘问,英政府非但置之不理,且目美国食物之输入德国为禁货。有美商船名"威尔罕米那"者，于一九一五年二月间载粮往德，道经英国，为所扣留而充公焉。美人闻之，以谓既犯其中立，复损其国威，于是群情愤激，大有与英决裂之势。然同时德意志公布一令："自一九一五年二月十八日始，不列颠三岛四周，皆为战争区域；无论敌国或中立国船只，一经驶入，立予炮击。"此举也，德国不得已而为之。盖万国公法所载，关于交战时之对付商船，须由敌国军舰发一号令，使商船停驶，听候检查；有不服者，则击沉之，然亦必将获得之俘虏携登海岸，不使船中生命受战事之波及。此为对于战斗舰而言，理固当也，若为潜艇，则又不能与战斗舰并论：一则潜艇结构不坚，一浮水面，凡武装商船亦能击沉之；二则潜艇船员甚少，不足俘敌；三则潜艇既轻小，不能再容多数之俘虏：职是之故，德意志之潜艇政策，遂不得不违背万国公法矣。初，美利坚与德意志之贸易，为英之封锁政策所阻；其与英吉利之贸易，则又为德之潜艇所阻；故美唯对两方驳责。而对于德之利用潜艇政策，尤为严厉；其措辞若谓美之船只为德所沉，及美之人民，为德所害，则唯德是问。异日德美之衅，肇于此矣。

◎英国武装商船路昔推尼亚号之沉没

一九一五年三月，英船某号为德潜艇所沉，死美人一；四月二十八日，美船某号为德飞机所击；越三日，美船某号又为德潜艇所沉，死美人三。时美政府方拟致书德意志，为严重之诘问，亡何而警报迭至，谓英船"路昔推尼亚"号于同年五月七日被德潜艇击沉于爱尔兰东南海面，死一千一百九十五人，内一百一十四人为美籍，美人益愤不可遏，行将与德绝交矣。美总统威尔逊以观望故，惟行外交上责问之手续。且当是时中立国如荷兰，如西班牙，如南美之诸"拉丁"国，其船只亦有为德潜艇所击沉者，而美之啧有烦言，则以美为一等大国，有左右两方之势；威尔逊不立即决裂者，特沉机观变耳。

夫美利坚者，昔为英之殖民地；自华盛顿独立以迄于今，其人民几皆欧籍，而尤以英裔为独多。至大战一起，德人寓美之数，已及百分之二十，亦不可谓少矣。爱尔兰人宿仇英，至是乃与德人盟。荷兰人及斯甘地那维亚人因与德为同种，亦起而祖德。唯美之法人，因与英人结为唇齿，至是乃两相结合以抗德人。而美利坚遂为两方钩心斗角之场矣。然德人终以地势之关系，不能得其祖国之策应，于是在美之宣传，亦卒归于失败。

德意志既以潜艇滥击而启中立国之怒，而自信其足以减削英吉利海上之威权，故袭用之而不改，盖德人斯时舍潜艇政策外，其技固已穷矣！

第十章
日本之侵占山东

第一节 日本与世界之关系

欧人以武力纵横天下，莫盛于十九世纪与二十世纪递嬗之时；其结果亚非美三洲之国土，或为其藩属，或仰其鼻息，或入其势力范围：盖皆为武力所屈服者也。迨俄罗斯败于日本之后，世人咸知日本为不易与；即日本在世界上占重要之位置，亦自兹役始。

日本自数千年来抱闭关主义与中国等。至吾国"李唐"时，中日角逐于高丽，战于白江口，唐军四战皆捷，焚日舰四百艘，烟焰蔽天，海水为赤，而日本遂慑服我国。其时我国盛强，声教文物，赫然海外。日本始遣五百人来留学，赍中国之文化而归。自语言文字以至起居服御，莫不模仿，惟恐失焉；而佛教亦由中国以传于日本。迨至"有明"中叶，阳明之学大昌，日人崇信其知行合一之说；识者谓日本之富强，胚胎于此，殆非虚语也。

日本与世界之关系，实萌芽于一八五四年美人贝莱率舰队游日之一役。贝莱之目的，在与日人通商；日人坚持不许。旋日长官窥其舰队之雄伟，枪炮之坚锐，知非其敌远甚，卒低首下心，如其所请。自是而法、英、俄诸国援利益均沾之说，接踵而至，以求与美同等之待遇。日人以众寡不敌，各如其所要求而去。自是日本乃与世界各国交通矣。

日本自被迫通商而后，国内变动，随以俱起，遂有废藩覆幕之役；是为维新事业之开始。自时厥后，当轴励精图治；举凡国家之建设，海陆军之成立，教育之改良，工商业之整顿，无一不步武欧美。欧人尝谓以六百年改造欧洲，而日人仅以三十年观其成，实举世骇闻之事也。

内治既修，继图武功。日人欲于东亚大陆上独树一帜，与欧美列强相抗衡。然首当日本之冲者，厥惟中国与俄罗斯；且斯二国者，又皆地球上庞大帝国也。日人一战而败中国，再战而败俄罗斯；于是日本国际地位，骤然增高，列入八大强国之一矣。

日本之败俄罗斯也，实英吉利有以助之。英所以助之者，非真有爱于日本也，意盖嫉俄之强盛而嗾日本之攻之也。俄与印度为比邻，印度固英吉利之腹心也，俄之窥印度，譬若操白刃以刺其腹心，英人于此，虽鞭之长，不及马腹，势不得不假手于日本，以保持其东亚之利益，此英人之隐衷也。故当日本要求欧洲各国撤去治外法权缔结对等条约时，英人首应之，以表示结欢于日本。中日战事既了，俄、德、法迫日本还我辽东，而英人勿与也；且阴劝意大利勿为德人所惑，此英人结好于日本之第二着也。庚子一役，日本就近赴援，出各国使臣于险，日兵信用因之益著，而英人利用日本之心，亦因之益坚，而日英同盟之机动矣。抑欧洲列强中，与俄为仇而在东亚之利害常患不能相容者，厥惟英。英自与脱战后，国力疲惫，苦无余力以对外；英而欲保障东亚之权利以巩固印度之边围，则不得不有借夫英日之同盟。卒也日英同盟于一九〇二年一月三十日告成。

日英盟约要旨，曰两国政府欲于东亚维持现状及全局之平和，其范围盖甚广也。即以广义推之，包含印度之安全固矣。玩其语意，一若东亚者，惟英日两国有支配权利焉。又曰维持中国与高丽之独立及其领土保全，是直置我国于其保护之下也。我国独立盖五千年于兹矣，又何需乎他人之保护；乃国势不振，致为强邻所蔑视，此可叹也。至日本承认英国之经营我国，英人则承认朝鲜在日本势力范围之内，及所谓必须干涉时，则为必不可缺之处置，是直共同以谋我，一九〇〇年"义和团"之役，是其前例；质言之，即所谓共同支配我国也。其确定对付俄罗斯之方针，则有如两缔盟国之一与他国开战时，其他一方之缔盟国，须守严正中立；至谓须竭力防止他国加入战争，盖防法也。是时法为俄之同盟国，故英人之言如此。

第一次日英同盟之有效期间于一九〇六年止。然在盟约期满之前一年，即复宣布第二次日英同盟条约。其时适当日俄战后，两国正在和平谈判中也。第一次日英同盟之目的，日人以欲与俄战而深恐法人之为俄助，乃亟求盟英以防制法，今既战胜俄人而达其侵略满韩之目的，东亚大势，已为一变，而日英盟约，遂不得不加以修改。一九〇五年八月十二日，英日两政府续缔新约；其大致与第一次盟约无大异，而仍皆以我国为注重点，但增入印度，盖英国最重视之点在此。英国且于印度国境附近，则可自由行动，系暗指我国之云南西藏及波斯言之，以日俄战前，英俄二国，曾于是地发生冲突故也。至日本则删去高丽独立等字样，不啻置三韩于其囊中矣。

日英同盟，意在防俄；然自一九〇七年英俄协商成立以来，英人悬拟之敌人已去。且英俄协商之点，即在印度国境相毗连之波斯、中国西藏。印度国境之安全已确定，嗣后可无事于日本之代谋。至一九〇七年七月，日俄协商成而日人意中之敌人亦除。至一九一一年八月二十二日，日本宣言合并高丽与第二次盟约所申明者，实已相反，更无事英人承认之必要，故日英同盟，至此不过等一废纸，自是而日英同盟废弃说，乃倡诸英美一般人士之口矣。英人之意，以为日人不顾盟约义务，揽夺其在中国之利益，今同盟之目的已去，不如废弃为是；美人之所以冀其废弃者，盖嫉英日同盟之势力而于彼有不利耳。

时日法日俄既互相协商，日人慕三协商国之势力，及英海军力之强，一旦解除英日同盟，又非其所甚愿，职是之故，日英同盟，又复于一九一一年七月十三日重订。至此次则英国为顾全美人之感情，乃与美国缔结总括的仲裁条约，而除美国于日英攻守同盟以外；盖预防日美冲突而易于居中斡旋也。于斯吾人须注意者，第一次第二次同盟条约，乃以俄罗斯为假定之敌，而第三次则除外俄罗斯，英国对于高丽无承认之必要，日本对于印度，亦无何等之义务，至是日英同盟之精神失矣。

当日英既盟于亚之后，英法俄协商将告完全成立于欧。英法英俄既言好，日法日俄亦不得不各释前嫌，以是日法协商与日俄协商乃相继成立。

日法协商利益之交换点，其擅定主权：在日本则为中国台湾；在法则为交趾。其擅定之保护权：在日本则为高丽；在法则为安南、柬埔寨。其擅定之占有权：在日本则为辽东半岛；在法则为广州湾、海南岛。而以接近之地域言，台湾之于福建，朝鲜及辽东半岛之于满洲，交趾安南之于云南、广西，广州湾之于广东、广西是也；所谓相约互维持其平和安宁者，即各划分其势力范围而已。

日俄一战之结果，日本虽自鸣得意，而俄罗斯则以为失其大国之威严，卧薪尝胆，日图报复。彼于日本恶感方深，何忽释前嫌而言归于好乎？其故由于战败而后，国力罢弊，近东问题，屡见迫于德人，故暂与日人结好，俾得专力以对德。其次则日英既结同盟，日法又订协商，勠力处置东亚；法者与俄为同盟，英者又将与俄协商（英俄协商后日俄协商一月），故不能不与英法取一致之行动。其在日本方面，最大目的则为确定其在高丽地位，且预为吞并之计；其次则为联英法俄为一气而为之盟主，以共同宰制东亚。况日人自战胜以后，其所损失，不减于俄；日俄协商成，正可借此以为休养之机会，此二国订结协商之理由也。协商之直接关系，为缓和其利害冲突，而暂免战祸之复生；间接之关系，即共同宰制我国，故日俄协商成，而我国之祸患乃益迫：此日俄第一次协约之真相也。无何，一九一〇年七月，日俄第二次协商又成。此次协商内容：一为日俄共同经营我国之满洲铁道；一为共同尊重其对于我国所取得之权利；一乃互相提携并进也。若有第三国干涉其在满洲行动，则不难一变而为同盟。至新协商之原因何在？盖由于满洲铁道中立问题，及我国对付日俄外交关系之反响也。何谓满洲铁道中立问题，即一九〇九年十二月美国国务总长罗克斯向中、俄、日、英、法、德六国提议，主张由各国共同借给资金于中国，以收买满洲诸铁道，而由投资各国，同掌其管辖权，俾此路仅限于商业运输，而禁止军事上及政治上之利用；其意即欲以满洲为中立地，以杜绝日俄两国将来冲突之祸根，且确保列国之机会均等主义。其实际内容，又欲以限制日俄两国之侵略也。然日俄之视南满为外府久矣，而欲其拱手以让人，此必不可得；于是日俄乃共同商议，以为抵制。时英法为顾全其同盟协商之友谊，相与作壁上观，遂使美人提议竟归失败，而日俄新协商又应时而出矣。或谓日俄两国，尚有密约；总言之，无论日俄有无密约，其所以协力蚕食我国及支配我国则一。人为刀俎，我为鱼肉；外患之乘朝不及夕，彼英俄法无论矣，至日本之于我国，以种族言，犹兄弟也，为弟者必欲引外盗以入兄室，何心之忍乃尔！然而我国之不自振，即此可见；人必自侮而后人侮之，于日本乎何尤？

第二节　日本对大战之决定方针

日英同盟、日法协商、日俄协商既相继成立，日本已俨然为东亚之盟主。曩日德意志之势力旁礴于山东一隅者，至是亦遂为日、俄、英、法所包围，而不得不仰日本之鼻息。自大战启，德虽纵横欧陆，锐不可当，而于东亚之胶州湾，终虞相隔过远，不能兼顾，宜其不旋踵而为日人之囊中物也。

初，中日战争既了，日本以战胜国之资格，索我辽东；吾国当败挫之后，听其脔割，莫可如何。时则德意志方经营东亚，不愿日本之独专其利，约俄法两国出而干涉，为我国索还其地；且三国军舰，麋集黄海，以为恫吓。日本以众寡不敌，不得已而允其所请，自是日俄之战机伏于此，而日德构怨之深，亦原于此矣。迨日本对德宣战，不知者谓日人此举，为尽忠于日英盟约，亦有谓德意志昔日逼还辽东，实为日德战争之唯一原因者，殊不知二者皆非日本对德宣战之初衷也。夫日英同盟之主要目的在印度与高丽，青岛虽在德人手，但距其祖国辽远，势不能有所接济；且既为强邻所包围，其不能以青岛一隅，扰及印度高丽也明甚。不宁惟是，当时为我国索还辽东者，俄法亦与其事；今日人与俄法弃仇言好而订协商矣，何独于德而衔恨若此？观乎此，而知前之两说，皆为旁观臆度之词，非真能洞见日人之症结也。抑吾有见夫日本之富强，在步武欧西，而德意志尤为其所取法；若教育，若实业，若军备，无事不追踪夫德。明治维新而后，德教师之来日本者，几所在皆是；其后之接踵而至者，又不绝于途也。辽阳之役，日军大捷，日统帅大山岩致电梅克尔将军曰："公今得高足弟子矣！"盖梅克尔为日本之德国陆军教师，日之军人，咸受其教育，大山统帅之电梅将军，水源木本之意也。观乎此，而德之有功于日本，不可谓不至。卒之德为羿，而日人乃为逄蒙：以怨报德，忍乎不忍？故知日本之对德宣战，非为日英同盟也，不过为利益之所驱已耳！

日本对大战之决定方针，厥惟两端：一曰遵守盟约，加入"协商"；一曰脱离盟约，转而助德，以与英抗。由前之说，则日本势必夺德人之胶州湾而逞其所欲于中国，其发展仅限于中国而已。由后之说，英之以全力对德也，自无暇兼顾其在亚洲之藩属；日人于此，出而为蚌鹬相争之渔父，或且并印度、缅甸、澳大利亚、纽西兰、南洋群岛等地而攘夺之，果尔，则英人首尾不能兼顾，欧洲战场之形势变矣。异日者，纵令德人战胜于欧洲，而元气已损，势不能东顾。如是，则日人乘胜席卷；若波斯、阿富汗、阿剌伯与夫苏彝士运河，尚不知鹿死谁手也。至是而日本之发展，乃遍及世界矣。犹忆大战之初，日之朝野，主张前说者半，主张后说者亦半；持之有故，言之成理；筑室道旁，纷纷聚讼。时内阁总理为大隈重信；大隈之目的在中国，数十年来未尝更变者也。其意以为助德而胜，其事不可必；助英而败，则德人虽胜于欧陆，势不能遽图东亚。故日外务省于八月四日发表公示曰："帝国政府，对于欧洲战局，确守严正中立态度。然今后时局之变迁，又须注意。万一英国亦投入战争旋涡，日英同盟目的，濒于危殆，日本当尽同盟义务，而执必要之处置。"观此则日本欲借日英同盟为口实，觊参与此次之战事也审矣。至八月四日夜分，英人对德宣战。六日，大隈召集内阁会议，议决加入战争。八日夜，开元老大臣会议，要求元老赞同；盖日本大政方针，强半视元老大臣为转移故也。九日，与英政府交涉，要求加入战围。十日，复开临时阁议，议决加入战团手续；于是舆论界主战之声，盛极一时。十一日，英国来不同意之答复，而舆论态度一变，且有讥诮内阁者，于是日本为第二度之要求。内容如何，外交秘密，无从详悉，然必乘危要挟无疑也；盖其时舆论界主张单独进行，无须英人同意，以免将来受英牵掣云云者，其愤嫉不平之气，已不觉流露于辞色矣。至十二日夜，英国与日本以半同意之答复而附以条件。十四日，日英交涉终了，复开元老会议临时阁议者数次。十五日午后七时，日致最后之通牒于德，限八月二十三日正午以前答复，其内容如下：

（一）德国在日本海及中国海洋方面之舰队，当立时退去；其不能退去者，当立时解除其武装。

（二）德意志帝国政府以胶州湾租借地全部还附于中国为目的，限一九一四年九月十五日以无偿无条件交付于日本帝国政府。

德意志对此通牒，置之不理。二十三日正午，日本未接德人之答复，于同日午后六时以天皇名义，向德宣战。二十七日，奥大利以与德同盟故，亦向日宣战。

日德竟尔宣战矣！试问英人对于此举果愿意乎？曰否。日本乘英人有事欧西，思独揽东亚之霸权，英人已早窥其隐，此英人前日不同意之答复所由来也。既见日本群情愤激，乃复与以半同意之答复而附以条件，英盖恐日人之拊其背，不得已而出此者也。日本宣言交还胶州湾于我国，当为英人所授意；及日兵攻青岛，英复遣数百人助战，实不啻暗加以监视，总之，胶州湾为我国土地，始被攫于德，终见攘于日，而为主人翁者，至不敢以一矢相加遗。宁非事之大可哀者哉！

第三节　日军之攻陷青岛及侵犯我国之中立

日本既对德意志宣战，其战争之区域，在东亚言之，只为胶州湾一隅。胶州湾者，我国土地也，当一八九七年（"清"光绪二十三年）山东德教士被杀之报至柏林，德皇即命海军少将齐德黎率舰队东来，旋又任皇弟亨利亲王为东亚巡洋舰队总司令，率大队踵其后。迨齐德黎以十月十九日抵胶州湾，逼青岛炮台守将高元章让出炮台而占领之；翌日，占领胶州府城；又翌日，驻北京公使海靖始向"清"廷总理衙门谈判。交涉将就绪矣，亨利亲王大舰队适至胶州，海靖忽翻前议，要求租借胶州湾，期限为九十九年。时"清"廷国势衰弱，外侮频仍，海陆军新为日本所败，力不足与德人抗，不得已于一八九八年（光绪二十四年二月十四日）与德订《胶州湾租借条约》。

此条约之性质：租借地域于租借期限内，德国除不能租与他国外，有完全主权；租借地外之中立地，虽承认中国主权，然中国不得驻兵该地，而德国则有军队自由通过之权，不稍受限制；又许以铁道矿山权与全省开办事务之尽先权：山东全省不啻尽画入德国之势力范围（行使政权之地域）与利益范围（获工商业优先权之地域）之内。一八九八年四月二十七日，德皇威廉二世对于国内正式宣布以胶州湾归德意志帝国保护之下，直以有期租借之胶州湾与殖民地同一待遇。至其统治胶州湾之制度，又与统治其他殖民地之制度绝不同。即德自一八九〇年以来，凡殖民地之中央行政机关，统归于外交部之殖民局管辖，独胶州湾则归其管辖权于海军部：其用意盖以经营胶州湾之目的，全注重于军事上之设施也。

当一八九六年李鸿章至俄贺俄皇尼古拉二世加冕时，缔结中俄密约，许以胶州湾与俄；俄之意则在大连旅顺也，乃嗾德以强力占胶州湾，然后责偿于中国以占旅顺大连。德亦愿为戎首，故德人占胶州湾时，俄人作袖手观，不发一言，法英两国亦如之。继乃俄人租得旅大以去，英法援势力平均之义，英人租得威海卫及九龙以去，法人租得广州湾以去；我国良港，尽被窃割。彼英、俄、德、法、日本诸国，意见至不一，而又互相嫉视，独对于我国之侵略政策，则如出一辙也！

胶州湾群岛之最大者曰青岛。德人既租胶州湾，以青岛一隅，形势险要，遂周筑炮垒，严密布置，预期一旦有事，以为持久计也。欧战初启，青岛总督伐尔代克部下，计有守兵五千人，小炮艇四艘，奥舰一艘名"以利沙伯皇后"。当奥日未宣战时，是舰军官请于日政府调往上海，日政府许之，旋德政府电令青岛将士坚守领土；奥亦对日宣战，电令"以利沙伯皇后"号与德舰队取一致行动。时司彼将军所率之远东舰队已西渡矣。

一九一四年八月二十七日，日海军始占胶州湾前面诸小岛，扫去沿湾一带水雷。九月三日，遣神尾将军率兵万人由莱州龙口登岸，以捌青岛之背。时秋霖连绵，不便行军，日军仅以飞机绕行青岛之天空，以炸弹投无线电台电机总站火车站及港内停泊之船舰。九月十三日，日军攻入青岛前面之胶州火车站；该站距青岛不过二十二英里。二十七日，日军攻陷亨利亲王山。先是，二十三日，威海卫驻屯之英兵千余人（印度人居多数）由崂山湾登陆，同隶于神尾将军之下，会攻青岛。及至青岛五英里内，德人始用重炮还攻，以为背城借一之战。既而神尾见德军浪费子弹，知其不为持久计，乃于十月三十一日猛攻之，德军旋不支。十一月二日，奥舰"以利沙伯皇后"号沉没。六日，青岛炮垒子弹告罄，神尾将军下令用步兵猛攻；午后六时，伐尔代克见大势已去，高揭白旗，以示降伏，至七时半签降约。自是青岛遂落日人之手，而我国之山东转入日本之势力范围矣。

青岛战事告终：计日兵死二百三十六人，伤一千二百八十二人；英兵死十二人，伤六十一人；而德军之降者三千人，尽俘至日本而监视之。

青岛陷后，德人之东亚势力，已完全消灭。日舰队乃巡视中国海、太平洋、印度洋之间，猎取太平洋德属加路陵，马夏尔，马丽安诸岛屿，又派驱逐舰一队往地中海助战。

俄之败于德也，势将一蹶不振，日本则以军械饷糈接济俄人。当时输入之路，则为西伯利亚铁道。英之用兵欧陆也，无暇顾及其殖民地；印度新加坡相继革命，日本则遣海军陆战队助剿之，而革命者不得逞；日之对英及"协商"，可谓周且至矣。至其对于我国则反是。初，一九一四年八月六日，我国宣布对欧战严守中立，日人置若罔闻，蓄意破坏；其突遣陆军由莱州龙口登岸以袭青岛，用意果安在乎？龙口南距青岛一百五十英里，既非德之租借地，亦非租地之警备区域，中国既宣告中立，日本又非对中国宣战，则日兵不应由龙口登陆；不谓日本欲乘此时机，囊括山东，乃先划莱州半岛为交战区域，迨九月三日，陆军登陆后，遂横穿莱州半岛以达胶州，而沿途各城镇及邮电机关，尽为所占；甚至征发物品，驱遣人民一若视其地为敌人土地者。袁世凯于此，无可如何，不得已乃参照日俄战争时，划辽河以东为战区之先例，于九月三日宣告中外，划莱州龙口及接近胶州湾各地，为交战区域，声明除此而外，仍守中立。同时又与日政府约定，交战区域以胶济铁道之潍县车站以东为界，日军不得踰越而西；乃至九月二十六日，日兵四百名突至潍县，占据车站，十月三日，复迫中国军队退出铁道附近各地。中国向之抗议，置不答。同月六日，日军大队进迫济南，占领胶济铁道全线及铁道附近各矿产；所有路矿中之中国办事人员，概被驱逐，易以日人。虽经袁政府以中立区域据理诘责，而日置益公使绝不让步，且强谓胶济全线，当为胶州湾租借地延长之一部。实则中德条约，仅限胶州湾为租借地。自日本占领后，逞其横暴，直将胶州租借地之范围，延长至济南也。又青岛陷后，日本即向我国当局声明，将青岛海关人员，改用日人。按中德青岛设关条约，海关虽由德人管理，而所用人员，则由中国自派。日本则一方声明，一方则以兵力尽占青岛海关之文件财物，且并中国所用人员，亦行驱逐矣。

　　青岛降日，袁世凯以战事已了，交战两方之军事设备，业已解除，遂请日政府除青岛外，山东内地之日军撤回青岛。日政府复置不答。时袁方谋僭窃，欧洲列强，又无暇东顾，日人利此时机，违背前约，不将胶州湾交还中国，且进而提出二十一条，以制中国之死命矣。

请君择之
（日本之参战）

◎德国寓意画

改组
(新三国同盟)

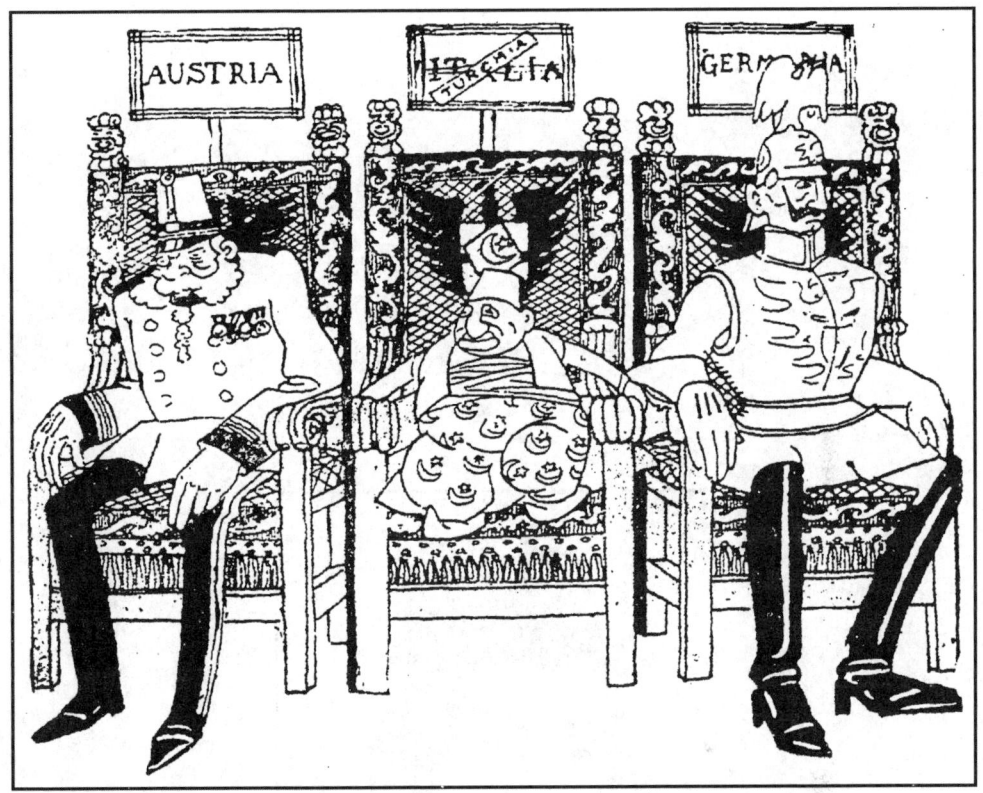

◎意国寓意画

第十一章
近东战事

第一节 土耳其之加入战争

◎土皇摩哈默特五世

当奥塞交涉行将决裂时，土首相对于驻君士但丁堡之外交团，亦尝声明宗旨，严守中立。然此种非正式之宣言，实为国际上之常谈，未可信为由衷之论也。时有政府公报"塔司非里爱夫基"表示土国之政策曰：

"土耳其未尝欲战，且求尽力避去战祸；然中立国对于战争，未必全无关涉。奥塞之争,影响于吾国甚大:其一,塞与希腊为我国宿仇,一旦与强大数倍之敌人作战,其必受损无疑;其二,战争结果,其牵累必不止于二国。职是之故,战衅一启,时多变迁,我国势恐不免牵入战祸。此后当以精锐之眼光,观察时局,无坐失我国之利益。盖此种利益,尽可以正当手段得之樽俎间也。我国中立,决不为左右袒;然要不得不严为警备,以视我国利益之所在,且防范我疆域也。"

观此论调,土耳其对于战争之态度,已甚明了。土政府因是调集军队以备万一。又有一事,足以激成土英两国之战机者,则以欧战初起时,土政府侦悉在英定制之两军舰,尚在船坞,忽被扣留;假此以为口实,排英之举动,于是乎生。时土之人民,有捣毁英侨所设之商店者,有攻击英之大使馆与领事馆者,两国之交,至是乃决裂矣。惟是土于英法素无恶感,唯与俄则世为仇敌。前此巴尔干一役,俄罗斯又显然袒其敌人,以致失地丧师,土人对之,时怀余恨;与此次战事,相去仅数年耳,报复之心,寝馈不忘,益以此次观察"协商"方面,无可希冀,向之盘马弯弓迟迟不发者,至是而大战之方针,遂一旦决定。

◎土军统帅恩佛

至德意志之势力,潜滋暗长于土耳其者,至一九一四年,已二十载于兹矣。教练土军队者,德之军官也;开浚土利源者,德之技师也。自抱斯福至波斯海湾两铁道曰阿那多利与巴格达特者,又德人出其资本以筑之者也。是时握土耳其政治实权之领袖曰恩佛,其人有肝胆,又尝大著声誉于巴尔干战役。彼以留学德国故,对于德人,极端崇仰,几无一事不步武德人，以期改良其国政。至是恩佛忽膺统帅之职，而辅以德将桑达斯。土之与"协商"诸国相见于疆场，迫于眉睫矣。

一九一四年八月二日，土皇于议会时间，使政治分子齐集御前，会议军事。当时议决者，一为重整海军，畀倪马尔为之长；复遣他拉脱及哈里尔赴蒲加来司脱，与罗马尼亚当轴及希腊代表接洽土罗，土希未曾解决之诸问题。九月十日，土皇下诏，谓前受外人协定之条约，若租界，若领事裁判权，若外人商务特护权等，须一律废去，而代之以万国公法。不谓"协商"诸国，据约驳斥，悉归无效；并暗联保、罗、希三国，使与土抗。至联之方，则许保以阿突利亚堡及脱拉斯，许希以土麦那，而以德兰西耳伐尼亚许罗。乃诸小国以利益未均，不为所动，"协商"计不得逞。德遂乘机怂恿，使其排"协商"之心，愈为坚决。又德之与土，预有成约，秘而不宣。至"戈朋"与"勃来斯老"两舰之避入君士但丁堡港内，而土政府附德之态度，愈显然矣。

"协商"于此，乃向土政府要求解除德舰之武装，土不之允。甚且封锁达特奈耳海峡，以绝俄与地中海之交通。又借口俄于十月二十九日无端袭击土舰队于黑海，遂向俄、英、法三国宣战。同日德舰"勃来斯老"炮击黑海北面之俄境，土鱼雷艇三艘劫掠俄属奥特薩海岸。"协商"驻土各大使，遂索护照返国。十一月三日，俄对土宣战；五日，英法继之。说者谓巴尔干之战事方告终了，而近东又卷入大战之漩涡中矣。

土之加入"同盟"，本不能予德奥以军事上之援助，其故由于土与德奥之间，尚有罗马尼亚，保加利亚，塞尔皮亚以为之梗。时罗保两国，尚守中立，塞则为奥之敌国。土既加入，塞之视土，犹夫奥也。故土之军队，既不能加入法兰西与波兰两方之战线，以为德奥直接之援助者，地势限之也。然德奥之有冀于土者，厥有二事：一则土为伊斯兰教领袖，可利用之，使激起摩洛哥，阿尔支利，埃及，印度等之伊斯兰教民族，与英法为难；二则土一加入，俄英两国，必分其兵力以御土，将使弗郎特，加里西亚之"协商"军队，战斗力因之减少：德奥之所希冀夫土国者此。不谓事与愿违，所谓"神圣战争"，久无影响，则以伊斯兰教民族，夙隶于英法管辖之下，欲求脱羁绊，终以势力薄弱，计不得逞。又其时英法方移调大军以向弗郎特；俄又派兵越高加索山以窥土之阿曼尼亚；英又利用其殖民地之兵以卫印度埃及，且转攻土之米索波泰米亚；"协商"诸国，复利用土耳其所辖之伊斯兰教民族，倒戈反向。其时海夹子之阿剌伯族，经美咖郡长之煽动，起而叛土。然英法此种阴谋，亦以距国过远，不能收效。

当土之宣战也，英国正式占据居伯罗司岛（一八七八年柏林会议许英管辖），以为抗土之军事根据地。十二月十七日，英国又正式归并埃及（埃及奉土正朔而实权操于英），其宣言曰：

"土耳其既以战事相迫,埃及遂隶于大不列颠陛下保护之下,自后埃及为大不列颠一保护国。土耳其于埃及之君主权,至此告终。大不列颠陛下之政府,自必以防卫埃及与保护埃及之居民及利益为责任。"

是时埃及王阿拔司二世,英以其亲土废之,而立其叔呼逊。英军即自印度至波斯海湾登陆,十一月二十三日取拔斯拉,期侵入米索波泰米亚,以窥巴格达特;盖以拔斯拉距巴格达特仅三百英里耳。然拔斯拉前方五十英里,适当底格里斯与欧弗来脱两河之间,有地名古那,土军屯驻之所也。英军侵入无功,仅能开掘壕堑,以防止土军之侵入印度已耳。

土耳其之北,则为俄土冲突之点。迤而东南,当两国之冲者为波斯;波斯无御外力,遂为俄土两国之战场。其西北则为德兰西高加西亚,俄土接壤之处也。又北为俄之喀斯,南为土之哀耳善龙;各筑巨垒,两相对峙。又其地多属山岙,道路崎岖,势颇险要。土军十五万人由伊善德统率之,以御俄将符龙坐夫所统之十万人。十一月二十日,俄军侵入土境,陷可不里克伊,寻为土军还攻,俄军复于十二月二十五日退出,次于苟拉桑。土军乘势追逐,适其时天气严寒,积雪没胫,土军深入重地,饥寒交迫,亦遂于二十八日退归哀耳善龙。

◎土政府军事顾问德将桑达斯

再西南则有土军之攻苏彝士运河。此运河为英通印度之咽喉,亦即欧、亚、非三洲之枢纽也。使英人一旦失其地,其通远东,必将绕道好望角,路程迂远,旷日持久,故苏彝士运河,不啻为大英帝国之命脉,而不得不出死力以守之者也。进窥苏彝士运河之土军统帅为倪马耳，前曾任海军总长，至是统兵凡六万五千人。英将麦克司惠耳率英军守运河，视土兵可两倍。土军终不能取胜。说者谓土军之不能得志于德兰西高加西亚，由于山路崎岖，气候寒冷；此际之窥苏彝士，所值适与前者相反。盖其地天气酷热，而沙漠又一望无垠，途间仅有数小井以供饮料，军士值之，殊觉困难；故英人之守此运河，反甚易也。又按运河广二百英尺，两岸垒起可四十英尺。河之首尾，铁道贯之；运输之便，自无待言。至河之东岸，地皆平坦，用炮火射击，敌军无所遮蔽。土军之不能取胜，固可预卜。九月二十一日与一九一五年一月二十八日两役，又同年二月二日土军之总攻击，损兵折将，有由来也。

第二节　英法联军之进攻达特奈耳与加里波利及其败绩

德军利在速战，既不能一战决雌雄，势不免旷日持久。英吉利陆军总长吉青纳预卜战争终了之期，须历三年。海军总长丘吉尔复申其说曰："今日欲击退德军，似可不必。以目前论，德军震荡飘忽，势固锐不可当；然苟持之以坚忍，则敌人之败退，当不出二三年后，且收效亦必视开战时直捣柏林为尤大。"此则困之使毙之意也。故法此之围既解，"协商"各国，莫不渐具乐观，则以地势之优，兵额之多，财力之雄厚，无不视"同盟"为倍蓰。况英吉利海军之强大，足以封锁德意志而有余；"协商"外交手段之敏捷，又能得中立国之同情。且彼意大利者，行将与德寒盟矣；美利坚则不胜潜艇之扰，而啧有烦言矣。英内阁爱斯葵斯任总揆，吉青纳长陆军，丘吉尔长海军，而精明强悍之路合乔治，又长新设之军需部。法则维维亚尼之为总揆，阁员如代尔喀赛、米也郎、白利安、李博其人者，又皆一时之杰。一九一五年之初，"协商"自信其势力之雄大，一变守势而为攻势。土耳其者，助德以攻"协商"，亦劲敌之一也。当是时，法德既角逐于西，而近东战局，又复相持不下。丘吉尔以近东较易着手，建议以海陆两军夹攻土耳其。邱意以为英法联军果能占得达特奈耳，土必俯首求和，印度、波斯、埃及可无虑，而德人所筑巴格达特铁道，势必落于"协商"诸国之手；俄罗斯之高加索军队，可悉移调于波兰战场，而俄得因此以通过地中海；意大利与巴尔干诸小国，势必相继加入：如是则战争终了，可企踵待，不必待之二三年后也。顾其时法军方力守西战场，无暇东顾，又以丘吉尔之建议，是否有效，未可预必，特以履行盟约故，又不便发生异议；于是英法联军遂向近东出发,而直指君士但丁堡矣。

◎达特奈尔海峡之战火

君士但丁堡之咽喉,为达特奈耳海峡;峡东为小亚细亚大陆,西为加里波利海股。加波利者,纵可五十英里,横自二英里至十二英里不等;危崖峭壁,不利行军。小亚细亚亦然。两岸筑炮垒;炮皆"克鲁伯"厂之产品。自海口前进十四英里,为峡之最狭处。其设备更为严密小各炮,星罗棋布;用以俯击敌舰,砰訇一发,定成齑纷。犹且水雷密布,潜艇出没。其地势之险要,设备之周密,以及德国海军中将苏匈统率之土德舰队,严阵以待,直使英法联军,有天堑不能飞渡之叹!

一九一五年二月十九日晨八时,英将卡邓率"无挠""复仇""凯旋""阿加孟农""康华力斯"五巡洋舰,法将盖拍来脱率"蒲凡""收弗冷""戈罗阿"三巡洋舰会攻峡口两面炮垒,同时驱逐舰与飞机更番助战,势颇剧烈。亡何,土军渐弛,英法舰各一艘,进迫散得哀尔拔炮垒。至夕阳西坠,卡邓引兵退出。时英法战舰之踵至者益多,二十五日复行总攻击。土海来斯炮垒渐不振;散得哀尔拔炮垒亦力竭。英舰"阿加孟农"受弹伤。翌日,英法舰队于距峡口四英里内之水雷,悉数扫清,"阿尔平""复仇""麦及司的克"三舰深入峡内,攻达特诺司炮垒。炮垒还击,岸上诸炮助之,卒之达特诺司炮垒外层被毁;而卡邓所遣海军陆战队,亦为土军击败。三月五日,英法舰队攻小亚细亚之士麦那。六日,"大洋""阿加孟农""以利沙伯王后"三舰攻峡内亚洲部之却那克炮垒,土军还击,英法联军无功而退。七日,达特诺司,却那克力渐不振,然不久即恢复原状。

英法联军又拟于十七日大举进攻,不幸先一日而卡邓病;罗培克代领其众,改期十八日进攻。是晨十时三刻,英舰"以利沙伯王后""无挠""阿加孟农""纳尔逊""凯旋""乔治亲王"皆驶入峡口轰击却那克,十二时半,"收弗冷""戈罗阿""大查礼斯""蒲凡"亦前进助战,未几"复仇""无抗""阿尔平""大洋""司惠夫脱晓而""麦及司的克"等六舰继之,军势益振。一时烟雾弥天,炮声震耳,海波腾沸,上冲霄汉。亡何,法舰"蒲凡"触水雷沉没,舰上将士殉焉。午后,联军攻益猛;土炮垒还击,亦不绝如故,且乘海潮南流,投掷水雷。五时五十分,"无抗"沉没。六时五分,"大洋"沉没。"戈罗阿"与"无挠"先后被毁,英法联军势蹙,而土炮垒隆隆之声如故。追夕阳西下,四顾曛黑,英法联军,率残余舰队,乘间逸出达特奈耳。

英法舰队既不得逞,顾亦不认为失败,且决以陆战队在加里波利海股登陆,以为海军之助。又以其时英法与德方酣斗于西,决不能抽调师旅东来赴援;至四月初,英乃遣罕米尔顿将军统率澳大利亚,钮西兰及印度兵会合法国阿麦特与戈路所统之非洲殖民地军队凡十二万人,齐集埃及。四月中旬,调赴来姆诺司。二十三日,运兵船驶入摩得落司海湾,分三处登陆:英军第二十九师登自散得哀尔拔附近;澳大利亚与钮西兰军队登加拔推拍之北面;再北则为海军陆战队。英法此举,殊属孟浪;盖加里波利海股,形势险狭,道路崎岖,登陆之兵士,皆易为土军窥见。时土耳其之统帅,为德名将桑达斯;桑曾充土政府之军事顾问,筹划军事,历有年所。土将基玛尔又以骁勇善战闻,至是率第十九师迎战。五月六日,英法联军攻克利西亚,酣战二日,不得逞;以土军所预布之壕堑铁网,至为周密故也。同时英法军舰"古来雅""凯旋""麦及司的克"在峡内相继沉没;罗培克以屡次失利,遂率"以利沙伯王后"等舰乘间逸去。六月四日,英法又向土挑战,双方相搏,势至剧烈。时戈路已领阿麦特之众,三十日,戈路中弹折臂,英法联军又不得逞。八月七日,英法联军于苏佛拉登陆,欲横断土军与海股下部之交通。同时英军与澳军乘势齐进,以困土军。澳军尤告奋勇,首先深入。亡何,苏佛拉登陆之军,为土军所阻。罕米尔顿下令于九日夜袭攻,法部属不用命。土将基玛尔率兵追击,战于阿那法太,十荡十决,横厉无前。联军大败,几不能军。寻英政府撤回罕米尔顿,以孟禄代之。据英下议院宣布,是役英军死十一万二千九百二十一人,病九万六千六百八十三人。英吉利近东势力,至此大摧折;于是主战之海军总长丘吉尔与海上参谋总长费歇同时罢职。

加里波利英军之不利,一由地势之严险,二由攻守劳逸之迥殊,三由于德将桑达斯之运筹决策;而土将基玛尔之骁勇善战,亦大有力焉。夫基玛尔与恩佛,皆土耳其杰出之少年;两雄并立,每不相能。恩佛长陆军,权出基玛尔右;恐基玛尔一旦跃起,将不利于己,乃于英法联军进攻加里波利之初,命其率师往御。斯时恩佛之心,实欲假手于敌人,以死基玛尔,而不料基玛尔之因祸得福也!阿那法太一役,基玛尔名震欧洲;由是而恩佛忌之，桑达斯亦忌之。英法联军自退出加里波利，基玛尔亦被调至俄边，率第十六师以抗俄军。其后以与德将福根海意见龃龉，解职归；然其破英法联军之功，亦至伟矣哉！

◎土军骁将基玛尔

第三节　意大利之加入战争

德奥意三国同盟之最大弱点，实在意大利之游移观望。意虽未加入战争，识者早料其必有倒戈相向之一日，至战争起而剑拔弩张之态度，愈益明显。当英德宣战之前一日，意大利即发表其中立之宣言曰：

"三国同盟，仅限于与约诸国受他国攻击时，此盟约乃能发生效力。此次战争，德奥实为祸首，故意大利无援助两国之义务。"

观此论调，乃知意大利以戎首之罪名加之德奥者，实为异日脱离三国同盟之地。

初，意大利之方告统一也，其虐待教宗一事，深为崇奉旧教诸国所反对，而法奥尤甚。一八八二年，法兰西强占意大利所觊觎之多尼斯，而意法之龃龉以起。俾士麦利用时机，诱意大利加入"同盟"，意为环境所迫，不得已而遂允所请。然意与奥为世仇，盖意曾脱离奥之羁绊而独立者也，德奥繁殖势力于巴尔干，绝不容意大利插足其间。一九〇八年，奥收波黑两州，非惟于"南斯拉夫"族以一大打击，亦深招意大利之疑忌。矧奥之脱里安斯脱与脱伦底诺，皆为意人之居留地。意人素欲执阿尔巴尼亚之牛耳，与阿突里亚的克海之霸权，徒以与奥同盟故，受条约之束缚，无可借口。久之而求地心切，忍无可忍，乃侵入土属之脱里波利而酿成意土战争。战争既终，意攫脱里波利以去。德于斯时，于意为同盟，而于土则为友邦；意人不顾投鼠之忌而占脱里波利，实予德人以难堪，而三国同盟破裂之朕兆，始于此矣。迨大战起，而意大利所处之地势，以突出地中海之海股，易为英法海军所包围；若与英法相见于海上，而实力又远不逮。且意之于英，夙无嫌隙，即三国同盟之目的，亦不在英。至财力上之援助，意又不得不仰求夫英。英冀意大利之中立，或竟反戈以抗同盟之德奥，将来资助意国，英人又乐为之也。至德奥方面，鉴于意之宣布中立，已知意之模棱为不可恃；然对于意之百计要结，仍不少懈。于是意大利一举足，足以影响大局，而"同盟""协商"之急欲收意为己用，亦皇皇若不及，冠盖往来，几无虚日；而意大利乃益以奇货自居矣。

至于意大利国民之心理：有倾向"同盟"者；有倾向"协商"者；又有不乐为左右袒而愿守中立者。倾向"同盟"者，以司铎于宗教界者为多数；向"协商"者，则皆属于文人武士。久之而宗教界之势力卒不敌文人；诗歌之感动力为尤大。阿侬齐哇者，意大利全国崇拜之诗人也；其所撰诗歌，则曰："吾意大利之同胞，有受奥国之羁绊者，吾人当救出之。"夫"拉丁"民族尚感情，爱自由，闻之有不怦怦然动于中者乎？且前此意大利人民，以爱自由故与奥开战，而独立，而统一。所谓身经百战之加里波的，意人至今，犹忆及之；加之胄裔，又衔奥次骨。加之嫡孙二，加入法国之义勇队而战死；其尸之运回罗马也，全城震悼。回溯意法联军破奥军于马琴泰与苏尔甫利诺之日，益触动此次意法复行团结之心。总之，法人，"拉丁"民族也，意人，亦"拉丁"民族也，同此族类，初无歧视，意法之言归于好，殆即以此。

意大利王后海兰娜，蒙丹尼格罗王尼古拉之女也，为意大利国民所爱戴。蒙与塞同甘苦，共患难，意民以爱戴王后之心，转而表同情于塞蒙两国，又在情理之中也。

是故意大利之中立，早为德人逆料；即意大利之终且反戈，德人亦默知之。意于斯时，举足重轻。德人于此，深知意大利之忽守中立，其贻害"同盟"已为不浅，一旦反戈，其影响于全局者，尤为同盟之大不利，乃不得不百出其方法以为笼络。彼盖谓纵不能使意为我抗"协商",亦必使之严守中立,不为英法所利用。故德皇之遣前首相皮罗衔命使意也,则以皮罗老于宦海,熟谙外交,其为人智深而勇沉,而又示人以蔼然可亲者也;且旅意有年,其妻又为意人:德皇因材而器使,不可谓非德皇之得人也。然皮罗虽当代外交巨子,而英法之外交家,亦续续至,且手腕亦不弱。于是"同盟""协商"之决胜于疆场者,一变而为取决于舆论。两方各以祸福利害相怂恿,而意大利之态度,遂不得不取决于其政府。

◎意王维克多爱玛钮尔三世

意首相基沃利蒂,一坚持严守中立政策之人也;外交总长桑钩利阿诺又昵于德奥。俄而桑钩利阿诺遘疾卒,继之者为前首相宋尼诺,世称为加富尔后意国之第一政治家也。宋尼诺之父为"犹太"人,母为英人;其所抱政策,则在联"协商"以抗"同盟"。旋基沃利蒂因不能迎合一时潮流而辞职;承其乏者,适为宋尼诺之旧部萨郎特拉。嗣是,萨长阁而宋辅之:每遇一事,宋谋之,萨行之;和衷共济,一致对外。德使皮罗知意大利之叵测,乃以法属之尼斯及萨服埃、哥锡加、多尼斯、阿尔支利等地饵意。意于是时,以为是数地之属于法境者,则有法重兵为之扼守;在外洋者,则有英海军之游弋其间:意欲取而有之,则陆军之力不如法,海军又不敌英远甚。德人之所与者,譬之画饼,不足以充饥。惟脱里安斯脱与脱伦底诺两地,其居民则意籍也,其文字则意之文字也,自应见并于意。故萨宋两人对于皮罗之议,不能成为事实,而形势,反日以紧急。于是德意志默察时势,以为非使奥大利为土地上之退让,不足以餍意人之欲壑;而居间为保证者,皮罗也。意大利乃于四月八日乘机要求五项，以为其守中立之代价焉：

（一）奥割脱伦底诺与意大利；其地须包含罗佛来笃，脱伦脱及卜真。

（二）奥让脱里安斯脱为自治区。

（三）奥割阿突利亚的克海内诸岛屿与意大利。

（四）奥使意大利拓张其疆界至衣松苏河，须包含多尔米诺、戈利齐亚、格拉提司加、蒙发尔公诸要镇。

（五）奥放弃其阿尔巴尼亚及爱琴海内十二岛屿之势力；承认意大利占领阿夫落那。

意之要求如此。而奥大利则以为意之反对参战者，必大有人在，始终主张严守中立之意前相基沃利蒂，在国会中，势力依然浩大，乃故为迁延之计。五月中旬，萨郎特拉以基沃利蒂之反对，奥之不遽答复，愤而辞职。意王为环境所迫，不之许。而是时之基沃利蒂自知孤立无援，退归田里。奥势日以穷蹙。嗣是而后，虽百出其策以诱意，终无以遂其心矣！若尔时之英法联军，方不利于近东（达特奈耳之失败），又默察保加利亚与希腊，态度暗昧，诱之不从，招之不来，于是日以运动意大利加入战团为唯一之政策。而意大利之外交遂得利用时机，以德奥制英法，复以英法制德奥，乘间索高其代价。盖意明知奥于万不得已时，固不能不偿意所欲；而"协商"诸国，于凡意所要求而无损于己者，亦无不惟命是从。总之，两方皆以战争完了时为代价之交付而已。然意大利衡之再三，卒于一九一五年四月二十六日与英法俄签密约于伦敦。其内容如下：

（一）意大利得脱伦底诺，梯落尔南部以勃兰纳路为界。

（二）意大利得以斯脱利亚及达尔马西亚两省，包含脱里安斯脱，戈利齐亚，格拉提斯加及爱琴海奥属诸岛屿。

（三）意大利得阿夫落那及其附近，惟战争终了之后，意大利当不反对塞尔皮亚，蒙丹尼格罗及希腊之分占阿尔巴尼亚。

（四）意大利准增加势力于利皮亚。当英法在非洲以德国所有殖民地增入版图时，意大利亦得享同等之权利。

（五）意大利得爱琴海中以希腊文为文字之岛屿十二。当瓜分土耳其时，意大利与英法俄三国有同等之一份。

（六）英、法、俄三国当允意大利之请，无论何种外交谈判时或议和时，不得允教宗代表列席。

此约既经四国签定，而意大利之加入战争决矣。德虽再四让步，然已无及。五月三日，意政府宣告与奥大利往日所订之盟约，悉行作废。二十日，下议院开会，"协商"国代表列旁听席，议员欢呼致敬。亡何，众见诗人阿依齐哇立坛后，即拥之而出，昇诸肩上，议员暨旁听者皆起立，高呼阿氏万岁，议长麦耳可拉总揆萨郎特拉等，亦皆随众欢呼。下议院卒以四百零七票对七十四票，翌日，上议院又以二百六十二票对二票之多数，通过宣战案。二十三日，意大利驻奥大使阿伐尔那公呈正式宣战书，其辞如下：

"意大利政府，由于力持正理，曾宣言自本月四日起，与奥匈联邦政府往时所订之盟约作废，盖因奥匈联邦政府违背条约，意大利政府不得不自由从事。意大利既以国家之正道与利益为名，不能不防护对意大利恫吓之国，故意王陛下自明日起，对奥匈联邦宣战。"

意大利果对奥宣战矣。奥皇弗兰兹约瑟闻之大震怒，愤而曰："意大利之背信，世无其偶！"德意志下议院开会日，首相荷尔惠克苾会，言曰："自是意大利于世界史上留一背信之污点，百世不能湔濯矣！"意大利之对于其"同盟"国，是否可以反汗，局外无从揣测，留以待异日之公评可耳。

◎意大利著名诗人阿农齐哇

然意大利之宣战，为对奥而发，非对德也。以地势论：意奥为比邻，两国之胜负，可决之于疆场；意德之间，则有一中立之瑞士在，非假他国为战场，不能决一雌雄也。意既对奥宣战，以常例言，德必对意宣战；然德之于意，未尝不深恶其负约，而迟迟不与之决裂者，盖犹冀意之幡然改变，而仍为"同盟"之助也。斯意也，"协商"知之，遂于是年九月五日邀意大利签《伦敦条约》。十月十九日，日本亦应召加入。自是英、法、俄、意、日五大强国，非全体同意，无论何国，不得与"同盟"诸国单独媾和矣。

意大利之对奥宣战，实予"协商"以一大助力，盖法兰西之军队，向用以防意者，自此可调归以御德，而奥国所用对俄之军队，不得不抽调其一部以防意也。意之陆军统帅为加度那，海军统帅为王弟阿勃罗齐公，皆一时之铮铮佼佼者。其与于前日意土战役之军士，于战事亦颇有经验。以理度之，意若联络俄塞，三面进攻奥国，奥备多力分，势必罢于奔命，其败亡可指日而待。然意奥交界之线，其长不过一百五十英里，又皆奇峰峭壁，盛夏积雪，不利行军；奥军坐守之，固易易也。南近阿突利亚的克海之一端，阿尔拍山渐降为平地，广可五十英里，沿海有富饶之脱里安斯脱，而衣松苏河及加尔索高原为其天险，又非意军用兵之地也。故在军事上言之，意大利虽加入战争，似不能予"协商"以莫大之助力。且意大利与英、法、俄所订之密约，又伏日后之祸根。何则？英、法、俄所许意大利各地，如爱琴岛屿及小亚细亚之土地，夙为希腊所垂涎，达尔马西亚则为塞尔皮亚所觊觎，抑且"协商"以马西顿尼亚饵保，又非希塞两国所愿：其结果则使亲德之希王康士但丁益增长其势力，籍隶奥匈联邦之"南斯拉夫"民族反效忠于奥皇弗兰兹约瑟，塞尔皮亚与蒙丹尼格罗渐趋于冷静。且保之仇"协商"，正日益剧烈，虽"协商"以运动意大利参战，为其外交之胜利。然其使巴尔干诸国之各怀疑忌，则又为其外交之失败也。

当一九一五年春，"协商"军咸抱乐观之态度，拟一鼓而定近东。其第一步以海军攻击达特奈耳而卒无功，第二步即运动希保二国参战而二国不为用，第三步即以陆军袭取加里波利而终以败退，其第四步则为运动意大利之参战；今意大利果如"协商"之请而参战矣，此英法之如愿以偿，聊可慰情者也！然意于英法，仅能虚张声势，而不能分其兵以赴比法战地。此何以故？意既对奥宣战，其复杂之疆界，进攻不易，退守亦不易。意统帅加度那乃有三路进攻之策：第一路以大军集中意奥两国东南之交界处，以进窥衣松苏河畔各要隘；第二路以一小支队集中意奥交界之中部，以守山谷间要道；第三路则又以大军集中意奥交界之脱伦底诺，以侵其西部。此三路中，因脱伦底诺之居民，全属意籍，若闻意军至，必有竭诚欢迎者，故较其余两路为易奏功也；然意军一抵罗佛来笃，又不得节节前进。故意大利之加入战争，小言之，于近东不发生若何影响；大言之，于大局亦未见实有裨益。当英法联军自达特奈耳，加里波利之大失败也，议者佥谓成败之关键，不在土耳其而在意俄两国之夹攻奥大利；盖奥既倾覆，则大局可立定也。不谓一九一五年夏间，英法之所期望于俄者，不惟无功，且又节节败退，此诚"协商"诸国危急之秋矣！

第十二章
俄军之偾败

第一节　德奥联军之恢复加里西亚

当一九一五年四月之末，俄罗斯于东战场之形势，处处优胜。其统帅尼古拉大公虽不能攻入东普鲁士，然于波兰各险要，守卫严密；而侵入奥国加里西亚之军队，又节节胜利。他若加尔拍脱山各狭道，先后夺取；来姆堡、耶路斯拉夫、不耳串米希诸垒相继攻陷。至是复沿皮阿拉河而上，行抵克拉可夫之前，其声势可谓盛矣。

德之不能取胜于西战场也，一变预定计划，而移其视线之重心于东战场。度那耶克一役，关系于德奥两国者至重；而德军之筹备，总计凡五阅月，直至一九一五年四月始告完竣。其军事计划，则分南北两路，同时并举，使俄罗斯首尾不能相应。北路统帅仍属兴登堡，其进攻之目的地为波兰；南路则由新任之麦耿生统率之，其目的在恢复加里西亚，而德奥联军概归节制。以上各大军，皆归福根海一人调遣，则以福氏为德意志之参谋总长也。

度耶那克之役，其预备之秘密，福氏称为大战中之最；非惟俄统帅尼古拉大公不之知，即奥大利参谋部亦莫之知也。盖尼古拉所料及者，以为德军攻击之期，当已不远；至于战线之延长若彼，战区之辽阔若彼，德人于何着手，事前万不能预料。即能预料，而俄军之防御力，决不能敌德军炮火之猛烈。矧乃麦耿生之战术，每利用炮队集于一处，连锁衔接，宛若常山率然之势，务使炮火所及，不少间断，必倾覆俄军而后已。说者谓德军于野战炮而外，别有一种新制之野战短炮，复济以最猛烈之炸药，故无坚不摧。"协商"于西战场纳夫夏板儿与阿多埃两役，亦袭用是法；而炮火之射击，远不及德，故未能有济耳。

德意志之军事计划既预定，乃分遣奥将勃姆爱木里与德将林心琴自匈牙利进窥加尔拍脱山间之狭道；奥将弗冷斋自蒲果维那进窥加里西亚之东南部；而全军统帅麦耿生将军率德奥联军集中泰诺夫附近，而以俄军度那耶克与皮阿拉两河间之战线为目的地，德将苻一喜奥将约瑟费迪南大公为之辅：共计士卒不下二百万人，重炮一千五百尊，轻者无数，所需辎重，络绎不绝。当麦耿生之遣林心琴也，使之入加尔拍脱山狭路，佯向司脱利前进，以眩俄军之视察；己则于五月五日晚，突然轰击高利司。一时炮火齐发，烈焰冲霄；砰訇之声，不啻天崩地坼。是役计用大弹七十万发，俄军战线，为之冲破，壕堑为之毁裂，铁丝网为之破碎。俄将特米脱里夫所率全军，尽歼于此。德军乘胜渡皮阿拉河，而尽占俄军度那耶克及皮阿拉之战线。翌日，陷高利司与泰诺夫，俄军弃残余之战线，向后退却二十英里。迨至维司落加河之东岸，重为拒敌之计，七日，又大败，死亡枕藉，情状至惨。俄军弃度克拉路而至散河，谋反攻。十五日，两军交锋，俄军愈极不支，德奥联军遂自耶路斯拉夫渡河；而散河以南之不耳串米希垒，亦于六月二日为德奥联军所恢复矣。

◎德奥联军南路统帅麦耿生

先是林心琴于六月一日占司脱利，渡尼斯得河；俄将勃罗细落夫虽屡阻林心琴之前进，终不支。二十日，麦耿生占来姆堡以北之罗阿落司加。俄军以险要尽失，不能坚守来姆堡；而来姆堡以西，湖沼大泽间之俄军阵地，所谓"格落代克"阵者，亦相继瓦解。二十二日，奥将勃姆爱木里克复来姆堡；来姆堡为俄所占已九阅月，至是仍入于奥人之手；加尔拍脱山间遂不见有俄军踪迹矣。总计加里西亚东边一小部分，内含有沙加耳，勃洛提，泰诺卜尔外，复尽归奥匈版图；奥匈联军恢复失地凡三万平方英里。据德奥军报告，是役俘俄军十四万五千人，获重炮八十尊，机关炮二百六十八尊；俄军死伤，亦无虑四十万人。自度那耶克以至散河，德皇威廉二世，躬自检阅军队，此皆麦耿生之奇勋也；盖俄军之占加里西亚，经营布置，凡历九月，而麦耿生以不满六十日而光复之。即以经济论：其地之油井矿产，复归奥人之手；匈之田禾，得以无恙。他若德奥两国，对于巴尔干之关系，若军事，若外交，其利益尤不可胜言焉。不宁惟是，俄军之一蹶不振，俄皇族罗玛诺夫氏之猝焉颠覆，亦皆肇端于度那耶克一役。谓非麦耿生之功而谁属也？德皇于此，崇奖元勋，授以上将，一若泰伦堡战胜后之荣擢兴登堡然。他若奥统帅弗来得里大公，奥皇弗兰兹约瑟亦授之上将衔，以奖励其功云。

观于是役之结果，乃知德意志代有伟人；即将才之挺生，亦不啻接踵而至。予观拿坡仑战争时有蒲留歇，普法战争时有毛奇，皆一时杰出之才。此次大战中，所谓运筹帷幄决胜千里者，其人尤不胜偻指；而兴登堡麦耿生两人，尤为卓著。或谓斯二人所用韬略，各有不同：兴氏取胜，多用两翼包围法，善困敌人于垓心者也；麦氏则以生力军萃于一处，布若长蛇，其施攻击也，又常以雷霆万钧之力，摧其中坚，务横截敌军为两段，使之首尾不能相顾。凡研精军事学者，咸谓麦之韬略，至为奇变，似出兴登堡之上焉。

又德意志军官之习性，多沉毅，寡言笑，而麦耿生尤甚。一言既出，法即随之，不肯稍宽假。至其身先士卒，信赏必罚，又极为士卒所爱戴。故自度那耶克战胜后，其名益振褫于天下。

◎兴登堡之木像

第二节 德军进陷波兰

当兴登堡会合麦耿生而夹攻俄军也，其进兵分南北两路。兴氏于一九一五年四月之末，率师攻俄之波罗的省；俄军迎击，不支而退。五月八日，德军陷利蒲，俘一千六百人，获饷械无算；复进攻米多，不能克。同时麦耿生已大破俄军于加里西亚，节节前进；于是兴氏少行停顿，驻军以待。及加里西亚战争告终，兴登堡乃大举进窥波兰矣。

俄属波兰形势，自东而西，陡入德奥之间，北毗东普鲁士，南界加里西亚。俄人雄心勃勃，以为直捣柏林；必先占东普鲁士或加里西亚，否则二地同时并举，故其进兵，若双管之齐下。不谓事与愿违，俄军既北败于兴登堡，复南挫于麦耿生；其反响则麦耿生自加里西亚而进攻，兴登堡自东普鲁士而进攻：两路夹击波兰，使俄首尾不能策应。俄人于此，诚所谓欲困人而反为人困矣。兴登堡之军队，以华沙为目的地。华沙为昔时波兰故都，亦为俄罗斯西方铁道之总线：析言之，东北线经皮阿里司笃克、格洛特诺、维尔那、特文斯克而达彼得罗革拉特；东南线则经伊文甘拉特、路勃林、可尔姆、可凡尔及罗夫诺而达基安夫；此两大线之间，又有皮阿里司笃克至可尔姆与维尔那至罗夫诺两线；故华沙一地，关系于军事者，实重且大。俄参谋部鉴及之，故其守卫之周密，亦视他处倍蓰。华沙四周，环以炮垒：其北面及东北，若诺服乔其司克，帕尔多司克，沃司脱洛伦加，奥沙维兹诸垒，所以巩固那赉夫河线之保障也，且足以御东普鲁士德军之攻入；其南面伊文甘拉特垒，所以巩固维司斗拉河线之保障也，又足以御德奥联军由加里西亚攻入。当兴登堡自泰伦堡大捷后，节节前进，而攻之尚不能克，亦足见上列各垒之设备完密矣。

一九一五年六月之末，当来姆堡复入奥军之手以后，俄军已全失加里西亚；然于华沙四周之铁道德线，依然在握。且此时俄军所守战线，自文度南经可夫诺，格洛特诺，西越奥沙维兹，罗姆柴，沃司脱洛伦加，不耳察希尼子，又迤而南，至帕尔多司克、诺服乔其司克、华沙再折而东，南穿拉度姆、克拉司尼克、萨摩司克、沙加耳、勃洛提及泰诺卜尔止，皆为俄军所节节保守者。然自麦耿生袭击加里西亚，俄人不得不抽调守波兰之军以南下。兴登堡此时，其所率攻波兰之军队已达四十一军，奥亦二十六军。俄军人数，当更优越；然以军器之缺乏，式样之陈旧，军额虽多，实不足恃。兴登堡知之，乃用南北夹攻之计；己则独当一面，以攻北路，南路则麦耿生任之。麦氏既恢复加里西亚之大部，即遣奥将弗冷斋分兵而东，以完成其未竟之功；己则率师北上，以攻波兰，与兴登堡遥遥相应。七月中旬，麦耿生军陷萨摩司克，进次可尔姆十英里以内，其地当

第十二章 俄军之偾败

铁道之南;其西则约瑟大公占克拉司尼克,窥铁道于路勃林;又西则苻一喜据拉度姆,迫俄军退守伊文甘拉特垒。同时北路兴登堡军节节进逼,七月十四日,占不耳察希尼子,自帕尔多司克渡那赉夫河。二十日,兴登堡军左翼陷文度。二十八日,苻一喜自华沙、伊文甘拉特之间渡维司斗拉河。二十九日,麦耿生于路勃林,可尔姆间断华沙、基安夫铁道。三十一日,兴登堡军陷米多,迫入里加境。

兴登堡、麦耿生之南北两路进攻波兰也,当者辄披靡。自波兰南部之铁道断,华沙无可守之险。俄统帅尼古拉大公鉴及之,恐其大军为德奥联军包围,卒于八月四日弃华沙及伊文甘拉特。翌日,德军来沃卜尔亲王(巴燕王之胞弟)军入华沙城。

◎来沃卜尔亲王

时攻垒专家贝散勒将军亦至。六日德军陷伊文甘拉特,十七日陷可夫诺。自是华沙西北之诺服乔其司克垒,向之厚储军食谋持久者,亦于二十日被陷;德军获炮七百尊。二十三日,德军陷奥沙维兹,二十五日陷勃来斯脱里脱夫司克,二十六日陷皮阿利司笃克,二十七日陷奥利泰,三十一日陷路子克,九月二日陷格洛特诺。五日,俄皇尼古拉二世遣其叔父尼古拉大公往高加索以当土耳其,己则躬莅前线,自为统帅,以图振作士气;实则俄皇庸暗无能,悉听新任参谋长亚力山夫之策划。其时俄军元气已伤,补牢无及。在南,德奥联军于十六日占并司克;在北,德军于十八日据维尔那,而俄军遂退至窦那河,力守特文司克与里加。初,德军舰于八月二十日护送陆军一师,装以运舰四艘,突入里加海湾,冀自贝诺登陆;贝诺失则彼得罗革拉特与里加之交通断,而俄京危,然俄海军守卫严密，水雷四伏，且岸边沙滩，不能立足。时值大雾弥漫，有碍视察，德之期上陆于贝诺者，遂不克逞。又其时将届冬令，兴登堡以深入重地，恐蹈拿翁之覆辙；麦耿生又准备南下攻塞尔皮亚，兴氏遂嘱令停止进攻。统计波兰全境，果兰之大部与立陶宛之一部，至是尽入德人之手，而波兰一役，遂告一段落。

波兰之役，俄军损失，至为重大；失地而外，即以士卒论，福根海谓玛因河上各交战国军队之总数，尚不及此。至俄人所失之军械子弹，为数至夥，无从统计。说者谓往时拿翁率大军五十万攻俄一役，尚远不及此；然则斯役也，诚为前古所未有，亦足见战祸之重且烈矣。

第三节　俄军大败时之法英联军

当东战场酣战之际，德军无暇西顾，此正法英联军袭击西战场德军之一绝好机会也。乃法英联军攻之不克，而德之守卫则绰有余裕；骤观之，几令人无从索解。又玛因河之败，固非德人所逆料；而一败之后，终能维持其所掠得之比利时与法兰西之北部，则又为法英联军意料所不及。此何以故？曰，壕堑战争有以使然也。一九一四年之末，两方开掘壕堑；自北海以迄阿尔拍山，迤逦绵延，无稍间断。其设置则一壕堑之后，必有四五壕堑以为之继；不幸前者被敌夺取，即可退伏其次：如关隘然，重重布置。按之两方，几于不相上下，而德人于此视法英联军尤为精密。盖彼之所谓壕堑者，断非如字义之单简；其内容之复杂，不啻若歧途，若复道，如蛛网之密布，如蜂房之栉比，种种设备，靡不详尽。而又重以固有之天险，若里尔附近，若洛兰州，于每一英亩相距之地，皆筑一垒以为屏障。一言以蔽之，德意志于西战场之守线，无异一极大之炮垒；法英联军欲于此决一雌雄，诚非易矣。

当一九一四年之末，德奥预备攻俄之际，法英亦预备攻德。时英军五万人自蒙斯至以帕，数役受挫后，几已全军覆没；而代以新募之国民义勇队。是种军队，其应征者，全为英吉利国民。当时踊跃从军，争先恐后，英吉利海峡运兵之船，舳舻相接，阅三月而西战场之英军已达五十万人。英人之意，期在必胜；至法兰西者，生死存亡，在此一举，其众情之激励，欲一鼓而破敌，尤不待言也。一九一五年二三月间，法军于香板尼境屡用步炮两队，合力攻击；其卒也，炮火虽精，仍归无效。三月十日，英军与德军战于纳

第十二章　俄军之偾败

夫夏板儿之西，英军以大小各炮，连环轰击凡三十五分钟，即以步军冲锋继其后，战两日，德军退。既退之后，复于十三十四两日反攻，英军不支。是役英军得地仅一英里，死一万三千人，目的地里尔终不能达。或谓英军不得志于纳夫夏板儿，实由于步炮两队，未能衔接一气，与夫发炮之不以时耳。英人之言，则归咎于子弹之缺乏；即英统帅费赍起之报告书，亦述及之。他若陆军总长吉青纳宣言于上议院，亦谓子弹缺乏，实足为吾国无穷之忧。综是以观，子弹之关系于战争，至为重要；非独英也，俄军之败以此，法英联军之不得志亦以此。且香板尼与纳夫夏板儿两役，法英军挪用其后备子弹，其数出于预算之外，以致不能接济，此诚憾事也。然经此挫折，实足以长后来之经验；兹两役者，殆亦有裨于法英两国者欤？

◎法军参谋长加司丹尔诺

次为以帕之战。一九一四年秋，双方曾交绥一次，故是战实为以帕第二役。四月十七日，英军猛攻"六十"山，陷之。旋德军还攻，以以帕为目的地。二十二日，德军于皮克司旭得及郎其麦克之间，用氯气攻击，是为此战施用毒气之始。时法军与英属加拿大军之守此区域者，不能支，退保以帕而死守之。德军攻以帕者凡一月，亦不得逞，时德方注意东战场，以帕第二役遂告终了。五月一日，麦耿生攻入加里西亚之役开始，法将福煦时统率西战场北部军队，利用德军方注意加里西亚之时机，遂于九日与德军战于阿多埃，其目的地为郎斯。同时英军进窥里尔。法军用步炮两队合力攻击，一如英军进攻纳夫夏板儿之故智,德军退却;然其防卫严密,无懈可击。越一月,法英联军渐弛,而阿多埃之役亦告终。是役英军夺地仅二英里许,法军仅获得德军前线之一部,而两国目的地郎斯与里尔仍不得达。其时东战场之俄军,则续续败退;俄人望救于法英者,至为急迫。乃远水不救近火,且法英尔时,实亦自顾不遑也。

◎西战场法军之壕堑

　　法英联军之所以不得志者,以子弹缺乏故。英政府有鉴于此,乃于六月五日特设一军需部,专司全国军需,而以财政总长路合乔治调充是部总长。路合乔治就任后之第一政策,即以全国所有十二军需制造厂直归其统辖,又增设新厂十一处,从事制造军火不少懈;且凡与军需有关之实业,军需总长皆得随时调遣之,自是而英国无缺乏子弹之虞矣。七月十五日,国会通过国民义役一案:凡自十五岁至六十五岁之国民,不分男女,对于国家,皆有服役之责任(爱尔兰不在此例);从戎而外,兼宜服役于军需:此全国征兵制之先声也。法之对于军需,亦大加整顿,以为异时予取予求之地。

　　九月,法英联军军需充盈,跃跃欲试;其时兴登堡攻陷波兰之役已告成矣。英军之在西战场者已满百万,法军倍之。法英联军所拟攻击之地有二:一为阿多埃,在阿拉斯以北;一为香板尼,在来姆与凡尔登之间。同时法英联军之飞机,分途前进,抛掷炸弹。攻击阿多埃者,有法将欧拔尔进占苏吸,逼近维米。英军亦占得德军前线约六千五百码,继复夺得罗斯及由留克之外部,据其险要,又复夺得德军第二防线。此线以"七十"山为天险，至是亦落于英军之手。至香板尼，法将加司丹尔诺于九月二十六七两日，获胜于索恒及板儿脱之北，占地约十五方英里半，十月六日，复据泰欧。兹役也，加司丹尔诺部将贝登大显技能，加司丹尔诺心识之，异日不次之擢，实基于此。至十月中旬，德军防守益严，香板尼与阿多埃之法英联军，至是不能再行前进；虽有充分之军需，已觉无隙可乘。是役也，据德军报告，法军死伤十三万人，英军六万人，而德军死伤仅四万人。是年之末，英政府以费赉起无功，召之回，授以子爵，而以费部下军长海格代统其众焉。

当俄军之被困也，法英两国，不能分兵赴援；非真作壁上观也，为自护计，不得不尔。又俄之弱点，究至若何程度，未尽为德人所窥见；德军倾其全力，转战于东战场，在西战场之法英联军，正借此可稍缓德军之攻击，质言之，法英不能救俄，而俄则无异暗救法英。然俄之一蹶不振，实由于此。至法英两国，以进兵不利，舆论沸腾。斯时也，德以常胜之威，举目四瞩。睥睨一切，日求餍其东征西讨之欲望，已昭然若揭矣。

第十三章
德意志之控制近东

第一节　协商于近东之失势

◎德军全盛时之威廉二世

德军既大破俄军于东战场，而于西战场又能力拒英法联军之侵入；东用攻，西用守，几无往不利。所虑冬令将届，气候严寒，德军于此，设竟犯兵家之忌，深入俄境，俄人袭用其曩日坚壁清野之法，则不免蹈拿坡仑之覆辙。矧其时法英联军，军需充足；言攻

第十三章　德意志之控制近东

则不足，言守则有余。此时德军最注意之点，厥惟近东而已。盖"协商"诸国之在近东，尔时屡遭挫折：意大利虽加入，又未克攻入奥境；加里波利之英法联军，业受巨创，势且不支；英军之在米索波泰米亚者，亦复萎靡不振：斯时也，一任德意志之高掌远跖，卒占独步，亦势所必至也。

顾"协商"于近东尚有一线希望者，惟有引诱巴尔干三小国加入战争而已；三小国者，保加利亚、希腊、罗马尼亚是也。一九一五年春夏间，"协商"之外交官，跋涉于途，络绎不绝；其目的则欲使希、罗、塞三国对于保之要求，表示让步，协力作战，以增"协商"之臂助而已。至保加利亚之所要求者，则为罗之度勃罗剧，希之特拉玛及卡伐拉两镇，塞之马西顿尼亚所包含摩拿斯抵之一大部。然阿突利亚的克海滨地，塞之所觊觎也，而英法已以之漫许意大利，塞人于此，不无觖望；及几经商榷，塞仅许让出马西顿尼亚之一小部以与保，而视保之所欲得者，犹相去甚远也。

希腊国内，向分两党：一属于希王康士但丁；一属于首相梵尼瑞洛司：两党势如水火，积不相能。康士但丁于巴尔干战争第一役，曾躬冒矢石，大挫土军，后败保军于巴尔干战争第二役，战功卓著：故希民咸爱戴之。梵尼瑞洛司则为世界之有名政客，卓然为巴尔干伟人；希腊之复兴，及巴尔干之得以崛起而抗土，与夫希、罗、塞之联合而挫保，皆为彼一人所策划；故国会亦咸乐拥护之。当战事剧烈时，梵尼瑞洛司得国会之援助，立宣布其袒护"协商"之政策；且不惜牺牲其土地，以餍保之欲壑，以期得英之居伯路司及土之士麦那为交换条件。而康士但丁则因得国民之援助，不愿牺牲其土地以与保。且康士但丁，丹人也；其母为俄人；其后苏斐亚，又为德皇威廉二世之女弟。康士但丁少时曾肄业于德，践位后，军官顾问，多聘德人充之。以彼姻娅之关系，学问之渊源，在与德意志昵。一九一五年三月，康士但丁以民意不愿牺牲土地，罢梵尼瑞洛司职，而代以戈那利司，宣布中立政策。

罗马尼亚处两难之间，欲加入"协商"，势必夺奥匈联邦之德兰西耳伐尼亚及蒲古维那两州；若加入"同盟"，势必夺俄之倍萨拉皮亚：此三州皆为其目的地，而势又不能兼有，故其宗旨游移，不能确定。然以地势论，则国之四境，无可守之天险，易为俄、奥、保诸国武力之所侵入，其不能不随时局为转移者，势也。又罗马尼亚当加罗尔王（一八八一——一九一四）之世，论个人则与德皇同氏族；（霍亨咤伦）论国际则经济之援助与军事之整顿，莫不有赖于德奥：故与"同盟"国结所谓商务条约与防卫条约者，内容秘密，实与盟约无异。及经两次之巴尔干战争，罗又与希、保、塞、蒙同拒土军；凯旋之后，又以分肥不均，与希、塞、蒙结合以摈保。此则又似接近于"协商"矣。大战启后，加罗尔旋殂，其侄斐迭南践位。斐迭南与德皇虽同族，而为比后之中表弟；其后玛利,又为英国爱丁堡公之女,亦英王乔治五世与俄皇尼古拉二世之表妹也:其趋向又似偏于"协商"。至于罗民,则自以古罗马后裔,与意大利有同种同文之关系,而表同情焉。然罗当局,以俄军既续续败退,塞希二国,又不愿让地予保,遂亦宣布其严守中立之政策。

"协商"军事上之失势,影响及于外交,且徒有空谈,而无实助,自不能有所成功。而德之势力,至此遂乘机侵入。嗣后"协商"于巴尔干事事棘手,而德人一往顺利,终得达其控制近东之目的。

第二节 保加利亚之参战及塞尔皮亚之扑灭

德意志之节节胜利,实促成保加利亚之决意参战。保与塞希罗三国为仇敌,报复之念,不亚于卧尝薪胆;向之所以犹豫而未决者,徒以时机之未至耳。矧保王斐迭南,德人也,生于奥,性沉静而狡黠,人咸以"巴尔干之狐"目之。保加利亚国民又以塞、希、罗三国之民,皆倾向"协商",至是竭诚以交欢德;即往昔积不相能之土耳其,亦与之弃宿嫌而敦睦谊。故保加利亚之加入战争,旦夕间事耳。"协商"知保之于巴尔干,关系至重,乃不得不以外交斡旋之。于是保首相拉度斯拉服夫于八月九日宣言如下:

"保加利亚已完全准备;当接受确实保证偿吾所欲之日,立即加入战争。所谓偿吾所欲者,即塞尔皮亚之一百五十万保加利亚居民所栖之马西顿尼亚州,是地盖塞尔皮亚于第二次巴尔干战争时所掠得者也。本民族自治之原理,是州应为吾有。若'协商'能担保恢复吾应有之土地,及其余较小之要求,'协商'当见吾等之乐于为助也。然吾等所要求者,须有真实之担保;若徒凭一纸空文,断不能接受也。"

观此宣言,是保加利亚欲假手"协商",以牺牲其同盟之塞,与守中立之希罗两国,明知其不可能。此时德奥,非但许保之要求,亦并牺牲土国之土地以与保;土地而外,复与以财力之援助,且于兴登堡,麦耿生两军中抽调精锐,赴保助战。于是斐迭南与拉度斯拉服夫鉴于"协商"军之续续失势,认为时机已至,遂于一九一五年九月六日与德奥签密约于保京苏斐亚。约中所载,保须向德借款一万万银圆,立交其半。旋又与土耳其签约,令土让出欧洲部分,其地以玛利察及东耶两河为界,包含喀拉格企车站,惟阿突利亚堡不在其列。两约就绪,保政府立下动员令,曰:"此守武装中立也!"十月初,俄罗斯即下最后之通牒,有曰:"德奥军官之涉迹保加利亚之陆军部及参谋部,屯重兵于邻塞疆界,接受吾国仇敌之财力援助,显然自暴其目的;今与保政府约,须以二十四小时内斥退德奥军官,立时与'大斯拉夫'主义之仇敌绝交。"不谓保加利亚接此牒文,置若罔闻,遂于十月十四日对塞宣战。十五日,英对保宣战;十六日,法继之;十七日,俄意又继之:于是巴尔干之形势又一变。

◎保王斐迭南

保既对塞宣战,遂大举由东侵入;同时德奥联军又击塞之北境。夫此次战事,肇自奥塞,奥声言讨塞,而塞则一年以来,未受巨创;此虽塞军之骁勇趫捷,然亦奥军之防俄与意,无暇倾其全力与塞一决,塞之所以不致受创者以此。乃不旋踵而俄军见衄于奥,意军进攻又不利,奥遂得移其败俄之兵南压塞境。况德军之于西战场,力足以与法英之联军相持,至是亦复抽调劲旅,为奥臂助。又德奥联军之统帅为麦耿生上将,彼既精悍多谋,久著勋绩,统率德奥联军,不下三十万人;军械新式,子弹充盈。至保军之攻塞东境者凡三十五万人,骁勇善战,且又经巴尔干战争第二役之挫折,奋其武怒,以报大耻。若夫塞,则孤军支撑,转战经年,饥馑疾疫,灾害踵至,死亡枕藉,惨状不可殚述,乃勉集二十万人以御两方之敌。此则不待交绥而胜负之数,已了然矣。斯时也,塞纵有"协商"之积极援助,而为时已晚,只能坐视其败亡耳。故德奥方面,谓之讨伐塞尔皮亚也可,谓之"大条顿"主义之独霸近东也亦可。

十月七日,德奥联军渡多瑙及萨凡两河。九日,陷塞京贝尔革拉特;赛门特里亚及卜耶拉佛兹亦为联军有。麦耿生率大队南下,进窥塞之临时都会尼希:其左翼占多瑙河流域,而有塞之东北部;右翼渡特利那河,而有塞之西北部。继而保军占马西顿尼亚,此盖保每饭不忘之地也。保统帅戴驼罗夫自率大队由苟斯顿提经爱格里拍伦加入于佛拉尼亚,遮断尼希至萨洛尼加之铁道。十月二十日,陷凡来斯(或称珂不路鲁)。二十二日,长驱入乌斯古勃;乌斯古勃者,塞尔皮亚南部各路之中枢也。

同时保将菩耶提夫所统之军于二十六日渡梯摩克河,占领乃各丁及拍拉霍服,与德奥军左翼会合。至是塞军被截为两:其一在塞之北部而较大者,困于克拉皆伐兹与尼希之间;其一则在塞之南部而较小者,困于摩那斯底山间。克拉皆伐兹有塞之最大军需局,亦于三十日被占。塞军在尼希者,颇欲决一死战,卒以力不能敌而陷,时九月六日也。塞军退保于伊拔尔河上,复不支。十一月二十日,拿维拔柴陷。二十三日,米得罗维察与不里司抵那继之。塞残军遂被德,奥,保联军驱至哥索服平原,死者死,伤者伤,虏者虏;彼得王杂于难民中,乘牛车逸出而至蒙丹尼格罗。

塞北部较大之军队既完全歼灭,其在南部较小之军队犹力守帕里司伦特与摩那斯抵。于拔蒲那路,在乌斯占勃与帕里来拍之间,塞军力拒保军者凡旬日,又不支。十一月三十日,帕里司伦特陷。十二月五日,摩那斯抵陷。至是塞尔皮亚乃完全破灭。麦耿生上将十一月二十八日之报告中,有云塞军之残余零碎,已窜入阿尔巴尼亚山间;征塞之役,乃告一结束。此足见当日之大略也。

◎麦耿生上将之母

第十三章　德意志之控制近东

◎希王康士但丁

第三节　法英联军之登陆于萨洛尼加

当德、奥、保之将会攻塞尔皮亚也，塞尔皮亚之希望，即期"协商"之与以充分及迅速之援助。然终不能如愿者，有三故焉：一，"协商"不料及保加利亚之参战，及酝酿既久，始知保之加入为必不可免，然已晚矣；二，希与塞曾于一九一三年订互卫之约，"协商"以为保果攻塞，希以条约故，自不得坐视不救，不谓保攻塞而希竟等秦越之相视；三，即使希未能践约，则加里波利之法英联军，必转登萨洛尼加之陆以救塞，不谓事与愿违也。"协商"自顾不暇，故牵率希腊以加入战争，冀得其一臂之助。溯自一九一五年三月，希王康士但丁以不允牺牲希之土地与保，罢首相梵尼瑞洛司职，而代以戈那利司，既而于八月为解决希塞条约故，复其职。梵尼瑞洛司固亲英法者，复战后，"协商"乃遂利用时机，耸动希腊履行希塞盟约。

九月下旬，法英见塞势之危如累卵，促希立参战，已则允运十五万人助之。接洽既妥，梵尼瑞洛司遂于十月四日在国会宣言曰："此次战事之危险固大，然吾等无论如何，务须履行条约为是。"梵尼瑞洛司既宣布其政策,即召集全部军队凡三十五万人,准备作战;同时法英联军第一队亦于萨洛尼加登陆。然梵尼瑞洛司此举,未曾得康士但丁之同意,康士但丁既嫉法英联军之犯其境,复恐开罪德奥,遂于十月五日再罢梵尼瑞洛司职。新内阁总理善米司继任后,即宣布武装中立政策。然此时法英联军,既已登陆,希力不能拒,不得已再声明其武装中立,以为对于"协商",系一种宽容之态度,盖暗指法英联军之借希地登陆,意在抵御保军,无预于希,而希则决不助战也。

希腊既不愿助战,于是"协商"大失望。有主张尽调加里波利军队,并抽西战场军队一部分至萨洛尼加者;有以前说之主张,则从前攻取土耳其之计划,必尽成画饼,而于西战场必大失势,因以为非计者。主张前说最力者为英之卡孙总长;主张后说最力者为法之代尔喀赛总长。其卒也,取两说而折中之,即抽加里波利军队之一部分以应援,而西战场之军队不少动。法将萨拉意调往萨洛尼加,统率法英联军。法英军队既集于马西顿尼亚,其威胁观望之希腊固有余,然援助倾颓之塞尔皮亚则不足,而英之卡孙,法之代尔喀赛相继辞阁员职。法之内阁尤受影响:总理维维亚尼辞职而为阁员,白利安继为总理,巴黎卫戍总司令加里安尼则调任陆军总长,加氏盖大著战功于玛因河第一役者也。

◎希首相梵尼瑞洛司

十月十四日,保果对塞宣战矣。麦耿生率德奥联军二十万人攻塞之北,保军二十五万人攻其东,势甚汹涌。此时法英联军之驻于萨洛尼加附近者,仅一万三千人。

希王康士但丁竟公然宣言曰："据方今局势，希腊无履行条约之必要。"尔时法英之外交官，犹嗾使希王及其傀儡式之内阁无少懈，如是者凡两阅月。十一月，康士但丁解散祖梵尼瑞洛司之国会；新国会召集者无梵党，而康士但丁之势益张，法英联军之境益窘。既而德、奥、保联军转战而南，势不可当。萨拉意率部进次伐达及企那两河间，掘壕浚沟；其地适当保、塞、希交界处。及保军既占帕里司伦特及摩那司抵，塞军已尽失抵抗力，而保军与法英联军遂战于伐达河间；自十二月三日起至十二日止，凡九日，世称伐达之役。保军轰击法英联军阵地，法军不支，自企那河退至伐达河之东岸，旋英军阵地，亦被保军击破，法英联军遂狼狈退归希境，而伐达之役，遂告终了。法英之欲救塞者，仅如是而已！

伐达之役，法英联军虽败而未溃。迨退至萨洛尼加，使保军而穷追也，则法英联军，势必被驱入海，幸保军计不出此，法英联军乃得保全，并得在萨洛尼加深沟高垒，为异日再图进取地。是时康士但丁怂恿其首相斯果罗蒂司责法英两国侵犯其中立，法英则谓应梵尼瑞洛司之召而至。斯时"同盟"国之报纸，咸攻击"协商"此举，为侵犯希腊之中立；其意盖谓德人前犯比利时之中立，不为过也。尔时法英联军之在萨洛尼加者，其处境实极危险：既有二十五万之保军列阵其前，德奥军之南下者，复不绝于途；康士但丁虽宣称武装中立，然一旋踵，即能扼英法之吭而拊其背，希军二十五万人，足以断其后路。于是法英之救塞问题，一变而为营救法英联军于萨洛尼加之问题矣。

◎驻萨洛尼加法英联军总司令萨拉意

法英联军所以不能抽调其西战场之士卒以东援者，一则虑德军之乘其虚，一则因远水不救近火也。先是，萨拉意乞援于驻加里波利法英联军总司令罕米尔顿。罕米尔顿不之应，旋被英政府撤回，而代以孟禄。陆军总长吉青纳亲赴加里波利，查阅大势。孟禄力请尽撤加里波利军队以移驻萨洛尼加。时英国各报，屡言对于近东之失利，而内阁方于国内招募新军，亦不敢稍露其国外败状，以隳士气。于是加里波利之法英联军始于十二月终撤退。至一九一六年正月尽行退出加里波利，不留一卒一骑焉。

此时法英联军退出加里波利以援塞尔皮亚，为时已晚。向使法英联军张先声于保加利亚未宣战以前，则保加利亚或胁于法英之威，惮不敢发；即使保仍宣战，而塞尔皮亚之扑灭，断不如是之速，希王康士但丁恐亦未敢罢梵尼瑞洛司之职，而希塞协约践矣。及加里波利之法英军队至，而塞已亡，论者皆指斥法英之失策。然一九一五年十二月与一九一六年正月间，马西顿尼亚战役，法英联军之得以败而未溃者，实赖有此耳！嗣后筑垒备壕，谋为持久，大战末叶之举足轻重，未始非此时之种因！然则萨洛尼加之法英军队，正为功，不为罪也！然此时德意志于近东之势力，日增日炽，几已达其完全控制近东之目的矣。

第四节　德意志控制近东之完成

德意志之觊觎近东久矣，而为其中道之梗者，厥惟塞尔皮亚；今塞已扑灭，其关系德意志近东之势力也实大，试分述之。其一，柏林火车发轫，经贝尔革拉特，尼希，苏斐亚而直达君士但丁堡，换言之，即德土之交通，从此直接，不若前此之间隔，此交通上之利益也。其二，巴尔干与土耳其之矿产农产，亦皆受"同盟"国之交配，而塞尔皮亚之铜矿，亦从此入于"同盟"国之掌握；且德自开战而后，制造之品，已如山积，从此亦得畅其销路，此经济上之利益也。其三，土耳其与保加利亚得德奥军需之供给，纵使土不能直捣埃及印度，英吉利要不能不分兵于近东以为之备，而敌人西战场之势力可稍杀，此军事上之利益也。其四，巴尔干之两中立国：在希，康士但丁益增长其势力，一国实权操之亲德派；在罗，政府与人民，即使欲袒"协商"，将有所顾忌而不敢发：此军事上之利益而影响及于外交者也。其五，此次大战，起于奥之惩塞，然一年来奥屡出师而无功，今塞已灭亡，而奥之目的乃达。

欲竟征服塞尔皮亚之全功，"同盟"方面，自不得不进窥与塞毗连之蒙丹尼格罗及沿阿特利亚的克海之阿尔巴尼亚。蒙丹尼格罗有兵三万，虽精悍善战如塞军，要不能与德奥之大军相抵抗。然蒙王尼古拉，意王维克多爱玛钮尔之妇翁也，蒙苟受兵，意以姻娅故，自不能坐视不救。且意更不能放弃阿突利亚的克海中之霸权，故意军于十二月间在窦拉孰及阿芙落那登陆。塞王彼得自遭败挫后，命王储亚历山大代领其残卒，己则以衰迈故，遁至意大利，至是复由意抵希属高夫岛；未几而塞军残卒五万人亦至，以谋再举。

匈将克凡希率奥匈联军于十二月间攻入蒙丹尼格罗，遂先后占领蒙东部之耶可伐，伊班克，帕来夫里；正月，深入蒙中部，与蒙军战于他拉及利姆两山谷间，大败之。同时另一奥军自加泰洛江岸攻蒙之西部，其地恃洛夫真山为天险，然守卫亦薄弱，奥军舰以重炮仰轰之，积三日而洛夫真陷，时一九一六年正月十日也。洛夫真既陷，于是相距五英里之蒙京吉鼎颐不能守，亦于十四日拔矣，蒙王尼古拉走意大利，旋至法兰西之利昂而作寓公焉。时与尼古拉同病相怜之塞王彼得，则至萨洛尼加与法英军图重整旗鼓焉。

◎奥军攻蒙总司令克凡希

蒙丹尼格罗既覆，克凡希率奥匈军大举南下，攻入阿尔巴尼亚，势如振落。斯古塔利，桑基沃伐尼提曼度相继陷。二月间，奥匈军又侵入阿尔巴尼亚之中部，占底拉那，其地距窦拉孰十余英里。同时保军已由塞之南部侵入，占爱尔白生。阿尔巴尼亚临时政府首领爱萨"把夏"已无能为，徒作傀儡而已。意军亦不支，卒于二月二十七日退出窦拉孰，然距窦拉孰以南六十英里之阿夫洛那则死守之，故意大利犹能及其势力于阿尔巴尼亚之中南部。德，奥，保联军亦不复前进，而此方兵事，遂暂告一结束。

蒙丹尼格罗与阿尔巴尼亚一部之征服，即所以巩固已占得之塞尔皮亚，亦即所以保护自柏林以迄君士但丁堡之铁道也。希为驻萨洛尼加之法英联军掬其项背，罗则胁于"同盟"，大惧为塞蒙之续，皆汲汲自保，不敢妄动。于是巴尔干半岛，几近卷入于德意志势力范围以内。德人所倡之"中欧罗巴"主义，将由理想而成为事实矣！

再东则为土耳其之拓展，拓展之道，有东南两路。东向者，则自阿曼尼亚及米索波泰米亚以迄波斯海湾，而与英俄角逐于波斯。南向者，则自叙利亚与柏来斯丁以迄红海及英属埃及边境。此两路之交通：一即德意志管辖之巴格达特铁道；一即美咖铁道；此两铁道皆足以侵犯英吉利在近东之势力。向者土军二十万拒法英联军于加里波利，及法英联军退出，此二十万土军遂东移小亚细亚。观此则德意志不仅控制巴尔干；及柏林君士但丁堡之直接交通已告成功，实欲直逼英属之埃及印度矣！一九一六年一月间，土军二十万人东窥波斯，其目的在完成柏林通巴格达特之铁道，以此时德意志军事计划，于此一事，似较夺取英属苏彝士河为尤重要也。且自柏来斯丁以迄埃及，地皆沙漠，不利行军，证以一九一四年末土军出师之无功，可概见矣。至阿曼尼亚与米索波泰米亚，沃衍之区，利于用武，为兵家所必争，故德土二国，遂决定东征之策焉。

当土耳其宣战后，英将尼格逊率印度兵一队凡二万人登陆于波斯海股，盖为保护印度计也。一九一五年夏间，其队突出二百英里以外，而至米索波泰米亚。至九月二十九日，占底格里斯河上游之苟脱爱耳阿玛拉，其地为最著名德土铁道之尽端处。所谓巴格达特，距河仅百英里，似为英军目的之所在；尼格逊遣其副将汤司汉规取之。一九一五年十一月二十二日，汤司汉得克脱西风；是地距巴格达特凡十八英里。俄而土援军至，汤司汉大败，折损二千五百人，退守苟脱爱耳阿玛拉。土军进围之。旋英援军自印度至，俄军亦自波斯之哈玛代至，合谋解围。然土国大军亦陆续自巴格达特铁道运到，屯欧弗来脱及底格里斯两河河畔。统帅果尔池，德上将也，以彼韬略，自足破英俄联军于米索波泰米亚，然此时俄尼古拉大公已率十八万大军侵入土属阿曼尼亚，警报传来，土政府震动，乃命果尔池停止进攻，以全力注阿曼尼亚，于是米索波泰米亚暂成对峙之势。

俄尼古拉大公自波兰受挫以来，于一九一五年九月间，俄皇又调之至高加索。此次进窥阿曼尼亚，实为彼建功赎罪之地。尼古拉初拟于一九一六年三四月间进攻，旋闻土军抽调阿曼尼亚之大军以援米索波泰米亚，尼古拉遂思有以乘其虚而蹈其隙。一九一六年一月，命部将郁滕尼起攻入阿曼尼亚。时则积雪盈尺，严寒逼人，而俄人若处之裕如者，则以素居寒带，耐于冬战故也。土军是时以事起仓促，并未预防，遂大败，退守哀耳善龙，盖其地为亚洲土耳其之坚垒，谋持久。郁滕尼起率西伯利亚军踵至，并携有八英寸口径重炮，以备猛攻。至二月十六日，土德将领以后无援兵，弃哀耳善龙。是役也，土军折损六万人中，为俄军俘虏者万三千人，又失炮三百二十三尊，军需无算。自是土军屡失利，十八日退出木希，三月二日复失皮得利斯。俄之北部军队，自拔多沿黑海西向，于四月十八日占脱来比宋特以迄帕拉塔那。四月下旬，土阿曼尼亚之大部皆入俄军掌握。俄人于此，意盖谓前此虽败于立陶宛，波兰与加里西亚，而于是役则一战而胜，一若自举其功绩以夸示于世界曰："俄罗斯未尝战败，故其能力，尚得为世界所公认之一等强国也。"

俄军既胜于阿曼尼亚，于是"协商"报纸又具乐观。然同时四月间，土耳其镇守加里波利之全军，皆调至米索波泰米亚与阿曼尼亚。在米索波泰米亚者，果尔池上将进围苟脱爱耳阿玛拉，英援军一队自苟脱爱耳阿玛拉之西凡六十英里，拟冲破驻萨那亚土军之前线，借以解围，不能克。既而围益急，英军被困，虽有飞机在空中运输，曾得一度食物，然其量不过九吨，杯水车薪，何裨于事。及重围之中，饥饿愈甚，英将汤司汉不得已率其部众于四月二十九日降，时被围已一百四十三日矣。苟脱爱耳阿玛拉既陷，于是土军复被遣至阿曼尼亚以阻俄军之前进。六月间，俄军虽攻陷距哀耳善龙以西一百十英里之哀耳静琴，至八月而土势转盛，既恢复皮得利斯，同时俄军之赴米索波泰米亚以援该地之英军者，复为土军所败。土军乘胜追至波斯，相继占甘林特、葛门夏、哈玛代三城。卒也土得恢复阿曼尼亚之一部，并解巴格达特之围，而进殖势力于波斯矣。

◎驻米索波泰米亚德土联军总司令果尔池

总之，德意志至此，已完全达其"中欧罗巴"主义之目的；自柏林以迄君士但丁堡，若交通，若商务，自此无阻。虽有意军之在阿尔巴尼亚南部，法英联军之在萨洛尼加，俄军之在阿曼尼亚，英军之在波斯海股，然皆不足以御德意志之势力；德此时实为近东之霸主。

德意志于衄辱俄军之后，复称霸近东，威势之盛，已极一时；长此以往，最后之胜利，似非德莫属！非特英也，法也，俄也，不能与之匹，即举天下亦莫不惴惴然谈之而色变；而德意志亦自信其一往无前之气，将为宇内雄矣！虽然，德意志果能得最后之胜利矣乎？德意志而果欲得最后之胜利，势必歼灭西战场之法英联军而后可；是以一九一五年之末，德大军已潜调于凡尔登附近，举麦耿生用于度那耶克之重炮，陆续西运，不绝于途，其欲解决战事之心，至此益显矣。

第十四章
德意志之谋解决战争

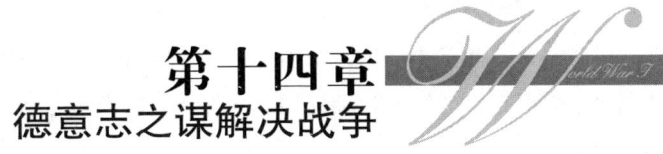

第一节　德意志未攻击前之声势

自大战开始以来，德意志虽不能达其目的，而一时豨奔狼突，所向无前，实足以震烁古今。至一九一六年初，德境内虽有法军占其亚尔萨斯之一小部，奥境内亦有俄军占其加里西亚之一小部，与意军占其衣松苏流域之一小部，而德军及其同盟军所得敌人之地实大。于西，则有比利时之大部，暨法兰西之北部；于东，则有波兰全部与立陶宛，果兰之各一部；于南，则有塞尔皮亚、蒙丹尼格罗两国之全部，与阿尔巴尼亚之半部；于是所谓"中欧罗巴"者，或自北海以迄波斯海湾，或自波罗的海以迄红海，或自立陶宛与乌克兰以迄毕加第与香板尼，皆在其范围中。虽然，"同盟"所以有如是之声势者，则又不得不归功于德意志。德意志力征经营，以造成此无上之声势，而威权即由是日增。维也纳也，苏斐亚也，君士但丁堡也，无一不听命于柏林，于是外交之应付一致，军事之行动一致；以视"协商"之群龙无首，其利钝得失，诚迥乎其不同也。至是而德意志盖俨然以"中欧罗巴"之盟主自命矣！

至于地理上之关系，则尤有大焉。向者德意志如被围之垒，饷械垂绝，势难持久。自保加利亚突焉加入，踬而复起之塞尔皮亚，竟遭扑灭，由是德、奥、保、土四国，息息相通，联为一气；柏林巴格达特铁路由兹而实现，而输运便矣。且其所掠得之波兰，比利时与法兰西北部，矿产农产，皆极富饶，此后可以予取予求。英虽有封锁海上之政策，而"同盟"国民，至是有所挹注，而无虞空乏。他若俘虏，或遣入工厂，或遣往垦殖，使为我用。无虞坐食，而措置裕如矣。若此时之俄罗斯，则以所处境地，已与其西方同盟诸国相隔阂；其所恃以为交通者，亦仅寒冱之白海与辽远之西伯利亚铁道已耳。

德意志处置掠地方法，则几经当道之商酌，报章之讨论，其规划亦至为宏远。以言乎比，向有"弗拉蒙"与"伐龙"两族之争，德则欲以同种关系，为建设一"弗拉蒙"族政府而保护之。以言乎波兰，则为另建一独立国，以表示德之亲昵而牢笼之。至俄之波罗的省，则收入普鲁士版图中，或为另立一独立国而以一德亲王王之。塞尔皮亚与蒙丹尼格罗，则归并于奥之南部，而建一"南斯拉夫"国，复以与奥皇族有连之蒙丹尼格罗亲王统辖之，而仍受奥国之保护。此皆"中欧罗巴"盟主之举动，而亦"大日耳曼"主义之所磅礴也。然以上种种计划，不过在当轴商榷之中，其实行之期，则当待之战事结束之后也。

德意志战事之胜利，影响于敌人方面者亦甚大。意大利之加入战争也，群议分歧，莫衷一是；迨对奥宣战，出师又屡不利，而未与决裂之德意志，则屡战屡胜，而意大利之胆寒矣。若俄罗斯，则外而丧师蹙地，内而争权夺利，紊乱腐败，不堪言状；抑且共产学说，乘民不堪命之际，多方传播，革命之机，有触即发矣。若法兰西，则与"中欧罗巴"相抗之法英联军，虽未歼灭，而元气已日趋于凋残，维维亚尼内阁因之而倒；白利安继任总揆，力泯畛域，不论社会党与君主党，皆罗致其中，冀得支此风雨漂摇之危局。若英吉利，其损失虽较意、俄、法为小，然其担任经济之援助，任肩又较他国为重。一九一四年三月，英国公债为华币六千五百兆银圆，至一九一六年二月，已达二万一千兆；首揆爱斯葵斯谓似此巨数，实为前古所未有，而亦英国财政家或他国财政家意料所不及也。人民归咎政府，啧有烦言，应募之兵数日以少。后特培专司招募事，慷慨激昂，见者感动，应召者因以日众。一九一六年一月，议院通过征兵制案，而德人对之，殊无所畏，则以新募之士，未能即戎，若待训练既精而后应战，则犹尚需时日也。

他若影响所及于"协商"各国之军事领袖者，在英，向者大权独揽之吉青纳，至是专任陆军总长矣。英政府又以罗伯孙为参谋总长，路合乔治为军需总长，特培任招募专员，所以分吉青纳之权也。俄之尼古拉大公被遣往高加索，而俄皇尼古拉自为统帅。至法统帅霞飞，罢免之日，亦可预料矣！

德意志犹以为未足，复以种种方法，播弄中立诸国。或以利诱，或以威胁。甚至间谍四布，由中立国托名而往"协商"诸国：或抛掷炸弹，毁其重要之建筑物；或潜形匿迹，刺探军事之机密。其用心亦深且远矣。

一九一六年之初，德意志朝野，对于其最后胜利，若操左券，同具乐观。议和一事，置之度外，其目的则咸注射于凡尔登，一若鹄立以俟者焉。

第二节　德军进攻凡尔登之失败

德军之进攻凡尔登，参谋总长福根海之决策也。其所以毅然断然而为之者，厥故有二。其一，法方练习一九一六及一九一七两班新军，一经征调，便可临阵；英则自征兵案通过后，亦可得百万人运赴前线，且军需厂二百所，昼夜制造，设英、法、俄、意戮力进攻，德必穷于应付，故宁我薄人，无人薄我。其二，德军已占圣米哀尔，不啻断凡尔登之右臂，法军所据为天险者，已去什一，故福根海以为乘此时机，一鼓进攻，功可立待。且凡尔登破，足以夺法军之气，寒法军之胆，而西战场之胜负决，即大战亦因此告终矣！其意计盖如此。

凡尔登者，法兰西全国最大炮垒之一也。言其形势，踞墨士河畔之高原，广凡五英里，又以无数之小垒环其四周，而最著名者则有若度蒙与服胡，在大战前法工程师盖时夸其建筑之精，防护之严，而恃为北门锁钥者也。然自利爱其，那米尔诸垒相继沦陷，炮垒又不足恃，盖德之十三英寸口径短炮，力足以毁之也。当萨拉意将军守凡尔登战线时，有鉴乎此，乃于凡尔登炮垒相距四五英里外，开掘壕堑，如蛛网之缭绕，而炮即设置其中，交通之事，悉由隧道。此则敌军炮火之所不能及，而亦保障最良之法也。

德军图凡尔登，为时已久。至一九一六年一二月间，乃调东战场之军队以赴凡尔登线，兵士络绎，不绝于道。四、七、十三、十七英寸口径各炮，又悉运置凡尔登之森林中，其急欲一逞也，固已非朝夕矣。然其踪迹之诡秘，又每每为声东击西之计，使敌不我备，例如：德军之攻倪安保，诡示以欲取加来海岸也；下索姆河上之弗里士，及阿多埃之攻击，则又似攻法军之中路；其攻击阿尔脱几希西南之法军阵线也，则又似集其视线于倍尔福脱垒；倏彼倏此，捉摸不定。其实德大军之群集于凡尔登以北者，已跃跃然秣马厉兵以待命矣。

攻凡尔登之德军总司令为德皇储威廉，年方三十有三，视其他大将之据鞍矍铄，老于行伍者，固犹为一翩翩之年少也！且其性好修边幅，顾影自怜，佻达之举动，每为老成所不喜。其必欲攻凡尔登者，则以所率军队，适对凡尔登。凡尔登陷，则一己之威信由是增，异日践阼，更足以慑服群僚而有余。皇储之私衷在此！德皇威廉二世之属望亦在此！况复有福根海之谋之不期而合也！然兹事体大，此举既决，深为老成持重者所不取；兴登堡，鲁登道夫，麦耿生闻之，固持不可，相率抗议。其所以抗议之故，则以其时当大破俄军之后，而俄军之余烬尚未熄；余烬未熄，即德意志不能无东顾之忧。彼三人者，盖欲聚俄军而歼之，使不得扼吾吭，掷吾背，而后乃得壹意西向也。不谓福根海之执拗，反以德皇之命令为辞，而抽调其精锐加入攻凡尔登军队。时鲁登道夫为兴登堡之参谋长，闻耗立辞职，并怂恿兴登堡相继去。兴以国家多故，复经德皇劝慰，任职如故；而鲁亦不复固辞，然其愤懑之概，亦可见矣！

◎德皇储弗来得里威廉

德皇储虽膺总司令之职，而少不更事，于战事尤绝无经验，乃特聘海司勒上将于军中，以备顾问。海司勒者，春秋已七十有八，德皇之师傅，亦普法战役之宿将也。或曰："一八七一年普军胜法时，海司勒曾著战勋，皇储此举，所以慑法人之胆也！"（又海司勒不赞同犯比以侵法；大战开始时，主张即以全力猛扑凡尔登，然自玛因河一役之后，凡尔登已有准备）一九一六年二月二十一日，攻击令遂下。墨士河之两旁，左右凡七英里，一时炮火齐发，天地震惊，森林毁于一炬，岩石化为焦土，说者谓较之麦耿生度那耶克河上之役，尤为剧烈！是役轰击凡四日，用炮弹二百万枚，占地约四英里，至度蒙高原而止，盖抵凡尔登总垒之外层，而第一第二两前线，尽为德军所夺。时法军凭险守御，若藩篱之已撤，力竭声嘶，无以为继。特里安上校与粒帑亚中校战死；凡尔登守将罕尔仓皇无措。惟法军中路总司令嘉利命法军死守墨士河右岸，以待霞飞之援。二十六日晚，德皇亲自督战；其久著骁勇之勃拉邓堡队自度蒙高原猛扑度蒙垒，陷之，德势益张。

夫凡尔登之必受攻击也，法参谋部早鉴及之，且知其地铁道必被横截，因暗筑歧路若干，以备自动车运兵载粮之用。故德军进攻时，法军即以自动车陆续运兵至凡尔登。然德军精锐，于此居其大半，法军不能测其实力之若何，故其防御未能措置裕如。先是，霞飞于二十五日遣参谋长加司丹尔诺赴凡尔登，畀以全权，便宜作战。嘉利以罕尔死守凡尔登右岸，盖出自加司丹尔诺之令也。二十六日，度蒙陷落，加司丹尔诺命贝登继罕尔职。贝登者，大战初启时，只一上校；一九一四年九月，适玛因河战役以前，霞飞以其善战，擢为师长。一九一五年香板尼之役，贝登时在加司丹尔诺部下，曾著战勋，加司丹尔诺心识之，至是力举之以守凡尔登。又贝登生平恶政治，且不乐与政治家通款洽，非若其余武臣之好与闻政治也。又其沉默寡言，深谋善断，当辞霞飞赴凡尔登之日，谓霞飞曰："事可为也！"既至凡尔登，加司丹尔诺谓曰："弗使敌人越此！"贝登曰："敌人不能越此也！"于是"不能越"三字遂为一军之口头语，而军心大壮。

◎凡尔登守将贝登

贝登既接任，即命迎敌。凡尔登以东，在吴佛平原，法军退约六英里。两军酣战于度蒙高原凡四日，德军纷纷下坠，而留其上者仍死守度蒙，不之舍，然其邻近皆为法军夺回。德军既无交通以联声势，又无壕堑以避炮火，至三月一日，攻势稍懈；凡尔登最危险时期，因以过去。总统普嘉赉，统帅霞飞，同来犒军，以资鼓励。自二十六日以至三月一日，此四日中，时间虽甚短促，两军成败之机，实系于此法兰西卒以贝登之奇材，军士之奋勇，得保存凡尔登。而德军于凡尔登第一次之攻击，遂以告终。

德军之进攻凡尔登也，欲以解决战事，乃皇储统率精锐，进攻不利，其威名自当堕落。不但此也，德意志"常胜军"之声誉，亦必因此大减，前日兴登堡，鲁登道夫，麦耿生之言验矣！窦毕兹之潜艇袭击政策，因而有所借口矣！甚者德之社会党要求食物与和平，因之益剧！此不特损参谋总长福根海之威信，将置德皇于何地？故德军不得不行第二次之攻击，虽费重价亦非所惜矣。

三月二日，德军大举续攻；此时德军攻击之方向，特移墨士河西面。彼以不得凡尔登不止为目标，故其声势较第一次为尤大。而法军援兵械弹亦续续至，势亦不弱。德军攻死人山，力战三周，不克。自三月十七日至四月八日，德军所占地仅一英里。自四月九日至十一日，德军骑兵凡九师，以力竭不能作战。其目的地死人山依然在法军之手。

两军作战区域，不但在墨士河以西；墨士河之东，同时亦有剧烈战争。度蒙之失而复得者数次。既而德军陷服胡。四月八日，又力扑胡椒岭，其短炮发出最强烈之开花弹，一时弹如雨下，法军壕堑之被炸毁者甚多。然法军死守残壕，以机关炮还击，德军骑步队不得近，且已死亡枕藉矣。德军既不得志于死人山，复不得志于胡椒岭，于是德军第二次之攻击又告终。

四五两月间，德法两军于凡尔登区内，无大战争。德军之攻凡尔登，即以其攻利爱其，那米尔及益凡斯之方法，及屡攻不克而自知其谬，然已晚矣！势若骑虎，猝不得下，于是不得已又作第三次之攻击。时法军方面贝登已简为中路总司令，而凡尔登则以其部将倪凡尔守之。五月下旬，德军攻墨士河之两旁，其剧烈较前二次尤甚。二十九日，德军炮队六十，皆置重炮，向法军之自苟米哀至阿服古线内轰击，凡十二小时，法军不支退。德军占苟米哀，复乘胜占死人山之巅，盖法军犹力守其南部斜面也。同时墨士河之东，倪凡尔谋收复度蒙，德军击败之，乘胜占服胡垒，时六月七日也。德军既占两垒，复进窥苏维尔垒。苏维尔垒者，建于苏维尔之巅，在服胡垒之西南可两英里，在度蒙垒之南可两英里余。德罩取苏维尔有两路：由北则自梯蒙及弗拉利；由西北则自邓罗：梯蒙与邓罗，皆要塞也。德军两路并进。六月二十三二十四两日，德军得梯蒙及弗拉利，既复失之；邓罗亦旋得旋失。七八两月间，此数地者，为德法两军所争之焦点，而德军终不达苏维尔垒在法军方面，则守死人山南部斜面如故也。

◎凡尔登

自二月以迄七月，德大军攻凡尔登，佔此垒之北部及东部约一百三十平方英里，含残垒二，毁村二，然其代价，军士死伤及俘虏者，已逾三十万人。皇储之欲增其威信者，至是反益堕落。福根海亦以进攻之策，为彼所自出，失败之咎，自无可辞；德皇不得已而罢其参谋总长之职，一如玛因河败后之罢毛奇也。德意志原欲以一鼓攻下凡尔登借以解决战事，不料其勃勃野心，即于凡尔登殉之，微特受舆论之抨击，与中立国之揶揄已也，而兵力财力，损失不赀，德意志之元气，亦从此大伤矣。虽然，德军进攻凡尔登之预备，其部勒非不精密也，其声势非不浩大也，使"常胜将军"麦耿生而统率此军，其结果或不至如是，乃竟以绝无经验之皇储为之首，其结果自可预卜！初，一九一四年春，麦耿生与皇储同驻军丹济，以意见相左，德皇乃召皇储回柏林。大战开始后，皇储即被遣赴西战场，故西战场从未有麦氏足迹。或曰："此德皇欲保其皇储之令誉使然也。"而德军之失亦在此，惜哉！至于法军骁勇善战，视死如归，似示德人曰："法兰西不可败也！法兰西不能败也！"论者以德军玛因河上之败，败于深入重地，败于俄军之掎其背，然则凡尔登之败，又何说也？贝登将军于万炮雷鸣之下，呼吸存亡之顷，毅然就道，不特使法兰西保存其最要炮垒，直令德意志丧其元气，影响之大，自可想见，贝登对于祖国及"协商"之功，盖甚伟也。

第三节　奥军进攻佛南西亚之无功

当德军续攻凡尔登之时，即奥军大举伐意之日。奥军攻意之路有二：一为脱伦底诺山间，路尽崎岖；一为衣松苏河畔，地皆平坦。然奥军卒由脱伦底诺进行者，盖有深意焉。衣松苏守备甚严，无懈可击。若能攻破脱伦底诺，即入佛南西亚平原，而意之交通断；意军之在衣松苏流域者，可不战而尽为俘虏。奥军之所由舍衣松苏而趋脱伦底诺者以此。

一九一六年四月终，脱伦底诺方面之形势：西部有意军占脱伦底诺数路；南部则意军沿阿底其河前进十五英里，而抵罗佛来笃；东部则意军列阵于阿司的果，而抵包果。此三路意军，皆散漫不相呼应，不过如营中所派之步哨，其后又无第二道之防线，难以前进，亦难以退守；且其军中既少炮队，输运又不便利，此实予奥军一绝好机会也。

奥军之窥伺意也久矣，至是卒抽调加里西亚精锐，加入脱伦底诺军队。皇储喀尔躬自统率,而行军悉听之于霍真度夫将军,霍盖奥之参谋总长也。时进攻佛南西亚之奥军已达四十万,饷械充足。一九一六年五月十四日,乃于长三十英里之战线内,大举进攻。重炮声中,步队齐进,以向阿西阿果与阿西哀洛(意军中路)意军纷纷溃退,险要尽失,且委去军械子弹无数,奥军乘胜前进:一军自卜西那谷南下,至阿西哀洛,盖已攻入意军辖地七英里矣;一军自阿萨谷南下,于五月二十八日占阿西阿果,则已入意境以内八英里矣。是日意军于阿西哀洛约两英里,尚据有卜里亚福拉岭之险,翌日向晚,迷惑失道,退至居沃芙山之山坡,形势全失。盖卜里亚福拉岭高五千英尺,奥军得之,东南约十英里,可窥希沃及低恒。此处之山,仅为斜坡,其麓高于海平线仅五百英尺,以迄佛南西亚平原。自阿西哀洛之西凡二十英里,则有维锦萨,再二十英里则有百度阿,再过佛南西亚二十英里,则佛尼斯矣。奥军如得佛尼斯,则衣松苏流域之意军,尽在其掌握矣。时意军张皇无措,统帅加度那命死守维锦萨。前退守居沃芙之山坡,意军六百人,死伤已达四百,而所余二百人,死守如故。其他意军一队,复于柏苏别沃山力阻奥军右翼之前进。是时奥意军队为四与一之比,意军力拒三周,奥军虽以"司各达"短炮轰击柏苏别沃,并用步军猛扑意军之左翼,然皆无效。六月十八日,奥军复大举攻意军右翼,战于阿西阿果之南,不能取胜,奥军总攻击遂止。

◎奥皇储喀尔

◎奥参谋总长霍真度夫

奥军进窥佛南西亚之役，战约一月，复地二百七十平方英里，复进占意地三百三十平方英里，且获军械子弹无算。奥意两军之间，奥军自占优势。意总理萨郎特拉卒以未能见信任于下议院而辞职，继之者为巴散利，外交总长宋尼诺则供职如故。

奥军虽胜于脱伦底诺，然其目的地维锦萨与佛尼斯卒不能达，且抽调加里西亚之精锐过多，俄军遂得乘其机而抵其隙也。总之，奥皇储之窥佛南西亚，与德皇储之窥凡尔登，如出一辙，皆不能达解决战事之目的也。

第四节　爱尔兰革命之颠覆

当德军攻凡尔登，奥军攻佛南西亚之时，德意志所希冀爱尔兰之革命，尔时果铜山西崩，洛钟东应矣！一九一六年四月间，爱人宣告独立，自称爱尔兰共和国，举总统，选总司令，轰轰烈烈，而首都特勃林遂有剧烈之战争。

爱尔兰之革命，其酝酿盖五百年于兹矣。自一九一〇年至一九一四年，英国下议院之爱尔兰国民党，代表全爱尔兰四分之三之人民，乘机要求英政府许爱尔兰以有限制之自治。政府方许实行，而爱尔兰之联合党，忽欲以武力反对之。英政府左右为难；此时解决之法，非取消爱尔兰自治议案，即以压力屈服联合党，然两者又不能同时兼用。时英内阁总理为爱斯葵斯，无一定政策；爱尔兰自治议案进行如故，联合党招兵备战亦如故也。国民党以联合党募兵备战，不得不为同等之举动以相抵制。未几而国民党义勇队成立。至一九一四年七月，爱尔兰遂分为两系，如大敌然，政府于是益为难矣。

夫联合党与国民党，皆爱尔兰人所组织者也，其相仇何以如是之甚，推原其故，实由于种族文字与宗教之区别。爱尔兰人民约可分为二族：其在中部及南部者，则系于"凯尔特"，其文字即"凯尔特"文，其宗教则崇奉旧教；在北部者，居于乌尔斯得，则为"盎格鲁萨克逊"族，与英人苏人同族，其文字即英文，而所崇奉之宗教，则为新教，一如英人苏人所崇奉者也。其实乌尔斯得人即英人苏人之苗裔，古时移居于此，故其对于英人苏人表同情者以此，其所以反对"凯尔特"人者亦以此。英政府治爱尔兰，于内阁则有爱尔兰大臣，于爱尔兰则有爱尔兰总督。此总督由内阁简之，英王则加以任命也。

一九一四年大战初起之时，爱尔兰自治议案遂暂搁置，国民党与联合党悉泯其畛域，俱宣言对于英国及"协商"国之忠诚。然不久而相仇如故。联合党鼓吹取消自治议案，国民党则以自治议案搁置久，渐为不靖。一九一五年五月，爱斯葵斯重组内阁；新阁员之中联合党领袖卡孙其一也。以反对爱尔兰自治之人，而入内阁，则爱尔兰自治议案，即不废弃，亦如冰搁！至是爱尔兰人民，除乌尔斯得一小部外，佥以英国政府与议会，对于爱尔兰无复有开诚布公之意，乃转其视线于"新芬"党矣。

◎新芬党首领伐来拉

"新芬"二字之义，即"我辈自己"之谓。其意以为政府与议会，两不足恃；欲期有成，当求诸己。"新芬"党成立于一九〇五年，其宗旨不外乎所谓爱尔兰者，无论于形式上、实际上、政治上、教育上、实业上，皆当归诸爱尔兰人之手。简言之，爱尔兰当脱离英之羁靮，而建一独立国。故其宗旨为英下议院之代表所反对，而国民联合两党，尤一致加以排斥。然"新芬"党之所以排斥国民党者，亦有词焉，曰："彼徒悉为人役者也！"至联合党则仇有不共戴天者矣。当"新芬"党初起时，仅恃艺文之传播，以为运动，如宣扬爱尔兰之诗歌与美术是也。至一九一三年，驯至招募士卒，以与乌尔斯得抗。至一九一五年，爱尔兰自治议案沉寂时，爱人已倾向"新芬"党。及乌尔斯得人扩充其势力于内阁之时，爱人益愤懑不平，国民党遂失信用于爱尔兰，而"新芬"之势日以炽矣。

"新芬"运动，正式革命之运动也。使爱尔兰而能独立，则必与外国结盟，与外国结盟，德必其首也。然亦非独德国而已，一九一五年，"新芬"代表赴德美两国，阴求协助，甚为周至。时有甘斯门德者，爱人也，服务于英国外交界有年，既而入"新芬"党。尝秘密赴德，于德之俘虏中，选出爱尔兰人，怂恿其组织爱尔兰队，以与英军抗。已复与德政府约：德须接济爱尔兰之革命军，而以潜艇满载军械子弹，并护送甘斯门德回爱尔兰，以起革命；德潜艇复当出没于爱尔兰海，以阻止英军运兵至爱尔兰；又德军在西战场，当宣传爱人此举，使战场上爱尔兰军队，反抗英军。德政府欣然许之，盖爱人此计败，则于德无损，此计而成，则英吉利所受之损失，当有不可以言喻者矣！

一九一六年四月二十日，德船一，满载军械子弹，冒充荷兰商船，又德潜艇一，驶至爱尔兰堪兰海边，在脱来里附近，为英巡哨舰所侦悉，督其赴昆司汤海口。此船知事败，遂挂德旗，而自击沉；船上人物，尽为英虏。同时伏潜艇内之甘斯门德，既不能抵抗，又不能得"新芬"党之援，盖"新芬"党尚不知德潜艇与甘斯门德于是日抵海边也，而甘斯门德则被俘矣。

先是"新芬"党义勇队本拟于二十二日在特勃林演操，及闻甘斯门德被擒，遂作罢议。二十四日，适为耶稣复活节，"新芬"党遂起事，据特勃林垒及特勃林邮局法院等重要机关后，乃树爱尔兰共和国旗帜，组织临时政府，举比阿士为总统，康瑠赉为总司令。

英爱两军酣战数日，既而英政府于二十七日遣麦克司惠耳将军率大队至，携有重炮与机关炮，爱军渐不支。比阿士见大势已去，意谓使爱尔兰受无辜之杀戮，不如下马受缚，遂于二十九日命爱军解除武装，爱军之于恩尼斯高端、阿丹来、克龙曼尔等处起义者以次平。在特勃林，爱人死节者三百人，受缚者一千八百人，而英军死伤五百二十一人。比阿士及重要者十四人受军法裁判，判决死罪，正法；余则定有期徒刑不等。甘斯门德受民法裁判，判决死罪，亦于八月三日就义矣。

◎爱尔兰革命要人甘斯门德

爱尔兰革命既平，是时多数舆论，佥谓爱斯葵斯内阁，处置未免太酷，其专以枪刃治爱尔兰者，为计亦太左矣。若夫德意志，期望爱尔兰革命之成者也，即不能成，而爱尔兰能支持，能耐战，英必调回其西战场之兵以应战，而西战场之英阵线可乘矣。其计不劳而取利大，非不巧也，乃螳螂之臂，不能当车辙，震惊一时之爱尔兰革命军，未及一周，即为政府平定。是故爱尔兰之败。与其败之速，皆为德人所不及料。德欲于一九一六年中解决战事，恐亦未能如愿也。

第十五章
海上最后之决战

第一节　德意志海上政策之变迁

一九一五年中，德意志潜艇所击沉"协商"国与中立国之船只，可谓多矣。德海军部以收效之捷，逞其机心，罔知别择，急急焉欲为一网打尽之计。不知此潜艇"见船立击"政策，施之敌国则可，施之中立国则不可，盖中立国之强大者，以德人横绝无忌，势必起而抗议，抗议无效，即决裂亦所不惜。若中立国之弱小者，力既不敌，虽有抗议，德必置若罔闻，于是为保护其商务计，势不得不乞援于"协商"国矣。

葡萄牙者，中立国之弱小者也，以与英国商务有密切之关系，曾订盟约，英国而有所要求，葡必允之。一九一六年二月，英外长葛贲致书葡政府，请其扣留停泊葡国境内之德奥船只，葡允之，德意志遂于三月九日对葡宣战，越六日而奥大利继之。夫葡萄牙之加入战争，对于大战无任何之影响，然其所获得之德奥商船凡四十艘，其价值当不赀也。

德意志之于葡萄牙，以其弱小，漫不加意。美利坚非葡萄牙比，德人于此，实深抱杞忧焉。盖美之地位与实力，足以左右世界，果德人而触其怒，两国终必决裂，两国决裂，则德之损失，必有意料所不及，此则德政府所不得不郑重考虑者也。

时德意志朝野上下，佥以美国素抱平和主义，决不干预欧事，即"路惜推尼亚"号之被击沉，业已一更寒暑，而不闻美国有严重之诘问，故莫不以继续其海上政策为可恃。海军总长窦毕兹，德意志海军之领袖也，尤竭力怂恿此事。彼以为美国而与德宣战，德亦无所虑，而英国海上之霸权，必且因潜艇之攻击而大杀，故终坚持其政策而不变也。

"协商"诸国，恐德潜艇之击沉其船也，令商船悉改武装，此为自卫计，不得不尔。德政府则以"协商"此举，不复能肆其袭击，乃于一九一六年二月八日宣言，谓自三月一日始，德潜艇轰击装置武器之商船，不复预告。斯言也，盖直视商船为敌舰矣。瑞典虽首先赞成，而美利坚则力加驳斥，德政府置不理。三月间，"协商"与中立国之商船被击沉者甚夥云。

三月二十四日，英国海峡运船"塞山克司"号被德潜艇击沉，死五十人，中有美人三，俱受重伤。美人闻耗，以"路惜推尼亚"之沉没，余怒未消，重以此举，益愤不可遏。威尔逊贻书责问，词气严厉，不啻最后通牒。德人至是，益知美国态度之不可忽视矣。先是，窦毕兹于三月初因病辞职，继之者为加半赍；加固窦之左右臂，第其态度不复似窦之决裂耳。时一国舆论，对于海军部所施之政策，颇有疑虑，于是首相荷尔惠克察于内外之情势，遂于五月四日由德政府宣告，德潜艇遇商船时，如不预为示知，或未将船上人员设法救护妥当，决不加以袭击，此盖对于美之胁迫，表示其有所让步也。

虽然，荷尔惠克之所以对美让步者，盖有所求于美也。所求于美者何？冀美以压力使英取消其封锁而或减轻之，求获外交上之胜利也。荷虽未以此意明告美人，而致美之书，尝隐约言之。乃威尔逊视之，漠然不以为意，此荷尔惠克之大失望，与窦毕兹等也。惟其然也，窦之潜势力依然存在，异日德意志复行窦毕兹之政策，使美利坚有所借口，皆肇于此矣。

第二节　英德海军之大战

一九一六年五月三十一日，英德两国海军，竟大战矣。英者，世界第一海军强国也，德者，世界第一陆军强国也；至战争之际，第一海军强国霸守四海，而所谓第一陆军强国，卒不获逞其志，而见败于敌，以是知胜败之数，不在陆而在海也。证之往事：拿坡仑之见败于英，此稍明近世史者所习闻也；进而求之斯巴达雅典之争霸于希腊也，斯巴达以陆军称，雅典以海军称，斯巴达卒能灭雅典者，以挫雅典于海上故也；更就罗马与加泰基之争雄于地中海而论，罗马长于陆军，加泰基长于海军，一如斯巴达与雅典也，而罗马竟以海军灭加泰基：以昔证今，先后一辙。德意志而欲求最后之胜利，势不得不与英吉利一决于海上；且德意志之海军力，虽称为世界第二，似逊英国一等，然英人视之，亦未必非一己之劲敌也。

英德两国开战已两年余矣，德意志果欲法斯巴达与罗马之故事，则海上之大战，当实现于数年以前，乃日复一日，年复一年，而德与英海军之决战，竟未之闻。向使德乘陆战方殷之际，水陆并举，使数十年来之自命为海王国者，一战而毁其舰，覆其军，使不复以封锁政策，制我死命，岂不甚善？乃大战以来，必迟至两年以后，斯何故哉？曰，德以陆军为天下雄，以我之长，攻人之短，德人盖早定之，甚不愿以海军为孤注之一掷也；抑其所自诩之潜艇政策，已足使"协商"诸国，惴惴于海上，德人之所以不急急于海战者，意固有在，然迟之又久，而终不免出于一战者，何哉？或曰，英国海军之一部分，欲入瑞典，挪威与丹麦间之海腰而入波罗的海，以援俄国海军，与之夹攻德国，不谓至司加格拉克（海腰之一部分），而突为德海军所阻，而遂有此剧战也；德人称是役为司加格拉克之战，良以此故。至英人方面，则谓德意志海军欲冲出北海，一解封锁之围，而为英海军中道要击，乃有此战，故英人又名之曰裘脱兰之役。裘脱兰者，在司加格拉克之南，丹麦北部之一省也；实则此战皆在司加格拉克与裘脱兰海滨范围以内，谓之司加格拉克之役也可，谓之裘脱兰之役也，亦无不可。是役两方之实力如下：

英吉利

（一）前锋队　前锋司令弼德中将，佐以汤马司少将所率之战斗舰。战斗巡洋舰六。（四艘速度二十八海里，装十三英寸半口径炮八尊；两艘速度二十五海里，装十二英寸口径炮八尊）战斗舰四。（速度二十五海里，装十五英寸口径炮八尊）此前锋队之总速度为二十五海里。

◎英海军总司令奇利果

（二）总队　总司令奇利果，佐以菩南、企兰、司得提三中将所率无畏舰队凡三队，及霍特少将所率之捷翼队（战斗巡洋舰）及阿蒲司诺脱少将所率之装甲巡洋舰一队。无畏舰二十四。（十一艘装十三英寸半口径炮十尊，八艘装十二英寸口径炮十尊，一艘装十二英寸口径炮十四尊，一艘装十二英寸口径炮十二尊，一艘装十四英寸口径炮十尊，两艘装十五英寸口径炮八尊）

◎英海军前锋司令弼德

战斗巡洋舰三。（速度二十六海里，每艘装十二英寸口径炮八尊）

此总队之总速度为二十海里。

（三）轻巡洋舰二十五，驱逐舰七十八，分派于前锋队及总队之间。

德意志

（一）前锋队　前锋司令余伯中将。战斗巡洋舰五。（三艘速度二十八海里，每舰装十二英寸口径炮八尊；两艘速度二十七海里，每船装十一英寸口径炮十尊）

此队之总速度为二十七海里。

◎德海军总司令雪尔

（二）总队　总司令雪尔上将。

无畏舰十六，前无畏舰十。（四艘装十一英寸口径炮十二尊，四艘装十二英寸口径炮十二尊，八艘装十二英寸口径炮十尊，至前无畏舰则各装重炮四尊）此队因前无畏舰加入，故其总速度只十七海里。

◎德海军前锋司令余伯

（三）轻巡洋舰十，驱逐舰八十，分派于前锋队及总队之间。

时在一九一六年五月三十一日下午，英海军前锋司令弼德，忽率战斗巡洋舰六艘向东南驶行，适德海军前锋司令余伯，亦率战斗巡洋舰五艘驶向西北驶行，两方舰队"如觌面者之不期而遇。弼德遂率舰猛进，志在断德海军前锋队之后路，使不得退。余伯洞烛其谋，即命前锋队驶回。时两军前锋队成一平行线，余伯乘势攻击，弼德应之，两军相距可九英里，未几弼德所率之"无倦"及"玛利王后"两战斗巡洋舰中弹沉没。余伯以五舰当弼德四舰，已占优势。战方酣，英将汤马司率四战斗舰来助战，势复炽。旋德海军总司令雪尔亦率大队无畏舰至，弼德率前锋队向北退，乞援于奇利果，俾奇所率总队与雪尔所率之总队一战。雪尔余伯乘势追及。薄暮，奇利果部将霍特所率之捷翼队先冲入战线，距德军舰可八千码，霍特所驾之"无敌"号中弹沉没，霍特殉焉。同时英阿蒲司诺脱所率之装甲巡洋舰三艘曰"黑太子"，曰"战士"，曰"护卫"复相继沉没，阿蒲司诺脱死。无何，奇利果之大队加入战线，余伯所乘之"刘佐"号突为英弹所中受重创，余伯改登"毛奇"号，而"刘佐"沉没。同时弼德所乘之"狮"号，亦受巨创。时夕阳西下，烟霭迷漫，两军不能复战，雪尔乘机使驱逐舰攻击，并发出鱼雷无数。同时英军亦以驱逐舰抵制德军鱼雷，因英军舰善为防护，不能中，中者只较小之舰耳。而德之"波门"号战斗舰为英鱼雷所中，沉没。雪尔审慎考虑，以众寡不敌，遂放出黑烟，以眩英军之视察，乘机逸去。奇利果以英舰不善夜战，且恐深入重地，为敌所乘，遂率舰回原防。

◎德国最新式之无畏舰"兴登堡"号

是役也，战争之范围为一万平方英里，双方军舰共二百四十一艘，战斗之烈，为前古所未有，故各夸张声势，自诩胜利。德人之意，以为英之损失倍于德，则英负而德胜；英人之意，以为德军数年来未尝敢决一雌雄，既战矣，又忽遽而退，则德负而英胜；两方盖各持一说也。德之称胜，影响甚大，当其海军之蛰伏港内也，人言啧啧，殊为不满，今有此一战，英海军果受重创，于是德国上下，对于海军，益坚信任；其间接关系，政府以是而益巩固，外交以是而益顺利。至英人之言，非惟影响及于一国，即于"协商"国与中立国，尤有大利也，英吉利之为海王也如故。英舰除之控制北海也如故，英人布置之密，将使德海军如困守之敌，不能越雷池一步。要之此役之胜利，不知果为谁属，若徒凭英德两国人之口说，恐未足以为惇史也。至英军舰不能至波罗的海，一如德军舰之不能出北海耳。今将两方所公布之损失，列表如下：

◎英国最新式之战斗巡洋舰"玛利王后"号

英吉利海军部所发表之损失

舰名	吨数	人数
玛利王后（战斗巡洋舰）	二万七千	一千
无倦（战斗巡洋舰）	一万八千七百五十	八百
无敌（战斗巡洋舰）	一万七千二百五十	七百五十
护卫（装甲巡洋舰）	一万四千六百	七百五十五
战士（装甲巡洋舰）	一万三千五百五十	七百零四
黑太子（装甲巡洋舰）	一万三千五百五十	七百零四
驱逐舰八艘	九千四百	九百

德意志海军部所发表之损失

舰名	吨数	人数
刘佐（战斗巡洋舰）	二万六千六百	一千二百
波门（战斗舰）	一万三千二百	七百二十九
维司巴登（巡洋舰）	五千六百	四百五十
弗龙路（巡洋舰）	二千七百一十五	二百六十四
爱尔平（巡洋舰）	五千	四百五十
罗司笃克（巡洋舰）	四千九百	三百七十三
驱逐舰五艘	五千	五百

英德海军损失之比较

国名	总吨数	总人数	总银圆数
英吉利	十一万四千一百	六千一百零四	二亿三千万
德意志	六万三千零一十五	二千四百一十四	一亿二千六百万

第三节　吉青纳之死事

自英德舰队大战之后，两国舆论，每好为抑人而扬己，议论纷纭、莫衷一是。方众口嚣张时，而忽有不祥之消息传至伦敦。其事维何？即英陆军总长吉青纳上将之死耗是也，吉于一九一六年六月五日溺死于苏格兰海滨。此讯既确，非独英吉利之不幸也，即成败与共之"协商"国，与己为仇之"同盟"国，推而至于中立国，亦莫不为之惊异。一波未平，一波又起，于是评论袭脱兰一役之胜负者，一变而为研究吉青纳之死状矣。据官报所载，吉青纳应俄政府之聘，以备顾问军事饷械各要务，乃乘巡洋舰"罕拍夏亚"号，拟由苏格兰之北部渡大西洋与北冰洋，登陆于白海海口阿姜格尔而至彼得罗革拉特。乃"罕拍夏亚"方自苏格兰驶出至西奥克南岛旁，顿触水雷，全舰炸沉，船中除十二人遇救外，余皆从波臣游，此诚吉青纳之不幸，亦英吉利与"协商"国之不幸也。

◎英吉利陆军总长吉青纳

"罕拍夏亚"之沉没，是否触一水雷，无从确定，至谓"罕拍夏亚"为德潜艇击沉者，尤为臆说。总之，吉青纳之死，必出于德意志之举动，可断言也。

吉青纳上将，英吉利所倚为长城者也。北冰洋终岁寒冱，益以奔涛骇浪，自探险家外，鲜有冒此奇险者。以吉青纳位望之崇，与英吉利倚畀之隆，即"罕拍夏亚"破浪而前，幸免危机，其前途之厄运，亦正可逆料，为吉青纳计，为英吉利计，自不宜贸然有此一行。或曰，吉青纳以受人攻击（伦敦《泰晤士报》总理诺司克立夫攻之最力），深抱不安，如路合乔治长新设之军需部，罗伯孙长新设之参谋部，所以削吉青纳之权者，不一而足，盛名之下，易招嫉忌，吉青纳之毅然赴俄，良有以也。

吉青纳，英吉利之名将也，大战以前，屡建勋绩，若占领苏但，降服南非，重整埃及，其最著者也。大战既启，被简为陆军总长，此盖全国之信仰，舆论之一致推崇使然也。而其料事之奇，见几之早，则尤不可及。"同盟""协商"诸当轴，以为战事，不出六月，即告结束，惟吉青纳力排众议，以为就至短之时期言之，亦必俟至三年。其陈请政府舍其往日招募之旧制，而代以征兵之新制，盖早具成竹在胸矣。其于兵士也，朝夕训练，若恐不及；又必躬自检点，使无贻误。故当吉就任陆军总长之日，案无留牍，及其死也，军士之应召者，已达五百万人，此皆吉青纳之功也。

吉青纳死前一周，法兰西陆军总长加里安尼遘疾卒。英法两大将，两陆军总长，相继长逝，何事之无独有偶也！加里安尼知名于普法之役，既又立功于西非，安南，马特加斯加等处，功绩与吉青纳相伯仲。及大战启，加里安尼为巴黎卫戍总司令，促成霞飞玛因河上之捷，胆量之壮，功业之伟，可想见矣。自升任陆长以后，虽病魔缠身，犹复力疾从公，其死也，与吉青纳之遽遭不测，情事固异，而长留人之哀悼，则一也。

第十六章
协商之会攻

第一节 协商会攻之筹措

一九一六年夏：德奥军不获得志于凡尔登佛南西亚；而德所属望之爱尔兰革命，又复为英所扼，不能成功；德海军欲冲出北海而英海军重围之，不能越跬步；德人欲谋解决战争之计划，至是尽成泡影。"协商"诸国而不图反攻则已，欲图反攻，则必承其敝而击之无疑也。然是时也，奥姑弗论，若德意志者，攻人虽不能取胜，人欲还攻，则又非易。何者？向也"协商"为主而德为客，德劳而"协商"逸，今则主客易地，"协商"虽善攻，其如德之善守何！且德以一国之兵力，御四五强敌，血战至两载之久，而坚忍如故，勇悍如故。将谓人民之众欤？则举"协商"之人，实数倍之。将谓财力之充欤？则举"协商"之富，又数倍之。一言蔽之曰，军需之完备，与夫军事计划之一致，有以使然也。而"协商"适得其反，故两方之盛衰得失于是判。

"协商"觉悟尚早，凡关于军需，亟亟制造无少懈，弹药无虞匮乏矣。关于经济军事两项，"协商"自一九一五年十月白利安接任法总揆之后，其唯一政策，即一致对付敌人。十二月六日，霞飞、海格、亚力山夫、加度那齐集香的言（霞飞大本营），讨论军事，议决同时会攻。乃"协商"尚未攻击，而德奥先行之矣。德军攻凡尔登，奥军窥佛南西亚，于是"协商"之拟攻者，易为守矣。一九一六年三月二十七二十八两日，"协商"开重要会议于巴黎，法、英、俄、意、比、蒙、塞、葡、日本诸国，各派代表莅会，霞飞、加司丹尔诺、吉青纳、罗伯孙、加度那、瞿林司基（俄皇副官长）讨论军事计划，路合乔治笃玛（法军需总长）讨论军需问题。结果，军事方面，则公决自一九一六年夏间始，在西、东、南、东南各战场同时会攻。于经济则有如下列三条：

（一）"协商"各国代表，在巴黎设永久机关，专司封锁"同盟"国事务，并如何进行而加以助力。

（二）"协商"各国在伦敦之中央船货所，共同减少过分之船货税，以减轻输运之负担。

（三）"协商"各国共同列席于将组织于巴黎之经济会议中，以讨论经济各问题。

四月，"协商"各国之议院，复各推代表至巴黎，开会讨论种种战时问题，所谓议院会议是也。六月，经济会议始召集于巴黎；议决："协商"各国组织经济同盟，在战时增进封锁，以制德人；即战事已止，亦必继续其所谓商务战争，使"协商"各国排斥德货；并于"协商"国中凡关于专利，公司破产等事项，订定一致之新律焉。

时意大利虽已加入"协商"方面，而与奥宣战矣，对德则踌躇而未能决也。经济会议以后，"协商"必欲致德人于绝地，力促意大利决定态度；意卒于八月二十八日借口德意志助其仇人奥大利，忽对德宣战。德商船之泊于意海港者凡三十四艘，悉行没收焉。

若夫尔时之"同盟"国，以经年累月之战争，既已不可收拾，而"协商"之封锁政策，又日以加厉。向日来自外国之食品，至是无从输入，虽百计罗掘，而嗷嗷待哺之人，几遍国中，不得已乃于五月间命拔笃基为专司食物委员，而予以全权，如供给食物，或消耗，或买卖，以及应行节制等事。然六七月间，德卒以食物缺乏，而有爱生与孟兴之暴动。至是而"同盟"国之根本，已稍稍动摇矣。

"协商"各国当此时，军械日以多，军事计划亦渐趋于一致，其所望之时机，殆已成熟，且知战争之解决，舍战场外无他途，而"协商"军之会攻，于是乎开始。

第二节　司的尔与散赀脱两河上俄军之攻击

"协商"会议而后，首任攻击者为俄军。俄自大战开始以来，受创视他国为最重，其所掠得之加里西亚与蒲果维那，既已退出，其所属之波兰及立陶宛与果兰之大部，又为德军所占，力已疲，势已衰矣。及"同盟"军用兵于巴尔干凡尔登及脱伦底诺，俄遂利用时机，重整军队，以备再举。一九一五年冬及一九一六年春，海陆两军，坚守里加。一九一六年三月，当德军力扑凡尔登之日，俄军力攻特文司克南北德军之阵地，使德军不能抽调士卒以援攻凡尔登之军队。六月，俄军阵线，起自里加之西，经特文司克，斯麻尔根，拍里贝脱泽田，罗夫诺，泰诺卜尔以迄罗马尼亚之北境。此时俄高级军官，业有更动：统率北路军队者为克鲁巴都金（日俄战役中之俄军统帅）屯驻地自里加至维尔那之东北；统率中路军队者为爱伐脱，屯驻地自维尔那之东北至拍里贝脱泽田；统率南路军队者，则为勃罗细落夫，屯驻地自拍里贝脱泽田至罗马尼亚之北境。

◎俄军南路总司令勃罗细落夫

然则俄军而欲图攻击，究以何处为相当乎？以言乎北路，则克鲁巴都金一军，适当兴登堡守地。克虽自命不凡，而以之当兴登堡，则似逊一筹；且地多湖泽，窦那河流又广且急，战守俱不利，俄军之不能攻出，犹德军之不能得里加与特文司克也。以言乎中路，则爱伐脱军队，来自新募，绝无战事之经验，其不能与德之久战劲卒抗，亦势也。惟南路则俄军战胜之后，不惟影响于军事，抑且影响于外交。何也？盖此路俄军适直奥匈之复杂军队；复杂军队者，合"日耳曼""匈牙利""斯拉夫"三民族而组成者也，语言不同，意见纷歧，俄军而攻此路，一旦大胜，则奥军将撤攻意之师，东返而自救，而意大利之围解矣；往日罗马尼亚之徘徊观望，不敢袒护"协商"者，至此或且毅然加入，以厚声援。俄军卒于此路下攻击令，而勃罗细落夫之声名，至是遂大暴于战场矣。

勃罗细落夫，俄将中之铮铮者也；性沉毅，善战，不辞劳苦。一九一四年秋，为俄军长。加里西亚一役，勃尝与焉。一九一六年四月，奉命继伊伐诺夫之职，为南路总司令。其时勃所统军队可百万人，分为四军，由嘉来定，萨加罗夫，吉拔起夫，赟起次基四将分任之。后备兵方在训练者可百万人，亦可随时补充。六月四日，勃罗细落夫自拍里贝脱河以至拍罗脱河二百五十英里战线内，审定形势，下攻击令，炮队骑队同时进发。时奥军统帅弗来得里大公所率军队亦七十万人：林心琴军阵于拍里贝脱两岸；约瑟大公军阵于司的尔河之西；勃姆爱木里军阵于自路子克之南至泰诺卜尔之西；薄脱墨军阵于尼斯得；弗冷斋军阵于尼斯得之南以迄罗马尼亚边境。既而俄嘉来定军进迫度勃诺与路子克两垒；时约瑟大公方举六秩寿辰于路子克，至是遂中止。俄军累战皆捷，乘胜收复度勃诺与路子克，占司的尔河以西数地。德奥联军，反攻无效。在路子克南，萨加罗夫军败勃姆爱木里军，进屯勃洛提前。在东加里西亚，吉拔起夫军渡散贲脱河，占司脱里伯河畔之菩克萨起，薄脱墨军败退。转战而南，贲起次基军于六月十六日渡拍罗脱河，翌日占吉诺维兹，二十三日占金普龙，弗冷斋军节节溃退，俄军声势大盛。既而德军自法兰西波兰两处调兵来援，奥军又自意大利至，勃罗细落夫之攻击，因是稍止。然勃罗细落夫仍命前进，六月二十八日，萨加罗夫军占勃洛提，二十九日，贲起次基军占可落米亚。此时则蒲古维那之大部，已入俄军手矣。七月，俄军复于尼斯得及司的尔两河以西占数地。八月中旬，俄军子弹已罄，勃罗细落夫之攻击乃告一结束。大抵奥军之败挫，咎由约瑟大公与弗冷斋，至是罢免。而俄军方面，亦以克鲁巴都金无功，任以土耳其斯坦总督，召回罗士基，仍任北路总司令原职。勃罗细落夫之攻击，为时凡十周，俘敌三十五万人，获炮四百尊，机关炮一千三百尊；自俄军大败以来，至是忽得奇胜，诚出世人意料之外也。此役之影响，直使犹豫观望之罗马尼亚，至此幡然变计，加入"协商"，而"协商"又多一右臂矣。

第三节　衣松苏河上意军之攻击

当勃罗细落夫军之节节胜利也，奥不得不抽调御意之军队以赴援。自六月二十五日始、脱伦底诺之奥军，以次北首，遂举所掠得之阿西阿果、阿西哀洛、卜西那等地，一一弃之而复为意人所有。奥于尔时虽损失无多，而实予意人以可乘之隙，故脱伦底诺之围朝解而意军夕至矣。

然意军之攻击，不在脱伦底诺，而在衣松苏，盖以戈利齐亚（德文名格尔兹）为目的地也。八月四日，勃罗细落夫攻击将告终了，意军统帅加度那用重炮猛轰衣松苏战线。第一日佯攻蒙发尔公，奥军信以为真，悉军南援，中路兵力遂见空虚。第三第四两日，意军于八英里战线内，力扑戈利齐亚，轰击凡九小时，奥军壕堡，尽成齑粉。先是，衣松苏河以西及河以北之高原，下临戈利齐亚者，已为意军第一日夺回。衣松苏河之左岸，戈利齐亚之南，有山名桑米歇尔者，戈利齐亚之锁钥也，至是亦为意军所得。奥将蒲罗维克守衣松苏流域，卒以精锐抽调过多，力战不支；而衣松苏河以西之高原与山岭，旋亦尽入意军之手。八月九日，意步队遂护意王维克多爱玛钮尔入戈利齐亚。

◎意军统帅加度那

意军既占戈利齐亚，复拟乘胜深入，以扑脱里安斯脱。然戈利齐亚之东，多巉岩危崖，奥军设备严密，无隙可乘。其南为加尔索高原，原顶多洼谷，重以壕堑迷道，靡不备至。天然之险阻而又加以人力之设备，意军遂不得前进，衣松苏河上一役于是终。是役奥军死伤六万五千人，被俘一万八千七百五十人，失重炮三十尊，攻壕炮六十二，机关炮九十二，炸条六万，军械子弹无算。

意军占领戈利齐亚，乃意大利加入战争后之初次胜利也，自是举国欢欣，士气益壮；而八月二十八日之对德宣战，亦原于此。

总之，意军于衣松苏河上之攻击，与俄军于司的尔及散赉脱两河上之攻击，其结果终不能决最后之胜负。时法英联军于索姆河上之攻击正殷，于是全世界之目光，乃悉移而注视于西战场云。

第四节　索姆河上法英联军之攻击

一九一六年七月一日，法英联军于索姆河之南北两岸，开始攻击德军阵线，所谓索姆河之战役是也。初，一九一五年十二月六日，"协商"各国在香的言开军事会议，议决同时进攻，而以法英之联军为主要。是举也，"协商"以为解决战争，当在此时。此非"协商"之奢望也，彼以为德军凡尔登之败，其锋已摧，其气已馁，而法英两国，则饷械山积，军队星罗，在整备，无懈可击。时英吉利新练之兵士，至是皆已可用，故西战场之英军突然增加，数逾百万，守地自弗郎特起，延长至毕加第。"协商"士卒，莫不跃跃欲试者，良有以也。

◎法军军长法毓尔

索姆河上大战以前，英军于六月二十四日起，先行袭击，为时凡一周，所以试验其新炮队也。七月一日，英军统帅海格，命劳林孙与高胡两军于索姆河北岸大举进攻，以向拔卜姆；法军则北路总司令福煦部将法毓尔于索姆河南岸同时夹击，而以贝龙为目的地。德军巴燕王储路不赍脱部将贝路（曾随兴登堡建勋于御俄之役）力拒之。时德军抵御力，偏重于英军，而又以恩格河之北岸为尤甚，一若预知英军之攻击，有所准备也。酣战良久，英炮队不能击破德军阵线，步军又复为德机关炮所阻。至恩格河南岸，英军于长七英里战线内，占地仅一英里，余实得不偿失；盖英军死伤逾五万人，德军死伤甚少，此第一日之大概也。

　　观第一日之战争，已足预卜索姆河战役之结果。虽德军阵线，并力抵御，一时未能遽破。而英军继续攻击不稍懈。其故由于士气方张，益以新发明之"汤克"炮车，锋锐无比；在法则军用大炮原以七十五毫米（三英寸）口径野战炮著名，至是亦有多许之十六英寸重炮，以备攻击；况两国飞机日精日多，毒气种类，愈出愈新：故英法进攻方略，虽有变更，而攻击之猛则如故。自七月一日至十四日，英军自十里战线前进三里，俘德军万人；法军自十一英里战线前进六英里，共占地三十平方英里，俘万二千二百人。英法两军之将领，披览地图，见占得之地日有进步，复激于舆论之褒崇，遂奖励军士，以示鼓动。十四日，英军复大举进攻。十五日，"汤克"炮车出现于战场，占德军第二防线，又村落三。是时英法军攻击之范围，已较前扩大。法军亦前进，距贝龙仅一英里。然以德军防御严密，无隙可乘。双方至此，力疲不能复战，遂暂行停战，以资休息。故八月间无可记之大战争。

　　九月二日，法英联军进攻巩勃尔及蒂拍佛尔与萨以色尔间之山岭。巩勃尔者，拔卜姆与贝龙之中道也，形势险要，故法英联军咸注意于此。英军既利用"汤克"炮车，大举进攻，至二十五日，德军于蒂拍佛尔与巩勃尔间之前线为法英联军冲破；惟蒂拍佛尔及巩勃尔两邑，犹死守如故。旋法将法毓尔进围巩勃尔，二十六日，德军弃巩勃尔；同日，英军进占蒂拍佛尔。是役法军俘德军三万五千人，英军俘二万六千人。斯时德方罢福根海而继之以兴登堡，则新旧两参谋总长交代时也。

　　十月，霪雨为灾，遍地泥泞，不便于行军。法军屡攻萨衣与萨以色尔，卒于十一月十二日占领之。时法军右翼进逼旭尔恒，英军自蒂拍佛尔巩勃尔间之岭冲出，进占数地，距拔卜姆约四英里，索姆河战役以是毕。统计法英联军共收复地一百二十方英里，法军死伤二十二万五千人，英军四十五万人，而德军所承认之死伤，亦在五十万人之谱。索姆河一役，为时三月余，双方死伤人数，已百余万，可为惨矣！而法军目的地贝龙，英军目的地拔卜姆，皆不得达。然则英法欲借索姆河上之攻击以解决战争，亦徒抱此奢望已耳。

　　索姆河一役，法英联军直接之胜利，不过尔尔，其间接胜利之影响实大：德军受牵制，不能东援孤苦之奥军，而促成俄意两军夹攻之捷，一也；德军不能兼顾凡尔登，而凡尔登之围以解，二也。职是之故：英王以海格有功，擢为上将；法总统之于福煦，则赐以金牌，以志其勋绩焉。

第五节 凡尔登前法军之反攻

当索姆河上酣战之时,德军虽受挫于凡尔登前,而其取攻势也如故。七月二十一日,德皇储晓谕军士曰:"法军索姆河上之攻击,将谋杀我军凡尔登前之势也,我当示之以不可能。"其言壮甚!然言之匪艰,行之惟艰。既皇储命力扑苏维尔,久战不能拔,乃转攻弗拉利,亦旋得旋失。自弗拉利迄梯蒙之法军阵线,德军依然弗能越也。时兴登堡已调任参谋总长(八月二十九日),兴之目的在东不在西,矧自罗马尼亚加入"协商",其势汹汹,不易轻视,故不得不令皇储军于凡尔登前取守势,以冀聚精会神于东战场。然皇储军既取守势,而法军反攻之时机又至矣。

◎凡尔登守将倪凡尔

法军于凡尔登前之反攻,有新人物孟强将军者,遂于是时得脱颖而出矣。孟强年五十,以视霞飞、福煦、贝登、倪凡尔及其余名将之将至耋老者,已稍不同。当一八九八年,马西航上校自康哥入尼罗河畔之法勖达(见第三章第七节),孟强隶其部下。尝服役于法之殖民地,如安南,如非洲。此次大战,于玛因、哀因、阿多埃诸役,孟以旅长,转战有功。一九一六年三月底,又率一师助战凡尔登。五月二十二日,度蒙之役,孟强始露头角;至六月,升任军长。孟强身仅中材,黑发苍肤,下颔方广,目闪闪有光,一望而知其为坚忍不拔之骁将也。或谓孟强工文辞,娴法律,由是言之,则尤彬彬有儒将风也。

时孟强所统之军,列阵沃特路蒙、梯蒙、弗拉利、夏比得、拉罗非。十月二十四日,统帅霞飞，中路总司令贝登，凡尔登守将倪凡尔，齐集孟强大本营，孟强指挥一切。其部将萨冷率摩洛哥队猛扑度蒙，陷之。十一月二日，德军弃服胡，法将安劳合进占之，而并据邓罗。度蒙服胡两垒，既为法军恢复，而德军凡尔登前之大势去矣。十二月十五日，倪凡尔乘势复下总攻击令，孟强部下宓多、萨冷、帕来西司、伯萨加四将自墨士河进攻吴佛平原，伐希罗维尔、胡椒岭、罗佛蒙、高利安、哈度蒙、勃宋服各地相继收复，俘德军一万一千三百八十七人。自德军于二月间攻击凡尔登以来，至是死伤已逾五十万人，而法军则三十六万人云。

第六节　罗马尼亚之参战及其覆败

"协商"会攻之结果，其影响最大者罗马尼亚之参战是也。一九一六年四月，"同盟"之势方张，驻德罗公使签《国产互易条约》于柏林，此为两国接近之明征；"协商"观之，几疑罗将卷入"中欧罗巴"之漩涡矣。迨至七月，德军既不得志于凡尔登，法英联军有索姆河之捷，意军有衣松苏河之捷，俄军有司的尔与散贲脱两河之捷，而形势突然大变，于是罗马尼亚之态度，亦随之而变。

法、英、意三国之战胜，似于罗无直接利害，惟俄军既占领蒲果维那，又复进迫德兰西耳伐尼亚，则罗不得不为同声之相应，盖蒲德二州有罗人三百余万杂其间也（在俄之倍萨拉皮亚州者约一百万）。且当是时，罗政府之所见于"同盟"军者，以为麦耿生所率征塞之德军，其大部已自巴尔干撤回以援奥军，所谓自顾不遑之时也。若夫土耳其，俄尼古拉大公军自七月间占哀耳静琴以后，声震阿曼尼亚。八月，毛特将军任米索波泰米亚英军总司令，将大举反攻，以雪汤司汉败降之耻；复于胥乃沙漠，建筑铁道，以备自埃及运兵进攻柏来斯丁之用。俄英之谋土方亟，而海夹子（阿拉伯之中部及西部）州长又在美咖宣告独立。内乱外患，相逼而来，自救且未遑，而欲其分兵以防罗马尼亚，此又不可得也。至保加利亚，则英法联军之驻萨洛尼加者，俄意两国军队复行加入，而塞残军十二万人又自高夫至。萨拉意将军所统五国之兵，至是已达七十万，阵于萨洛尼加之北，在希之马西顿尼亚境内：其左翼次于摩那斯抵以南山间，盖已近塞之边境；其中路前进萨洛尼加以北凡四十英里，至伐达河畔之其夫及里及度伦间；其右翼次于斯脱留玛河畔及戴诺司湖间。如是则保即自守其新掠得之塞尔皮亚，尚虞不及，自不能分兵于多瑙河畔以为罗敌。罗之所见于"同盟"军者如此，而参战之心，于是乎决。

◎罗王斐迭南

一九一六年八月十七日罗政府与"协商"签一密约，约中载罗马尼亚当与"中欧罗巴"断绝关系，越十日向之宣战，法、英、俄、意担保俄军及萨拉意所统之联军予以军事上之援助；其参战之代价，则以蒲果维那德兰西耳伐尼亚，推美斯伐三州之地为酬。踰十日，罗王斐迭南以一国利益之所在，且欲为罗民解除奥匈联邦之羁绊为辞，果向奥匈联邦宣战；而德、保、土亦即向罗宣战。

罗马尼亚之加入"协商"也，"同盟"方面视为最不幸之事。盖德军之攻凡尔登也，牺牲甚巨，而仅得三数之残垒，及已毁之村落。迨法英联军索姆河上之攻击，德军虽能坚守，受创甚重。奥军既不能进攻佛南西亚，反失戈利齐亚，及罗马尼亚以六十万兵士突加入"协商"，战线因之延长，"协商"之声势日以张大。果谁尸其咎欤？德皇以种种失败，皆参谋总长福根海任内事，乃罢其职（罗马尼亚宣战后二日），而以老成练达久著战绩之兴登堡继之；复任鲁登道夫为军务总管，以佐兴氏焉。

兴登堡接任以后，其第一事即为改组各战场军队：于西，则令维登堡公阿儿勃来希脱上将为北路总司令，巴燕王储路不赉脱上将为中路总司令，德皇储威廉中将为南路总司令；于东，巴燕王弟来沃卜尔上将为北路总司令，奥皇储喀尔中将为南路总司令；而兴登堡则又为各路总司令之统帅，德、奥、保、土各军咸归节制焉。

兴登堡之对付罗马尼亚也，以时当俄军司之尔与散赉脱两河进攻后，军需已罄，兵

第十六章　协商之会攻

力疲敝，法英联军经索姆河一战之后，损多而益少，征缮且不暇，似无余力遽行攻击，惟是故，兴乃抽调东西两战场之德军以征罗。奥军虽失戈利齐亚，然加尔索高原有可守之天险，亦可酌调其地之兵力，以备加入。土保两国，虽仅足自保，以盟约所系，亦应挑选精锐，听兴支配。于是兴登堡所组织之德、奥、土、保四国联军成。

罗马尼亚参谋部之军事计划，则日冀萨拉意马西顿尼亚之攻击，以掣保军之肘，勃罗细落夫攻击蒲古维那，以牵制德奥联军，使不暇南顾，己则直攻德兰西耳伐尼亚。德兰西耳伐尼亚者，其地势陡入罗马尼亚，以加尔帕脱山及德兰西耳伐尼亚阿尔拍山为界，形若一锐角。罗马尼亚之于德兰西耳伐尼亚，宛然一巨钳也，右为摩尔达维亚，左为伐拉克亚；握钳而力合之，德兰西耳伐尼亚其无以自存矣。故罗军进攻，分兵两路：一由摩尔达维亚；一由伐拉克亚。自摩尔达维亚进攻者，两周中已驰入德兰西耳伐尼亚境内二十英里，盖已越加尔拍脱山，至东德兰西耳伐尼亚之玛洛司与阿罗泰两河之上流矣。自伐拉克亚进者，已渡过多瑙河上之"铁门"，进占沃尔沙伐；复沿铁道北向，至美哈第亚。其余军队，蓦山越岭；皆攻入德兰西耳伐尼亚，罗马尼亚自宣战以来，为时仅三周，而已据德兰西耳伐尼亚约四分之一，俘七千人，声势甚盛。不谓正猛进时，而"同盟"军之反攻至矣。兴登堡遣常胜将军麦耿生率土保联军自保加利亚进窥罗之度勃罗剧，前参谋总长福根海率德奥联军自德兰西耳伐尼亚以御罗军。使罗军航空队而能分道驶行于奥保两军阵线之上，窥见其重炮骈列，饷糈山积，或将知难而退，当不至孟浪从事。乃遽以弹丸之小国，贸然参战，但见螳螂，不见挟弹，罗真甘为黄雀哉！

◎德奥联军攻罗总司令福根海

九月中旬，麦耿生军突进攻度勃罗剧。罗军于是地，无险可守，又未尝预防，至是始抽调攻德兰西耳伐尼亚之军以赴援，而又为福根海军所扼，罗乃顿悟腹背受敌。向欲以摩尔达维亚伐拉克亚夹攻德兰西耳伐尼亚者，今则反为福根海麦耿生两军所夹攻矣！麦耿生军，不数日，已攻入度勃罗剧五十英里，其地当康司登萨吉那服达铁道十英里以内。此铁道盖联罗京蒲加来司脱与康司登萨；康司登萨，罗之黑海海口也。罗举国震惊，幸俄军陆续南下，麦耿生军乃暂取守势。战争之重心，又转移于德兰西耳伐尼亚。九月二十六日，福根海命部将谭尔闳新琴力扑"朱塔"路，占之，于是罕门司塔脱至伐拉克亚之铁道断。福根海大军遂与罗军战于罕门司塔脱，大破之，乘胜收复罕门司塔脱，希司堡，克龙司塔脱。罗军且败且溃，残军退回罗境。十月中旬，德兰西耳伐尼亚无罗军踪迹；而德奥联军，乃自德兰西耳伐尼亚进攻罗马尼亚矣。

时麦耿生已率重炮陆续至，其势足以陷罗俄阵线于吉那服达康司登萨铁道之南。十月二十二日康司登萨陷落。俄将萨加罗夫自率援军至，借固度勃罗剧战线，无效，乃率罗俄残军退守度勃罗剧北部。

◎土保联军攻罗总司令麦耿生

十月二十五日，福根海又大破罗军，占芙尔根路；十一月二十一日，占克拉沃伐，盖已深入罗境七十五英里，而得伐拉克亚三分之一矣。此路罗军，知后路已断，乃弃沃尔沙伐及多诺山佛林，退附近山间，寻为福根海军追及，全军降。

罗军统帅阿佛来斯果知其两路之受迫也，率残军阵于阿罗泰河之后面（蒲加来斯脱西九十英里），以图一战。福根海麦耿生两军同时夹攻之：福根海军自德兰西耳伐尼亚阿尔拍山直下，至伐拉克亚平原；麦耿生军渡多瑙河，抵亚历山大利亚。罗军两翼，尽为所败。阿佛来斯果又退至阿其斯河，距罗京仅十英里，已为罗军最后之战线矣。福根海与麦耿生再用包围法夹攻之，破阿其司战线。罗军除首都蒲加来司脱，无可守之险矣。蒲加来司脱，世界最坚垒之一，比利时工程师勃里阿蒙之名作也。罗残军慑于德军重炮之威，弃城走。麦耿生军于十二月六日入罗京，适麦氏诞日也。同日，福根海军占拍勒希抵（蒲加来司脱北三十英里）及蒲加来司脱克龙司塔脱铁道。俄军于加尔拍脱山间之攻击皆无效。一九一七年一月中旬，罗马尼亚之伐拉克亚全部，度勃罗剧全部，及摩尔达维亚之南部，尽入于德军之手。罗王斐迭南偕其破碎残军，借俄军之援，退保耶西，盖北部一小隅矣。

罗马尼亚一役告终，论功绩，福根海与麦耿生各半也。初，奥军参谋长霍真度夫意欲麦耿生军先渡多瑙河，以直捣蒲加来司脱；福根海谓非先占度勃罗剧不可。两说争持，兴登堡鲁登道夫卒从福根海计。时罗军果尽调赴德兰西耳伐尼亚，俄援军又不时至，麦耿生乃乘虚占度勃罗剧；及罗军至，而福根海之追击已下：其计亦可谓猛且狡矣！兴登堡麦耿生早以战功，擢为上将，至是德皇亦荣界福根海为上将，以志其功绩云。

罗马尼亚之覆败，萨拉意与有责焉。初，萨拉意率"协商"军七十万人于八月二十日宣布施行总攻击于马西顿尼亚战线，罗军闻之，气为之壮，故即毅然于二十七日向奥匈联邦宣战，恃萨拉意为之声援也。乃萨拉意军未得寸地，其左翼为保军破于弗禄利那，保军乘胜进占可利察及客司多利亚。同时保军攻其右翼，占特拉玛、散米斯、特米余萨间之铁道；九月十二日，占希之海口卡伐拉。

十月，十一月，十二月，此三月间，正罗马尼亚狼狈穷蹙之日。萨拉意之右翼及中路，不能救罗垂尽之命，惟所统左翼，集残败后之塞军于萨洛尼加，可十二万人，立志再斗，奋勇直前，血战两阅月，卒乃将一年前被保所占之摩那司抵收复焉。

塞军之收复摩那司抵也，于保军无甚影响，盖保军仍能调其马西顿尼亚军队至度勃罗剧，以助麦耿生之征服罗马尼亚，并能制止萨拉意之攻击而有余裕。萨拉意军之麻木不仁，于兹益见矣。或曰："萨拉意所辖军队，至复杂而训练不精：饷械匮乏，此其一；希腊军队，态度不明，一旦进攻，恐有后顾之虑，此其二。"

至于希腊，向以守中立闻，第以国小故，与德奥或有成约，一俟时机已熟，则对付"协商"，一如保加利亚之突焉奋起，亦未可知。希王康士但丁之亲德奥，似已显然矣。及罗马尼亚宣战之后，"协商"始用外交手腕，以饵希腊，而使之为己援助，否亦使守善意之中立。亡何事急，萨拉意乃进而行强烈之手段。九月，收希腊之邮电机关。十月，法兰西海军中将福南俘希腊之海军，悉驱德、奥、土、保之外交官。雅典各报，须受法人之审查。英法海军陆战队于比勒司及爱琴海各岛登陆。英法军舰复以大炮对雅典；希腊海边，尽为封锁。十二月，萨拉意勒令康士但丁移其军队于希之南部；其军需之大部，悉为所虏焉。寻梵尼瑞洛司得"协商"为之声援，自组织临时政府于克兰脱及马西顿尼亚，否认康士但丁，且于十一月二十八日对保宣战。同时袒护康士但丁之军官愤甚，遂于雅典大搜梵党人，尽加监禁，并声讨梵尼瑞洛司之叛迹。十二月初，雅典起反对"协商"之示威运动；英法海军陆战队登陆后，风潮始平。

自前观之，萨拉意军不能救罗军之覆败，有由来矣。俄虽遣兵至摩尔达维亚与度勃罗剧，顾其数不足以当"同盟"之大军；后人遂以俄之不力助罗军，谓罗军幸而胜奥，其势必增强，必将觊觎俄之倍萨拉皮亚而后已，此俄之所大不愿也。于是罗马尼亚，卒为德奥击其前，土保攻其侧，俄虽同为"协商"，而有所顾忌，口惠而实不至。未及三月，罗几全国沦陷，损失约十万人，狼狈之状，可为极矣！

初，"协商"鉴于一九一六年"同盟"节节失利，罗马尼亚一旦参战，或即借此击破"中欧罗巴"而结束战争，殆未可知。不知战争结果，事与愿违，"同盟"虽增加战线二百英里，然罗军之实力已去，其气已馁，无敢再举，故所费士卒不多，较之往日罗马尼亚以武装观望而"同盟"国防之者，相去远矣。且罗五谷丰富，向者英吉利往往以重价购去罗麦，冀其不输入"同盟"，今者此麦田尽入于"同盟"之手矣。益以德人以科学方法，以治罗之五谷，收成之丰，数倍天产；使战争而延长也，"同盟"方面，增一饷源，无虞乏食。又拍勒希抵四周，为欧洲油矿最富之地，虽经罗军败退之际，大部之油井油池，付之一炬，以泄其愤，至是亦落于"同盟"之手。故是役也，"同盟"方面所获经济之胜利，与军事之胜利，不相上下也。

一九一六年之末，"同盟"于罗马尼亚之胜利，较之法军凡尔登前反攻之胜利，其影响尤大，故"同盟"仍占优势。

第七节　当轴之更换与和议之空谈

一九一六年冬，"同盟""协商"两方，所冀解决战争之期，既邈不可得，而于人才之黜陟用舍，益不能不加以注意。在英，内阁总理爱斯葵斯，夙有稳健之称，而毁之者，则谓其麻木。盖自大战以来，爱既无特殊之政绩以餍众望，而其时如诺司克立夫所发行之各种有力报纸，若伦敦《泰晤士报》类者，攻击尤力，意盖欲抑爱斯葵斯而扬路合乔治也，而爱路之隙以生。十二月初，爱斯葵斯以舆论之抨击而辞职，而内阁亦随之以倒。路合乔治组新阁，一切建设，仅有规随。当时重要政党，悉归罗致。著名人物，则有贝尔福长外交，波那劳长财政，卡孙长海军，特培长陆军，参谋总长罗伯孙仍旧。路氏又组一所谓军务会议者，以克松米尔纳，波那劳，及汉特生（工党）为议员，而已为主席焉。

在法，白利安内阁仍旧贯，惟厉沃旦继陆克长陆军。白利安仿路合乔治法，亦于十二月十二日组织军务会议，除白自为主席外，以李博（财政总长）、厉沃旦（陆军总长）、拉加士（海军总长）、笃玛（军需总长）四人为议员。同日召霞飞归，授以上将，而以倪凡尔为法军统帅。或曰："霞飞之召回，含有政治作用，香的言议决军务，颇来众议院之指摘，实众议院之谋去霞飞也。"顾是时之为持平之论者，佥谓霞飞年事已高，筹划战争已两年余，疲惫之后，应予以休息。且法兰西受创既甚，战事延长，非国之福，而霞飞之为人，小心则有余，猛进则不足，是必得一奋往直前之才如倪凡尔者以为之继，差足以胜任而愉快。倪于凡尔登一役，勋名卓著，畀以统帅，则解决战事之期，庶几不远也。虽然，以凡尔登之战功论，则统帅之任，当属贝登。即谓贝登之谨小慎微，与霞飞等，若孟强之勇往直前，百折不挠，亦未必在倪凡尔之下。而倪卒简为统帅，当时所谓含有政治作用者，恐未必无因也！

在俄，其情形最为不幸。内阁总理司斗墨，亲德之尤者也；外交总长萨绍诺夫，以忠于"协商"闻者也：司斗墨以萨趋向不同，使不得安于其位。司自此所持政策，悉出以专制，停闭国会凡四阅月（七月至十一月），挟制俄皇，专行武断；同时并引同党拍罗笃卜夫为内务总长，以为其压制民意之助，盖借以行其亲德之政策也。卒之揽权过甚，民怨沸腾，司斗墨以十一月去职。德来卜夫继之，其厉行专制，与亲德之政策，殆与司斗墨拍罗笃卜夫无少异。旋立宪民主党领袖米罗各夫教授在下议院声斥权奸，指为误国；且谓长此以往，国将不国。似此言论，全国闻之，自忿忿不平；独惜俄皇尼古拉庸暗性成，褎如充耳，此非大不幸而何？

若夫"同盟"诸国，自战胜罗马尼亚之后，人心大定，莫不渐抱乐观，以坐待最后胜利。

在奥，老皇弗兰兹约瑟于一九一六年十一月二十一日殂，年八十有六，在位六十有八载。其临朝亲政之日，即梅特涅去职之日也。屡经战役，未尝一胜，而又治世界最复杂之国土，处古今最悲惨之家庭（见第五章第一节），弗兰兹约瑟，盖近古帝王中之第一可怜人也。弗兰兹约瑟又为十九世纪之唯一崇拜君权神圣者，其信仰之诚，矢志靡他，虽举一身之幸福，与国家之尊荣，一切牺牲而不之惜。然当其即位之初，举国扰乱，纷争无已，而强悍素著之"匈牙利"人咸爱戴之，野心勃勃之"斯拉夫"人俱臣服之。虽一国之内，种族复杂，而罔不戴之若国父，弗兰兹约瑟又不失为仁人也。至其一身之孤苦，年龄之老迈，措置间或失当，而世人反曲谅之。其死也，噩耗传来，举世悼痛，远近有同声焉。

弗兰兹约瑟既殂，其侄孙喀尔即位。喀尔者，斐迪南幼弟乌多之子也，时为东战场南路总司令，即位时，年方三十，少年英俊，抱负远大，其殷殷望治之心，一如其伯父斐迪南。惜其时外患迭乘，未遑整理其内政耳。

一九一六年十二月二日，德意志下议院通过"国民副义役"案。所谓"国民副义役"者，凡十六岁至六十岁之男子，未入义役者，作副义役事：如入军需厂，以制造子弹；从事农业，以丰饷糈；进医院以侍伤兵：即政府与国民通力合作之义云尔。

初，俄罗斯冀得波兰人之同情，许波兰以自治，然无任何影响。旋俄军大败，德奥联军据有俄属波兰全地。一九一六年十一月五日，德皇威廉二世，奥皇弗兰兹约瑟，于路勃林华沙两处，以波文宣布予波兰以独立（奥皇弗兰兹约瑟于宣布波兰独立后十六日殂）；其制，由波兰王族系统中遴择一人登极，定国体为君主立宪，俾与德奥两国联为一气。宣布之后，即有德奥军乐队奏波兰国乐，以志欢祝，而波兰旗帜随地招飐矣。于是临时摄政，先行组织；其次选举议员，以树将来国会之基础。至波兰之犹太人，其数甚众，则予以宗教与集会之特权，此即以平等主义泯两民族之畛域也。

波兰独立，系专指俄属之波兰而言；向隶于德之西来细亚，奥之加里西亚不与焉。其尤奇者，德奥一面许波兰独立，一面华沙德总督贝散勒招募波人以充兵额，以实东战场，而与俄军抗。于是俄军闻之，不能不有相当之抵制。抵制方法维何？即宣布德奥对于波兰之权诈，又复危词恫吓，谓所获俘虏，苟有波人，处分之法，必与叛逆同科。若波人幡然悔悟，则俄人于波兰之将来，仍许以自治，而使之为完全之国土。德之西来细亚，奥之加利西亚，仍将收入版图，而隶于俄皇权力之下。至自治之实行，当俟之战争结束后也。

然而波人于此，亦颇觉悟：以德奥之许彼独立而与之联络者，为扩张"中欧罗巴"之一种策略；俄之见许，仍不出其帝国主义之范围。人为刀俎，我为鱼肉，盖甚明也！然当是时，俄与德奥，方力角于疆场之上，波兰遗民，既不能利用时机，光复旧物，而事齐事楚，两者难兼，不得已而择其一，则奥皇是已。弗兰兹约瑟素施德于波人，波人以为奥皇之待遇，微特俄不能及，即视德亦较优，故是时波兰领袖毕尔坐司基将军，立组波兰义勇军一队，投入奥军旗下，为之效力。德为奥同盟，波人之助奥，亦兼以助德，而波与德奥之联络，于以彰彰矣。

是时也，"同盟"诸国，以波兰之效顺，罗马尼亚之覆败，虽足为"中欧罗巴"之胜利，然终不能借此以结束战争，且其为被围之垒如故也。外观"协商"，虽一时失利，而地势之优，兵力之厚，财力之充赡，无在非远出"同盟"国之上，异时卷土重来，鹿死谁手，又未可逆料。与其见迫于将来，不若阳为让步，及时议和之为愈。政策既定，而议和之说起矣。然欲议和，非先斥宣战之外交总长耶果不可，于是耶去而徐墨孟（外交次长）为之继。

十二月十二日，德、奥、保、土四国同时以一致之词气，致书各中立国"协商"国及驻罗马教宗，自述言和之意，以为息事宁人之计；并愿与"协商"诸国谋永久和平方法，其地点则荷京海牙是也。奈俄罗斯接书之后，首先力拒，且晓谕其将士曰："俄境之德军尚未尽退，君士但丁堡与达特奈耳海峡尚未入俄人掌握，波兰故土西来细亚与加里西亚尚未交还，不得谓和议时机之已至。"意外长宋尼诺，法总理白利安，亦有同样之表示，即所谓未成熟之和议，甚不愿开谈判。英路合乔治代表大不列颠帝国宣言曰："'同盟'国未提出条件，'协商'不能与之开谈判。且按之德奥等所提之和议，不啻以普鲁士式之军国主义为基础，'协商'而欲弭永久之战祸，自不当与开谈判也。""协商"之言如此。十二月三十日，俄、法、英、日、意、比、蒙、葡、罗九国共同答复，谓"协商"如未得损失之赔偿，自由之担保，国性之保存，弱小之自由，以保障世界永久之治安，则和议为不可能。是种答复，骤读之似光明正大，包含一切，实则未曾提出切实之条件，空空洞洞，不可捉摸。且也"协商"尔时，展览舆图，以为此时而遽言和，则"同盟"未尝败，"协商"未尝胜，开战以来之损失，势必无所取偿，而又自信最后之胜利，已似可操券而待，曾不如拒绝之为愈。

议和之说，既托空谈，而发起者，"同盟"也；"同盟"以发起和议，而为"协商"所拒，则战祸之延，罪有所归，以此而激怒国民，国民之敌忾，自益深而莫可遏。"同盟"国民之奋勇直前，一致赞助其政府，亦情所必至也。至"协商"方面则不然。社会党之急进派，以"协商"答复之含混，战祸蔓延，政府实尸其咎，乃群起而肆其攻击，而自为和平之运动。政府视之，则目之为"破坏运动"。此举起于一九一六年十二月和议无成之后，至一九一七年而愈盛，法兰西不啻首当其冲也。总之，和战两策，"协商"与"同盟"皆不能于一九一六年解决之。嗣后俄罗斯之革命，美利坚之参战，遂相继而实现，新陈代谢，如蝉脱，如蛇蜕，范围乃自是而益广矣。

第十七章
俄罗斯之革命及其议和

第一节 俄罗斯君主政治之倾覆

俄罗斯于大战正酣之际,而突然革命;其发也,如怒涛,如崩崖,喋血京师,以求一逞,可为烈矣!然前乎此者,则有一九〇四年之革命焉;时当日俄战争之际,俄军败北,国内不靖,义师纷起,绵延三载,盖欲以革新其政治计,虽肝脑涂地,前仆后继不之惜,卒乃有代表民意之下议院,而使俄得为世界立宪国之一者,不可谓非如愿以偿矣。然而俄之立宪,有名而无实,袭狙公朝四暮三之故智也。尝闻俄人之言曰:"吾人流几许之血,掷几多之头颅,以行革命,而政府之不能俯从民意如故也,海枯石烂,志不可移。"俄之幸而无事,亦所谓厝火积薪之上者也,故延至一九一七年而又爆发矣。

当大战之初,俄罗斯以扶弱小之塞尔皮亚,而伸其"大斯拉夫"主义,以与"大日耳曼"主义之德奥抗。其出师也,全国几一致。政府之意,以谓驱一国之人心而使之对外,既足以鼓其同仇敌忾之心,而萧墙之变可弗作;然卒不能借此以缓革命之潮流者,亦自有故。战争延长,节节挫败,由是而土地日以蹙,民力日以弊,其所受之损害,又视他国为甚,生灵遭糜烂,而怨苦复无所诉,革命之声,由兹复起,譬之堤防,既已溃决,则一发而不可遏矣。而政府诸公,既不能乘时憬悟,又复尽力压抑,以逞其专制之淫威,此祸之所由烈也。故至一九一七年之初,众情忿激,怨声载道:在军官则以政府对于战争之不力;在士绅则以政府对于实业之滥加拘束;他若地主以输运五谷受政府之漫加限制;乡民以政治酷虐,无辜而受经济之羁绊;工人嗷嗷,因之失业;凡全国重要团体,如市议会,省议会,下议院,咸协力以与政府抗;即极守旧之上议院,亦附和之。而其时把持政权者,适为一般亲德之权奸:司斗墨也,拍罗笃卜卜夫也。俄皇性既庸暗,又日受左右之束缚,倒戈而授人以柄。其后亚历山德拉尤复从中播弄,以牵掣屠王之举止;妇有长舌,维厉之阶，其斯之谓矣！虽然，后，德人也；后能牵掣尼古拉，而不能不受妖僧拉司波丁之愚弄，亦可异也！

拉司波丁者，西伯利亚鄙人也，居托波尔斯克，原氏璐维克，性狂荡，嗜饮好渔色，无所不至，故俄人咸呼之为"拉司波丁"，义即浪子之谓也。拉司波丁貌不扬，多机警，双眸炯炯，尤能诱惑妇女。自见逐于托波尔斯克后，遂入寺院为僧侣。平时衣黑色长袍，披发跣行，意盖欲示人以神秘也。又善催眠术，能治奇疾。太子尝患危症，血出不止，诸医束手，女官维罗卜伐夫人介拉于后；拉时居基安夫后，命尼古拉大公夫人等延拉诊治，果奏效。拉自是见知于帝后，得出入宫闱矣。权贵如麦克拉各夫、苏古利诺夫、戈弥金、司斗墨、拍罗笃卜卜夫、惠得等，皆乐与周旋，贵女子尤蚁慕之。后旋命拉掌宫中圣灯专职，实则事无大小，悉以咨之。于是朝臣之谋超迁求增俸者，莫不夤缘奔走于其门；甚至内阁之更迭，政治之改革，拉司波丁亦罔不与焉。或谓尼古拉大公之罢统帅职，及与德人单独媾和之说，亦出其谋。一时俄罗斯之内政外交，几一视拉司波丁之意旨为转移，其权势之惊人，有如是者！

◎拉司波丁与诸贵女之茗话

拉司波丁之势既如彼，而国民恨之，贵族忌之，莫不刺骨，时时欲得而甘心焉。然拉虽时遭狙击，而往往得免于难，若有天幸。一九一六年十二月二十九日，尤苏卜夫亲王（俄罗斯有势力有财产亲王之一，曾肄业于英国牛津大学，故略有世界知识）以电话延拉司波丁晚餐。时拉司波丁以有戒心而婉却之，尤苏卜夫亲王复乘自动车踵门躬迓。拉司波丁不能却，与之同车去。司机人为国会议员布里希开维起。车至尤苏卜夫亲王私邸，甫入门，突见柏夫洛维起大公；拉司波丁知中计，而门已扃。柏夫洛维起授以手枪，属自裁。拉司波丁乘机反射之，不能中，一瞬间而拉已饮弹死矣。巡警闻声来诘，则以杀瘦犬对；乃弃其尸于萧佛河。翌日，尤苏卜夫亲王等以其事告警局；晚间在皇家戏院宣布拉司波丁之死状。闻者以大憨既除，齐唱国歌。然拉司波丁虽死，朝中犹不觉悟，且以俄皇之允许，于觅得拉司波丁尸后，受荣葬礼。出殡之日，复以乘辇载其银制之棺，皇后亚历山德拉，内务总长拍罗笃卜夫及皇族显宦俱躬送焉。

拉司波丁之死，俄罗斯革命之先声也。内务总长拍罗笃卜夫为拉司波丁之余党，闻拉见杀，惊且愤，自是大肆淫威，无所顾忌，或封禁报馆，或禁止集会，甚者稍涉嫌疑，悉被禁锢。时内阁总理德来卜夫虽已免职，而继之者为高利清亲王；高亦金壬也。国会开会，定于一九一七年一月二十五日，高乃擅令展期一月。时当冬令，冰雪寒冷。所收五谷，悉数移充军饷；人民困于饥寒，无可呼吁。至二月二十七日，国会开会，拍罗笃卜夫以荷枪之警队监视之。多数议员不之惧，益攻击政府。同时其他都会，或罢工，或示威，东起西应，不一而足，而京师彼得罗革拉特尤甚。三月八日，京师市民，齐集面包铺，要求面包，间有掠夺。翌日，政府遣"哥萨克"军队弹压，而"哥萨克"军队反与市民携手，以其所受饥寒，亦与市民同也。是日，巡警拘市民二人，"哥萨克"军队要于路而释之。而政府犹不悟，下而工人，上而议员，皆施以极严厉之手段。三月十一日，高利清亲王复属令国会延会，京师卫戍总司令喀拔洛夫勒令罢工者动工；工人无应者，国会亦不肯延会。暴动数起，宪兵格杀市民凡二百人。"柏夫洛夫司克"队之遣往镇慑者，又忽中变，与市民合。是晚工党委员会（后改为兵工委员会，即苏维埃）运动平民为大规模之革命，且怂恿各军队表示同情；登高一呼，众山皆应。军队来京师弹压者，反与民军相提携，声势渐张大。俄罗斯革命之烈炬燃矣。下议院议长路祥阁急电奏俄皇，其文曰：

"目前形势，已危急矣。京师已呈无政府现象。食料燃料，来源已绝。民怨沸腾，枪声遍市。际此危急，非得一负物望者，畀以全权，使之组阁，不足以遏制乱源，消弭巨变。时势急矣，稍纵即逝。斯时也，愿上帝不以巨大之责任加诸皇冕之上！"

三月十二日，彼得罗革拉特宪兵及外来各军队，一致响应，竖革命旗；午后破"圣彼得"与"圣保罗"两狱，尽释狱囚（两狱多政治犯）。说者谓法兰西革命军破捣"拔司的"狱后，革命遂告成功；尔时俄之情状，与法相同：诚革命史中一段佳话也。

同日亭午，俄皇自前线电致陆军总长，急令返彼得罗革拉特；又特简伊伐诺夫将军为统帅，付以靖乱之责。日已晡，下议院议员十二人，秘密组织行政委员会，为临时政府，与工党委员会对峙，同谋推翻帝制。夜分，突有衣黑色皮衣状至褴褛者语下议院卫兵曰：

"汝其捕我乎！余既以祖国之幸福为前提，故特献余身与汝，余，拍罗笃卜卜夫也。"于是卫兵乃拥拍罗笃卜卜夫于行政委员会之前。

俄京彼得罗革拉特既竖革命之帜，而俄皇尼古拉二世之对于全国，为皇帝如故也！十四日，尼古拉二世与伊伐诺夫两军分道向彼得罗革拉特进发，而铁道已毁。同时俄将罗士基、勃罗细落夫、亚力山夫等俱宣告与革命军取一致行动；即尼古拉大公，亦劝尼古拉二世俯顺民意，早逊大位。亡何，革命之势，蔓延于莫斯科及各大城镇。十五日，尼古拉二世召罗士基将军，告以逊位意；复从罗言，以电话告知下议院议长路祥阁。路祥阁乃遣议员戈郭夫苏尔根二人谒帝。尼古拉二世问曰："汝等欲余何为者？"戈苏同对曰："请传位太子，复以米谢尔大公摄政。"尼古拉二世思之再，旋曰："朕不忍与朕子分离，朕将传位于朕弟米谢尔耳。"言已，遂草逊位诏，其文曰：

"明明上帝，恩典逮下。朕今以俄罗斯皇帝之名，谕我俄罗斯国民。大战以还，敌人困我国将及三载。上帝之意，欲使吾人稍受磨炼。而内部纷扰，足以阻战争之进行。我俄罗斯之命运，我军队之令名，我国民之幸福，胥全恃此次战争之胜利；无论需何重价，在所不计。行见敌人力竭而我俄罗斯与'协商'军凯旋之日不远矣！

"当此危急之秋，我国民当全国一致，以冀达胜利之目的。朕为国家前途计，已得下议院之同意，宣告逊俄罗斯皇帝之尊位，并交予之大权焉。朕不愿与极亲爱之太子分离，故传位于朕弟米谢尔大公，谕其与立法机关之各代表一致，并谕其以亲爱祖国之名义而宣誓焉。

"我国正在磨炼之秋，朕谕全国忠诚国民，以爱国之真诚，服从皇帝，并力助国民代表，使俄罗斯民族，得臻于兴隆及荣耀之一途。

"愿上帝降福于俄罗斯！"

俄皇尼古拉二世之皇位，虽于此告终，实则此日之俄罗斯，犹是"朕即国家"之俄罗斯也。当是时，俄皇逊位之讯，尚未传至京师，京中革命军各首领乃先行组织国务院，所谓临时政府是也。儿服夫亲王为国务总理，米罗各夫为外交总长，戈郭夫为陆海军总长，推来金阁为财政总长，兴加来夫为农务总长，克伦斯基为司法总长，盖皆下议院议员也。组织就绪，米罗各夫复宣告于众曰："国务院之组织，革命后民意之所寄托也。余等非欲揽大权，而一时未能引避者，欲牺牲一身以为国家福利计也。使余等而智尽能索，即当退避贤路。"然当米罗各夫提及米谢尔大公摄政之时，众情汹汹，"苏维埃"代表尤不满。克伦斯基旋作婉言曰："余任司法总长，自信为赞成共和政体最力者之一人；然共和政体断不能成功于顷刻，欲谋共和政体，必先得此次战争之胜利始。为目前计，当求谨守秩序，严肃纪律，此则刻不容缓之事也。"克伦斯基一席之辞令，遂使暴乱之象，暂归宁谧。十五日晚，儿服夫亲王偕克伦斯基等诣米谢尔府邸，告以组织临时政府情势，意盖欲风之使退位也。米谢尔大公聪明识时务，亦慨然以民意为重，不肯继承大位，乃宣言曰：

"俄罗斯政体，当于未来之代表全国民意之国会解决之。如民意攸归，各代表以投票表决法授余大位，余何敢辞。惟国会未成立前，余以诚挚之意，告我国民须服从下议院所组织之临时政府。此临时政府若以全权召集国会，于极短时间举定代表；而代表之选举法，当以平等与普遍为适合，如是则俄罗斯之国体，可依全国民意而定矣。"

米谢尔大公之宣言出，而罗玛诺夫三百年以来之皇统，至是而告终。临时政府，即下议院议员所组织者也，其人夙力持民主政治，且又以继续战争为唯一政策，故美、法、英、意、日诸国皆先后承认之。俄罗斯第一度之革命，乃完全告成矣。

今试略述当日临时政府之政纲，有如下八条：

（一）大赦从前之政治犯。

（二）人民有言论，集会，结社之自由。

（三）废弃社会，宗教及民族限制。

（四）依普通选举法，速召集议会，以定政体，制定宪法。

（五）废弃从来之警察制度，委其权于人民之信赖团体；其长官悉由选举，将警察权改属于地方自治机关。

（六）地方机关之选举，可依普通之选举法行之。

（七）对于参加此次革命之各军队，不得解除武装；又宜常驻守首都，以资拱卫。

（八）凡海陆军中下士卒与其他军队之能守纪律服兵役者，得与一般国民享受社会之权利。

西伯利亚为政治犯之放流地，至是悉数释回。有勃来希柯夫斯加雅夫人者，俄人呼之为革命之祖母者也，为政治犯而被流放者凡四十四年，至是亦回彼得罗革拉特，备受市民之欢迎，时年七十有三矣。

至军队诸将之分任，则有亚力山夫之统帅，罗士基之北部总司令，勃罗细落夫之南部总司令，哥尼洛夫之彼得罗革拉特卫戍总司令；皆宣誓效忠于临时政府者。惟中部总司令爱伐脱独抗命，临时政府乃代以戈阁。以上诸将，尤愿效忠临时政府，继续战事；易言之，即所谓与法、英、意、美诸国取一致之行动耳。自此讯出，而巴黎、伦敦、罗马、华盛顿各首都咸有纪念俄罗斯革命之盛举云。

尼古拉二世自被废后，临时政府即流诸蔡阁塞洛（义即皇村，有俄皇夏宫，在彼得罗革拉特南十五英里），以平民资格居其地，得自由。既而克伦斯基复流之于托波尔斯克（在西伯利亚）。而"苏维埃"政府既又徙之于安加丹林堡（在乌拉省）。至一九一八年七月十六日，乌拉省"苏维埃"省政府闻"捷克"军有绕道西伯利亚声讨"苏俄"之讯，于是皇帝尼古拉二世、皇后亚历山德拉与皇储亚历西斯及皇女四人皆遇害。专制皇帝之末路，其惨状盖有不忍述者。且尼古拉二世自莅政以来，核其事迹，未始非俄罗斯一代之贤王。其发起海牙会议，是冀世界之和平也；其召集下议院，是畀人民以参政权也；若大战之初，严申酒禁，使沉湎之徒，知所警戒：望治之殷，于兹可见。即如皇后天赋多才，爱帝尤笃；苟能相夫以道，亦不失为一代之贤后。乃二人者，性既失之庸暗，而魁柄又复下移，遂致左右金壬，争为蒙蔽，行私罔上，贻误国是，此帝与后偏听之过也。拟之吾国：则有如幽王骊山之祸，道君青城之辱；峨峨九庙，不祀忽诸，而其身亦与之同殉焉，不尤可叹乎！或曰："俄皇室之遭祸，视昔法王路易十六暨后玛利安东尼脱之末路，先后如出一辙。"呜呼！斯诚惨已！

◎俄皇尼古拉二世之末路

第二节　俄罗斯中等阶级之当国

俄罗斯之革命，未匝月，即能铲除专制，建设政府，成功之速，洵出人意料哉！顾俄幅员广廓，民族糅杂，政体既鼎革，而波兰、芬兰、果兰、立陶宛、乌克兰、乔治亚、鞑靼、犹太诸民族，自当享参与国政之权利。然亦有数弊焉：所辖民族，各怀私望，不能协作，一经更张，顿呈纷乱，不免危及共和政体者，一也；且自全欧言之，俄罗斯之政治之经济，最为幼稚，且不识文字之乡人与未受教育之工人居多数，若骤畀以选举权及被选举权，资格实有不及，不免危及共和政体者，二也。有是二因，俄罗斯于民主政体，譬诸力田，虽东作甚勤，而种子究未成熟也。

斯时多数俄人之感想，不过谓政府者，夙为君主之世产，所以革命者，亦专制政治有以致之。若君主政府既遭推翻，必须改设一民主政府，以为福国利民之地，则茫然不知也。故当革命成功而后，民主政府，应运代兴，亦仅下议院议员暨其他知识阶级时时有此迹象；若蚩蚩之氓，则不知所谓矣。故尔时之现象，棼若乱丝，不堪言状。其甚者又误解自由二字之义，妄谓专制既覆，无所羁绊，其放纵有若诡衔之马，解绦之鹰，遂横决而罔忌。故城市中胶胶扰扰，有罢工者，有毁厂者，有相戒不纳租税者；若军队之逐其长官，违背军令，尤数见不鲜也。吾无以名之，名之曰无政府。

抑且此时之政府，即昔下议院议员所组织之临时政府也；此等议员，不过代表少数之中等人民，且由贵族而当选者，其不足代表全俄罗斯也明甚。斯时而真能代表全俄罗斯者，其"苏维埃"乎！"苏"为工人、兵士、农夫三界代表之机关。自彼得罗革拉特革命起，四方响应，无何而举国皆"苏维埃"矣。使斯时诸"苏维埃"而能联为一致，则所谓临时政府，臭味既已差池，当然无立足之余地。乃"苏维埃"联络乏术，一切实权，悉操诸前下议院议员之掌握；而议员之目标，又不过易独裁政治而入于共裁政治，由贵族政府而化为士绅政府。以为苟如是，是亦足矣，视彼"苏维埃"之对于政法，对于社会，皆抱有彻底改革之宗旨者，则大相悬绝也。同其涂，异其辙，故"苏维埃"不慊于临时政府，而临时政府之畏"苏维埃"也滋甚。

至临时政府与"苏维埃"之最相龃龉者，则尤在俄罗斯此后对于战争之方针。当是时，外交总长米罗各夫，陆海军总长戈郭夫，夙为怀抱侵略主义之野心家，欲继承俄罗斯历来对内对外之政策者也。此等政策维何？如中央集权，如与法兰西结种种密约，如并吞君士但丁堡与阿曼尼亚，如镇慑巴尔干，其最彰彰者也。至"苏维埃"则不然：彼之方针，以为俄更战事久，国帑竭，民力困，重以迭次战败之损失，已仅仅延其残喘，且俄民之赴战，出自皇帝之黩武，今皇帝已遭废黜，专制时代之政策，既不当茵袭以蹈前日之覆辙，而国家大政，尤宜取决于舆论，不得以少数人之武断，糜烂万姓之血肉，故欲遏佳兵之祸，而归于正谊，则不得不由国民之自决。然欲求国民之自决，则对于战事之归宿，不难括以两语。两语者何？一曰无割地，一曰无赔款（惟比利时，波兰，塞尔皮亚，阿曼尼亚情形不同，又当别论），此盖四月十三日全俄"苏维埃"在莫斯科所议决者也。

斯时"协商"诸国，对于"苏维埃"之所表决，颇有踌躇而不敢赞同者。何以故？以无割地无赔款为此次战事之归宿，则"协商"诸国必绝无所得，即已得者，亦必复还之"同盟"，法兰西必不能恢复亚洛两州，英吉利仍有强大之德意志梗其前。允若兹，非特"协商"之不利，即如临时政府之外交总长米罗各夫，于"苏维埃"之政策，亦不敢强同，盖米罗各夫为主张继续密约与占领君士但丁堡之最力者。彼于五月初，通告各国，谓俄罗斯忠于盟约，愿与"协商"坚持到底，以博得最后之胜利，断不与"同盟"国先行媾和云云。此则与"苏维埃"意见相左者也。

然米罗各夫之通告，虽为"协商"所乐闻，而"苏维埃"对之，则掩耳惟恐不速。于是示威运动数数起，军队亦乘是骚动。陆海军总长戈郭夫，米罗各夫之同志也，用是辞职。米罗各夫复不安于位，亦相继去。时彼得罗革拉特"苏维埃"领袖却裁，力主重组政府。总理儿服夫不得已从之，乃于五月十七日重组临时政府，而"苏维埃"之势力，至是乃侵入临时政府矣。顾前下议院议员之表同情于"苏维埃"者，亦仅有克伦斯基一人，故第二届临时政府，克伦斯基长陆海军；其余则推来金阁为外交总长，企诺夫为农务总长，司各勃来夫为劳工总长，展来脱利为交通总长云。

新任陆海军总长克伦斯基，俄罗斯革命分子之铮铮者也，为西伯利亚某小学校长之子，毕业于彼得罗革拉特大学之法律科，曾参与一九〇五至一九〇七年之革命，故被选为第四届下议院议员。当俄皇下诏解散下议院时，克伦斯基力持不可，且为演说其利害，听者咸感动，故附从者，亦日以众。即此次革命之起，克伦斯基东西奔波，经营尤力，时年甫三十有五耳。临时政府既重行改组，克伦斯基以清闲之司法领袖，一跃而为仔肩重大之陆海军总长，其对外之宗旨，犹是与"协商"一致继续战争也。时则有美代表路德，法代表笃玛，比代表文德凡尔，英代表汉特生，咸奉命来俄，调查革命之真相，且借以怂惠俄政府之赓续其战事。故其结果，俄罗斯之所得于"协商"者，既获财力上之资助，而又得军事专家之为之借箸焉。或曰："克伦斯基之主战，与米罗各夫无以异也，何以同一政策，而米罗各夫遭排斥，克伦斯基反受欢迎乎？"曰："此无他，一则抱发展俄罗斯之野心，一则为保持俄罗斯之尊严而已矣。""协商"之意，固急冀俄之赓续其战事，而整理内政次之；俄人之意，以为革命成功，百端待理，先当着手内政，内政理而继续战事，庶几有序。故"协商"日益敦促，而俄民对之，适以见"协商"之私。盖"协商"诸当道，非贵族即士绅，而俄自革命后，已有实行平民政治之趋势，阶级观念，泯灭殆尽；时俄之视"协商"，犹其视"同盟"焉耳。故名则"协商"也，按其实，则南辕北辙，貌合神离，已几几乎格不相入矣。

◎俄罗斯新旧过渡时领袖克伦斯基

斯时也,临时政府虑国民(当时所谓国民者,俱受"苏维埃"指挥)之或有暴动也,总理儿服夫亲王为之婉言而开导之,谓不败德意志,则俄之革命不得为安全。然自当日之情势论:俄土地广大,则统治难;民族复杂,则调和难。况教育未普及,贫富阶级,又大相悬绝。斯时也,亟亟焉整饬其内政,则秩序可复,变乱可弭,即专制时代留遗之余毒,亦可以渐而涤荡之,此固非一朝夕之所能蒇事也;不务出此,而反谋赓续对外之战争,此则不明先后缓急之道矣。

至俄国尔时纠纷之情形,晰言之,可分为五。其一,君主推翻后,少数之贵族官僚,虱处如故,设竟挟其资财潜图复辟,实足以捣乱政局而有余。其二,所谓十月党(亦名缓进自由党,赞成一九〇五年十月御诏上所宣示之立宪政体原则,及党中所主张改革办法者,因名十月党)与立宪民主党(此党系一九〇五年由两党合并而成:甲党主张波兰独立及俄罗斯帝国之联邦宪法;乙党即所谓独立党,系俄国政治犯于一九〇三年在巴黎所组织者),虽居少数,牢守旧制,彼既代表俄罗斯士绅,凡参与三月间之革命,与组织第一次临时政府者,皆属此派;论其宗旨,则在尽揽大权,赓续战事而已。其三,俄境内各民族,本其所居之地,要求独立,要求自治:若波兰,若芬兰,其人民尤更迭奋斗,以求脱俄人之羁绊,由来已久;即鲁舍尼亚人,亦于一九一七年四月在基安夫议决,要求乌克兰之自治;七月,爱斯多尼亚人成立国会于来凡尔而组临时政府;八月,果兰与利服尼亚人在里加会议,结果,要求建设一自治之拉他维亚;立陶宛及乔治亚人之要求,亦与果兰等:此种要求,皆足使俄罗斯有分裂之虞。其四,德意志人于尼古拉未废时,潜来俄京,煽惑已久,其目的将使德俄两国先行媾和,使无东顾之忧;如俄后亚力山德拉,前首相司斗墨，前内务总长拍罗笃卜夫，皆亲德之最著者。迨革命成功，临时政府无所表示，于是德人挟其故智，散布流言，对于俄军尤多煽动。其所以耸俄军之听闻者，谓德欲媾和而"协商"不许，俄被牵连，受祸滋酷。夫俄军自革命后，已不复知有纪律，一经煽乱，三军瓦解，可危孰甚！其五，反对临时政府之最力者，惟极端社会党。该党既攻击代表士绅（俄罗斯人民，约可分为三等：皇室胄戚与达官显宦为上等；士绅与资本家为中等；工人兵士农夫为下等）之十月党暨立宪民主党；即所谓社会革命党，社会民主党亦均遭掊击。盖谓此二党者，牺牲社会革命，而加入临时政府，为之效力，其对于社会革命所应得之罪恶，莫是为甚云云。斯言一出，一如万炬之尽燃，于是社会革命党党员与社会民主党党员，咸同时脱离党籍，争先归附于该党。即"苏维埃"之社会主义，亦不得不由缓和而趋于急进矣。

俄罗斯之社会主义，于二十世纪中，约可分为二：一为国产，其人囿于俄罗斯之习俗，且深恶地主之垄断，而思剥夺之，另立一乡民协作之团体，而揽其大权，故全国农人咸趋之若鹜，此即社会革命党所抱之主义也；一为输入品，其人崇拜德儒马克思学说，意在铲除国界，从事于阶级战争，使资本主义不得不归于失败，而移其权于工人，故极为一般工人所趋附，此即社会民主党所抱之主义也。

社会民主党自一九〇三年第二次会议后，又分为两党：一曰"布尔什维克"，义即多数之谓；一曰"门什维克"，义即少数之谓。始则两党分任党务，既而以宗旨各殊，如凿枘之不入，而渐成水火。盖多数党主严守马克思所创之条例，并深信国际的平民的社会主义，行将遍布世界，如水银泻地，无孔不入。少数党则在遵守马克思条例，而思改良之，其入手则由社会民主党与他党合作，渐渐改良政治与经济，使教育日以普及。总之，少数党主缓和，多数党主急进，两党卒至背道而驰者，职是故也。

斯时儿服夫亲王重组之临时政府中，社会革命党据阁员席三，社会民主党之少数党所据阁员席亦相埒，惟社会民主党之多数党不与焉。盖由其党纲之规定，不得与有产阶级共事也。多数党既不参与阁席，于是临时政府负责独重。多数党于此，一方攻击临时政府，一方对国民宣扬其宗旨。故一九一七年春所发表之党纲，有如下列各条：

（一）由工人、兵士、农夫之"苏维埃"组织革命政府。

（二）废弃普通选举，惟无产阶级得有选举权。

（三）即日宣告停战，由无产阶级推选代表，出任议和。

（四）否认从前皇室政府及有产阶级政府所订之密约，并即日发表之。

（五）有产阶级所借之战争债项，当由资本家偿还之，无与革命政府之事。

（六）革命政府得管辖生产，支配生产，并收管专卖权，及否认从前皇室政府所募集之国债。

（七）地产及工厂，皆移置于无产阶级管理之下。

据多数党所宣布之宗旨观之，与社会革命党之宗旨，揭橥不同，即与同隶社会民主党中少数党之宗旨亦大异。故少数党之加以反对，不啻与痛恶有产阶级等也。然自是多数党之势日以炽，而临时政府亦日形阽危矣。

六月，全俄"苏维埃"开大会于彼得罗革拉特，却裁为主席；其人盖少数党党员也。列宁攻击临时政府，为社会革命党及少数党所驳斥。同时多数党有谋以武力驱逐临时政府者，亦不果；盖多数党之图执全俄牛耳，蓄谋虽久，而时机则尚未成熟也。

同时临时政府，既为德意志扼于外，复为多数党扼于内，于是不得不借战胜之力，以冀消祸于万一。推其意，胜固佳事，即败挫亦不惜。主此计最力者，陆军总长克伦斯基也。克伦斯基乃躬临前线，向军队作沉痛之演说，谓战胜德军，即所以维持俄罗斯之威信。克伦斯基又以统帅亚力山夫与中路总司令戈阁未能同情，罢其职，而以勃罗细落夫继任统帅，但尼金任中路总司令。粮食辎重，不绝于途，盖皆为攻击德军之用也。

当是时，德奥军队亦分为三路：北路总司令来沃卜尔亲王守波罗的海滨至勃自柴尼以南各地；中路总司令约瑟弗来得里大公守勃自柴尼至罗马尼亚之边境；南路总司令麦耿生则独守散赉脱战线，以御俄罗之联军；此德奥联军防守之大略也。俄统帅勃罗细落夫攻击之地点，适当德奥联军北路之右翼（勃姆爱木里军），及中路之左翼（薄脱墨军），冀占勃自柴尼、哈里起、司脱利数地，而重进来姆堡。一九一七年六月二十九日，俄军炮队开始轰击。七月一日，骑兵队亦乘势冲入来姆堡东南德奥军之阵线，旋渡罗姆尼加河。同时俄别将进击尼斯得河南地，占哈里起。旬日间，俘德军五万，获军械尤夥。既而德奥援军至，大雨未霁，往时战场，尽成泥淖；俄军至是，既不能再进，而多数党又以休战说时时煽动之，一旦德奥联军反攻，非纷纷倒戈，即弃械逃窜，至是秩序大乱。德奥联军乘胜收复哈里起、泰诺卜尔、司丹尼斯老、吉诺维兹及可落米亚，尾追俄残军，直至俄军退出加里西亚与蒲古维那而后止。俄军至此，举一九一六年血战所得之地，不崇朝而尽失之。勃罗细落夫乃引咎辞职，俄政府以哥尼洛夫代之。

德军知俄军之纷乱，北路军队，亦同时乘机进攻。八月终，虎底哀军进次埃河，攻开高（是地距里加南仅十英里）。九月二日，德军断特维那河东之特文司克铁道。翌日，俄军弃里加，德军乘胜进占其地。二十三日，复占约各司塔脱。十月，德海军占里加海湾口诸岛屿，于是俄重要军港来凡尔亦不守矣。

初，临时政府之以军事为孤注也，冀得借战胜之力，以苟延其残喘；乃一战而北，丧师辱国，异党攻击，益无完肤。总理儿服夫亲王见几辞职。于是列宁与托罗次基二人，统率彼得罗革拉特多数党，同时举事；克龙斯塔脱海军兵士遥应之。时彼得罗革拉特之"苏维埃"，尚在少数党势力之下，克伦斯基乃利用其力挫败之，而多数党亦不敢暴动。然率多数党举事者，列宁托罗次基二人也，克伦斯基慑其威势，置其罪不问。七月二十日，克伦斯基遂为临时政府之首领。

克伦斯基任总理，复兼摄陆海军总长，已几乎"迪克推多"矣。其所主张之三政策：一曰召集"协商"诸国，各派代表，开讨论媾和之会议，其条件大致与威尔逊所拟，不甚相远；一曰定九月三十日为正式国会之选举日；一曰抑制多数党之反对行为。顾克伦斯基虽主持三策，颇自病其不能实践。岁月蹉跎，日复一日，军队既日呈乱象，财政亦日形竭泽。以言乎内，各民族已渐与中央隔膜，而抟沙无术；以言乎外，"协商"故延长会议，德意志又乘间鼓煽焉。多数党以曾受压迫，日团结其势力，以树政府之敌。斯时之临时政府：若病夫然，百孔千疮；若醉人然，东扶西倒。克伦斯基非万能，其穷于应付也固宜。

先是八月下旬，莫斯科开全国特别会议，克伦斯基，展来脱利，却裁，格罗卜金均与会，勃来希柯夫斯加雅夫人则代表工界，哥尼罗夫与嘉来定则代表军界，米罗各夫与戈阁夫则代表绅界，讨论国家大事，凡三日。结果如下列三项：

（一）改良军队，恢复纪律；

（二）继续战争；

（三）调和各党见。

此三者，其亦洞见当日之症结而痛下铁砭者欤！然所谓全国会议者，实出自少数人之建议，不足以代表全国也；其所议决者皆出自各代表之臆见，不得为全国人民之公意也。矧多数党代表，概未列席，既未征得彼等之同意，而遽行议决，尤不免授人以口实，此会议中之大缺憾也。至其议决之第一第二两条，按诸当时之情势，尤难如愿；盖士气既隳，一蹶难振。彼德人者，又复乘机煽惑，以速其变。斯时俄军枕戈之心，已一变而为嚣张跋扈，不复知纪律为何事，一旦驱临前敌，则有倒戈以御己耳。至第三条，则尤为难能，盖各党竞立门户，标其宗旨，各不相下，以势若冰炭之人，而欲其归于一致，按之事实，恐多乖舛。故议决之三策，终亦徒托空言已耳。

克伦斯基于此，明知其不能实践，而姑尽人力焉。其入手之第一着，自必由改良军队，严肃纪律始。欲严肃纪律，则必自恢复已废之死刑始。死刑既复，军纪乃肃；治乱用重，中外一也。俄军统帅哥尼洛夫者，与克伦斯基本为同志，和衷共济，欲谋整饬军队者也。至九月初，哥尼洛夫以政客之怂恿，设立国防会，而躬为之会长，且以副会长畀克伦斯基；哥尼洛夫兹举，实欲驾克伦斯基而上之，而稍稍侵夺其权也。九月九日，哥尼洛夫复遣前国务总理儿服夫赍书诣克伦斯基，属其以大权相让。克伦斯基不之信，及电询，知其事果确，乃大怒，免哥尼洛夫职，并囚儿服夫。哥尼洛夫忽举兵向彼得罗革拉特进发，克伦斯基将而迎击之。哥尼洛夫占京师西南三十英里之瑶企那。然哥尼洛夫之军队，为亚力山夫之旧部，至十三日，亚力山夫忽出而干预，意盖不忍两虎之相斗，且不欲于外患内忧之际，而重见萧墙之祸也。哥尼洛夫不得逞，因自首于克伦斯基，而事遂平。自是克伦斯基乃取哥尼洛夫之职而代之。总计一身所负之重任，如临时政府总理，如陆海军总长，如全军统帅，孰非位高责重之事哉！虽然，运巨石以登危崖，载重舟以度弱水，其能免于倾覆之祸也几希！

克伦斯基何为而至于失败乎？曰，凡为"迭克推多"者，必有亲信之军队以为之干城，为之心腹，庶足以暂立于不败之地，试问克伦斯基所拥之军队奚若乎？赳赳之士，漫无纪律，而欲倚之为干城，为腹心，尤为无望。克伦斯基为调和党见计，乃于九月二十七日召集所谓全国共和会议者，议决召集初步国会。自十月八日开会之后，类多无谓之争执，卒至无结果而散。且向之拥护临时政府与克伦斯基者，至是亦复似军队之涣散。是时也，克伦斯基行"迭克推多"政策而不成，更用缓和政策而亦归无效。回忆彼崛起时，适当俄皇下解散议院诏，一席演说，口若悬河，听者感动，成功若是其速也！曾几何时，以无一定之政策，朝令暮更，踌躇莫决，以之应事，固宜其偾且僵矣。矧复有多数党之养其全锋，省其括度，眈眈逐逐于其旁者耶！吁！危矣！

大门前之烈炬
(欧罗巴之革命)

◎瑞士寓意画

仁乎暴乎
（世界对于多数主义之两种观察）

◎瑞士寓意画

第三节　苏维埃之统治俄罗斯

◎新俄罗斯领袖列宁

多数党之领袖为列宁，其副则为托罗次基。

列宁原氏乌略诺夫，善著述，又常以列宁氏署其签题，故名。一八七〇年生于俄罗斯中部之星皮尔司克，为俄罗斯望族。父某为国会议员。列宁于中学终业后，复入客让大学（一八八七）。伯氏某以谋刺俄皇亚历山大三世不成，判处死刑；列宁亦被逮，旋以证据不足而释之。客让大学以远嫌故，拒不纳。一八九一年，列宁入彼得罗革拉特大学，专习法律经济二科，毕业得法学士学位。旋漫游德国，醉心马克思学说，沉浸酿郁，醇醇有味。一八九六年自德返俄，以猛力传播社会主义，被当道逮捕，流之西伯利亚三年，并于期满后，限止其留寓。一九〇〇年，刑期满，复他适而为社会党首领。此后十七年中，国外社会党每开会议，列宁常为领袖。后遍历诸大国，结纳其革命巨子，故人罔弗知。列宁貌不扬，身短矬，状若臃肿，面呈紫红色，额隆起，鼻准略向上曲须棕色，髯粗而短，不知者，每误为市廛之贾人子；然两目闪闪若电，熟视之，即知其自信力甚强。列宁精通数国语言文字，性质坚忍，不畏强御。即以个人道德论，凡足以隳其私德者，咸避之若浼。说者谓列宁俭于自奉，勇于周济，故其他政客，类多互相猜忌，而对于列宁，终未能贬损其毫末，列宁之得在党中占重要地位者以此。

◎新俄罗斯领袖托罗次基

托罗次基者，原氏勃郎斯丹，俄之犹太人也；其更姓之故，亦与列宁同。广颡隆准，貌严重而性尚奢侈，不如列宁之朴素，然在多数党中占重要之位置，亦与列宁同。父某为著名化学家。托罗次基以一八七七年生于克森，少时即痛斥社会。年十五，以传播危险文字，见逐于学校。二十二岁，潜与俄罗斯南部劳工同盟会通谋，被监禁于奥待萨，旋流之西伯利亚东部，刑期四年，未满即逸去。一九○五年之革命，忽又脱颖而出，为彼得罗革拉特劳工会会长，年甫二十有八耳。革命未成，又遭逮捕，仍流诸西伯利亚之东部，越六月，又复逸去。自是转辗流徙凡十年，足迹遍德，奥，法，瑞士诸国；每抵一处，辄恃主报馆笔政为生涯焉。论者谓当社会民主党分裂时，托罗次基倾向少数党，旋又介多数少数两党间，另组一托罗次基党以左右之，职是故，彼与列宁虽同为寓公，而列宁衔之甚；欧大战既启，复疑其类似军阀，常痛诋之。久之而托罗次基自美利坚列宁自瑞士先后返国，卒互相谅解，归于一致。

方多数党之拟出议和条件也，请克伦斯基以政府名义征求"协商"诸国战争之目的。

第十七章　俄罗斯之革命及其议和

克伦斯基知"协商"诸国决不能曲就多数党所拟之条件，而苦为威势所胁，又不能不一再有所表示。其表示之言，则曰："'协商'不久将召集会议，以修改战争目的矣。"斯言也，盖欲以平多数党愤恚之心，不至相逼太甚已耳。无如事势所迫，岁月易逝，"协商"又故为迁延，不置可否。克伦斯基虑无辞以对多数党也，卒于十一月一日对"协商"各国宣言曰："我俄罗斯之于战事，已不留余力；此后'协商'诸国、当为我分肩其责任。"克伦斯基虽为此宣言，而又虑为"协商"所蔑视也，复从而解释其义，谓前之云云，非谓我俄罗斯欲退出战团也。然"协商"各国，若恐俄之先行退出，不得不虚与委蛇，故亦发宣言以应之，谓将于十一月底，召集会议于巴黎云。

然此未来之巴黎会议，果能餍多数党之望与否，可于英波那劳之宣言见之。波氏代表英政府宣言于下议院曰："未来之会议，不暇讨论政治问题，亦不遑讨论修改战争目的，惟研究种种精良方法，以为继续战争之地耳。"斯言一布，而俄人闻之，乃始奔走骇怪，忿不可遏，以为"协商"数衍之假面，至是而大揭，迁延之伎俩，亦至此而毕露；且味波氏立言之意旨，若谓凡"协商"诸国，既已结为战团，战事一日不停，即仔肩一日不卸，努力以赴，责无旁贷，—若俄罗斯之精疲力竭，分所应尔，无俟向"协商"作呶呶之呼吁者，此真所谓不入耳之言，来相告语者矣。何者？俄之人民暨军士，自数月来，对于克伦斯基，已不复似前此之信任，至是而益悟克氏之对于"协商"，不啻为人言所诳，而穷于应付，似此因循，于事何裨，故向时之听其演说而感动者，忽一变而为交相责难，多数党乃得乘间入矣。夫多数党前兹所以迟迟不发者，非有爱于克伦斯基也，将伺其隙而猝加以一击也。至是果当众揭示，谓凡在克伦斯基政府之下者，或和或战，皆不能有成云云，意盖谓吾多数党而组织政府，则和议可立就。全国人民闻比宣言，向之渴望和议，以资休养者，至是若幸多数党之确有把握，相与欢呼雀跃，竭诚归附，而多数党之势乃大振。且当是时，托罗次基已代却裁长彼得罗革拉特之"苏维埃"，名义既崇，号召尤易。旋复组织一革命军事委员会，与陆海军之多数党党员联为一气。又于实业区域，置赤色卫队，由多数党旗帜尚赤故也。多数党于此，民心既渐归向，实力亦复充足，而卷土重来之时机，已若在眉睫间矣。

十一月六日晚，托罗次基率领赤军袭取彼得罗革拉特诸重要机关而占领之。驻守军队加入赤军助战者，什人而九。翌日，全城已尽入掌握。凡临时政府重要分子，悉遭逮捕，系之冬宫，惟克伦斯基闻风先期逸去。

是日，"苏维埃"重选代表，开第一次会议，多数党党员列席者可七百人。托罗次基即会场上为首领列宁介绍，欢呼之声，震动天地。列宁乃颔首答谢，徐徐发言曰：

"今日我俄罗斯之革命，可谓始告成功，政府已在我工人兵士与农夫管理之下；顾此不过世界革命事业之初步耳！"

八日，全俄"苏维埃"大会公布多数党推翻克伦斯基政府事，变更国体。新国务院之组织：列宁为总理，托罗次基任外交总长，克理伦阁任统帅。夫俄自三月革命以来，至是已九阅月，每经一度之改革，而政府即随之俱覆。第一度由贵族政府而变为士绅政府，继则由士绅政府而变为士绅与平民合作之政府，至此次为第三度，则又变而为完全无产阶级之平民政府。其渐进如螺纹，其更新若蝉蜕，凡呈一度之变化，而气象即为之一新，此殆天演之公理，抑亦人事之奋斗，有以渐臻其极耳。

至克伦斯基自逸出彼得罗革拉特后，雄心未死，尚图再举，乃复集"哥萨克"兵二千人，义勇队数百人，炮队一队，向彼得罗革拉特进发，至察阁塞洛，为赤军所败，仅以身免，又复逸去，而克伦斯基之势力，至此尽失。

自是而后，莫斯科及其余各大城镇，虽为赤军先后恢复，惟莫斯科一役，颇遭抵抗，死伤极众，军士除受创外，捐生者至三千人，损失可谓巨矣。且多数党纵得志，然欲以救积重难返之俄国，为之改弦易辙，冀得一蹴而臻上理，虽非如海上三山之可望不可及，而其难则有若由极东之一端，而期达于极西之一端，诚所谓谈何容易也。果也，反抗之军，乘时而起。俄外藩若乌克兰、若芬兰、若立陶宛、若高加索、若倍萨拉皮亚暨西伯利亚等处，相继独立，而德奥联军乘机压境。斯时之俄罗斯，譬若中流之孤舟，樯摧帆裂，而狂飙怒涛，复惊撼于其旁，司舵者稍或不慎，则灭顶之凶，可以立至。当轴诸公，将从此频蹙束手，一筹莫展，而坐视其国之分崩离析乎？抑将领率群雄，攘臂而起，期一扫阶级之不平，且使资本主义绝其根株，帝国主义无复延其流毒乎？世人于此，自不得不集其视线于多数党之毅力。

第四节　俄罗斯之单独媾和

佳兵不祥，数战民疲，观诸俄，其信哉！俄罗斯君主政体之倾覆，原因非一端，而军事之败衄，实速其祸。战而胜，内讧不若是烈也；推而至临时政府之见仆于多数党也，其理亦然。俄军自一九一五年战败后，众志渐隳，人心厌乱，亦既创巨而痛深矣，迨一九一七年革命之后，益使数年来周旋于疆场者，恨不投戈解甲而归；斯时多数党独能顺群众之心理，借息战以资号召，此其所以能成功也。故继临时政府而起者，其第一政策则在休战而媾和；苏俄总理列宁之电致交战各国，即本此策以进行也。休战之期间，限以三月；以三月之时日而讨论和议条件，列宁盖雍容而有余暇也。乃"同盟"既各存观望，而"协商"对之，复置不理。俄外交总长托罗次基大忿恚，遂举"协商"大战初所结种种密约，尽为宣布。密约大概：如"协商"许俄得达特奈耳海峡、君士但丁堡、抱斯福之西岸及小亚细亚数地，与夫阿剌伯之独立，质言之，不啻置土耳其于俄国版图下耳；如英法发展于德之西境，俄发展于德之东境，各占一方，以为开拓，此英、法、俄三国合谋德意志之密约也；如意大利以加入"协商"故，许其得脱伦底诺、脱里安斯脱、以斯脱里亚、达尔马西亚、梯落尔之南部、小亚细亚数地，及阿尔巴尼亚大部之保护权，又英法若拓地于非洲，意大利亦得染指焉；如希腊能加入"协商"，亦可得阿尔巴尼亚一部及土属小亚细亚数地以为条件：如是种种，不一而足，此固数年来之闷葫芦也，已尽被托罗次基揭露无余矣。

观于此种密约，俄人之加入"协商"，固无在不为利益所歆动；乃数年来，所谓利益者，既如地上画饼，不可取食，而所受之损害，则反视其他"协商"诸国为更甚，俄亦何乐而为此乎？托罗次基揭举种种密约后，于是俄人之心理惊且喜，而托罗次基乃得有所借手矣。十二月初，托罗次基复通告"协商"各国，请发表其战争之目的，限七日答复。"协商"各国，果承认多数党之代表俄罗斯乎？如不承认多数党之为俄代表，则视托罗次基之通牒，犹是一纸空文也。以一纸空文而示以嗫嚅难言之隐私，必为"协商"所不欲；况其时俄德军队又复握手于东战场，而愈以触"协商"之怒乎？触怒之不足，而英、法、俄种种密约，又悉被托罗次基和盘托出。俄人之不见答于"协商"，此又情事所必至也。

于时托罗次基以"协商"久不答复，明知其无以措辞，设再加诘问，则我费唇舌，彼作延宕，一切无裨于实际，况乃"协商"所以作战之初旨，徒为帝国主义之所驱迫，名既不正，言尤不顺，循是以往，与其为无益之牺牲，不若保垂竭之元气；欲保垂竭之元气，则不如与"协商"早日绝交之为愈也。至是而俄与"同盟"又更进一步矣。

托罗次基既倡言和议，即遣代表二人，一越飞，一喀美南夫，同诣德军北路总司令来沃卜尔亲王上将大本营；时德、奥、土、保四国代表咸集于其地，卒于一九一七年十二月十五日签休战约（罗马尼亚先于十二月九日与"同盟"各国签休战约）。至二十二日，俄与"同盟"诸国开和会于勃来斯脱里脱夫司克，德外交总长勾尔门，奥匈外交总长吉宁及土耳其蕭西米总长，保加利亚可卜夫总长，均躬为代表；其举动又唯鲁登道夫之马首是瞻。霍夫门将军，鲁登道夫所遣之代表也，借战胜之余威，与"中欧罗巴"各代表相聚于一堂。威棱之赫奕，气焰之夸张，泱泱大国，具有雄风；会场中之繁文缛节,尤难悉数。惟俄代表不袭用历来外交之仪式,而朴素无华,仪从简约,与"中欧罗巴"各代表适得其反,且乘机宣传其社会主义焉。大会既开,勾尔门被推为主席。俄代表提案十五条,以为和议之基础,其文如下:

(一)德军悉数退出俄境,予波兰、果兰、立陶宛以自主。

(二)土属阿曼尼亚自主。

(三)亚尔萨斯洛兰两州,应属何国,当由其地之居民自行投票表决。

(四)比利时复国后,其损失则由国际公款赔偿之。

(五)回复塞尔皮亚与蒙丹尼格罗,其损失亦由国际公款赔偿之;塞尔皮亚并许得享有至阿突利亚的克海出路;波司尼亚黑詹果维那两州则均予以自主。

(六)巴尔干诸争执地,暂予以自主,将来由居民投票表决。

(七)回复罗马尼亚,度勃罗剧则予以自主,并继续实行一八七八年柏林条约所规定之犹太人平等待遇案。

(八)脱伦脱及脱里安斯脱之意族居民,则予以自主,将来亦以投票表决。

(九)回复德意志殖民地。

(十)回复波斯与希腊。

(十一)凡通大洋之海道,皆为中立;至苏彝士巴拿玛两运河之商船,战时亦不得加以轰击。

(十二)无赔偿。

(十三)禁止战后种种经济上之同盟抵制。

(十四)最后和议,当于各国俱派代表之会议中定夺之;会议公开,以前各项密约,悉为无效。

(十五)逐渐解除陆海军武装;所有常备军,概以警备军代之。(按时训练而仅于事变时召集之国民军曰警备军)

"同盟"代表,对于俄代表之提案,颇有称善者;惟对于第一条,所谓德军退出俄境,虽多数赞成,而不得不加以修改。盖德人之意,欲令波兰、立陶宛、果兰及爱斯多尼亚与利服尼亚各部,尽脱俄罗斯之羁绊而各自主,继复使之依附"中欧罗巴"。如是则"中欧罗巴"之势力,依然如故,且得于异日者假诸小邦之生产力,源源接济,以与"协商"抗,其用意之深远,不惟制俄罗斯之死命已也。

然俄罗斯自多数党秉政以后,国内反抗之声,既甚嚣尘上,而德人之乘机鼓煽,复不遗余力;内外交迫,而土崩瓦解之祸,遂日悬于眉睫。十一月二十日,乌克兰议会宣告建设乌克兰共和国,并派代表至和会矣。十二月四日,芬兰继之称共和国,而丹麦,瑞典，挪威与夫"中欧罗巴"俱相继承认矣。十一日，立陶宛宣布与俄脱离，而潼河流域（在俄罗斯南部）之"哥萨克"部落，亦相继拥嘉来定将军为总统，建都于罗司笃夫矣。他若滨波罗的海诸省，如果兰，如利服尼亚，如爱司多尼亚，凡在高加索省土耳其斯坦西伯利亚者，以及伊斯兰教徒与"鞑靼"各族，亦莫不欲与俄宣告脱离，几乎有山雨欲来之象矣。

斯时也，勃来斯脱里脱夫司克之会议，群拟"协商"诸国，悉行加入，辍其会议，引领以俟。俄代表乃利用时机，尽力浸灌其社会主义，且指斥德代表帝国主义之不当，意盖欲激动"中欧罗巴"之人民，群起反对。俄政府复于一九一八年一月二日宣言曰：

"吾俄罗斯之革命，为忠于国际主义之政策，故吾等对于波兰，立陶宛，果兰等，仍当予以保护而深冀其自决一国之命运；若有以非理而施干涉者，吾等决不承认之。……吾又忠告于德、奥、土、保人民曰，尔等政府尝徇尔等之意恉，接受我国无割据无赔偿之条款，今将自食其言矣。自今而后，如能得一民主和议，全恃尔等耳。夫全欧人民，流血至此，疲敝至此，为前古所未有，尔等惟一之大责任，即勿使德奥之侵掠家觊觎波兰、立陶宛、果兰、阿曼尼亚，而与革命之俄罗斯重启战事也。"

俄政府之发表此宣言，欲激"同盟"国之人民而奋袂以起也。然而"同盟"国人民，一若充耳无闻。说者谓斯时"同盟"国之人民，一致御敌，势异连鸡，其人民有小戎驷铁之风，怀袍泽戈矛之谊，尚欲以武力取胜，故格不相入也。若尔时"协商"各国，以俄罗斯之中道变计，深斥其单独媾和之不当；欲使加入会议，则有如东风之吹马耳，掉头而去，唯恐不速，会议之中辍，又势使然也。延至一九一八年一月十日，勃来斯脱里脱夫司克再行开会，托罗次基躬自列席。先是，俄代表提议欲将会议地点，移至司笃克姆（瑞典首都），至是"同盟"代表，公言反对，即德奥联军亦不愿退出俄境，并谓俄代表不应向德奥人民声诉德奥代表之非；发言之际，声色俱厉，一时会议仍无结果，至一月十四日又复中辍矣。休战期间，则又延长至二月十二日为止云。

当会议未辍之时，俄罗斯内部，已有战事。乌克兰宣布独立之后，局部多数党起而声讨，德奥反助乌克兰，而予以正式之承认。不宁惟是，当一月中，德，奥，土，保四国代表，与乌克兰代表另开正式之谈判，至二月九日，国际条约成立，双方签字，乌克兰始脱离俄罗斯而为共和国，有土地十九万五千平方英里，居民四千五百万。

二月十日，托罗次基宣言曰：

"德奥以武力迫胁我俄罗斯，我俄罗斯断不能签字于此种和约，使我俄罗斯人民，受其压制，长留悲伤也。即使德奥人民自问，谁令彼等为此战争？彼等究因何而有此战争？我等自今日始，决不能继续皇室与资本家所启之战争。我俄罗斯与德，奥，土，保四国战事，至今日而已告终矣。"

托罗次基自发表此宣言后，即下令解散军队，以为战事告终之表示。然此不和不战之政策，传至德国，德人亦付之一笑而已。时休战期满，德奥代表之不能以外交取胜者，复仰承其政府之意旨，仍恃武力以为解决。二月十八日，德奥军队在东战场重行前进，两来复间，俘军官七千人，兵五万七千人，机关炮五十尊，辎重食物无算，且来凡尔，道伯脱，那伐，拍司各夫，卜洛子克，薄利苏夫，基安夫等地尽为占领。其时战线自那伐（在芬兰海湾，距彼得罗革拉特七十英里）以迄基安夫之南；于是波兰、立陶宛、果兰、爱司多尼亚、利服尼亚、乌克兰之一大部，芬兰海湾内之岛屿，尽入德军之手。

十四日，德外交总长勾尔门重提和议；所拟条件，视前尤苛，并限以四十八小时答复。列宁于兹，乃怂恿"苏维埃"执行委员会以接受此条件，其言曰：

"当国内皇党绅党图谋不轨之际，吾等不能不含垢忍辱，以接受此条件，图弭我国之内变。吾见不久全世界之无产阶级，起而助我。至助我时，而我等对于所暂时接受之条件，再行抗议，即不得已而出于战争，亦非所恤。"

列宁之言如此。十五日，"苏维埃"投票表决，卒予通过。于是两方代表，重会集于勃来斯脱里脱夫司克。三月三日，约成，世所称勃来斯脱里脱夫司克和约是也，兹述其大概如下：

（一）俄罗斯不复干预乌克兰、爱斯多尼亚、利服尼亚、芬兰，及亚兰岛屿，许其自决。

（二）俄罗斯割爱利文、喀斯、拔多诸地以与土耳其。

（三）俄罗斯之宣传运动，不再发现于"中欧罗巴"及新建诸国。

（四）一九〇四年之德俄商约，履行如旧。

细按此约，俄罗斯遽失欧俄土地四分之一，全俄人民四分之一；且所失土地，类皆沃壤，铁路周备，占有全国四分之三之铁产与大煤田，实全国实业荟萃之区也。俄罗斯受此奇辱，实为有史以来所仅见；托罗次基至愤极辞职，而继以齐吉林。然俄之不得不忍受者，盖将为专心内政计也。

初，罗马尼亚自参战遭败后，犹随俄罗斯为转移，今见俄与"中欧罗巴"已单独媾和，即不得不为一致之行动，卒于三月七日与"中欧罗巴"签和约于蒲加来司脱，兹述其大概如下：

（一）罗马尼亚让出多瑙河以南之度勃罗剧以与保加利亚；并让出彼得罗煤谷，加尔帕脱诸山道以与奥匈联邦。

（二）德奥联邦商务，得自由经过摩尔达维亚与倍萨拉皮亚至黑海边之奥待萨。

（三）俄之倍萨拉皮亚省应归罗马尼亚。

自勃来斯脱里脱夫司克与蒲加来司脱两约告成后，"协商"诸国，至为愤懑，乃于三月十八日发表宣言，一致否认。夫以当日之形势论，俄罗斯之退出战争，单独媾和，"同盟"之大幸，"协商"之大不幸也。然"协商"方面，虽失一俄罗斯，而得一美利坚；夫以美之财力兵力，与其物质之精良，足以超轶俄罗斯倍蓰，一戎衣而天下定，卒使"协商"情势，从此渐有转机，亦可谓不幸之幸矣！使当日"同盟"诸国，于俄之幡然言和也，予以宽大之条件，使之衔感而不复我虑，然后以凯旋之师，悉数西下，与"协商"决一胜负，美即加入，尚不知鹿死谁手。乃德之逼俄也甚，俄之甚德也亦愈甚，惟其相甚，则不能不防其有报复之志，留重兵以为戍，而"同盟"西方之力单矣，收之东隅，而失之桑榆，谋国之不臧，德人当自尸其咎，于人奚尤！

第十八章
美利坚之参战

第一节 美利坚之世界政策

"同盟""协商"既不能于一九一六至一九一七年间解决战事,兵连祸结,忽忽已两年有半。尔时世界所公认之强国八:曰英,曰德,曰法,曰俄,曰奥,曰意,曰日,曰美;八强国中,英、德、法、俄、奥、意六国以酣战故,相持既久,精力疲惫。日本以意有所属,加入"协商"。"协商"对之,非不欲引为臂助,以铲除德人东亚之势力,既又忌其狡猾,无以填其欲壑,婉辞以却之;其卒也,则又以非我族类,虽允为臂助,而不敢畀以重任。斯时具有左右世界之大力者,惟美利坚一国而已。

夫美利坚当独立战争告终以后,总统华盛顿以国基初奠,闭关自守,不欲与他国缔结盟约。至孟禄当国时,会其时神圣同盟,意欲助西班牙以恢复在美之殖民地,而孟禄主义由是倡矣。孟禄主义者,美洲人既不愿干预他洲事,而亦不乐他洲人干预美洲事之义也。当十九世纪中,凡美利坚之当国者,咸奉此主义以为埻臬,历百年而未尝稍渝。说者谓美之立国,距欧亚辽远,复有重洋以为之间隔,但能自扃其门户,则矿产农产,两俱丰富,其力足以自给;且经百余年来之休养生息,财力雄厚,已骎骎乎独执世界金融之牛耳。譬诸富家之子,安居守分,已为知足,其不愿与世界诸国争衡也固宜。

洎十九世纪末叶,美利坚之闭关自守主义,突焉一变,而世界政策起而代之。此曷以故?工商业之发达既臻绝顶,其地不足以回旋,势不得不扩大其范围于海外,以为尾闾;而其所恃为保护之具者,则海军是已。当英德之角逐于太平洋也,美乘间占领萨摩阿岛之一部(一八八九)及海威岛之全部(一八九八),美其辞曰,为吾国海军贮煤之所也!同年以古巴乱事故,复与西班牙相见于兵戎,美海军举西舰队而尽燔之;西大挫败,乃求和,自是太平洋西属之宝都力哥、菲律宾、果姆诸岛,尽见割于美。古巴虽号独立,而美之势力，已充塞其全国。一九〇五年，美复收桑多度敏哥为保护国。又举阿利孰那、新墨西哥、阿拉斯加诸州之土地，先后增入版图。不宁惟是，自巴拿玛运河凿通后，于是美海军之调遣，欲西则西，欲东则东，不啻举大西洋与太平洋联为一气，而美利坚之世界政策，至此已尽其发展之能力矣。

美利坚政体，虽为总统制，而总统之权限甚大；非若法兰西之集权于内阁，而国会又为内阁之监察也。故美利坚所秉之政策，一视总统之政策为转移。二十世纪以来，罗斯福两任总统，已舍其往时之孟禄主义，而易以世界政策，且又发挥而光大之。迨罗之任期满，而继之者为塔虎脱。罗塔皆为共和党中坚人物，而历来所选之总统，什九皆属此党，其势力之伟大，盖可知已。乃塔之任期满，而罗斯福又欲起而代之，竞争之烈，相持不下，而共和党遂分裂。共和党分裂，而民主党首领威尔逊遂得收渔父之利矣。

威尔逊数充历史，宪法，政治学教授，亦曾一度任拨林斯登大学校长。威之为民主党首领也，党中之势力，不如共和党远甚。罗塔竞争之际，威虽任钮及赛之省长，置身政界，稍得发抒，顾以其一党之势力有限，未必有攫取总统之奢望。迨共和党以罗塔之争而分裂，而民主党乘之，遂得拥戴其首领，此威之适逢其会也。至于威之政策，彼于就职之翌年，正欧洲大战开始之际；威即电达交战各国，愿作调人，一解欧洲之纠纷（一九一四年八月三日）；不幸无效，因而宣言中立。久之，战场之上，胜负不决，而威之任期，不久将满，威又一再宣言，不愿干预欧事；此盖美利坚立国以来所常持之态度，无足异也。顾其时与威逐鹿者有休士；休士势力，较威为优。其究也，全国人民以爱和平故，而以威之对外为适当，又复选之为第二任总统云。

然则斯时威尔逊之政策果奚若？曰，威于第一次任期以内态度和平，及第二次任期忽变和平而为决裂，于何征之？征诸美利坚之参战可耳。自美利坚参战，而百余年来之孟禄主义，无复存在矣。

抑美利坚之参战，实为其世界政策之最高发扬也。是时主参战最力者为前总统罗斯福。英国文学家惠尔斯谓罗之精力之野心，与德皇威廉二世相伯仲，盖美利坚之占领海外属地，泰半自罗斯福主之。今罗主参战，而附和之者，自亦不乏其人。威尔逊于此，亦遂鉴定时机，挺身而出；彼其意以"同盟""协商"，已极疲敝，登高一呼，众山皆响，此其时矣。故自美利坚参战，而威尔逊遂为全世界注目之一人矣。

一九一六年十二月十八日，威尔逊致书各交战国，求其战争目的之所在。阅八日而"同盟"之答复至；大致谓交战各国，宜亟行聚集于中立地点，交换意见，讨论和议。"协商"诸国，延至一九一七年一月十日，始行答复；略谓议和时期，今尚未至，不能详细提出条件，并谓无论如何，必有以下各项，以为和议之基础：比、塞、蒙诸国与夫法、俄、罗等被占之土地，悉当恢复，而与以相当之赔偿；"斯拉夫""拉丁"诸民族之受德奥诸国之羁绊者，一切解除而予以自由；土耳其则与欧洲文明相龃龉，务必摈之欧洲之外；至若国际信谊，与夫各国应有经济之自由与稳固，当互相维持之；各国又当画定应有之疆界，或陆或海，以免异日之冲突云云。今将两方之答复而较量之，则"同盟"涉于含混，"协商"较为明晰，又且词气公允，娓娓可听。于是美国舆论，佥谓"同盟"而胜，则德国式之文化，将蔓延于全世界，息耗所传，谈虎色变。自是全国舆论，各有趋向"协商"之势，而威尔逊利用时机，乃于一九一七年一月二十二日在参议院宣言曰：

"和议所以结束战争，各国务须有确实之谅解，并须使议和之后，不复发生如今日之惨祸为是，故我美利坚当于此时起而参与。惟和议未开谈判以前，我美政府当提出条件，以为和议之基础，并希望我美国国民予以诚恳之同意。"

◎美总统威尔逊

威尔逊和议条件，可分为五，略述如下：

（一）此等和议，不得以胜负为判。盖战胜后之和议，每出自战胜者之强迫，虽负者以一时之失败，不得不忍辱含垢，任人播弄，而复仇之念，即萌于此，此厉阶也。故此次和议，两方当以对等相待，无强弱，无大小，如是则可望永久。

（二）各国当一致赞同以孟禄主义应用于世界。约言之：即无论何国，不得以己国之政策，强施于他国；无论何民族，当使之不受阻碍，不遭惊恐，不畏强御，俾自定其政策及其发展之方法。

（三）世界各国，嗣后不复缔结盟约，以消弭势力之竞争与国际之仇视；如是则外界势力，不得乘隙而入，人民乃得享安居乐业之幸福。

（四）世界海路，各国公之。无论何国，当使其自由发展以期达世界之商场为目的；否则无平等无协作之可言也。

（五）各国海陆军备，当从此逐年减轻；否则国际之间，必无安宁，欲求和议之久远，不可得也。

（六）和议徒持契约，实无补于实事；世界各国，当合组一强有力之机关，其应有之义务，则以公道正谊，排解国际之纠纷，此即国际联盟是也。

威尔逊之宣言，既揭橥于天下，其宗旨在伸张正义，消弭武力，亦可谓正大光明之极矣。然以各国有切身之利害，意见遂不能一致。尔时"同盟"方面，以"世界海路，各国公之"之一言，有损英吉利之海权，其乐赞同也固宜。至奥大利，若实行民族自决，则其版图必瓜分而豆剖，此亦其不能承诺之原因也。"协商"方面，则以公海路一事，必遭英吉利力拒；法兰西复仇之念，未必或释。若谓威尔逊之言辞，美则美矣，而近乎理想，难以实行耳。美国人民，或毁或誉，尤不一其说。民主党则以威尔逊有此义举，罔不竭力拥护。而共和党则反对之，咸目之为不明时势之危险举动。又参议院议员波拉者，提议重行声明孟禄主义及华盛顿与约弗孙之不干预外事案，并斥威尔逊之国际联盟为不当；其意若谓美利坚不幸牵入漩涡，难以自脱，将有违百余年来之唯一政策也。无何，德意志宣布"无限制"潜艇政策，而局势又变。

第二节　美利坚参战之机缘

德意志对付英吉利之唯一利器，厥惟潜艇，前既述及矣。然潜艇之为物，若稍受公法之限制，非惟不足以毁敌舰，且决不免为敌舰所毁，更有何效果之可言。故德人之"无限制"潜艇政策，实等万国公法于具文，虽冒天下之大不韪，亦必悍然而不顾也。矧乃窦毕兹与其他军官，不啻视英吉利为胜利之障碍，非悉力扫除之，不足以偿我战胜之愿，故"无限制"潜艇政策者，亦所以致英人于死地，扫除障碍之利器也。然此政策，自施行以来，未及一载，美利坚之警告续续至，其他中立国之警告续续至。同时复有德首相荷尔惠克之和平政策与窦毕兹之潜艇政策抗，而潜艇政策遂为政府毅然取消矣。盖荷尔惠克之意，以为"无限制"潜艇政策，未为尽善尽美也；欲求少危险而多把握，则又有优于潜艇政策者在。荷之意，盖欲专恃武力与外交也。然而荷之所谓武力取胜者，不尝有进攻凡尔登与佛南西亚之举乎？不尝有罗马尼亚之战争乎？所谓以外交取胜者，不尝有一九一六年十二月间之和议运动乎？其卒也，两者悉归无效，此窦毕兹之所以蹶而复起也。初，窦毕兹自一九一六年春去职后，以荷尔惠克舍无上之利器，对美让步，过于示弱，攻击不遗余力。及和议运动失败以后，而附和窦毕兹者日益众，一致要求政府复施其"无限制"潜艇政策，即矫矫如荷尔惠克，至此亦复随波逐流，与附窦者沉瀣一气矣。果也一九一七年一月三十一日，德政府对美利坚，遽发通告如下：

"德意志首提和议，为'协商'所拒绝。'协商'诸国中，尤以英吉利为之魁。英自封锁德意志以迄于兹，为时已两年有半，其计盖欲使吾德人尽为饿殍而后已。德意志为保护祖国之身家性命计，不得不施以相当之防御。今德政府自一九一七年二月一日始，凡经德政府指定英、法、意及地中海东部一定之范围内，吾国潜艇，如遇有'协商'中立等国船只，立加轰击，不复预为警告。至对于美利坚之载客船舶，则有一破格相待之法。此等船只，每星期只限开行一次，以达英之法尔摩斯海口为止。其桅上所悬之旗，须红白色相间；船尾则悬以美国国旗；船之外壳，加以红白相间之直线，以示识别。惟美政府宜确实担保此等船只不得载德政府所指定之禁货而后可。"

时威尔逊方提倡和议，且和议条件中有"海上自由"一条，威之意以海上要隘，尽为英吉利所占，此条自系对英而发。今观德意志一月三十一日之所宣布，"海上自由"，仍被德人侵犯；回忆昔日德意志因美利坚之驳斥而取消，曾几何时，又复如故，不且自食其言乎？且"路昔推尼亚"与"塞山克司"两船之被沉，美人犹耿耿不忘，德人兹举，益予美以难堪矣。当一九一五与一九一六两年间，德人在美之行动，如刺探机密，如毁炸机关，如鼓煽罢工等事，不一而足；而为之首领者，实为驻美奥国大使杜姆巴，及驻美德国大使馆陆海军随员柏奔与宝意爱特二人。美政府乃于一九一五年九月致书奥政府，请其召回杜姆巴；同年十一月又通知驻美德大使朋笃夫，请其撤回柏奔宝意爱特。然之数人者，虽已离美，而在美之不法行为，依然如故。故德意志宣布"无限制"潜艇政策之后，美政府忍无可忍，不得不与之绝交矣。二月三日，美政府发给德大使朋笃夫出口护照，使离美境。同日，复电召驻德之美国大使吉拉特，促令回国。十二日，令美国商船皆置备武装，以对付德潜艇于海上云。

然美虽对德绝交，尚非对德宣战也。两国感情，不无恢复之余地，及德外交总长徐墨门致驻墨西哥德公使书败露后，而美之态度乃益坚决。今将是年二月十八日美国各报所发表之徐墨门手书（同年一月十九日自柏林发），记述如下：

"二月一日，我国将实行'无限制'潜艇政策，同时当竭力冀美利坚之中立，若其不能，吾德当与墨西哥结攻守同盟，予墨西哥以财力上之援助，并赞助墨西哥恢复所失之新墨西哥、推克萨司、阿利孰那诸州土地；其详当由阁下酌夺处理。如阁下确定德美两国宣战时，望速将上述情形密告墨总统，并请其居间向日本表示同情，或绍介德日两国重归于好。德意志施行此'无限制'潜艇政策，数月而后，当见英吉利之俯首求和也。"

自此书发表后，美国人民，愤不可遏，又重以报章之宣传，而战机益迫矣。沿至三月十六七两日，有美船曰"维其伦西亚""门飞司城""伊利诺阿"三艘自欧返国，中道为德潜艇击沉。四月二日，威尔逊在国会宣布参战宗旨。四日，参议院以八十二票对二票，众议院以三百七十三票对五十票，通过宣战案。六日，美政府遂通告对德宣战。八日，复与奥匈联邦绝交。夫美为世界八大强国之一，至是亦卷入漩涡之中矣。

美利坚参战之影响：中立诸国，若西班牙，若荷兰，若瑞典，挪威，丹麦，若中国以及南美诸"拉丁"共和国，至是相继对德警告；巴西与布利维亚亦对德绝交；而古巴与巴拿玛乃随美国之后，亦对德宣战矣。

先是三月间，俄罗斯革命成功，废皇帝尼古拉二世，建设共和政府，美利坚首先承认（一九一七年三月二十一日），而各国随之。及美利坚参战后，自表面观之，德、奥、保、土四国为君主独裁制也；美与英、法、俄、意、比、葡诸国，或为共和，或为君主立宪：一言以蔽之，民意诸国与专制诸国力战而已。其间虽俄罗斯以内哄之故，自相戕贼，国力垂竭，不久将先行退出战团，"协商"少一与国，对于"同盟"，无由取犄角之势，此诚"协商"所徒唤奈何者；乃俄方退出，而美忽加入，其来也，一若飞将军之自天而降，嗣是以往，"协商"多一助力，即"同盟"增一劲敌，此则"同盟"之不幸，而"协商"之大幸也。况如美利坚者，人民之众，既可陆续赴援；国产之丰，又可随时供给；至其海军之加入封锁，工厂之添制军需，较之外强中干之俄罗斯，其获益之大，实不可以道里计。彼"同盟"诸国，向以人力财力远不逮"协商"者也，至是而相形之下，愈不得不见绌矣。

第三节　美利坚之准备

德意志之潜艇政策，一试再试，必欲一泄其毒而后已，其意中非真以美利坚之参战为无足轻重也。德之当轴，以为美处西半球，距欧洲也远，就令奋袂而起，屡及剑及，然欲训练一极大之军队以赴战地，亦必穷一岁之力而后可。况士卒而外，莫急于饷械，饷械之筹备，非咄嗟可办；纵令美利坚急起直追，亦必迟至一年而后。德当轴所不甚措意者，以此故也。至德之于英，其意盖谓英之封锁德意志，所以制德之死命，德以潜艇政策还报之，使船舶之赴英海口者，一一加以轰击，而"协商"诸国之饷械，势必失其来源，不得不因此而垂毙，由是而倔强之英人，势必因饥饿而屈伏。英既屈伏，则若法若意若俄，亦必随之而俱仆。由是潜艇歼敌之成效大著于海上。美虽有雄师百万，必不能运往战场，即能运往，时已无及。德意志当日之意料盖如此。

　　不谓美利坚准备之神速，有出于德人意料之外者。当美对德宣战后，未几而英代表贝尔福（时为外交总长），法代表维维亚尼（前国务总理）与霞飞上将（前统帅）各衔使命，相继赴美。其怂恿美当轴也，意盖于求助饷械而外，尤急盼美国之大军，兼程运赴战地。若谓训练未熟，不足以应战，然为振作久战之士气，则先声所至，足以夺人，功不待应战而著也。诸代表之所以进说美当轴者，大致如此，此足以动美人之听矣。盖美英两国，种族同，文字同，自二十世纪以来，感情日趋融洽，英既婴患，美焉得不一援手。至美之于法，两国交谊，尤为莫逆。何者？美利坚之抗英而独立也，法尝遣大将拉法也脱路香薄二人往助战；美之得脱离英羁绊而得自由者，法人与有力焉。今虽事过境迁，而被发缨冠之谊，时为美人所乐道；以投报言之，美人之乐为法助者，亦情理之常也。所惜者，当英法代表联翩赴美之日，其情甚渴；威尔逊苟有远虑有先见，凡"协商"往日所订种种密约，不难乘此时机，劝令取消，以求扫除将来无数之荆棘，如"协商"所许日人在山东继承德意志所享之特权，及所占德意志太平洋内赤道以北之各岛屿皆是也。乃英法代表，既讳莫如深，而威尔逊又未能早见及此，后日巴黎和会中之难于应付，其机已伏于此矣。

　　自德意志之"无限制"潜艇政策再接再厉，至一九一四年，德潜艇所击沉"协商"船只约七千万吨；至一九一五年，则为一百七十万吨；一九一六年，其数又多至二百八十万吨矣。德意志朝野上下，益信其潜艇之锐利；经验愈富，而日谋加增其艇数。故自一九一七年一月至六月间，英吉利被沉船只二百二十七万五千吨，其余"协商"国及中立国被沉一百五十八万吨，为时仅四月，而"协商"国损失之吨数，竟达四百万之谱。潜艇政策之骇人听闻也如是。设一九一七年秋冬之季，德潜艇有如往日之成效，则胜算之操，当如左券矣。

　　不谓一九一七年六月以后，德潜艇击沉船舶之数，反视前锐减，此则"协商"防御方法之日臻完善故也。其方法于往来之船舶，有气艇飞机以护送于天空，有警备小艇以保卫于左右，有无线电以利传递，又有色漆以糅其舰体以眩潜艇之视察，如是者不一而足。故一九一七年秋冬两季，德击沉之船舶，已减至二百七十五万吨，视春夏两季有差矣。

此盖德意志当轴所万不及料，而窦毕兹闻之尤为丧气也。

至德意志逆料美人之准备，亦殊不能亿中。夫美自对德宣战以后，俄而训练士卒，俄而汇集巨款，又将国产工艺，悉置诸政府管辖之下，以凭取用；他如海陆各军，一一集中，以便调遣。同时组织一国防会议，凡陆军海军内务农业商务各部总长均须列席，为其议员；复由民间公举七人，以备顾问；凡国会重要机关之人员，莫不罗致，以资襄助焉。夫为"同盟"诸国计，美利坚之突然加入战争，不啻为"协商"张目。尔时留美之德人，或密布间谍，蓄意破坏；或暗中挑拨，潜谋捣乱。即在美国，亦非无少数人民反对政府之所为者。然美政府卒能力排困难，不顾一切，使美利坚战事之准备，于极短之时期内，部署井井，至为神速，此诚出德人意料之外也！

美利坚对于军队之组织，尤为完善。五月，国会通过选择新兵条律；予总统以招募士卒之全权。六月五日，应召之新兵，达九兆半人（二十一岁至三十岁为合格）；复从中挑选六十二万五千人，七月十五日召集于华盛顿，此即第一次所组织之选军也。同月国防军动员，九月则全国新军动员矣。

同年七月，威尔逊任命霍佛为食物总管，加非尔特为燃料总管。十月，当国会闭会之时，通过以一百九十亿金圆为战费一案，内七十亿金圆以备"协商"之借款。余若铁路电报电话，皆置于政府管理之下。于是兵士饷械，陆续麇集于大西洋海口，以备出发矣。

◎美军统帅潘兴

欧陆战场之上，"同盟""协商"两方军队，相持已二年有半。六月十三日，美军统帅潘兴赴巴黎。越二日，美军第一队登欧陆，旋赴战地。十月二十七日，发第一弹，越一周而为第一次之壕堑战争。十二月，美军之抵法者，达二十五万人。一九一八年一月底，美陆军部正式布告曰："美军已屯驻某区某前线壕堑矣。"夫以如许美军，得安然运至欧陆而不闻遭德人中途之截击，至是德意志潜艇政策所收对付美利坚之效果，亦可概见矣。

自德意志于一九一七年二月一日实行"无限制"潜艇政策以来，至一九一八年一月三十一日，忽忽已一岁矣。美利坚共失船只六十九艘，约十七万吨；然美政府没收停泊美港之德奥船只共一百零七艘，约七十万吨：出入相抵，尚赢三倍，且此等船只，一经收改，即可为运输之用。其时政府又陆续添造较大船只；故美于参战后一年，已有船舶一千二百七十五艘，以备放水雷，扫水雷，运输，巡视，及追逐潜艇之用。美之海军军官，本为四千八百员，至是增至二万零六百员；其海军兵士已由十万零二千人增至三十三万人。至其借海军之力，以为运输之助，其功绩尤不可没也。

自一九一八年始，美利坚之准备，渐臻完美。向日德意志欲于是时屈伏英吉利者，英吉利反借美人之助力而倔强如故。英既不可屈伏，而美利坚复以兵士辎重，陆续运至欧陆。彼"同盟"诸国，虽自俄罗斯退出战团之后，犹复左冲右突，猛勇异常，而以罗掘俱尽之故，师不宿饱，难以久战，彼此形势，要不可同日语也。

兄弟再合
（美国之参战）

◎英国寓意画

背景
(美国之参战)

◎德国寓意画

第十九章
大战中国之内忧外患

第一节 中国因帝制酿成之日祸

当欧陆战事之爆发也,中国于一九一四年八月六日以总统命令宣布中立。及日军攻陷青岛,德人势力铲除殆尽,袁世凯以战事既毕,请日政府将山东内地之日军撤回青岛,而为日本所拒绝;日盖置我国中立于不顾者也(见第十章第三节)。同时日本各报及伦敦《泰晤士报》之日本通信,妄谓中德两国,势将联盟,以眩惑"协商"各国之视听。"协商"各国尔时既无暇东顾,又以日本助战,不愿以中国问题与之为难。日政府得步进步,乃令驻京公使日置益于一九一五年一月十八日向北京当局提出五项二十一条之要求如下:

第一项

(一)中国政府允诺日本政府与德国政府凡协定关于德国在山东省,依据条约,或其他关系,对中国享有一切权利,利益,让与等项之处分,概行承认。

(二)中国政府允诺不将山东省内沿海之地或岛屿,无论以何项名目租借或让给于第三国。

(三)中国政府允诺日本建造由烟台或龙口接连胶济路线之铁路。

(四)中国政府允诺为外国人居住贸易起见,从速自开山东省内合宜地点为商埠;其应开之地方,须与日本协议。

第二项

(五)两缔约国,约定将旅顺大连租借期限,并南满洲及安奉两铁路之期限,均展至九十九年为期。

(六)日本人民在南满洲及东部内蒙古,为建筑商业上应用厂屋,或为经营农业,可得其需要土地之租借权或所有权。

（七）日本人民得在南满洲及东部内蒙古，任便居住，自由往来，以经营商工等一切事业。

（八）中国政府对于下列两事之动作，须先得日本政府之许可：

（甲）中国允诺第三国在南满洲及东部内蒙古，建造铁道，或借资修造铁道；

（乙）中国以南满洲及东部内蒙古之地方税，充作向第三国借款之用。

（九）中国允诺日本人民在南满洲及东部内蒙古有开矿之权利，其应用之矿，另由两国协议。

（十）中国允诺日本人民在南满洲及东部内蒙古，聘用政治财政或军事顾问，须先与日政府相商。

（十一）中国政府允诺将吉长铁路管理权，交与日本政府，由本约签订之日起，以九十九年为期。

第三项

（十二）两缔约国合意于将来有相当机会时，将"汉冶萍"公司作为两国公共之事业，故中国允许不将该公司权利财产任意充公，并亦不使该公司将权利财产自由处分。

（十三）中国政府允诺于未得"汉冶萍"公司允可之先，凡"汉冶萍"公司附近矿地，不准公司外人开采。

第四项

（十四）中国政府不得将其沿海港口、湾岸、岛屿或租或借与第三国。

（十五）中国中央政府须聘日人为政治，财政及军事顾问。

（十六）中国允准日人在中国内地购地设立病院，教堂及学校。

（十七）中国允诺将必要地方之警务，由中日两国共同处理，或多聘日员以资进益。

（十八）中国需由日本购置军需品，以应用之一半，为至少数目，或在中国境内，设立中日合办之兵工厂，其技师须聘日人，材料亦由日本购买。

（十九）中国允诺日本建筑接连武昌，九江，南昌之铁道，及南昌杭州间之铁道，南昌潮州间之铁道。

（二十）如中国欲用外资，在福建省内开金矿、修铁路、建造港口，须先与日本商量。

（二十一）中国允诺日本人民在中国境内有布教之权。

按二十一条，无在非侵害我国主权，妨害我国内政，其意直欲以对待高丽之手段，施之我国也。袁政府接到此项要求，照例驳斥。日置益持之坚，绝不予我以磋商之余地。是时全国舆论，不直日政府所为，鼎沸异常。会议旋续旋辍，卒不得要领。迨三月二十六日，日置益送二十一条修正案于北京外交部，仅将第五项暂行搁置，余则仍旧。延至五月七日，日政府复致最后通牒，声明对于修正案，已极让步，不得复有变更，并限四十八小时内答复，一若如不承认，即将诉之于武力也者。日人盖以欧战正急，不遑有事东方，故为此强横之手段也。袁氏于限期将满时，属外交部送复文于日使馆，容纳其修正案，遂与日使订定山东条约四款，南满及东部内蒙古条约九款，交换公文十三件，名曰中日条约。至五月二十五日，外交总长陆征祥与日使日益置签字于北京。此即二十一条交涉之结果，亦即为吾国外交上莫大之耻辱；我国民之以五月九日为国耻纪念也，宜哉！

子舆氏曰："人必自侮而后人侮之；家必自毁而后人毁之；国必自伐而后人伐之。"五九之国耻，虽迫于东邻之暴力，然非袁氏之隐谋叛国，亦决不至此。袁氏之谋为不轨，至暗杀宋教仁事发而底蕴毕露。孙文、黄兴、李烈钧等率兵讨之，不克，于是袁益无忌惮，甚至解散国会，芟除异己，终且嗾杨度等倡设筹安会以图推戴。袁氏之意，以其时欧洲列强，不遑东顾，但求应付日本，使不为梗而已足。日本窥之熟，而思有以胁之，因迫袁氏承认二十一条，以为称帝之交换条件。袁至是，亦惟有俯首承诺而已。

袁世凯方称帝于北京，而唐继尧、蔡锷、李烈钧等起义云南。旋蔡锷攻川，袁军不能敌，东南各省；又复响应；袁乃密派特使赴日本，拟献某项权利，求其承认帝制，复为日本所拒绝。又日、英、法、俄、意五国公使两次警告帝制延期，于是袁氏对内对外，威望丧尽，卒于三月二十三日取消帝制。民军以袁氏有谋叛大罪，不认其有总统资格；袁氏至此，羞愤成疾死，副总统黎元洪依法继任。帝制之役，因告终局。

夫日本乘袁氏之图谋帝制，迫胁中国签中日协约，此不过日本一国之单独行动，其与中国有关系诸国，尚未共同一致承认也。时与中日两国接壤之俄罗斯，方与德奥酣战于西，日本乃乘机倡日俄同盟说；其饵俄之法，则谓日俄同盟成立后，俄在东亚之兵力，可尽调赴欧洲战场，日本绝不稍事侵略，且乐为任防护之责，并以军需饷糈源源接济。俄政府战事方殷，骤闻此说，如渴得饮，其心感自不待言。一九一六年七月三日，日俄两国缔约如下。

（一）日本政府不反对俄国何等政治协定，亦不与他国联合以当俄国；俄国政府之于日本亦如之。

（二）两缔约国之一方，在东亚之领土权及特殊利益，为他一方所承认者，如被侵迫时，日俄两国，应协商防护此等权利利益应取之手段。

观此协约，日俄两国，协力谋我，灼然可见。相传此协约外，尚有密约，大致谓两国互认所获中国之权利利益而毫无限制。故上述协约，仅规定被侵迫时为共同防御之手段，尚不及实行助战也。至是则规定两国中如有一方与第三国宣战，一方当实行援助，盖已成实际之防御同盟矣。日俄果何为而汲汲若此？尔时英法两国，与"同盟"相持于欧陆，无与日本树敌理；推其用意，欲对抗美国，盖甚明也。美自谓为中国之德友，日之不得逞野心于中国者，忌美之为中国助也。日恐其力之不足也，故结俄以为己助，使美有所顾虑，不复有余力以及中国，其计盖狠毒之至也。幸而日俄同盟之次年，俄国忽起掀天动地之大革命，民主之制代专制而兴，列宁新政府，举帝制时代俄政府与各国缔结之条约，凡具有侵略性质者，概行取消，于是震撼一时之日俄同盟，无形而消灭；此诚日本意外之打击，而亦中国意外之侥幸也。

日俄同盟之后，日英同盟必因之而破坏；盖日英同盟，原为防俄而成立，今日俄既同归一致，英国果承认之乎？且其时德势方张，英在太平洋及印度洋之一切关系，皆有借于日本之代为维持；又日之于德，以利害关系，隐隐有归于和好之势，以日本之狡狯，安知不果出此？然则英国以特别情势，实有不得不承认日俄同盟之苦衷也！然日英二国，亦必有一种密约，为承认时之交换条件，特未见报章之披露为可恨耳吁！翻手为云，覆手为雨，外交之变幻无常，于此可见一斑矣！

日俄协约与日俄秘密同盟，两国合纵以当美国之策略也，俄国大革命而日之计划悉成画饼。斯时也，俄固无论，日人不几以一纸空文伤美国之感情乎？至是乃不得不别开生面，以缓和美国之感情，乃派石井菊次郎为全权特使，赴美协议。表面观之，一如英法所派特使，专为致谢美国参战而来者然；不谓石井以波谲云诡之手段，为隔年播种之妙策，卒以一九一七年十一月七日与美国国务卿兰辛共同宣言，其最要者则有如下云云：

"美国及日本两政府，承认领土相接近国家之间，生特殊之关系。因之美国政府，承认日本在中国有特殊之利益，尤以与日本接壤之地为甚。"

日人之为此宣言也，将欲于后日和会中掣美人之肘，关其口而夺之气也。观其宣言中美国承认日本在中国有殊别之利益一语，此盖阴指山东权利而言；兰辛而同为此宣言，诚兰氏之作茧自缚也。异日巴黎和会，日人以山东权利继承问题，不无争执，卒援引此宣言，使美代表虽爱中国而莫能助。兰辛至此，虽悟石井之狡诈，而身已堕其术中，噬脐其有及乎？

第二节　中国因参战酿成之内乱

袁世凯既死，黎元洪继任为总统，于是被解散之国会，又复召集，独立各省，相继取消。国内几大定，而参战问题起矣！一九一七年一月，德意志政府宣布实行"无限制"潜艇政策。二月三日，美利坚首行对德绝交，并通牒世界各中立国，声明德人此举，为蔑视公法，蹂躏人道，当一致对德绝交云云。中国自接到是项通牒之后，遂于二月九日向德政府提出抗议如下：

"本月一日，敝国政府奉到贵国通牒，敬悉贵国政府将于二月一日以后，采用海上新战策：凡中立国船只在禁区内，将有非常之危险。查贵国从前改用潜艇政策，敝国人民之生命财产，因之受其损害者，已非浅鲜，兹复漫无限制，其危及敝国人民之生命财产，尤难胜言。敝国若承认此通牒，将使中立诸国，与交战诸国间之通商利益，悉被侵犯，而国际公法，尤为蹂躏无余。故敝国政府，关于此次贵国政府之新战策，不得不提出严重之抗议。且为尊重中立国之权利，维持两国之亲善起见，深望贵国政府，毅然取消。设贵国政府以此项抗议，视为无效，我两国交谊，势不得不因之决裂，岂不可惜？然敝国政府之执此态度，盖为增进全世界之和平与夫保持国际公法之权威故耳。"

同时又咨覆美政府，告以中美两国一致之行动。二月十日，内阁总理段祺瑞偕全体阁员出席于众参两院，为抗议经过之报告。议院中反对派争执不已；而黎氏又主张严守中立，与主张参战最力之段氏不相能。三月十日，驻京德国公使辛慈送交德意志正式覆书，其文曰：

"中国政府，以反对德国新近宣布之海上战策，竟出以恫喝之词；帝国政府，深为骇异。盖他国仅抗议而已，中国与德交谊之亲密，在他国上，而反加以恫喝；且中国在禁区内，并无航业：此项恫喝，尤属无谓。前者，中国政府曾以中国人民生命被损害事，向德国政府提议。据德国政府所得报告，凡中国人民被伤害者，皆系为敌人开掘战壕，或在战线内从事他项军事之动作；此等行为，实已冒交战者之危险。德国政府，前曾声明与中国有良好之交谊，屡次向敌人抗议，不得用中国人民，从事战地。故德国以为此等恫喝之言，不作可也。兹德国政府，希望中国政府自行修正此问题；以德国之敌人，曾先向德国实行封锁政策，吾德国之新战策，自未便取消。然甚愿依照中国政府之希望，关于中国人民之生命财产，得商议一保护之办法。德国向中国出此通融态度者，因中国一旦与德国绝交，不但失一真实之良友，且将起不堪设想之纷扰也！"

中国政府接此答复后，段氏即在国务院开特别会议，议决对德断绝国交。三月十四日，黎氏以总统名义，向中外发表对德绝交之布告如下：

"此次欧战发生，我国本严守中立，不意本年二月一日，接德国政府照会，谓德国新定战策，自即日起，凡中立国商船，如行驶封锁线内，殊多危险等语。德国以前所行攻击商船方法，损害我国人民之生命财产，已属不少，今行潜艇作战计划，其危险必更剧烈。我国为尊重公法，保护人民生命财产计，向德国提出严重之抗议，并声明德国如不撤销其政策，则我国不得不与德国断绝关系。在我，深望德国不复坚持，得保全两国向来之睦谊。不幸抗议逾月，德国之潜艇攻击政策，并未撤销。各国商船，多被击沉；我国人民因此致死者，已有数起。今接德国正式答复，依然坚持其新战策，实出我国愿望之外。兹为尊崇公法保护人民之生命财产计，自今日始，与德国断绝外交关系，特此布告。"

中国自对德绝交以后，北京政府渐为参战之规划。在野要人，皆致电中央，力陈参战之失策；要人中尤以孙文为最力。孙文并致电英吉利首相路合乔治，略谓中国方忧内顾，无暇对外，请勿使牵入漩涡云云。顾孙氏此议，不为政府所容纳；而政府与国会间，以平日种种关系，未能圆满，至是外交问题，亦遂不能一致。段氏以宣战一举，尚有待国会之同意，乃议员既多反对，公府又加牵掣，不得已商之徐世昌。徐方以元老资望与闻时事，乃嗾段氏召集军事会议，段从之。无何，直、鲁、晋、吉、鄂、赣、豫、闽诸督军及皖省长倪嗣冲以次抵京，其余各省督军，亦加派代表与会，所谓军事会议，于是开幕矣。会议结果，一致赞成宣战案，段遂将参战案咨送众议院。众议院开会讨论，忽有自称公民团者，猬集众议院门首，殴辱反对参战诸议员。自是两院对段，怀疑滋甚；阁员亦相继辞职。旋众议院议决阁员零落不全，宣战案应俟内阁改组后再议。京外要人孙文岑春煊等径电黎元洪，要求惩办围扰众院之罪人，以维法治。段至此将引咎辞职，而督军团中之留滞京师者，决议竭力拥护，并请黎氏解散国会，黎勿之许。督军团悻悻出京，开会于徐州。段氏以有督军团之后援，决行改组内阁；而黎氏忽免段职，代以伍廷芳。越六日，倪嗣冲宣言独立，鲁、豫、奉、浙、陕、闽、直等省督军应之。倪嗣冲且派重兵，进迫北京。时有谋拥李经羲为总理者，冀借其声望，以制武人。李经羲又复献策于黎氏，请召长江巡阅使兼安徽督军张勋入京，委以调停之责。张勋率兵士五千余人抵天津，分驻近畿，电请黎氏以明令解散国会。黎见逼，竟如所请。令既下，伍廷芳以不肯副署，辞职去，乃改任步军统领江朝宗为代理总理而副署焉。张勋入京后，以为有指挥各省督军之能力，且各省督军中，亦间有与彼潜行接洽者，遂于七月一日，拥宣统复辟。翌日，黎氏避居日使馆。黎于未走前，汇封任命段祺瑞为内阁总理之命令，并致副总统冯国璋，代行总统职权之电报，遣使至天津，送交段氏。段自闻张勋复辟，即日誓师马厂，率兵二万余人攻北京。张勋所统兵悉溃散，只身逃匿荷兰使馆。十四日，段入京，迎黎氏复职，黎引咎固辞。副总统冯国璋，遂于八月一日入京，实行代理大总统职权。段氏仍为国务总理，怂恿冯国璋于八月十四日对德奥下宣战令，其重要之措词如下：

"中国自对德绝交以来，历时五月，潜艇之攻击如故；非仅德然也，即与德同盟之奥国，亦始终未改其态度：既背公法，复残民命。我政府责善之深心，至此实已绝望，爰于民国六年八月十四日上午十时起，宣告对德奥两国，立于战争之地位。所有以前我国与德奥两国所订条约、合同、协约，及其他之国际条款、国际协约，属于中德、中奥间之关系者，悉依据国际公法及惯例，一律废止。但海牙平和会议条约，及其他国际协议，关于战时文明行动之条款，仍遵守不渝。至宣战主旨，在阻遏战祸，促进和局，凡我国民，宜谕此义。"

然则此时之国会果何如？据民国约法，总统无解散国会之权；总统之解散令，既由张勋威逼，又系非法总理副署，依法理论，当然无效。且自八省独立以后，西南各省，认为叛逆，早有拥护约法之宣言。苟新政府乘戡定复辟之乱，恢复国会，一切问题，本可迎刃而解。乃斯时新内阁，非但不恢复国会，且于一九一七年十一月召集法理上毫无根据之临时参议院，由其修改国会组织法，产生新国会。既而一九一八年十月十日，冯国璋代理总统任满，非法国会乃举徐世昌为总统。

◎孙中山

先是，督军团要求解散国会，南方首领孙文、岑春煊、唐绍仪、唐继尧等联电力争。及解散令下，两广即通电自主，声明国会未恢复前，不受非法内阁之干涉。孙氏旋率海军第一舰队至广州，"西南"声势顿增。国会议员，亦先后来广州，八月二十五日，开非常国会，组织军政府，举孙文为海陆军大元帅，唐继尧陆荣廷为之副。初，国会解散时，伍廷芳拒绝副署，至是亦至"西南"护法，天下义之。自是护法势力，绵亘川、滇、黔、桂、湘、粤、闽、浙八省，声势浩大。惜唐陆意见，未能与孙氏一致，孙氏乃辞大元帅职。国会复改组军政府为民国联合军政府，举孙文、唐绍仪、伍廷芳、唐继尧、岑春煊、陆荣廷、林葆怿为总裁。孙文、唐绍仪未就职，旋又推岑春煊为主席总裁。孙氏终以左右牵掣，不能伸张主义，乃去粤赴日本。自是南北对峙，遂开混乱不堪之局。

综上以观，中国因参战酿成之内乱，不可为不巨。既云参战矣，而未尝派兵赴欧；不得已招募工人，运往战场，聊自解嘲；而"协商"诸国，则借中国参战之名，扫尽德奥东亚之势力。若夫日本，初则以中国对德绝交，未得彼之同意，深为不悦，继则与"协商"国密约，以承认其山东特权为条件，自任督促中国参战；更以利饵中国军阀，资以借款及军械，令内乱绵延，无暇谋国际地位之安全。而北方当局，甘心附合，为人利用，此则尤堪太息者也。

民国缔造有年矣，其间变乱相寻，迄无宁岁，岂大好神州有秦无人之叹欤？曰，否否。孙文者，中国革命之先觉也，溯其生平，艰危百出，精诚无间，清朝之威力所不能屈，穷途之困苦所不能挠，再接再厉，一往无前，卒以推翻专制，手创共和。大功垂成，几得拭目以俟，乃一厄于武人，再厄于政客，终且被牵掣于同室而不得伸其志。脆弱者必且患颠蹶矣，而孙氏于是，一再奋斗，始终不渝，遂使"西南"一隅，常在义旗辉耀之中。然则如孙氏者，历三十余年如一日，求之吾国近世，一人而已。且孙氏，非仅一破坏人才已也，建设方面，有学说，有主义，有方略，为世人所共见；乃外国忌之，异党乘之，而又重诬以"过激"之名，使其抱负终不能贯彻，哀哉！

第二十章
联军成败之转机一

第一节 联军所受兴登堡战线上之经验

欧洲战局，泯泯棼棼，亘数载之久，此进则彼退，彼却则此前，其势若五雀六燕，铢两悉称，直至一九一七年，而局势于以大变。何者？德、奥、保、土之团结自若也，所约与国不加多；若"协商"，则自俄罗斯罗马尼亚退出战团外，法、英、意、日、比、塞、蒙、葡如故也，而接踵加入者，首为美利坚。美以人道主义为标榜，攘臂而起，屡及剑及，义声震烁六合；由兹而闻风继起者，则有若中国，若古巴，若巴拿玛，若暹罗，若里半利亚，若巴西，若希腊（在政变后加入，事详后）：登高一呼，众山皆响。他若对德绝交者，则有若布利维亚，若戈德美拉，若科司他里加，若爱加度，若海蒂，若洪度拉司，若尼加拉加，若秘鲁，若桑多度敏哥，若乌鲁甘（此等对德绝交之国，皆于一九一八年对德宣战，如戈德美拉对德宣战之期，为是年四月二十二日，科司他里加为五月二十三日，尼加拉加为五月二十四日，海蒂为六月十五日，洪度拉司为七月十九日）。披览舆图，美利坚以大力为"协商"助，而东西十数邦，亦复广树声援，同仇敌忾；得道多助，美之谓欤！而所称"中欧罗巴"者，久若被困之垒，孤悬绝地，至是益复陷于楚歌四面之中。故此时之"协商"，不仅"协商"军也，虽名之曰"联军"也可。

西战场为"联军"集中地，自一九一六年英法联军进击索姆河一役，虽不能达拔卜姆与贝龙两目的地，实已加德军以巨创，故德军辽阔之阵线，致一变而为难于守御之两阵角。所谓两阵角者：一自阿拉斯至萨以色尔，其较小者也；一自阿拉斯至哀因河，其较大者也。至一九一七年春间，英军累次攻击恩格河畔，益使德军阿拉斯至萨以色尔之阵线，日难抗拒，而拔卜姆亦危若累卵矣。

三月初，德参谋部不欲以大力守此两阵角，力主放弃，徐徐引退。兴登堡与鲁登道夫先于一九一六年九月始，在此两阵角后，开掘多数壕堑，以为强固之防御，世所称"西格弗里战线"是也。其线起阿拉斯之东南，经甘央，甘勃来之西，迄圣广丹，拉反埃，至哀因河畔之高原。"联军"又目之为"兴登堡战线"，则以为兴登堡所擘画而得是名也。夫以德军如许之军队与其辎重，徐徐退却，敌不及乘，非筹之有素，能如是乎？

是以德军之退，潜移默运；英法联军，直至三月十五日始行觉察。于是海格立命英军向阿拉斯至洛衣行总攻击；倪凡尔命法军向洛衣至来姆行总攻击：两军同时大举。十七日，英军占旭尔恒与拔卜姆；翌日，法军占圣广丹山与贝龙，旋又占纳容，进次拉反埃二英里内之丹尼埃。

德军引退之原因，言人人殊。德人自称为缩短战线，既省军力，尤便集中，是为军事上一种策略：守可也，战可也。"联军"则谓德军力不能支，势不得不退，否则形势日险恶，所谓军事上策略，特诡辞耳。总之，德军之引退，乃一九一六年索姆河战役之结果。既退之后，其所筹备之新战线，周密坚固，自无待言。惟"联军"乘此时间，得恢复法地一千平方英里，居民二十万，不可谓非"联军"之得策也。

德军之退至"兴登堡战线"也，至四月而始尽，于是德军以阿拉斯附近为北枢纽，劳恒周围为南枢纽。"联军"之进攻，亦必分南北以应之，故英向阿拉斯，而法向劳恒。

阿拉斯之战，自四月九日始，战线长约四十五英里。英军攻击之目的地，左为郎斯，右为甘央；德军如失上二地，则甘勃来与杜威，皆不能守。英军攻击三日，仅夺得维米岭及"兴登堡战线"之北端约二英里，俘虏一万二千人，炮一百五十尊；旷日持久，而两目的地，均不得达，且损失之巨，尤过德军。

◎英军统帅海格

第二十章 联军成败之转机一

英军进攻阿拉斯可一周后，法军又进攻劳恒，世称之为哀因河第二役。法统帅倪凡尔，性刚毅，好急进，志在尽毁德军于一旦，四月十六日下令总攻击。军分三路：第一路三面环攻哀因河畔之高原；第二路自北攻来姆之高原；第三路以主力军攻上述两地中间之劳恒平原。用兵之多，视英军阿拉斯一役可三倍；说者谓为"联军"玛因河战后之第一次大举。三路法军，奋勇前进；自沙阿松至般利奥白之哀因河畔平地及高原，尽为收复，俘虏二万一千人，获炮百七十五尊。然法军死伤逾十万人，耗辎重无算，而"兴登堡战线"，依然固若金汤也。

倪凡尔之冒险进攻，遽遭败挫，不免招极大之反响。四月二十八日，内阁总理李博，陆军总长班乐卫，躬至前线观察。越二日，内阁宣布规复隶于陆军部之参谋处，而长以贝登；此盖斥弃倪凡尔之先声也。五月十五日，倪凡尔果免职，贝登承其乏为统帅，福煦升任参谋长。

阿拉斯与哀因河两役告终，英法两军所得之教训，不可谓不大！德人尝自诩"兴登堡战线"能伸能缩，可弛可张，用以保护，实具神妙；英法军尝试之，而坚不可拔。德人之言，诚非虚语！贝登福煦于此，遂一变倪凡尔策略，易攻为守；质言之，舍急进而为缓进，为长围之计，久而使之自毙。故自兹两役以后，以迄一九一七年终，英法两军，计划一致，盖徐徐焉为有限之攻击已耳。

五月，英军进占阿拉斯附近各地；所得维米岭，益巩固。英军自进攻阿拉斯以来，俘德军已二万人。同时法军占劳恒西南十英里之克拉翁，及夫人路之两端（夫人路为法王路易十五所筑，沿哀因河以北之高原）。德皇储力谋恢复，累战不克。据英法军事家言，德军自四月至九月间，"兴登堡战线"上，所受之损失，当达三十五万人。

十月，法军复进攻哀因河畔，其地当沙阿松东北，战线长六英里。德残军扼夫人路，不能支，旋退至爱兰脱河后方。是役法军恢复失地四十平方英里，俘万二千人，获炮二百尊，于是爱兰脱与哀因两流域之形胜，尽落法军之手。

同时"兴登堡战线"之东，当凡尔登之前方，法军又获胜利。八月二十日，贝登命凡尔登守将基毓玛，率队轰击墨士河两面之后方，连占阿服古林、死人山、高尔蒲、苟米哀林，俘四千人；越四日，又进占来业维尔、萨摩业、鹅岭，俘万五千人。法军于凡尔登前被德军所占地百二十平方英里中，已恢复百平方英里有奇。

同时，英军进击弗郎特之奋勇，亦不亚于法军。初，阿拉斯战役终了后，海格移其视线于北方，第一步即先巩固以帕至郎司之战线，虑德军曼星维起脱阵角之为梗也。先是，英军于十五月以前，预掘隧道；又于隧道中，埋大地雷十九具，内贮"阿摩尼脱"炸药可五百吨。至是通以电流，地雷爆发，山巅炸裂，岩石摧陷；炸声之巨，远闻百数十英里。

同时英军复以重炮轰击,并掷放鱼雷,可两周,而英步兵(为英吉利、爱尔兰、澳大利亚、钮西兰各军合组之军队)自观察岭(在以帕之南)至拍勒希丹脱林(在阿蒙底埃之北)之阵线奋勇前进,乘胜据德军前线可十英里,轶出曼星与维起脱之前,于是德军之阵角破。是役也,德军除被俘数千人外,死伤达三万;英军死伤,不满万人云。

◎凡尔登守将基毓玛

英军自夺得曼星维起脱阵角,此后从以帕出攻,已无阻碍。又英军于此一路之目的地,在柏乡代尔岭,其总目的则为恢复比利时之海滨。比海滨既恢复,则奥斯登特与徐勃罗其,素为德潜艇根据地者,无复为德人所利用,不徒包围实业繁盛之里尔,铁道中心之罗赟已也。自七月至十一月,英军在右,法军在左,奋勇争先。而淫雨为灾,战地成泽国;"联军"进步,因之迂缓。又其时德人由东战场调到援军,壕堑之外,累叠沙袋若堵墙,内贮机关炮,使军士藏匿其后。此种掩护,与地平行,虽飞机盘空,无从觉察,非用重炮轰击,断难攻破也。故"联军"自七月中旬始,凡三阅月,猛攻五次,恢复土地二十三平方英里,进至以帕罗赟路,跨及一英里许之以帕美宁路,其时英军已占弗郎特平原险要;重炮轰击,可直射罗赟,盖相距只五英里矣。十月三十日,英军攻入柏乡代尔,旋被德军逐出。越一周,英加拿大军再攻入,并自柏乡代尔前进八百码。德军反攻,不能克。自是英军阵线在柏乡代尔及其附近者已巩固，世称以帕第三役。

◎飞机之作战

虽然，英军小胜之结果，政治与经济上两无影响，则以德军犹力扼比海滨与里尔如故也。至军事上，则英军于以帕前之阵势，较前益稳固，将来进攻，尤易着手，其影响亦非细也。

十一月二十日，英军又进攻甘勃来，占数村，并得蒲尔龙林之一部。自是德军阵线之在甘央与甘勃来者，日濒危险。越一旬，英军以德人反攻，不能支，退出蒲尔龙林。十二月七日，甘勃来战役告终，两方损失相埒。

空中战争，至是而益烈。著名飞行家，德有李德霍芬，法有基纳美，皆二十余之少年。李德霍芬以圆阵著，能使数飞机环绕成一圆形，锋锐不可当；故被李德霍芬所毁之英法飞机，多至八十具。至一九一八年四月，李德霍芬战死索姆战场，英军以礼葬之，示崇敬也。基纳美矫健而有胆略，尝驾单机，冲入德军阵线；德飞机被毁者，多至五十三具，或谓基纳美于一九一七年被李德霍芬以圆阵围困，基以众寡不敌而死，德军尝厚葬之。其余飞行家，若德之勃尔甘、殷美门，法之芬克、伦甘塞，英之抱尔，美之洛夫贝来，亦皆负一时之盛名焉。

◎德国第一飞行家李德霍芬

◎法国第一飞行家基纳美

总言之,一九一七年中,西战场之英法联军、进攻凡四次,即阿拉斯、哀因、凡尔登、弗郎特四役是也。德军攻击联军凡二次,一在甘勃来,一在以散。其时英军被迫而退于以散河后方,损失三千人。夫德军自退至"兴登堡阵线"而后,攻击"联军"凡两次,而"联军"攻之则有四次，足征一九一七年以来，德军之势日以消，"联军"之势日以长，循是而逆推之，则一九一八年彼此之形势，亦可想见矣。

第二节 联军坚持声中意军之败绩

"联军"各大国中，其军队之最呈弱点者，俄罗斯而外，厥惟意大利。一九一六年，意军参与"协商"会攻之役，获胜于衣松苏流域，占领戈利齐亚，既而奥援军至，扼守险要，意军不能再进，一变而为对峙之形势。一九一七年五月，意军复谋大举，卒以奥军防卫之巩固，无隙可乘。八月，意军统帅加度那又以大军攻戈利齐亚以北之各山道险要，冀破奥军右翼；一方复自海滨进攻，冀破奥军左翼。亡何，进攻奥军右翼之意军，少有胜利，旋以接济多阻，不能再进，故卒无成功。

时奥将之守衣松苏战线者为蒲罗维克上将。蒲与其部下，俱为"南斯拉夫"人，奥不能用是种人于东战场者，以其与俄军为同种，不忍自相残杀也。"南斯拉夫"族恨奥皇室刺骨，何以用之当意军而有奇效，则以"南斯拉夫"族虽恨"条顿"族，然其与"拉丁"族，亦积不相能。奥版图内之脱里安斯脱与阜姆，"南斯拉夫"族欲图占领之，合塞尔皮亚同建南斯拉夫国者也，同时意大利亦觊觎之，以是"南斯拉夫"与意遂成不解之仇。故蒲罗维克所率之"南斯拉夫"军，奋力御敌。蒲为奥名将，意军当之，实非其敌手也。

一九一七年秋，俄当革命之后，内部紊乱，无暇谋外，德奥两军，遂得乘此时机，抽调一部军队，约十万人，南赴衣松苏前线，以为反攻意军之用。一九一五年秋，德奥联军大举攻塞而塞覆；一九一六年秋，德奥联军又复大举攻罗而罗溃；今一九一七年秋，德奥欲以往日对塞罗两国者对意。意军统帅加度那，初不料及德奥联军之大举反攻，防御至懈弛；国内又复因社会党之骚动，顿呈紊乱。鲁登道夫鉴定时机，突以迅雷不及掩耳之手段以覆意军，复于西战场抽贝路军加入，又命谭尔闵新琴参与进攻计划。奥参谋部用其谋。其计划为攻意军之在衣松苏河上流者，使朋西萨与加尔索两处之意军，断为两截，不能呼应。其时俄军已不能再为患，意军若覆，鲁登道夫可壹意对法，其计亦雄矣！

十月二十一日，德奥重炮队，向意军拍来坐多尔米诺阵线及朋西萨高原之北面突施攻击。意军炮队无多，又复不精，故无还击之力。德奥联军乘胜渡衣松苏河，陷加波来笃，势如破竹。意军既大败，又复弃朋西萨与加尔索高原而西退。至十月二十七日，六日间，德奥联军共俘六万人，获炮五百尊。二十八日，贝路军进陷西维达尔。同日，蒲罗维克军恢复戈利齐亚，三十日，意军大本营乌定亦为贝路军所攻陷。至十一月一日，德奥联军已越意境而抵塔格利亚门多河上，至是共俘意军达十八万人，获炮至千五百尊。意大利军既败于衣松苏河，于是意军之守加尼克阿尔拍山者，亦受影响；又复沿塔格利亚门多与比亚佛两河之下游而退却。当意军之退至塔格利亚门多河上也，谋持久；以德奥两军乘胜前进，锐不可当，乃筑浮桥以渡其兵，而退至利文萨河。又不支，乃退至比亚佛河。至十一月八日，意军已全退至比亚佛河后方矣。

当意军加波来笃之败耗至，全国鼎沸，内阁引咎辞职，意王乃命奥兰度组织新阁。外交总长宋尼诺仍旧外，新阁员则有尼蒂之财政总长，阿尔非利之陆军总长。英法当道闻之，乃亟谋挽救之法，法遣法毓尔，英遣拍鲁墨，各率五师先后赴援，意军军心为之一壮。十一月五日，英路合乔治暨司磨兹、罗伯孙、威尔逊三将军，法班乐卫（时已继李博为内阁总理兼陆军总长）暨福煦将军，及意当道奥兰度、宋尼诺、阿尔非利齐集于距奇诺亚十六英里之拉伯洛村，讨论重要军务，议决设军事会议于凡尔赛，俾"联军"军事计划，归于一致；又议决以提阿士为意军统帅，而调加度那为赴凡尔赛军事会议之意代表。意军既得英法之援，于是比亚佛河上之守御益固。德奥军虽进占顺松，而终不能渡河。河内"联军"炮艇，又轰击德奥联军阵线之南端，借以拱护佛尼斯。

德奥联军知不能逞志于比亚佛河之下流也，乃攻击阿西阿果高原，及勃兰泰与比亚佛两河上游之山间，至十二月初，占阿索龙与东拔两山。然此时意军以得英法之助，守御甚力，德奥联军，不得前进。意军乘机恢复阿索龙与东拔两山，且令其军队移驻于自阿西阿果高原至比亚佛口之新战线，以示不再后退，至是形势乃暂定。

意军之自衣松苏退至比亚佛也，一月中，损失土地两千平方英里，人数八十万（死一万人，伤三万人，被俘二十六万五千人，逃亡三十五万人，病十五万人），辎重无算。若非英法之援助，将一蹶不能复振。然意军败挫之影响于"联军"者实大；"联军"向甚散漫，至是始觉军事上统一之必要。日后福煦之被推为"联军"统帅，以博最后之胜利。实拉伯洛会议为之朕兆也。

第三节　联军于近东势力之恢复

"联军"近东之势力，在一九一七年以前，可谓丧失殆尽，试总述之。一九一五年，"联军"海军挫于达特奈耳，陆军败于加里波利；既不能阻保加利亚加入"同盟"，又不能使希腊为我效用，复不能使塞与蒙不受"同盟"之蹂躏。至一九一六年，英法两军，虽登陆于萨洛尼加，然前困于德、奥、保三国之军，而后又见扼于希王康士但丁，坐视罗马尼亚之败蹶而莫能救。米索波泰米亚之英军，进攻巴格达特，不克，且大败。俄军虽夺得土属阿曼尼亚，然区区胜利，视"中欧罗巴"之所得，实判若霄壤。至于柏林、维也纳与贝尔革拉特、苏斐亚、君士但丁堡之间，铁道贯穿，联成一气。自抱斯福起，德人筑有贸易路：或经小亚细亚，或经米索波泰米亚，而巴格达特，而波斯海湾，以东窥印度；或再经叙利亚而柏来斯丁而红海，以南窥埃及。总是以观，近东不啻德意志之外府；所谓"中欧罗巴"者，乃由幻想而成事实。而"联军"之力，能及于西战场，而终不能损"中欧罗巴"笼罩近东之威权也。

自一九一六年秋而后，英政府为巩卫印度与埃及计，增加驻埃及兵力。总司令墨贲，乃自开罗监工，筑一铁道，自甘塔拉东向越胥乃沙漠，盖为后日进攻柏来斯丁之用也。时土属红海以东海夹子人民受英人欷动，许以策应，屡谋叛土。会土当轴捕戮其数领袖，而美咖郡长呼山，以土当轴废弃"可兰"圣经所定之伊斯兰教规例为辞，借口声讨，乃于一九一六年十一月十六日宣布独立，而自称海夹子王。"协商"旋承认之。海夹子叛军在红海以北及死海以东之举动，力足以扼土军之南窥埃及。于是苏彝士运河，赖以保全；胥乃铁道，赖以完工。同时驻波斯海湾之英军，亦于同年八月得毛特将军之新援，而印度之防卫，亦因之日形巩固矣。

一九一七年二月，毛特向苛脱爱耳阿玛拉进攻，为汤司汉复仇。时天气适宜，利于行军，输运尤得手，益以炮艇数艘，加入助战。至二月中旬，英军阵线，乃移至底格里斯河之两岸。至二十四日，复夺得萨那亚及休姆兰土股之一部。此二地为苛脱爱耳阿玛拉之锁钥，既失之后，苛脱爱耳阿玛拉已无险可据，故土军亟弃之而退至河上。

英军乘胜前进，其炮艇又尽歼土耳其河上之船舰，遂于二十八日抵阿席席叶。三月初，英军渡第阿拉河，攻底格里斯两岸之土军，土军退巴格达特，旋又弃之，于是英军于上年所失之炮队尽恢复，且尽夺土军辎重焉。

英军之占巴格达特也，军事上无重要之价值。惟柏林横贯巴格达特之铁道，本为德皇威廉二世雄心所寄；自一九一四年而后，德人转战经年，其事遂至实现，近东之威权，亦因之以增。今巴格达特既失，威廉之雄心，遂若蜃楼海市之顿成幻境矣！

　　毛特自占巴格达特后，恐土军反攻，复乘其疲敝，三路穷追：左翼占通波斯之要道；右翼沿欧弗来脱河前进二十五英里，抵拉玛提；中路沿底格里斯河前进，四月二十三日占萨玛拉，于是巴格达特萨玛拉铁道，亦落于英军之手，军事输运，愈为便利。惜其时米索波泰米亚气候炎热，不利行军；阿曼尼亚之俄军，亦以国内革命，势忽停顿。否则英俄两军，两面夹攻，土国命运，断无幸理。故其时此处战役，暂告结束，英军遂占有米索波泰米亚大部。土耳其受此巨创，其不易恢复者，亦势也。

　　毛特米索波泰米亚之胜利，又促成希腊之政变。初，法英联军之在马西顿尼亚者，一挫于保，再挫于康士但丁，蹇后跋前，颇忧狼顾。及巴格达特陷落，成马西顿尼亚之"联军"，心胆为之一壮。五月底，梵尼瑞洛司新招军队六万人，加入"联军"。六月十日，法英两军突入希之塞萨来州，占芙洛与拉利萨两城。翌日，法军又占哥林脱地峡。法政府遣前阿尔支利总督容那为希腊招抚使，既抵希京雅典，即向希腊国务总理善米司（善米司于一九一七年五月四日继龙勃洛司为总理）提出二事：一，希王康士但丁即日逊位；一，王储乔治须公布放弃承接王位。容那之来，疾若迅雷，康士但丁既未预防，亦不敢冒孤注之掷，卒于十二日下逊位诏，而禅于次子亚历山大。十三日，康士但丁与其后苏斐亚出希腊境，为寓公于瑞士焉。

　　亚历山大继位后，一切政策，惟容那之命是听。凡亲德要人，悉被驱逐。国务总理善米司，本首鼠两端，至是亦不敢恋栈，辞职去。继之者，即梵尼瑞洛司。于是希腊全部，遂隶于"联军"旗帜之下，而与"中欧罗巴"交战矣。至"中欧罗巴"方面，德向以侵犯比利时中立受世界唾骂，至是亦以法英之干预希政，反唇相稽，詈为不道。七月七日，希政府复召集为康士但丁所解散之下议院（一九一五年五月选出者）。七月底，"联军"以无忧后顾，退出所占之芙洛、拉利萨、哥林脱等地，且复用希腊军队以御"中欧罗巴"。驻希"联军"总司令萨拉意自抵萨洛尼加以来，虽无所表见，然对于西战场之勋绩，如前所述，亦未可抹杀，至是以牵涉于"破坏运动"案（事详二十一章第二节），于十二月免职回国。继其任者，则同年八月间凡尔登前立功之勇将基毓玛也。

　　自埃及一方言之，墨赍将军自力遏土军，使不得越胥乃沙漠，复在甘塔拉至拉发筑一铁道。铁道告竣，乃率军沿海北攻。一九一七年春夏两役，为土军所阻，不得志，英政府乃免墨赍职，而代以阿伦培。阿伦培初为骑兵将校，以善战名；英政府用之沙漠炎暑之地，可为得其选矣。十月，阿伦培利用海夹子之阿剌伯军，当土军于死海之西而分其势，己则突攻贝希柏，陷之。十一月六日，又占加萨。时土军势渐弛，阿伦培乘胜前进，断解发耶路撒冷铁道于罗特及哀耳拉姆尔；十一月十六日，占解发。于是英军围攻耶路撒冷之西北与西与南，土军不支，弃城走。十二月十日，阿伦培军入耶路撒冷。耶路撒冷者，柏来斯丁之都会，耶教发祥地也，土耳其得之，垂七百年于兹，今则陷落于耶教英军之手矣！

◎英军之巡哨苏彝士运河

英军之获胜于柏来斯丁（古犹太地）也，犹太人乘机要求重建犹太故国，阿剌伯人乘机倡"大阿剌伯"之议，而耶教"联军"诸国，莫不额手相庆，以为中古时代"十字军"裂肝涂脑，伏尸千里，不能达之目的，至是始克成功。总之，英军于米索波泰米亚与柏来斯丁之胜，致希腊政变而加入"联军"；"联军"之于近东，其势力可从此恢复矣。

第二十一章
联军成败之转机二

第一节 中欧罗巴之杌陧不安

交战国至一九一七年,除美利坚日本外,"中欧罗巴"及"联军"各国,罔不受战事延长之影响;而俄尤甚,卒乃弱点暴露,退出战团。其余各国,虽不若俄之一蹶不振,而国本动摇,无可讳言。试先述"中欧罗巴"。

"中欧罗巴"之首领为德意志。一九一七年初,德相荷尔惠克附和军阀,实行"无限制"潜艇政策。攻击之徒,一变而为称颂,意谓此足以制"联军"之死命,而使之俯首请和矣。乃旷日持久,依然无验,荷尔惠克遂复以一身为众矢之的。国中社会,中央(旧教党),进步三党暨波兰人(在下议院有波兰之代议士),向以对外故,而暂与政府沆瀣一气者,至是亦迭施攻击,首相实首当其冲焉。俄多数党解决战事之目标,曰无割地,无赔款;兹议也,传播于德之下议院,咸视此为社会主义之本色。议员之间,遂因议和条件而发生争执。他若教宗之提议,威尔逊之致书,而反对专制,与夫世界各社会党之将开和平会议于司笃克姆,此皆予社会中央诸党人以攻击政府之机会。斯时荷尔惠克为市恩计,取消反对旧教派各律,以缓和中央党;又取消"集会时不得用他种语言"律,以缓和波兰代表。惜为时已晚,人莫之happen。七月六日,中央党领袖爱兹保格宣言于下议院,力斥政府措置战事之失当,而尤以"无限制"潜艇政策为最;解决战争,则宜曲从俄多数党之议和条件。斯言一出,应者纷起,而中央,社会,进步三党与波兰代表及自由党之一部分联为一致。下议院之大多数代表,又为之声援,要求修改普鲁士宪法,改良国会,及宣布战争之目的,一如爱兹保格所提议者。荷尔惠克至此,益左右为难矣。盖欲从议员之要求,则开罪于保守自由两党之大部分,且其人皆执政之中坚,主战最力,而己亦此中之一分子也。夫荷尔惠克自一九○九年出任揆席,八稔于兹,德自备战以至交战,一切责任皆惟荷是赖,至是精力就衰,进退维谷,遂于七月十四日辞职。

荷尔惠克辞职后五日,下议院置窦毕兹来文得罗及其余侵掠家之反对于不顾,以大多数通过百余案;其关于和议者,有如下三条:

◎德意志首相荷尔惠克

(一)德意志战争之目的,无非为保护祖国之自由独立与领土完全;

(二)德意志下议院拥护和议与交战各国互相谅解;

(三)和议以无割地及无政治与经济之压迫为目的。

观乎此,则党人之宗旨,已显然与德皇之政略,军阀之主义,背道而驰。德于此时,设不幸而腹背受敌,或竟俯就下议院通过之条件以言和,虽有损失,亦不至如异日之巨。乃其时俄以革命故,退出战团,遂使德君臣一往直前,不稍顾虑,且以谓最后之胜负,非坚持到底不为功,故对于下议院通过之条件,诚无异吹剑之一唉也!

荷尔惠克既辞职,继之者为米加利司;米盖普鲁士王国之财政次长,亦即德意志帝国之食物总管也。就职时年适周甲,德皇以其出自平民,与保守党具有同情,故畀之以首揆一席。前财政总长罕甫利希任协理,而兼摄内务总长;勾尔门继徐墨门为外交总长。米加利司非盖世奇才,然对于此次下议院之风潮,亦具有灵敏之手腕。彼于七月十九日通过之议和案,阳示赞成,而阴实迁延之;所谓政治修改,须待考虑者,则以进为退之一法也。

八九两月间,米加利司与勾尔门阳为酷爱和平之辞,而阴嗾军阀以否认下议院通过之和议案。十月下议院开会,时"无限制"潜艇政策既绝无效果,海军中又发生变乱,于是下议院风潮突起,保守自由两党,愤米加利司不与下议员完全绝交,中央、社会、进步三党又愤米加利司之言不顾行，米加利司穷于应付，遂于十月二十一日辞职。越十日，德皇乃命巴燕王国首相赫德林伯爵为首相，而兼普鲁士王国首相职。

赫德林就职时，年七十有四矣。赫于德意志向负盛名，于濮恩大学哲学教授一席，尤为其一生精力之所萃。时论谓德皇之属意于赫，以其向属中央党人，故利用之以为缓和反动者之策；赫亦声言表同情于下议院通过之和议案。惜就任方一周，而俄之多数党已推翻克伦斯基政府而秉国政，其第一目的即与德议和。既而勃来斯脱里脱夫司克及蒲加来斯脱两和议先后成，俄属芬兰、拉他维亚、立陶宛、波兰、乌克兰亦相继独立，于是德人无东顾之忧；战场形势既变，军阀之势，亦乘此复张，而赫于此，遂不复言及和议矣！

◎奥匈联邦外交总长吉宁

斯时奥匈联邦何如乎？联邦内复杂之民族，咸起而要求自主。说者以前皇储斐迭南将实行三重主义，素愿未偿，而遽殒命于塞拉约佛；厥后战事绵延，老皇约瑟，复捐馆舍；新皇喀尔，年少英明，以时势所迫，不得不以三重主义进而为五重主义。五重主义者，即奥匈联邦而易为奥大利、匈牙利、波兰、捷克斯洛伐克、与南斯拉夫之联邦也。析言之，波兰、捷克斯洛伐克、南斯拉夫，虽同属"斯拉夫"族，而语言习俗宗教又互异。喀尔迫于大势，欲实行此种主义，乃责成首相克兰马丁尼兹与外交总长吉宁（按自一九一一年奥匈联邦首相为司斗克，至一九一六年十月被刺，克尔勃继之；克兰马丁尼兹则继克尔勃者也）。克吉二人虽属"捷克斯洛伐克"，然常受"日耳曼"族之覆翼，故效忠于奥匈联邦，奥匈两族，固已融洽，而其余三族对之，仍不免水火，故无论为喀尔，为克兰马丁尼兹，为吉宁，苟一旦于"波兰""捷克斯洛伐克""南斯拉夫"三族，少加优异，则"日耳曼"与"匈牙利"两族必同起反对；用是五族之间，相嫉相仇，卒无宁日。使无德意志为之维持，则奥匈联邦之分崩离析，岂待今日哉！

自一九一四年战事发生以来，奥大利下议院之停顿，已三载于兹。迨俄人革命，奥君臣虑遭波及，卒于一九一七年五月，重行召集。时"捷克斯洛伐克"代表与"南斯拉夫"代表提出两族自组国家案，克兰马丁尼兹穷于应付，因延揽"波兰"代表为己助，冀占下议院优势。"波"代表忽乘机要求波兰为独立国，且须包含加里西亚与波罗的海滨，此所谓一波未平，一波又起也。既而"波"代表以不慊于克兰马丁尼兹之答复，与"捷克斯洛伐克""南斯拉夫"两族之代表相联合，于六月十六日否决预算案。同时"捷克斯洛伐克"国民委员会宣布汉帕斯堡皇朝罪状，谓其未得"捷克斯洛伐克"族同意，擅自宣战，且格杀我兵士，禁锢我国民，戮我代表，禁我报纸，种种残害，难更仆数。会中宣布未几，"南斯拉夫"族领袖脱龙别起，与塞内阁总理柏希起，于七月二十日签约于高夫。约载：塞尔皮亚与蒙丹尼格罗之"塞"族人五百万，与奥匈联邦所隶之"南斯拉夫"，族人七百万，合组一独立国家而联合之。危机所伏，一触即发。克兰马丁尼兹以应变无策而辞职，喀尔以散特勒博士代之。散接任后，即解散下议院，以观其形势之变迁焉。

自匈牙利之表面观之，虽无若何之纠纷，而民人之困于饥寒，苦于久戍，则与奥大利相若。匈首相铁察，自一九一三年视事以来，至此已历四年，而时遭匈贵族之攻击，乃于一九一七年五月辞职去。继之者，安得拉喜也。

奥皇喀尔，鉴于奥匈联邦之终不免于革命也，欲弭患于未然，自当以息战为上策，用是与外交总长吉宁，为和议之运动，遂怂恿教宗之发起，借以为议和地。一九一七年八月十六日，教宗贝乃第克脱十五世通告交战各国所提和议条件如下：

（一）世界各国当以道德之正理代物质之正理。

（二）世界各国当从此互相减轻武装。

（三）交战国互相归还所侵占地。

（四）交战国互相取消赔款；有特故者，不在此例，当另议。

（五）实行海上自由。

（六）组织国际法庭。

（七）亚洛两州及脱伦底诺等地，由其居民自决。

照上条件以观，言虽娓娓可听，然"联军"方面，以此和议谓为受奥之嗾使，置之不理。喀尔又以其内弟西克思脱亲王（意籍）为绍介，献议于法，并愿扶助恢复亚洛两州云云。

由此观之，喀尔求和之情，已极殷挚。无如德意志之宰制"中欧罗巴"也久，其同盟国当一视柏林之意旨为转移。喀尔受其牵掣，势不能单独议和。所幸尔时意军败挫，而俄罗两国，业与"中欧罗巴"媾和，此奥匈联邦之所得苟延残喘也。

◎教宗贝乃第克脱十五世

综观一九一七年以来，德政党对于和战两策，意见各殊，时呈纷乱，内部情形，已难一致，前途若何，无难推测。奥匈联邦以民族复杂，争执愈烈，瓦解之祸，恐亦难免，其暂能维持者，惟德人之力是视；德力屈而奥之前途，亦可以知矣。

第二节　联军诸国之转危为安

"中欧罗巴"之杌陧，既如上述，至一九一七年而其势转盛者，此盖受战祸之影响而然也。然则"联军"各国，果能差优于"同盟"诸国乎？曰否否。战事绵延，民力凋敝，"联军"各国所受之痛苦，与"中欧罗巴"相伯仲；所差胜者，金融之恐慌，食物之缺乏，"联军"不至如"同盟"之甚耳。然巴黎伦敦，以及通都大邑，靡不有德汽船飞机盘旋其上；每当深夜，炸弹下击，一夕数惊，居民于暗中相摸索，杞人之忧，不堪言状。至北海、地中海、大西洋，德潜艇倏忽出没，"联军"船只，日有被毁。斯时也，"中欧罗巴"以天空海底之武器，昔昔褫"联军"之魄，较之战场，抑又过之。观乎此，则"联军"各国当日之情形，可见一斑矣。

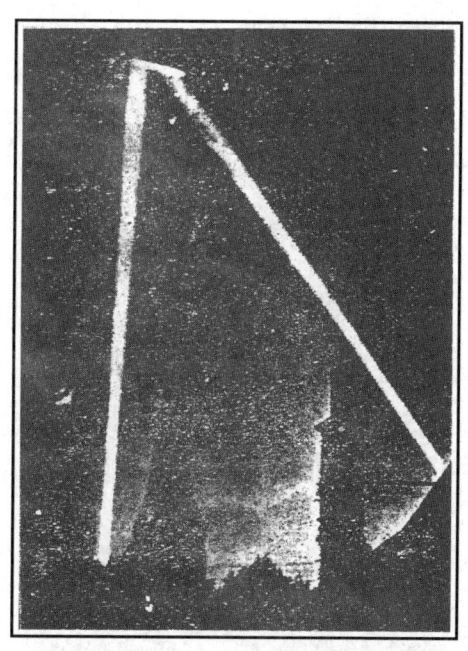

◎伦敦晚间之防御齐柏林汽船

"联军"中之国于欧洲者，法、英、意、俄四国为最大；俄退出战团，而意亦几几不支。何也？以经济论，意所受打击，视英法倍蓰。若地中海之德潜艇，意当其冲，其受害也亦最巨。燃料食料，因是缺乏；军需原料已告罄，至是而来源顿绝。以言乎政治，则王室与教会，时时相龃龉。教宗倡和议，军士闻之，相与逗留而不复进。其甚者，自俄革命后，共产主义，传播交战各国；意之社会党、无政府党，群起相应，顿呈紊乱，卒因是而酿成加波来笃之败绩。斯时而无英法之赴援，意之为意，或不免为俄续。故此日之意，无异悬千钧于一发，其前途之命运，当一视英法为转移耳。

英三岛悬绝海中，彼于战时所受直接之痛苦，固较俄、意、法为差少，然其与大陆上"联军"各国之关系，实无异共生死，故其所受间接之影响亦至巨。首相路合乔治谋暂息国内之纠纷，不得已而乘时宣言，表同情于爱尔兰之要求。所提方法：一为立予爱尔兰以自治，惟乌尔斯得六郡不与焉；二为召集爱尔兰议会，其代议士以能代表全爱尔兰之异党异教为适当。时"新芬"党以革命失败之余，元气未复，于是所谓国民党者，择其第二方法，而爱尔兰之纠纷乃稍止。十二月，下议院通过女子选举案，树世界女子参政之先声。说者谓此为路合乔治政策上之胜利。然国内之工党,实不易与;当英加入战争时,工党首反对(麦克唐纳尔,工党领袖之一,反对最力),至是复要求和议,不遗余力。即路合乔治,亦为之心馁,谓德欲议和,亦当使俄人代偿其损失。时伦敦某报,发表前外交总长郎司董函;函中谓战事结束,万不能决之战场,不幸而决之战场,则欧洲政治与社会情形,必为毁灭,或将根本改革,此盖欧洲之大不幸也。顾郎辞虽娓娓可听,然适足以暴露"联军"之弱点;其不能决胜于战场,盖甚明也。司磨兹将军数赴瑞士,西班牙,暗中进行与德代表商议条件,亦足见当日之情形矣。

◎英吉利首相路合乔治

意之偾败,英之踌躇不决,既如上所述,斯时法兰西又何如? 法者,战场之所在,亦即战争取决之地也。往日玛因、以散、凡尔登诸役,使德军不能前进而支撑残局以至今日,法军之力也。英军之接踵而至者,至一九一七年,数与法军埒。新加入之美军,又络绎至。然法向以陆军名天下,凡战争方略,英美不得不马首是瞻。斯时东战场之战争已告终,若巴尔干,若衣松苏,脱论底诺各战场,皆德军之所认为易与者,惟于西战场,为法、英、美联军之所麇集,法军一旦覆败,则英美亦随之俱覆。"联军"于此,欲保持法之精锐,自非先振法士气不可,当贝登将军接任统帅之初,即有一九一七年五月二十日军队之变叛。此变叛起于后备军,而蔓延于前线,近巴黎者尤猖獗。法政府恐扰乱人心,酿成大祸,力守秘密。统帅贝登,一面下令,准每兵士于每四月给假十日,一时法军得休息者三十五万人，英军八万人；一面重惩祸首，处十余人以死刑，所谓恩威并用者也。贝登至军中演说，晓以大义，听者感动。说者谓贝登之守凡尔登，奋不顾身，今反侧子所以自安者，曩日之神勇，有以慑之，非徒示恩也。夫欧洲战事，垂及三载，军士以疲困而厌战，祸机潜伏，一触即发，俄军已事，若前车之已覆，法军此日之叛变，正无异蹈其覆辙耳，若非贝登，大局已不可复问。噫！危哉！

法军之叛变虽平，而人心浮动，善后为难，国家隐忧，正未有艾。且此次变叛之因，酝酿已久，非推厥由来，不足以发奸擿伏，为正本清源之计。既乃知祸变之发，实由国内之二种运动有以致之。二种运动者，一为和平运动，一为破坏运动。

和平运动，种因于马克思之社会主义。马于七十年前独抒伟论，谓世上劳动界，当一致与资本界抗，务胜之而后已。故自一八四八至一九一四年间，此主义之旁礴震荡，几有与日俱进之势。及大战起而中道停顿者，以各国党人，类皆为政府左袒，由左袒而互相訾謷，于是社会主义，乃奄奄一息矣。所赖以维持于不敝者，维荷兰，斯甘地那维三国之社会党人已耳。

俄人之倡革命也，世界社会党之声势，又为一振。先是，俄之社会党于五月间发起一国际社会党会议，以讨论和议。无何，荷兰、瑞典、挪威、丹麦四国社会党起而组织委员会，举瑞典党魁勃兰丁为会长，以召集世界各国之同志，开讨论和议会于司笃克姆。勃兰丁性诚恳，为晓来斯后举世信任之一人，至是咸欲恃其威望，以资号召。奈战事方酣，"联军"各国中之社会党，赞成会议者有之，不赞成者亦有之，议论纷纭，莫衷一是。法内阁总理李博（李博于三月间继白利安为首揆），英内阁总理路合乔治，佥以此会议，非"联军"之福，并恐其为德利用，不肯发给出境护照；于是法军需总长笃玛（法之社会党领袖），英军需总长汉特生（英之工党领袖）皆辞职。盖笃汉二人，曾赴彼得罗革拉特，调查革命真相，而受其影响，且深恐祖国蹈俄之覆辙，故欲借司笃克姆之会议，以为解决战争地也。斯时德之社会党领袖夏德门，得政府许可，径赴司笃克姆。或谓夏之行，德皇实嗾之，别有用意。乃开会后，卒以"联军"各国无正式代表，无结果而散。

司笃克姆会议之无形解散，虽于战事上无甚影响，而影响于"联军"各国则至巨。一则社会党嗣是不再与政府协作，而加以攻击；社会党员出内阁，为"神圣团体"破裂之先声（见第五章第四节）。二则军心懈弛，无由得其死力。甚者法意两国之"破坏运动"，自此变本加厉，稍或不慎，国家即由是覆灭，可畏哉！

然社会党之和平运动，事事循轨，在在合法，一堂堂正正之运动也。至"破坏运动"则反是，今试述之。

"破坏运动"之远因，实起于战前，其爆裂则在一九一七年。法于三年来之战争，流血多而受创重、而破坏之徒、遂乘时而逞其捣乱，此间不容发之时也。且谋破坏之分子，有内务总长玛尔维，参议院议员恩班，众议院议员罗司塔洛三人，此皆法之有极大声势者；而又重之以一大有力者之驱策，即前内阁总理前财政总长喀煜是也。喀为急进社会党领袖，时为众议院议员，其政策则亲德而排英。数年前，其妻击毙"飞加罗"报馆主笔加而曼脱，遽兴大狱（见第五章第二节），或谓喀谋揽政权，或且进而为"迭克推多"；大权在握，将实行其所蓄之阴谋。加而曼脱洞其奸而笔伐之，故喀假手其妻以杀之。时法官为喀旧僚，蔽罪加而曼脱，而喀妻竟漏网；喀煜势力之蔓延可知矣！及大战启，法英协力御德，喀曾任粮台之职，旋以开罪英法军官，被军事裁判，拘囚某垒。释出后，即赴南美亚尔然丁，与德驻使路克司堡相过从，踪迹极诡秘。其时美国国务卿兰辛扣留路克司堡电文数通，中皆盛称喀煜，并密令德潜艇长曰："喀煜若返国，其所乘舰，不幸而被击沉，当待以殊礼。"既而喀回国，未几赴意，与意之亲德党下议院议员加伐利尼等有所谋划。法政府虽知之，而无可如何也。

◎法兰西前国务总理喀煜

无何，法境内"破坏运动"案层见迭出，无一不与喀阴有关系，其最著者为菩罗案。菩罗，法之马赛人，家世寒微，偶有经营，迄无所获。顾其性狡黠逾恒，犯案累累，自得识喀而否极泰来矣。菩溷迹政界，时时为喀所卵翼。大战时，菩频往来于瑞士、意大利、西班牙、美利坚，而常为军谍所踪迹。其在法也，出巨赀购得巴黎数大报馆，如"日报"，如"备战鼓"者，日攻击其政府与军队，以离间英法之感情，又盛倡与德单独媾和之说。

第二十一章　联军成败之转机二

法政府百计刺探，旋得美国务院致外交部电，始知一九一六年中德意志国家银行由美转给菩款项，达二百万金圆以上，大半由法银行转汇至巴黎；法政府既得此电，乃逮菩于狱。

参议院议员恩班，巴黎"日报"经理也，尝受菩之赀助。菩被逮后，恩惧株连，委为不知，且立售该报馆于来奴阿与代所希。旋参议院得恩同意，暂停其议员资格；恩同时又辞"日报"馆经理，愿受审判。而来奴阿代所希二人，亦遭波及焉。

斯时也，众议院议员斗墨尔频赴瑞士，人咸疑之。一日，斗归国，方抵境，即为侦探搜出数万法郎之汇票。诘所自来，言语支吾，遂坐以通敌，锢诸狱，旋自裁焉。众议院议员罗斯塔洛，亦以与埃及废王阿拔司希米潜会于瑞士，当轴以其与敌人通消息也，亦系诸狱。

巴黎有晚报名"红帽"者，喀机关报之一也，尝传播"破坏运动"之言论尤力。经理窦伐尔，频赴瑞士，行踪极诡秘。一日，窦适自瑞士返，至境，为警士搜出十二万五千法郎之汇票。时军法官以此事未报告陆军内务两部，受当道责让；而公安局长来玛利因是解职。于是陆军内务两部，派员赴瑞士。查窦真相，始知其受德贿赂非一次。时又于主笔阿尔梅来达家（西班牙人，别号维果）搜得窦签名之巨款汇票，遂捕二人，系之狱。无何，该报馆所有"破坏运动"之证佐，尽为警士搜获。阿尔梅来达未受谳，毙于狱。或曰，同党杀之，以灭口也！前公安局局长来玛利，亦牵连被逮。

顾上述种种"破坏运动"，非由内务总长玛尔维为护符，祸不若是烈。玛尔维者，"破坏运动"之中坚，任阁员至十余次，势力倾朝野。彼于李博任总揆时为内务总长；李虽禁止社会党代表参与司笃克姆之会议，而不能烛同僚之奸。说者谓李为人忠厚，年复鲞老，哀因河上之败衄，罢工风潮之起伏，社会党之不获与于会议而衔怨，虽勉膺艰巨，实已举鼎而膑绝，而谋破坏者，复日逞鬼蜮于其后，势不得不致政而去。继之者，陆军总长班乐卫也（班乐卫仍兼陆军总长，李博改任外交总长）。班尝充巴黎大学及巴黎高等工业学校数学教授，与总统赍蒙普嘉赍之从兄亨利普嘉赍并当代数学大家，后被举为众议院议员。其处事敏而善断，往时贝登之擢以下次，与废康士但丁以除"联军"后顾之忧，此皆其事之卓著者。然于内务总长玛尔维，既不克摘发其阴谋，又在在加以庇护，此其所以偾事也。初，参议院议员克来蒙苏于七月二十二日提出查问玛尔维案，以清内奸（李内阁任内）。十月四日，"法国举动"报经理铎台（王党）致书班乐卫，揭举玛尔维罪状，谓彼以国情输敌，倪凡尔哀因河之进攻，德人得预防之，多鱼之漏，佐证凿凿。班得书，承玛尔维许可，宣读于众议院。政府虽加查问，而班以为攻击之言，若捕风影，不足据。既而司法界于玛之前秘书来玛利（公安局局长）寓内搜得确证，班始知深受蒙蔽，而事益扩大，乃不得已而引咎辞职。

◎法兰西内务总长玛尔维

斯时之法：内而喀煜与玛尔维狼狈为奸，甘心捣乱；外而强敌压境，保聚之力垂竭。情势之危，已可想见。所谓责任内阁总理一席，非有旋乾转坤之手段，不能胜任愉快，彼仆遽者无论矣。古人有言曰："贤者急病而让夷，居官者当事不避难。"克来蒙苏之奋袂而起，吾不得不为法庆得人也。

克来蒙苏、普嘉赍、喀煜，法之三杰也。普近阴险；喀近骄悍；克近猛烈。而各有所偏。论其才：则克长雄辩；普娴外交；喀善理财。之三人者，常为政敌，积不相能。普之被举为总统也，克独反对；谓普性憸险，不当为总统。普既当选，克常借报章诟詈之。然彼二人，尚有融和之余地者，以所抱亲英政策，不谋而合也。班既辞职，首揆虚无人，而"破坏运动"之徒，又时时思逞，普以为使吾国从此沉沦也，毋宁释小忿而全大谊；故克之继班而起，普盖有劝驾之力焉。

克来蒙苏，法之望台人；组阁之日，行年已七十有六矣。家世习医，至克则于继述外，潜心政治，志在救国，古人所称"上医医国"是也。彼于"第二帝国"（拿坡仑三世时）周年纪念时，年少气盛，独狂呼共和万岁，触怒政府，被锢于狱。既释出，耻食皇粟，避而之美；为斯丹福某女校法文教授，凡四载（一八六五至一八六九）。后娶其高足拍鲁末女士，与俱归国，悬壶巴黎蒙玛脱区。贫病者，给以药饵，人咸饮其德。一八七〇年，普法战事起，拿坡仑三世被俘。帝制既覆，改建共和，克始呈身政界，被举为蒙玛脱区长。一八七六年，克代表蒙玛脱区为众议院议员，益得发抒。彼所刊行之日报名《正义》者，躬操笔政，以指陈时政之阙失。甘必大（一八八二）番利（一八八五）勃利松（一八八六）三内阁之倾覆，克为主谋，时人咸戏呼之为"倒阁专家"也！一八九三年为巴拿玛案所牵涉,解职去;精心撰著,凡九岁,旋又刊行《黎明》报,为特来飞案昭雪甚力,而克亦自是重入政界矣。一九〇二年被选为参议院议员。一九〇六年为内务总长。同年九月,升内阁总理;荐喀煜为财政总长。时受政敌挤排,越三年,卒为代尔喀赛所倒,然其退而为参议院之议员如故也。喀煜,自利安先后组阁,皆受克掊击,不安于位。克善雄辩,精剑术,好与人对,人咸目之曰"虎"。其发词,口若悬河,莫能与匹,故其倒阁,如是之易也。大战既启,克于《自由人》日报中评论政府,旋遭封禁,而换名之《桎梏人》,仍赓续刊行。论者谓此老倔强,皆是类也。然以笔端锋端舌端之可畏,衔之者颇众。一九一七年,当国势危急,喀煜客罗马,尝以未来之法总理,隐自期许;然对于克来蒙苏,又隐若一敌国焉。克为总理,而喀为阶下囚矣!

◎法兰西国务总理克来蒙苏

克之就任(十一月十六日),其第一政策,即以严厉手段,遏止国内之"破坏运动"。欲遏止"破坏运动",非先去其首领喀煜不为功。然喀有众议院资格为护符,克来蒙苏不便加以法网。会巴黎卫戍总司令窦拔依控喀罪状,克乃借之,要求众议院停止喀议员资格,且以一己之去留力争。众议院议员果如所请,而喀遂于一九一八年一月十五日被锢于"桑推"狱。十九日,意政府以案关重大,乃于福禄伦司某银行内,启喀所赁之保险箱。箱中有喀得任总揆后,和德之计划书,题其签曰"柳别工"。"柳别工"者,古罗马与戈尔交界之河名;当凯撒本贝交恶时,凯誓师戈尔,而渡是河,示破釜沉舟之意,卒灭本贝,称霸罗马。喀煜抄袭此三字,其志已昭然若揭矣!至其夹袋中之人物,则有恩班之海军总长，萨拉意之统帅二人。吁！喀之势，炙手可热，当轴所莫敢谁何者也。使当日之法兰西，无复有克来蒙苏其人，前途之危，宁堪设想？克亦人杰矣哉！

克秉国钧，尚严厉，略无所瞻徇。菩罗，窦伐尔，来玛利等受军法裁判：菩与窦处死刑；来玛利等受监禁。喀煜、玛尔维、恩班等三人，以国会议员资格，受高等法庭审判。厥后恩以证据不足免；玛流西班牙；喀系狱待讯（一九二一年，法庭以喀被控之二罪：一为叛逆，不成立；一为战时与敌通信，因判决禁锢三年，停止公民权十年，限制个人自由五年。喀煜自被拘后，至是以及三年，乃释出）。萨拉意者，军人而兼政客者也，时统法英联军于萨洛尼加，国会中多莫逆交，而与喀尤昵；及"破坏运动"案定谳，克召之回，迫令解甲。于是风起水涌之"破坏运动"案遂平。

◎玛尔维案之高等法庭

克既平"破坏运动"案，国内大多数政敌，向之百计挤排者，今则反生敬畏，咸欲拥护之以谋对外，此一九一八年事也。当是时，奥外交总长吉宁，多方运动和平，忽于二月十一日扬言于维也纳之市政厅，谓和议之梗，不外亚洛两州问题，今克来蒙苏已声明有商榷之余地，仅俟我奥之调停云云。夫克来蒙苏之为人，临大节而不可夺者也。自一八七一年城下之盟，德人天骄，诛求无艺，法人忍辱含垢，割亚洛两州以畀敌。斯时也，克生当壮岁，血气方刚，以丧地之可羞，反对无效；割地以后，时时引为奇耻，而见于辞气，推其心，以为非返我侵地，誓不与德人共天地也。及闻吉宁之诳言，大为震怒，遂将奥皇致西克思脱亲王一书（见上节），完全披露。盖和议之主动，出自奥人，所称对亚洛两州有商榷余地者,乃奥皇之私衷,克非真有此言也。克既不认,于是吉宁闻之,以惭忿交集而辞职。

"联军"中问题之最难解决者,厥为统帅问题。"联军"而无统帅,则军权不一,军权不一,则能者被牵扯,不能者易推诿,此行军之大忌也。"联军"中,以资望论,以主客论,则统帅一职,自当属法;然英人之守旧者,往往以己国将领,无隶他国戏下者,胶执成见,颇亦断断。异日克之为法军争统帅也以此。

克虽为内阁总理,而时时躬莅前线,考察军情,晓以大义,故军士咸爱戴之。有见之者,谓其在众议院报告时,往往壕堑之泥,沾体涂足,及公事毕,而又赴前线,其不惮烦如此。一日,克于众议院言曰:"拨云雾而见青天,其不远矣!"盖克之老谋深算,业有成竹。惟其然也,遂使颠危之局,转而为安;此不独法兰西之幸,抑亦"联军"各国之幸也。

第三节　威尔逊提议和平十四条

两阵对峙,师老力屈,其士气已再衰而三竭,而渴望和平之心于以生,试观一九一七年和议声浪之日高可知矣。然此等和议,有倡而无和,亦所谓过屠门而大嚼,虽快意而不能得肉也!姑分述之。第一为德意志军阀式之和议:此为一九一六年冬,德政府提议(见第十六章第七节)其要求于"联军"者,完全出于战胜国之口吻;时"联军"既未失败,自不肯予以承认。第二为德意志社会式之和议:当一九一七年夏,已通过下议院,前已述之矣(见本章第一节);表面观之,不啻与军阀式相反对,然主持和议之首领夏德门辈,虽以社会主义相标榜,而不免为"联军"所疑,且阻于国内之军阀,故亦不发生效力。第三为教宗式之和议:即一九一七年八月十六日贝乃第克脱十五世所公布者(见本章第一节),然"联军"疑为奥人之授意,置不理;盖和议须实力为后盾,教宗之声势,已远不若中古时代之赫濯,曲虽高,如和寡何!第四为国际式之和议:其事滥觞于司笃克姆(见本章第二节);所谓国际主义云者,社会主义重要之一端也,其目的在不分国界,而与贵族政治及资本主义相抗衡,命意非不高,然"联军"以俄近事为殷鉴,对于急进之社会主义,早已不寒而栗。法英各国之不许社会党出境,正坐是故。故此四者,宗旨不同,而皆不易成为事实。斯时也,以地位论,以势力论,足以左右世界之大势而为之调人者,厥惟威尔逊。威当机立断,乃于一九一八年一月八日在国会提议和平十四条如下：

（一）和议当以公开态度解决之；此后宜杜绝私结盟约，禁止秘密外交。

（二）领海以外，无论平时或战时，须保完全之航海自由；但于执行国际条约时，得以国际之公意，封锁一部，或全部之公海。

（三）废弃各种经济之障碍；国际当定贸易平等之条例，以维持和平，并由国际间保障之。

（四）立适当之保障，以缩小军备至最低额，而足以保护国内治安为度。

（五）对于殖民地之处置，须以公道为判断；殖民地人民之公意，当与政府之正当要求，共适权衡。

（六）凡已被占领之俄罗斯领土，须一律归还。关于俄国种种问题，世界各国，当以诚挚协助其自由发达为前提，俾其自定政策，入于自由国民团体之下。如俄罗斯有需要时，各国当供给其一切。

（七）凡已被占领之比利时领土，须一律归还；其一切主权，不得丝毫加以限制，俾与世界自由国享同等之利权，此为世界所公认者。欲使各国信任国际公法，此举实为首要。苟无此补救之道，则国际公法之效力，从此将消灭无余矣。

（八）凡已被占领之法兰西领土，须一律归还；侵损之处，当为补偿。亚尔萨斯与洛兰两州，本为法属，自一八七一年为普鲁士强占后，因之扰乱世界和平者，殆五十年，今须归还，使和平基础，益见稳固，盖为世界计也。

（九）重订意大利疆界，其版图之改定，当以居民之种族为根据。

（十）奥匈联邦内之民族，其在国际间之地位，当担保其自由发展之机会。

（十一）罗马尼亚、塞尔皮亚、蒙丹尼格罗三国，须一律恢复原状；已被占领土地，一律归还。塞尔皮亚予以通海之权利。巴尔干诸国之关系，当和衷共济，并须照历史上之习惯与种族而定。巴尔干诸国之政治经济自由，由国际公共保障之。

（十二）对于土耳其帝国之"土耳其"种族，须承认其主权。其在土耳其政权下之他种族，当享受保护生命发达自治之权利。达特奈耳海峡，由国际保障，永远公开，俾各国自由通航。

（十三）建设波兰独立国，凡确为"波兰"种族所居之地，均归其版图，并予以通海之权利。其政治与经济之独立，及领土之完全，以国际条约保护之。

（十四）确定约章，组织国际联盟，其宗旨为各国相互保障其政治独立与领土完全；国无大小，一律皆然。

自威尔逊之和平十四条发表后，"联军"各国，一致赞同，佥认为战争之目的焉。

第二十二章
德军最后之攻击

第一节　德军攻击之准备

德意志日以和议为口头禅，而武力迷梦，迄未稍醒。彼盖以比利时、卢森堡、波兰、塞尔皮亚、蒙丹尼格罗、罗马尼亚、芬兰、拉他维亚、立陶宛、乌克兰，以及意东部，法北部，既以武力得之，而勃来斯脱里脱夫司克与蒲加来司脱两和约，又慑于我之威势，而一一画诺；他若我兵力所不及之地，则上有凌驾霄汉之汽船，下有出没波涛之潜艇，虽古军事家九天九地之策，无以过矣。嗣今以往，东方战事，无虞后顾。"联军"而不欲媾和则已，欲媾和，则非降心以从我德意志式之和议不可。且当其时，德人自社会党一小部分外，又复一致团结，追随于政府之后，盛言和议，无有异词矣。斯时之"联军"，其将低首下心而乞和乎？自当时之情势言，"联军"节节失败，莫可为讳。顾其秣马厉兵，运筹决策，对于"中欧罗巴"，依然不肯示弱；而于"中欧罗巴"被困之窘状，尤能洞若观火。即不幸而一挫再挫，而据有输运自由之海道在，士卒之征调，饷械之接济，仍足有恃而无恐。由是言之，两方之言和，真遥遥无期也。

又自德之地位论之，东战场之战事虽了，其为被围之垒如故也；欲解此围，势必一战。德军于此，果于何处施最后之攻击乎？将施之马西顿尼亚欤？无论法英联军，势不能尽驱，即能尽驱，而战争之结束，决不在此。将施之意大利欤？意，"联军"中孱国也，即不能当德军之一击，而盟于城下，彼法、英、美之健儿，不犹麕集于西战场乎？以上两策，咸不能结束战事，欲结束战事，自非有一度最后之大攻击不可。矧当是时，美军东来，源源不绝；德潜艇之横行海上者，美军直视若无物。将来美之军士，愈聚愈多，"联军"增一奥援，即"中欧罗巴"多一强对，此尤德人所旦夕不安者。故自经一九一八年二月间德下议院之秘密集议，得兴登堡鲁登道夫为解释其策略，而大举之计遂定；悉全国之力，以赴西战场，以竟一九一四年秋末成之功。至萨洛尼加之"联军"，比亚佛河之意军，则令保奥两国，同时并举，以为遥应。预计成功之日，不过四月，多则六月。至耗损士卒，予以百万为度；不足，则以五十万济之，以为最后胜利之代价。当日兴鲁意计盖如此。既而此秘密大计划通过于下议院而泄漏于民间，人民间有异议，而赞同者，仍居多数。

兴鲁二人，既明知此为最后之攻击，为德意志生死存亡之大关键，欲竟其功，非以全力对付不可。于是前之留戍俄罗斯及遣往意大利巴尔干各方之精锐，悉一一调回，克日西赴，至有工厂夫役，农场佣工，亦被简入，以厚兵力。是役也，能进不能退，不待交绥，而破釜沉舟之气概，已跃然纸上矣！

◎德军军长虎底哀

至进军之韬略，发自虎底哀，而取决于鲁登道夫。一曰德军进攻，利在深夜，衔枚疾走，不使敌人觉察；又各路军队，分道并发，而集合于一定地点，无或先后。二曰以重炮突然轰击，而后以步兵继之，外出敌人之不意；于将进未进前，又以毒气弹射至敌阵，俾触其气者，或闷毙，或昏眩。以上两策，必需冲锋；冲锋兵士，悉由各营遴选而出。选毕，组成小队，使各携带便捷臼炮与机关炮二种；前者用以击毁壕堑，后者用以突围。我之后方，以重炮遥轰敌阵，壮我声势。此种韬略，法人名之曰"渗透"，意谓无孔不入也。又云，此种冲锋兵士，犹吾人指爪，蒙以镔铁，以之击物，无坚不摧也。迨敌军阵线为吾冲破，而吾兵士即于冲破处，蜂拥而入，使敌人不及弥缝其阙，然后吾冲入之兵士，或炳炬，或举烽，以为呼应后方之符号。由是中权已度，后劲继入，俄而大队之步兵与大队之炮兵，又续续前。途中馕械，足支数日。或甲军疲乏，而即以乙军更番猛进。此种战术，宛然一旋转不息之车轮，亦即一赓续不已之跳背游戏也。一九一七年，虎底

第二十二章　德军最后之攻击

哀用此法以攻里加而胜，鲁登道夫用以攻意军于加波来笃而亦胜；此为德人之新战术，视大战初之以大队密集而冲锋，与徒以重炮终日轰击一处者，优劣不可同日语。若非研究有素，岂易到此？顾用兵之道，贵乎神速，鲁登道夫之新韬略，亦本之兵法原理，未尝有神鬼出没之奇也。设其所遇之敌，不可猝败，或以坚持故，而旷日弥久，则一鼓作气之前锋，必将受久战之影响，再而衰，终而竭，而形势为之大变，此又鲁登道夫所不能预料者矣。今将当日鲁登道夫所重组之七大军区，分列如下：

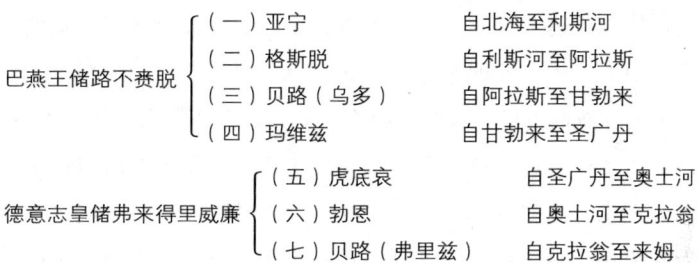

德皇威廉二世，躬莅司伯大本营指挥一切，实则阃外之事，悉惟兴鲁二人是主。故兴鲁之在是时，朝野上下，实倚赖之若长城然。时下议院副议长罕甫利希大言曰："兴登堡上将何往乎？彼殆率我德意志数百万健儿，与敌人相见于西战场，而贾其余勇，灭此朝食矣！"其崇拜兴氏也如是。

抑此时德军之心目中，尤有一鲁登道夫在。鲁为普鲁士人，其母则瑞典籍。大战之初起也，鲁年垂半百，身为少将，无所知名；后随哀米希入前锋队。德军围攻利爱其，不能下，旅长某中弹仆，鲁登道夫继领其众，奋勇前进，比利时第一坚垒，遂为所陷。德皇爱其勇，留之大本营，鲁之遭际，自是渐盛。既而俄军围东普鲁士，势急甚，鲁白德皇，起用兴登堡，畀以东普鲁士总司令之职，而己则长其参谋，遂有泰伦堡之大捷。自是兴鲁二人，和衷共济，以奏肤公。厥后陷波兰，复加里西亚，收塞尔皮亚，克罗马尼亚，虽不能不归功于兴登堡，麦耿生，福根海诸人，而鲁登道夫亦与有力焉。且加波来笃一役，穷追意军至比亚佛河上者，突出鲁登道夫一人之奇谋。今者鲁登道夫统率全军，与"联军"相见于疆场，战而胜，则德意志称霸全欧，睥睨世界；而鲁氏奏凯归来，且将躬受麾杖，备享尊荣，虽兴登堡麦耿生诸上将，亦不得专美于前矣，岂不伟哉！

第二节　德军破英军于毕加第及弗郎特

"联军"之要害乌乎在？曰，在索姆河流域。索姆河流域何以得为"联军"之要害？曰，斯为英法两军衔接处。德军而能击破此点，则英法两军，势必成为两橛，由是而逐英军于海，歼法军于陆，即美军之源源而来者，将谁援乎？果尔，则战事或由此结束，而德国式之和议，行将成为事实！一九一八年三月二十一日黎明，德军以迅雷不及掩耳之手段，进攻英军阵线。越二日，置于距圣古朋东北十五英里之"贝尔他"大炮，射击巴黎，计路程长七十五英里，此德军夺人之先声也。时法军统帅贝登，以德军必将攻法军于香板尼；英军统帅海格，以为以帕之英军，必为德人所袭击。不知鲁登道夫之策略，偏出法英统帅意料之外；其进攻地为阿拉斯至奥士河，此即上文所言索姆河流域也。英军之守此段者，为平恩与高胡两军；平恩军驻阿拉斯至圣广丹，高胡军则在圣广丹至奥士。是日也，大雾迷漫，百步以外，无从视察；德军贝路、玛维兹、虎底哀三军，以所选冲锋兵士，乘势突进，所向披靡，连占英军第一第二防线，英军退守第三防线，谋持久。战至翌日，高胡军已不能与法军衔接，要害尽失，士卒溃退。德军乘胜自圣广丹西向阿米恒，南向纳容，分道并进。二十四日，下贝龙、哈姆、旭尼，渡索姆河。二十五日，占拔尔勒、乃尔、纳容。同时平恩军之右翼，以高胡军溃退，不得已退出拔卜姆，自此而阿尔倍外之险要尽露，平恩乃以全力守其左翼，坚持阿拉斯。

二十六日，法将法毓尔率师来援，军于奥士，阿佛尔两河间，与阿米恒南莫勒意之英军联为一气。同时英将凯赍组临时义勇军，应征者，或为工人，或为机师，年龄职业概弗问，愿入伍者听。一时舍业从戎者颇踊跃。成军后，与德军相持于阿米恒凡六日。英法两军之得以裂而复合者，虽由法毓尔救援之功，而此军之互为犄角，亦与有力焉。

德军既不能下阿米恒，其所掠土地，其形势皆突出于恩格与阿佛尔两河之间，兵家所谓三面受敌之地也，非扩而充之，不可一日守。二十七日，德军复猛攻平恩军，进占阿尔倍；翌日，击破法毓尔军，下蒙提第哀。德军至是，形势较稳固；然英法两军之衔接如故也。

德军斯时，欲横断英法两军而不能遂，其故由于淫雨连绵。索姆流域，尽成泥泞，既不利行军，尤不便输运，德军不得达其目的，英法两军之所由分而复合也。然英法军于一九一六年索姆河战役恢复之地，至是为德军所占外，复失地一千五百平方英里，被俘九万人，失炮一千三百尊，"汤克"炮车百辆。说者谓毕加第战役，至此告一结束，德军而欲达其目的，非为第二度大攻击不可。

第二十二章　德军最后之攻击

鲁登道夫于第二度之攻击，又改变其方针，拟截断守以帕之拍鲁墨军及阿拉斯之霍恒军，尤急欲乘霍恒军之不意，抵其隙而蹈其瑕，一若前日之横断高胡军然者。德军而果能如愿，则加来可不战而得。加来者，英军上陆之根据地，一入德军之手，既可断英军之后援，又得借以扼渡佛海峡之咽喉，而登英伦之陆矣。即不然，而仅达加来之半路，则哈士菩克必为其囊中物，既据哈士菩克，则以帕不守，以帕不守，则英比两军后方之铁道总线，亦必由是而涣散。四月九日，德亚宁与格斯脱两军向阿蒙底埃至拉拔山进攻，中断英军前线约三英里许，复乘胜前进。翌日，渡利斯河，占阿蒙底埃与爱司端埃。十二日，据墨维尔，距哈士菩克仅五英里。旋德军又移其战线于哈士菩克东北。十四日，占近甘曼尔山之纳夫爱格里斯。十六日，占维起脱后，完全占领曼星阵角。

德军之占领曼星阵角与轰击甘曼尔山也，将使以帕之英军，日益阽危。职是之故，海格传令退出柏乡代尔阵角。柏乡代尔阵角者，英军于一九一七年以重价得之者也（见第二十章第一节）。海格此举，虽有损英军威名，而按之实际，足以缩短战线，易于守御。十八十九两日，法援军亦续续至，亚宁与格斯脱两军，由是屡攻而不克矣。

自四月二十四日至二十七日，德军复大举攻甘曼尔山，损卒甚多，耗费子弹亦不赀；虽英法两军以被迫退出山岭，而亚宁军已惫甚，无力进窥以帕。同时德军之进军于哈士菩克东南及般斗恒左右者亦不克。至五月中旬，弗郎特战役乃告终；世称之为利斯战役者，则以其地在利斯河流域故也。

毕加第，弗郎特两战役终，德军仍不得达其目的。或谓英军于此两役，受创甚重。即以弗郎特战役论，阿蒙底埃、墨维尔，及曼星、柏乡代尔两阵角均为德军占，又依然一九一四年以帕第一役后之旧形势矣。除一九一七年所恢复者仍被占外，又失地八百方英里。计为时未及两月，而英军损失之数，竟达三十五万人，法军亦十五万人，可谓巨矣！

英政府闻高胡军之溃退也，举国震惊，急谋变计。四月八日，国会以大多数通过新征兵制案：凡自一九一五年起，居留于英吉利之人民，自十八至五十五岁，均当服务行伍；即往日法律所许免役之教士，至是亦当征调云。

英政府之颁行新兵制，系概括爱尔兰言之，而爱人独期期不奉诏；而纠纷已极之爱尔兰问题，至是益滋纷扰。初，政府已许爱人召集爱尔兰议会（见第二十一章第二节）；除"新芬"党外，全岛各党皆得派代表列席。一九一七年六月，开始集会，主席拍伦甘脱，于该岛自治问题，颇有讨论。一九一八年四月，会中所公布之议决案，以建设爱尔兰自治政府为最要。乌尔斯得闻之，极端反对；政府复从而利用之，于爱之建设政府，不之许，且以新兵制相强迫。爱人闻讯，群相惊诧，佥谓加拿大、澳大利亚、南非，皆得享受自治权利，吾侪爱人，何独向隅，且必令执殳为王前驱也？此说一出，而英下议院之爱尔兰国民党议员，尽行退出下议院，以为爱人之后援。四月二十日，国民代表齐集特勃林，一致宣言曰："英政府未得爱人同意，强使从军，是为暴政；爱之纷扰，政府实尸其咎。"同日爱尔兰工党代表千五百人，复一致议决，对于新兵制坚不承命。先是，旧教主教集议梅诺司，为同样之反对，且怂恿全爱人民定期宣誓以示反抗爱人从其言自是爱之国民党工党教士向之效忠英吉利与"联军"者，登时变其态度；而国民党新领袖狄伦，与"新芬"党领袖伐来拉，且握手言好矣。政府虑激变，且恐乘此复引起革命，遂许取消新令。同时爱尔兰自治案，亦因之搁置。英人以爱人此举，实背叛"联军"，而乌尔斯得联合党领袖卡孙尤愤激；英政府乃于五月五日特任费赍起为爱尔兰总督，以示压抑。费，爱人，曾为西战场英军统帅，又为联合党党员；英政府此举，实一铁腕政策也。爱人斯时，其将柔声下气，唯唯听命乎？抑坚持到底，以与政府抗也？自是而主战（对大战而言）主自治之国民党，忽投入主和主独立之"新芬"党旗帜下，而英爱之间，仇视愈甚矣。

  无何，西战场英军之败衄其影响遂及于"联军"统帅问题。自陆军之声望与主客之地位言之，统帅一席，理当让法。顾英人性骄傲，雅不甘居人下；吉青纳于大战初，不肯慨然赴西战场，僇力拒敌者，亦虑受霞飞之节制故也。后英政府改派费赍起为统帅，以费之声望，亚于吉也。及费至法后，亦独当一面，未尝受他方约束。说者谓法将屡争壹军权而不能得，坐是之故！迨费赍起去而继以海格，其为人也，坚毅能容忍；一九一七年倪凡尔哀因河上一役，亦尝与海格约，此一度战事，英军咸当受部分，遵其节度，并声明以是役为限，海格从之。彼其心以为苟利于国，统帅谁属，绝无成见。顾英武人多自负，颇有处中为梗者，而参谋总长罗伯孙尤甚；幸罗已辞职，继之者为威尔逊，威与法军素亲善，而两方面遂渐渐接近矣。迨美利坚加入后，要求"联军"统一军权。至三月下旬，德军开始攻击，美统帅潘兴愿率所部听法将调遣。英人是时，亦以高胡军之溃败，挫其锐气，不复如前日之骄傲。三月二十五日，克来蒙苏、米尔纳、威尔逊、海格、贝登齐集于杜伦，开重要军事会议。克来蒙苏坚请公推"联军"统帅，壹军权，以免歧误；众赞成，议遂定。

  然则斯时"联军"中足以膺统帅之重任者何人乎？曰福煦是已。福煦与霞飞，年相若，又同隶南省。弱冠时，又同肄业于巴黎专科学校之军事学科；毕业后，复入方登勃罗之炮队专门学校。既而霞飞入工程队，福煦入炮队，至是而两人之行踪分叉矣。福煦为中校时，膺巴黎陆军大学之聘，教授军事学。大战中后起诸名将，如戈路、孟强、恩班、基毓玛、贝得罗、代朋内、谭古德、摩得意、欧拔尔等，皆其高足。又复本其心得，著书两编，一曰《战争之处理》，一曰《战争之要义》，世称杰作，移译殆遍。一九〇八年，克来蒙苏出任总揆，任福煦长陆军大学。福煦踌躇者再，徐谓克曰："君固不知仆之家世；

仆有弟,乃神父也!"克立答曰:"余不问宗教与否,余盖欲汝教军事学,非教神道学也!"盖在法共和政府之下,其仇视教徒,与仇视贵族等。福煦之意,固不欲一旦长陆校以后,即有带宗教色彩之嫌疑;而克氏之坚欲其长陆校者,殆早识英雄于未遇时哉!福煦既受职,关心国事,默察未来,知欧陆战祸,终必爆发,遂于将来御敌之策略,潜心研究,其远虑如此。一九一一年,福煦调任师长。一九一四年,隶加司丹尔诺部下,转战洛兰;旋调至中路。霞飞玛因河上之捷,以散河上之坚持,福煦与有功焉。后索姆河战事剧烈,福煦以坠车受重创,退而养疴。及贝登继倪凡尔为统帅,所遗参谋长,法政府以福煦继之。意军加波来笃战败后,卒能阻德奥联军于比亚佛河者,皆福煦之谋也。一九一七年,克来蒙苏复任总揆,急欲提拔福煦,奋斗经时,事果实见。一九一八年三月二十六日,福煦被推为"联军"统帅;法军统帅贝登,英军统帅海格,美军统帅潘兴,咸受其节制焉。

◎联军之四统帅　贝登　海格　福煦　潘兴

自福煦为"联军"统帅,而西战场之军权,乃归一致。前日英军毕加第与弗郎特两役,因军权不一而致败者,今而后,可以免矣。果也福煦就任后,与德军相持于阿米恒,以帕,哈士菩克诸地;虽以鲁登道夫之老谋深算,亦不能分裂英法军而使之中断。德之欲歼英法军于海陆者,至是又尽成画饼,非福煦之丰功伟绩,能如是乎?

第三节　德军挫法军于哀因河及奥士河

　　鲁登道夫不尝有言乎？"西战场军事，不出四月或六月，必以胜利结束之。"然鲁自大举进攻以来，已忽忽两月，士卒死伤，达五十万，已踰鲁氏预定之半数。即以百五十万论，亦已丧其三分之一代价。而计其所占之地，或自阿拉斯至拉反埃，或自阿拉斯至以帕，广狭虽殊，要皆为鲁氏计划之胜利。故鲁氏既败英军，遂移其屡胜之师，以攻法军防线（或谓鲁登道夫初意，仍拟进攻毕加第，一鼓而摧英军，而军政两界，志在亟取巴黎，故有此变计，姑志之）。

　　斯时鲁氏最注重之攻击地为哀因高原。自德军防线路程计之，哀因高原距巴黎尤近，其形势犹玛因河之门户也。德军而能夺其门户，则巴黎夏龙间之铁道断，而法军之在香板尼与阿而克痕者日以危，此鲁氏之所以重视也。时德军在此战线者，为勃恩、贝路（弗里兹）两军。两军军士，突增至四十师；以二十五师为前行，其余为后备。五月二十七日上午一时，德军以重炮轰击爱兰脱河与来姆附近，约三小时，步兵继进；又一小时许，哀因河北岸高原之法军，已扫荡无余。薄暮，勃恩率军渡哀因河，抵凡尔河上之非姆，其中路又前进十二英里。福煦传令："德军之攻入非姆南者，听彼深入，不加遏止；我兵士但当东守来姆，西固沙阿松两防线，力扼敌军左右两翼使不得展；而我中路乃突然反攻，一鼓歼旃。"令既下，德军右翼猛攻沙阿松，至二十九日进占之。其中路果自非海前进，寻达凡尔、乌克、玛因三河流域交汇之间。翌日，德军军于底安利宫，至铎孟，盖已得玛因河流域一部矣。然德军右翼自得沙阿松，山路崎岖，跋涉困难；其左翼又力攻来姆，不能克。军力所到，不能如其本策。幸所统中路已沿乌克河前进六英里，而底安利宫之西，拓地又渐广，形势乃得暂定，世因称之为哀因河第三役。总计德军获地六百五十方英里，俘虏五万五千，炮六百五十尊。德军前线，向距巴黎六十二英里者，至是仅四十四英里矣。

　　哀因河第三役虽告终，德军地位，危险殊甚。盖其所掠地，自哀因河逶迤而至玛因河，易受敌军侧面之袭击；设法军一旦夹沟而瘳我，必无幸矣。鲁登道夫知之，因继续攻击，阳则前进，阴实固防。惟此次新攻击，其地位已由哀因高原而移至奥士流域，必以工比尼为目的地。鲁氏以为如是，既可联络阿米恒前德军之阵线，亦得借此占领哀因，奥士，玛因，乌克诸流域，为进占巴黎地。六月九日晨，驻蒙提第哀与纳容间之虎底哀军以十五师之兵力突攻横列二十五英里之法军前线；法军早有准备，故第一日进攻之结果，得地仅三英里，第二日亦然，不足偿其损失也。至六月十三日，虎底哀奥士河上之攻势，完全停顿。

当虎底哀军之进击也，贝路军亦于同月十八日轰击来姆，借以扩其左翼，与虎底哀同时并进。然来姆形势险要，法军踞守其地一带山岭，防御既极巩固，尤有高屋建瓴之势。德军屡攻不能克，此一路之攻势，亦即停止。

是时西战场遂为鲁登道夫、福煦对垒之地矣。之二人者，皆一时名将，建功戎旅，声誉彪炳。不知者以一时胜败，妄为轩轾，此则矮人观场，随人嬉笑，非定论也。惟以状貌论，鲁登道夫多威肃，而福煦和蔼；以治军论，鲁登道夫尚严厉，而福煦简易；至于物望，鲁登道夫威权倾朝野，人咸畏之，福煦平易近人，人咸爱之：此二人不同之点也。

◎联军统帅福煦

是时也，巴黎日受"贝尔他"大炮之扰。一入夜间，飞机轧轧，如隼盘空；炸弹下掷，如石陨地。巴黎人士，见德军愈逼愈近，至不敢以一朝居，而迁都之议，又如死灰之重燃，此亦事势所必至也。幸克来蒙苏持以镇定，并由萨洛尼加召回骁将基毓玛，任以巴黎卫戍总司令一职，以为背城之战，继前日加里安尼巩卫京师之故事。惟西战场之上，斯时忽形沉寂，其为鲁登道夫筹备最后攻击之时期欤！

◎德军军务总管鲁登道夫

第四节　德军之见阻

　　鲁登道夫之进攻"联军"也，又忽忽三月矣；回想当日期许之言，及三月来之成绩，虽未能一一满志，而"联军"一方已有应接不暇之势，此则鲁氏之差堪自慰者。且鲁氏预定计划，本有奥军进击意军于比亚佛河一策，以为德军之声援。鲁氏以为奥攻意，意必不支，西战场之"联军"，必将抽调南下，以为意援，一抽调而"联军"之力分矣；我蹈其瑕而乘其隙，宁非"中欧罗巴"之大利？虽然，此时奥匈联邦之情状，果如何乎？自表面观之，境内无敌军踪迹，且已并得蒙丹尼格罗之全部，塞尔皮亚与阿尔巴尼亚之大部，意大利之东北一隅，以为胜利，诚胜利矣，然国内各民族，纷扰滋甚。"捷克斯洛伐克"与"南斯拉夫"族之兵士，弃甲曳兵者，又日多一日。重以国帑要竭，室如悬磬，民不聊生，辗转沟壑。而奥帝喀尔，意欲单独媾和，非惟慑于德意志之积威而不敢发，且因是而深滋德人之疑，不得已乃躬赴柏林，陈述苦衷。五月十二日，喀尔乃与德人继续盟约，以坚其信。说者谓奥匈联邦，直德意志一附庸耳。时鲁登道夫以西战场形势濒危，乃将驻意德军，悉数西调，而攻意之事，则密授奥军以方略，俾独任。一令蒲罗维克军渡比亚佛河，西向窥蒙丹洛山，先占佛尼斯平原后，进占佛尼斯；一令霍真度夫军自梯落尔南下，向阿西阿果高原、革拉伯山、东拔山，沿勃兰泰河而下，以断意军之后：此鲁氏授奥之策略也。然自驻意之德军西调，奥军已形同孤立，而意军方面之法英军如故也。一九一八年六月十五日，奥军开始攻击：霍真度夫军为意、法、英联军所扼，不能前进；蒲罗维克军渡比亚佛河，占蒙丹洛山之东部，复沿河而下，抵桑铎那附近，复自河而西，又前进五英里。骤观之，蒲罗维克之胜利，似可预卜。且斯时也，意、法、英三国军队，果为蒲罗维克所败，则意必不支，不支，则法英两国必且檄调西战场之军队，兼程南下，而鲁氏乘彼单虚，亦足以掩其不备。乃至十八日，大雨如注，尽日始霁，比亚佛河流因之暴涨，奥军所架浮桥，尽遭漂没。意军炮艇，乘机还击；空中飞机，亦以炸弹下掷。奥军至此，在前行者已不能与后方呼应；而意之援军，大队续至。二十三日，意统帅提阿士下反攻令。至七月初，奥军尽退回比亚佛河东面；所夺意军险要，复入意军之手。是役奥军死伤十五万人，被俘三万人，失炮七十二尊；意军损失亦相当。说者谓奥军于此次战事，尽其所长，不留余力，一战不胜，士气已馁，自兹而往，纵欲徇德当轴之意，勉强再举，强弩之末，不穿鲁缟，奥军至此，真无能为矣！尤可危者，外既有压我而陈之劲敌，内复有伺隙而动之革党，黔驴之技，更何所施！执是以言，鲁登道夫之所希冀于奥军者，即欲不谓之绝望而不可得矣。

奥军之图意也，既不得逞，德军至此不得不勉力支持。又其时德意志朝野上下，信任鲁登道夫之心，犹未少减，惟外交总长勾尔门颇有异辞。六月二十四日，勾氏在下议院宣言曰："战争之结束，断不能决之于疆场，且断不能离外交上之谈判。"斯言也，谓武力之不足恃也。主战派闻而大怒，迫令勾氏辞职，而以海军中将辛慈继之。辛慈者，即前驻我国之德公使也。

鲁登道夫于毕加第、弗郎特、哀因、奥士，四次之攻击，不能不谓之胜利。然由是而欲结束战争，则犹未可必，于是第五次进攻之说又起。鲁登道夫所以名之为"和议攻击"者，以示吾德人将由攻击而得和议之意也。至就军事上言之，此第五次之进攻，亦不可少，盖前四度所得土地，形势濒危，而玛因河上为尤甚。德军欲避敌人侧面之反攻，既不易一一防御，又不甘一一弃置，以攻为守，但当进尺，不当退寸。然"联军"方面已预知鲁登道夫第五次进攻之地，必在玛因河流域，故法、英、意三军议定坚守此处战线。而美军陆续加入，亦已达三十万人，而后来者，尤有加无已，此则德军所未及料也。况德军新战略，筹备完全，尚须时日，而"联军"抵御之法，已成于德军之先。当德军进攻前五日，法军侦探，侦知德军将于七月十四或十五日开始攻击，侦骑四出，探其究竟。十四日晚，法拔来斯蒂中尉，偕伴侣四人，潜入德军阵线，掩执数人归，诘之，始知德军果定七月十五晨为进攻之期，于是"联军"之抵御益形周密。于拔来斯蒂，则赠之荣誉章，以志其功绩云。

◎意军统帅提河士

七月十四日，为一七八九年法兰西民军攻陷"拔司的"监狱之纪念日，虽在战争中，其欢庆之情形，仍不减畴昔。夜分，巴黎居民，忽闻炮声隆隆，自远而至，初以为空中袭击，既见东北角红光烛天，始知德军又大举进攻矣。是役也，鲁登道夫实已倾德意志全国之力，以求一逞。其进兵计划：使勃恩军为一路，由玛因河前进，以断巴黎囊西之铁道；莫德拉（继贝路）阿安能两军为一路，进攻来姆东之拍留内，阿而克痕间，以断来姆"联军"之来援，且足使亚洛两州所驻之德军，同时夹击，以尽歼东部之法军，又足使墨士河畔法军所筑炮垒，不得再恃以为屏蔽；又命爱朋率新军（后加路维兹继之）为勃恩军后援，以厚其势，如是则勃恩军可沿玛因河顺流而下，直捣巴黎。其他则有虎底哀与玛维兹两军进攻阿米恒与蒙提第哀间之法军阵地，此路获胜，亦可由北方径窥巴黎，与勃恩军中途会师，使英法两军，从此截断，福煦除城下乞降外，无他术矣！鲁登道夫之计，不可谓不豪。故自七月十五日黎明，勃恩军因炮队轰击后，步兵乘势自底安利宫与铎孟间南渡玛因河，占该河流域之高原，自早至暮，于前线二十二英里间，前进至三英里。然德军两翼，仍不得逞；左翼在东南为贝得罗部下之意军所阻，不得进哀半南；右翼在西南被谭果德部下之美军所阻，不能越底安利宫附近。至来姆东之莫得拉与阿安能两军，又为戈路军所扼；盖戈路预知德军之来攻，为先发之计，使德军"渗透"新法，无所施其技。又德军以死力占拍留内，沃勃里芙，泰欧，然来姆之坚持如故也。来姆之西南，玛因河之南，勃恩军于十六、十七两日前进向哀半南。然已疲惫不堪，不能再战。说者谓玛因河第一役，霞飞命福煦率新军加入；今玛因河第二役，福煦亦援霞飞故事，命米得利率新军加入于贝得罗，谭果德两军间，法军势大振，至十八日，西战场之形势骤变，德军不能再攻，反予"联军"以反攻之机矣。

先是，鲁登道夫将谋进兵时，贝登与法毓尔，孟强，谭果德三将酌定反攻计划，由福煦鉴定此计划即利用勃恩军突出于玛因河之阵势，以为制敌之计。昔人谓深入重地，兵家所忌，德军但顾前利，一意猛进，此大误也。时勃恩东攻来姆，"联军"则就沙阿松与底安利宫之西，攻德军之侧面。以是法军辎重，山积于维来古得来森林间，预备兵亦麕集于此，而鲁登道夫不之察也！

福煦所以能反攻者，无他，恃有美军之助耳。初，德政府以潜艇政策足以阻美军登陆，然其结果，西战场之美军，反日多一日。自一九一八年一月至三月底，"联军"及中立国损失吨数一百十五万；四月至六月底，减为九十五万：说者谓此为英美防御大西洋之周密。同时英美两国新造船只吨数，反较被击沉者为多，故美军之源源来法者与日俱增。自一九一七年六月至十二月止，每月平均计算，美军来欧人数为二万七千；一九一八年一月至三月，每月平均计算，已增为六万人；至四月，突增十一万七千人；五月，得二十四万四千人；六月，得二十七万六千人；至七月，美军在法总数，已溢百万。此等兵士之训练，始于美而成于法；其收效之速，诚非德人所及料也！四月，美军第一师守蒙提第哀西北一段，后于五月二十八日，恢复冈的尼村落。六月，美军第二师于底安利宫附近之班罗森林，力持德军，阻其前进。然此不过小试其技，及七月中旬，德军大举，潘兴乃尽献美军于福煦，请其重用，福煦从之，一若当日之信用法英军也，而"联军"之反攻成矣。

七月十八日，孟强与谭果德各率其法美合组之军，于二十八英里战线内，反攻德军于沙阿松与底安利宫间。进攻时先以步兵，继以"汤克"炮车，护以机关炮队，如迅雷疾风，出德军意料之外。孟强军于哀因乌克两河间，前进五英里，抵沙阿松以南之高原；谭果德军于乌克，玛因两河间恢复叨尔西，以迫底安利宫。勃恩不支，乃于七月二十一日退出底安利宫。谭果德军乘胜渡玛因河，向乌克河前进三英里许。时勃恩军且战且退，奋勇异常；其军队不致为"联军"所歼者，有以也！二十八日，"联军"渡乌克河，复反埃泰特诺埃。八月三日，法军复沙阿松。四日，法军又复非姆等五十余村落。至是德军已尽退至哀因凡尔战线，玛因河第二役又告终。法军俘三万五千人，炮七百尊。八月六日，福煦擢为上将；总理兼陆军总长克来蒙苏向之欢祝曰："将军荣擢矣；统率'联军'以达最后之胜利，非将军莫属也！"

玛因河第二役，与玛因河第一役相仿佛。以战线言之，说者皆譬之平行线。当大战开始时，德军气盖一世，以破竹之势向巴黎，至玛因河，突为法军所阻。霞飞虽不能歼德军，然卒能保存巴黎，保存"联军"，且保存"联军"所自诩之为人道为自由为公理而战之三主义，而延至四年之久，是为玛因河第一役。四年之中，德军虽以屡捷之师，东冲西突，而其形势，终若困兽之斗；其卒也，萃倾国之力，卷土重来，计其士卒，投鞭足以断流，乃至玛因河，而仍不克逞。彼福煦者，虽未能聚德军而歼旃，而其保存巴黎，保存"联军"，保存"联军"所自诩之为人道为自由为公理而战之三主义，而延至永久，犹之玛因河第一役也。乌乎！大战以玛因河始，亦以玛因河终；是河也，其为一不能飞渡之天堑欤！自此役终，而鲁登道夫平日之言，已不能践。说者谓德军困斗四年，已无余力，鲁登道夫于此，纵能策疲乏之兵，当数倍之众，罗掘以当军食，奋呼而争先登，然国内之号寒啼饥者，去析骸易子之期，殆已不远。是故玛因河第二役，实为大战结束之起点也。

地球之旋转

（中欧罗巴与世界）

◎意国寓意画

今昔之感
（大战前后之德国）

◎美国寓意画

第二十三章 大战之结束

第一节　德意志之力竭退师

◎法军骁将戈路

　　福煦有言曰："予之治军，不知有败之一字；败而自承。斯真败矣。"又曰："备战者即所以备进攻也。"福之言壮矣哉！然回溯四年来之战局，"联军"屡战屡北，殊多损折，而法兰西之受害尤独巨。凡北部肥沃之地，实业繁盛之场，既悉被敌军蹂躏无余，而数百万躐行凌阵之壮丁，又复捐躯原野，长为国殇；至于都城巴黎，一再被逼，阽危之状，尤足令选懦之夫，仓皇失措；而法军于此，未尝自承败状。今者福煦知德军兵力已竭，实予"联军"以可乘之机，故自七月十八日起，开始反攻，一战而胜，德军遂自玛因河退至哀因河。斯时福煦不欲使德军稍得休息，亟拟乘时直下，为一鼓歼敌之策，复于八月八日为第二次之反攻。此时"联军"反攻，则在毕加第。英劳林孙（时已继高胡为第五军军长）与法代朋南两军进攻于索姆河之南，阿米恒之东；德军惫甚，不堪应战。十日，英法两军乘胜复蒙提第哀；二十七日，复罗衣；二十九日，复纳容。同日，法孟强军于奥士河畔进逼里半古，又猛攻哀因河畔，进迫沙阿松。至英军方面，则有平恩军猛攻毕加第北部；至二十九日，复拔卜姆；九月一日，复贝龙；拍鲁墨军猛攻弗郎特，至九月一日，复甘曼尔山。

福煦之反攻，自七月十八日始至八月终，每战辄胜：举德军春间所占土地一一克复，并俘敌十三万人，获重炮二千尊，机关炮万四千尊；时德军已由"兴登堡战线"络绎退尽矣。

◎法军骁将孟强

败耗传来，德意志政府，虽知憬悟，为时已晚；然又不得不为亡羊补牢之谋。于是德皇威廉二世召集军政两界要人于司伯大本营，密筹议和方法。然事有难言者：所拟议和条件，必先得奥匈联邦之同意；既同意矣，又必须一中立国为之绍介；且得绍介矣，而又必待"联军"之接受：辗转需时，缓不济急，而"联军"已压垒矣！德政府于此，故张大其词：外以慰前线之猛士，内以靖蠢动之民心。论者谓此为一时治标之策。欲得良好和议与预弭境内之革命，非坚守所占比法两国土地不可。斯说一出，德皇威廉二世、首相赫得林、参谋总长兴登堡一致赞同，惟军务总管鲁登道夫则不赞一词。彼盖以军事计划之失败，负负无可言，又以前途茫茫，不可测度，真有羞见江东父老之状，宜乎其默尔而息也。

自"联军"方面言之，福煦以机不可失，时不再来，乘德军丧气之时，为一鼓荡平之计，故自七月中下令反攻后，至九月，战线之绵亘，已自北海迄于墨士河畔。至福煦之韬略，则分令其部将进击，倏此倏彼，亟肆以罢之，多方以误之，使德军疲于奔命而后已。九月二日，英霍恒军攻阿拉司东，破特洛古与甘央间之德军阵线，而复甘央及诸村落，俘万人；四日，复郎司，疾趋甘勃来。十二日，美潘兴军攻吴佛平原；翌日，破德军圣米哀尔阵角，复村落七十，计地百七十五平方英里，俘万六千人，获炮四百五十尊。自是凡尔登，多尔，囊西间之铁道，得以通行无阻。而美军阵势，由此可以窥德之曼芝炮垒与勃里爱铁矿区域。此为美军独当一面之始；其训练之迅速，于兹可见。

◎法军骁将谭果德

"联军"自破圣米哀尔阵角，福煦即下令五道进攻：（一）九月十八日，英劳林孙军与法代朋南军合攻圣广丹，于十月一日占之。（二）九月二十七日，英平恩与霍恒两军合攻甘勃来，于十月九日占之。（三）九月二十八日，比王阿尔倍亲率比军会同法将谭果德英将拍鲁墨两军进攻提克司密特与以帕间：比军进薄罗赟；英军复柏乡代尔，进次美宁，直逼里尔。（四）九月二十八日，法孟强军攻奥士哀因两河间，复夫人路。（五）九月二十六日，法美两军开始进攻来姆墨士间：美潘兴军于墨士河畔攻阿而克痕之东；

法戈路与谭果德两军于香板尼攻阿而克痕之西。

德军虽且退且战，然其力已疲；除失地外，自七月十八日以至九月底，被俘军官五千五百人，兵二十五万人，损失辎重无算。方谋重整旗鼓，而保军之在马西顿尼亚战场者，忽败耗纷至。九月三十日，赫德林见事不可为，辞德首相与普首相两兼职。越三日而"兴登堡阵线"已被攻破矣。德皇命拔腾亲王麦克司继赫任。麦克司者，富于民治思想，德皇盖特简之以缓和外内之民气者也。麦克司组新阁，罗致各党人才，以前殖民总长索尔夫调任外交总长外，社会党议员占阁员二：一为夏德门，一为鲍胡蔼；中央党议员亦占二席：一为克勒勃，一为爱兹保格。新阁既成，麦克司又赴下议院宣布政策大要如下：

（一）赞成一九一七年八月一日教宗所提之和议条件。

（二）如国际联盟果能包含世界各国而以平等为宗旨者，德意志亦将加入。

（三）以明文宣布恢复比利时。

（四）全部和议成立时，局部和议概予取消。

（五）亚洛两州得为德意志帝国内之自治区域。

（六）将选举法根本改革，立使普及于普鲁士。

（七）国内选出之代表内阁负完全责任。

（八）修改条例，担保集议自由，言论自由，以及别种个人自由。

麦克司宣布政纲后，复于十月初致书威尔逊，请其调停战事。然关于国际联盟之政见五条，威尔逊已于九月二十七日宣布于纽约，其大要如下：

（一）不论敌国友邦，须一秉至公，解决战事，不当稍有偏徇于其间。

（二）解决一切，各国当一致以公共利益为根据，不得限于一国或数国团体之利益。

（三）在国际联盟之下，不当复有"同盟""协商"及别种条约。

（四）在国际联盟之下，一国或数国间，不当再发生经济结合，或经济上之抵制与排斥；惟国际联盟可以行使经济上之惩罚而屏弃之，以明统治而严规例。

（五）国际间种种条约，当公布全文，咸使周知。

总计十月中，德美两国往来公文甚多。威尔逊宣言：德意志若不接受和平十四条，不取消"无限制"潜艇政策，不退出侵占区域，不担保毁弃德意志之独裁政治与军国主义，则"联军"决不与休战。同时福煦又乘势猛攻。比、法、英联军自十月十四日在提克司密特至利司河前线进攻后，相继复罗赉、美宁、哥脱来、杜威、里尔、土哥英、罗倍各地。比王亦亲率大军复奥斯登特、勃罗其、徐勃罗其以迄琴脱附近，而抵荷关以边境。十月二十一日，英军攻代能之东；十一月二日，复伐伦新；四日，复郎特西；九日复莫勃其；

十一日,复蒙斯。同时孟强军进次奥士、散尔、哀因诸河之间;十一月八日,逼曼徐安亚,盖已追德军至法比边境矣。至阿而克痕林东,有美潘兴军于十一月六日复山塘;阿而克痕林西,有法戈路军复符齐安与来端尔。至十一日,戈路孟强两军会师于美齐安亚附近。

自七月十八日至十一月十一日,"联军"所向克捷,法境内几无德军踪迹,比境亦所留无几。其时保加利亚,土耳其,奥匈联邦又皆覆败,德意志以"同盟"离散,独力难支,而大战亦于是终幕矣。福煦以物理学喻其连续不已之攻击曰:

"今有一斜陂于此,一球自其顶滚下,如不为外力所阻,其速率必渐渐增加,而球之下行亦愈速。不幸至中途而受他物之梗阻,则球之动力必尽失,所谓前功尽弃是也。余之攻击,深明此理而已。"

斯言虽小,可以喻大;如福煦者,诚可谓知兵矣。

第二节　保加利亚与土耳其之乞降

当一九一八年春德军大举进攻之日,保加利亚与土耳其两国已与"联军"诸国潜行磋商和议。彼两国非好背盟也,外与"中欧罗巴"既时有龃龉,内则军糈民食,已至山穷水尽,故不得已而为此下策也。先是,保王斐迭南拟以所得罗马尼亚之度勃罗剧州增入己国版图,土政府诸执政,闻保王此举,亦思染指;且谓我土耳其除占得俄属高加索州数地外,保当以脱拉司州见还。奈斐迭南于土保疆界,不愿重提;而德奥两政府,又不欲开罪于土执政,因将保人欲得度勃罗剧一事暂行搁置,留俟后日解决。保人闻之大失望,而疑忌日滋;自是苏斐亚柏林之间,遂不若从前之沉瀣一气矣。盖保人参战初意,本欲执近东之牛耳,而不甘为凯撒苏丹之附庸;今若此,不几事与愿违乎?一九一八年春,德意志欲集大军于西战场,以为最后之决战,因将留驻保加利亚之军队悉数西调(是时保虽有德之第九军留驻,乃军官为德人,兵士为保人)。是时"联军"马西顿尼亚战线,自沃希利达河以迄爱琴海,而保军以四十万人与"联军"相持。"联军"所以逗留不进者,实因胜负关键,在西战场而不在保;且双方战斗力,又俱不如前日之充足,故皆按兵不动也。

自保加利亚内部言之:平民久苦战争,无以给饔飧;士不宿饱,不堪应战;斐迭南渐失民心;德奥势力渐形消灭。说者谓"联军"苟乘此时机并力进攻,以保人之困顿,可以坐操胜算。又其时亲德之拉度斯拉服夫已辞首相职,意志不定之马利诺夫继之;马盖夙以单独媾和为职志者也,至是而形势遂为之一变。

保军之势日益消,"联军"之势日益长。曩日萨洛尼加之"联军",本为英法两国加里波利之败卒,厥后戍军逐渐增加,而意军与塞军又相继加入,军势为之一壮;然其力尚不足以破保军阵线也。自梵尼瑞洛司与希王康士但丁绝交后,梵所部希军凡三师加入"联军"阵线。及康士但丁废,而希军之加入,已增至十师。一九一八年七月,总计马西顿尼亚前线之"联军"有二十九师,内法八师,英四师,塞六师,希十师,意一师,凡七十二万五千人。

当一九一八年七八两月间,正福煦大举反攻之日。福之意,欲求战事之速结,非东西并击不为功;欲东西并击,非大败近东之保加利亚与土耳其,亦不足以解决战争。故福煦专力于西,仍分遣法将爱司半来赴马西顿尼亚,英将阿伦培赴叙利亚,双方并进,以期与西战场法军之反攻为遥应。

◎马西顿尼亚联军总司令爱司半来

爱司半来为法兰西名将之一;学识经验,足与霞飞,加司丹尔诺,福煦,贝登诸名将并驾齐驱者也。当一九一四年,霞飞玛因河上之捷,虽由加里安尼之奇兵与福煦之反攻，然非爱司半来之使克罗克与皮罗两军断而为二，则玛因河之捷，未必能操万全也。后索姆河、香板尼、哀因河诸役，爱司半来亦尝与其他名将同著勋绩。及一九一八年七月，福煦调基毓玛任巴黎卫成总司令，所遗马西顿尼亚"联军"总司令之职，以爱司半来承其乏。良以爱司半来能经营，多奇谋，其才长于攻；基毓玛性坚毅，能猛战，其才善于守：一转移间，两适其用也。爱司半来既抵马西顿尼亚，巡阅一过，知不修路政，难以行军，乃于八周之中，修筑道路以利运输，建设厂场以贮军火，布置交通机关以灵消息，增架重炮于形势适宜之地，以便轰击。追布置就绪，乃于九月十四日下令进攻保军阵线。英希两军军度伦湖附近为右翼；法塞两军军伐达企那两河畔为中路；意军军阿尔巴尼亚为左翼。及战，中路法塞两军，最告奋勇；塞军尤于一周中前进四十英里。二十四日，法骑兵占帕里来拍，尽获保军辎重；二十五日，乘胜占拔蒲那路及伊希抵拍，迫珂不路鲁与乌斯古勃。同时右翼英希两军于二十七日进占司得罗尼察。至是保京苏斐亚无险可守矣。

保加利亚见大势已去，突向"联军"以无条件投降，要求停战。

九月三十日，双方签休战约于萨洛尼加，大要如下：

（一）保军立即解散；所有军备，悉交出，由"联军"看守。

（二）保军所占得之塞希两国土地，立即交还原主。

（三）保加利亚所有种种输运机关，如铁道及多瑙河上之船艘，须由"联军"支配。

（四）保加利亚之土地，如在"联军"军事行动必要时，须听"联军"处置；各要隘亦由"联军"驻守。

"联军"所定条件，对于战败国，至为严酷。保王斐迭南，一国之主，受此挫辱，外既无颜以对"同盟"，内又无辞以自解于国民，卒于十月四日禅位于太子蒲利斯，仓促去国，而潜形于匈牙利别墅。以近东之雄主，作他邦之寓公，其末路亦可悲矣！至十月十二日，塞军复入古都尼希。同时意军向阿尔巴尼亚进行者，先于七日占爱尔白生，十四日占窦拉孰。十九日，"联军"已次多瑙河南岸。亡何，蒙丹尼格罗无复有奥军踪迹，而塞军已攻入波司尼亚矣。十一月初，塞军遂得复贝尔格拉特。

"联军"既进次多瑙河南岸塞尔皮亚及蒙丹尼格罗均已恢复旧物。影响所及，遂使罗马尼亚对于蒲加来司脱和约，忽焉反汗；复重整旗鼓，以图侵掠，爱司半来且率其"联军"以援助之，而进窥奥匈联邦。其影响最大者，土耳其之投降是已。土之得与德奥衔接一气者，其枢纽乃在柏林与巴格达特间之铁道；今巴尔干半岛已入"联军"之手，而同条共贯之铁道已中断，土耳其之形势，至是已孤悬于"中欧罗巴"之外，其欲不为保加利亚之续也得乎？

◎叙利亚联军总司令阿伦培

土耳其自一九一七年三月失巴格达特之后,士气已隳,形势日非。同年十二月,阿伦培以所统军队之一部,奉命西调以御鲁登道夫,故虽进攻土军而终不能克。土军亦以海夹子患在肘腋,不暇乘阿伦培之隙。于是阿伦培得乘机占极里旭,其在柏来斯丁之地位,益为巩固。

爱司半来大举进攻保加利亚之日,阿伦培亦得自印度来之新军以为之助,乃于九月十九日大举进攻,其战线自拉发至海边可十六英里,其右翼军乔但河滨,以重炮轰土军阵线,诱土军疾驰赴援,阿伦培乘土军之虚,乃命其左翼骑兵,突然冲过其阵线,土军大乱。翌日,英军抵拔生与那萨利脱;二十三日,占海发与阿克;二十六日,抵加利来海,占抵贝利亚司。至乔但河以东之土军,则为海夹子军尽驱而南,与河西之土军断而为二。十月一日,阿伦培与海夹子王储并辔入大马士革,而土之拉耶克、倍路脱、脱里波利及霍姆斯相继失。十月二十六日,英军占阿来卜后,德将桑达斯率土军官遁亚历山特来太。综计五周中,"联军"在柏来斯丁与叙利亚北进三百英里,俘八万人,获炮三百五十尊。土军既溃,巴格达特铁路亦断;土耳其除乞降外,无他道矣。

时英将马夏尔所部军由米索波泰米亚进窥木苏耳;爱司半来亦自马西顿尼亚乘胜迫阿突利亚堡,土京告急。先是摩哈默特五世于七月三日殂,摩哈默特六世于十月十日继位。及"联军"逼近时,执政诸青年恩佛他拉脱等见事不可为,联袂辞职。摩哈默特六世遂于十月十四日乞和于威尔逊,威诺之。土政府乃遣汤司汉先诣爱琴海英军司令加尔宿拍处接受条件;汤司汉者,英降将也(见第十三章第四节)。旋土全权代表与加尔宿拍议于来姆诺司之摩得洛司。十月三十日,订休战约,大要如下:

（一）达特奈耳、抱斯福、黑海三处皆公开。

（二）土耳其军队悉行解散。

（三）土军所俘"联军"士卒悉交还。

（四）土耳其与德奥断交。

（五）土耳其境内许"联军"为军事上之行动。

保加利亚屈服于前，土耳其又乞降于后，"中欧罗巴"之势，半归涣散。说者谓德意志控制近东凡三载，一旦见攘于"联军"之手，行百里者半九十，古人所以深叹末路之难也！保土两国，既相继乞降，至是而奥匈联邦愈岌岌矣。

第三节　奥匈联邦之瓦解

奥匈联邦之瓦解，酝酿于保土两国未降以前。曩者，西战场德军之谋大举也，联邦中苦压制诸民族，若"捷克斯洛伐克"，若"南斯拉夫"，若"鲁舍尼亚"，若"罗马尼亚"等，莫不要求自治；久之而更进一步，则又欲脱离联邦而独立，或加入同族之一国。其时著名大城，如不拉格、阿格拉姆、来拔希、克拉可夫、来姆堡等，凡为上列各民族所麇集者，亦复闻风兴起，如响斯应。甚至向之侨居于巴黎、伦敦、罗马、华盛顿各地者，亦各遥为声援，不谋而合。军队逃兵，日益增多。而"联军"各国，复用是种民族，组成义勇军，使效用于西战场或俄罗斯，以树"中欧罗巴"之敌焉。

回忆一九一七年间，"波兰"族之激昂，不若此际"捷克斯洛伐克"与"南斯拉夫"两族之甚，良以受治于汉帕斯堡皇朝之下之"波兰"族，绝无何种压迫；而一九一六年十一月五日，德奥两皇之诏令，特许设立王国，尤足羁縻"波"人反侧之心；即散特勒总理之暂得操纵下议院，亦无非由此。迨一九一七年初冬，德意志以袒护乌克兰，致"波"属之可尔姆州，为乌所并。奥匈联邦对德人此举，唯命是从，不敢可否。于是"波兰"人之怀恨德人者，亦遂迁怒于奥匈矣。毕尔坐斯基将军者，"波兰"领袖之一，本抱祖奥宗旨，至是以反对"中欧罗巴"故，被德人禁锢于境内。哈勒，奥军上校也，自勃来斯脱里脱夫司克和议成后，挟"波"人之列名尺籍者，弃甲而加入"捷克"军队；复赴法，为新设之"波兰"义勇军军长，以与德军相见于西战场。又奥匈联邦下议院中之"波兰"议员与"捷克斯洛伐克""南斯拉夫"之议员联为一气。奥政府以反抗之举，纷至沓来，仓皇无措。至一九一八年五月四日，国务总理散特勒遂请奥皇以明令解散下议院。

时复有所谓"大斯拉夫"公会者，实为奥匈联邦之劲敌。一九一八年一月开会议于不拉格，同年三月开会议于阿格拉姆，至七月开会议于来拔希。所议决之事件，不外脱离奥匈以谋独立而已。然在奥匈境内而谋独立，不免多方牵掣。后乃由意政府之苊赖，于一九一八年四月十日开大会议于罗马；苊会者有"波兰""捷克斯洛伐克""南斯拉夫""罗马尼亚"诸民族代表，宣言如下：

（一）各民族宣言应先自决其国家之存在，或统一，或完全独立。

（二）各民族当知奥匈联邦，无异德意志之附庸，尤为各民族独立政府及将来自由发展之绝大障碍。

（三）本公会认与公敌有宣战之必要。

此宣言发表后，奥匈联邦下议院"捷克斯洛伐克"及"南斯拉夫"诸议员，表示一致，以为遥应；而"联军"对之，亦予以相当之赞助。先是一九一七年，法兰西在西战场组织"波兰"及"捷克斯洛伐克"军队，承认其为交战团。一九一八年四月二十一日，意大利承认"捷克斯洛伐克"之国务会议为正式政府，并置"捷克斯洛伐克"军队于比亚佛河前线，以抗奥军。五月二十九日，美利坚国务卿兰辛宣言：美利坚政府对于"捷克斯洛伐克"及"南斯拉夫"之民族，有因求自由而奋斗者，当予以同情。六月五日，"联军"开第六次会议于凡尔赛，法、英、意首相均列席，议决设立波兰独立国，并予以通海之路，为公正和议之一条件；对于"捷克斯洛伐克"及"南斯拉夫"两民族，则与美国务卿具有同情焉。又其时"捷克斯洛伐克"兵一战于法兰西，再战于意大利，三战于俄罗斯（见本章第五节）。"联军"诸国：法于六月三十日，英于八月十三日，美于九月二日，日于九月九日，对于奥匈联邦未瓦解之先，已承认捷克斯洛伐克为独立国云。

是时奥匈联邦政府何如乎？戒严令也，逮捕令也，停止出版也；总言之，百方维持秩序。又德军西战场之大攻击，奥亦出兵相助；彼盖期德军之必胜，胜则假其力以平内乱，其事或可预信。然德军之胜负不可知，果其胜也，奥当不至失望。不然，德意志败矣，其为德意志如故也；奥匈联邦之瓦解，其能免乎？

无何，"中欧罗巴"之败耗续续至。德军以力竭故而引退，保加利亚与土耳其亦相继乞降。由是爱司半来所率之"联军"已抵多瑙河上，且攻入波黑两州。敌军所至，蹙国百里。顾其时最足以制奥匈联邦之死命者，为提阿士所率之意军比亚佛河与哀尔拍山间之反攻是也。十月二十四日，意军乘奥军不意，突攻革拉伯山间。同时英军一队攻比亚佛河下流，法军一队攻阿西阿果高原。三十日，意军复革拉伯山。于是奥军平原与山间之两大军，被截为两段。十一月一日，平原之奥军为意军穷追而大溃。三日，意军占脱伦脱与脱里安斯脱，再进复乌定。计十日间，奥军被俘三十万人，失炮五千尊，已不复成军，而奥匈联邦瓦解之朕兆见矣。

先是，十月二十九日，奥匈联邦外交总长安得拉喜电美总统威尔逊，谓奥匈政府当承认联邦境内各民族之权利，可不待德意志同意，先行单独媾和，并请美总统转告"联军"，即行休战。三十一日，奥匈联邦政府卒遣代表诣提阿士大本营，以无条件投降。十一月三日，休战约成，大要如下：

（一）奥匈联邦军队，立即解散；与德军合作之奥匈军队，亦立即召回遣散；所有炮之半数及辎重，悉交由"联军"保管。

（二）奥匈联邦军队，立退出侵占地；并在与"南斯拉夫"及"意大利"两民族所争执地，亦概行退出，以"联军"代之。

（二）"联军"占奥匈联邦境内之军事要隘及输运系统。

（四）奥匈联邦政府，立饬联邦境内以及巴尔干与意大利战场之德军退出。

（五）被俘"联军"兵士，立遣归国。

（六）"联军"商船之被扣留或俘获者，立行交还。

（七）奥匈联邦，立将战斗舰三艘，巡洋舰二艘，毁灭舰九艘，鱼雷艇十二艘，炮艇六艘，及潜艇十五艘等，交予"联军"。

（八）"联军"得管理多瑙河，并占领卜拉。

奥匈联邦，不待休战约之签字，已分崩离析，不堪回首矣。境内诸民族之临时政府相继成立。时内阁亦辞职，喀尔任拉马喜为总理；拉盖一教授，而常撰反对战争之文字者也，然亦专司交付之手续而已。

由奥匈联邦分崩中起而为第一新兴国者曰捷克斯洛伐克。初，"捷克斯洛伐克"民族已于十月十八日在巴黎宣布独立，二十九日，开捷克斯洛伐克国务会议；议长克拉玛兹宣布取消喀尔之波海米亚、摩拉维亚、西来细亚及斯洛伐克王位，而改设捷克斯洛伐克共和国。十月终，捷克斯洛伐克代表团二，一自不拉格，一自巴黎，分道集日内瓦开会议，草宪法，举麦萨利克为临时总统。十一月，开第一次国会，即借不拉格为召集地，批准麦萨利克为总统，并委克拉玛兹为总理。

◎捷克斯洛伐克总统麦萨利克

波兰者,昔为俄、普、奥三国所瓜分,至是亦重见天日,光复旧物。当奥德两国之革命也,波兰人之在奥之加里西亚与德之西来细亚,西普鲁士,扑顺者,一致宣言与旧俄属波兰合作。未几,又迎由德释回之毕尔坐斯基返故都华沙,十一月十四日,举之为临时总统,伯特莱夫斯基(著名音乐家)则任为总理焉。

南斯拉夫之统一,至是亦成为事实:合斯洛文尼亚、克鲁西亚与波黑两州之塞尔皮亚人组南斯拉夫国务会议于阿格拉姆。十月二十九日,克鲁西亚议会宣布否认喀尔帝及达尔马西亚、斯洛文尼亚、阜姆与奥匈联邦分离,而与塞尔皮亚,蒙丹尼格罗联合;自衣松苏河至伐达河之"南斯拉夫"族人,共组一独立南斯拉夫国。十一月七日,塞首相柏希起,奥下议院塞籍议员"南斯拉夫"领袖科洛希兹,"南斯拉夫"公会伦敦支会长脱龙别起开会议于日内瓦。其时克鲁西亚及斯洛文尼亚以与塞尔皮亚异其宗教,而斯洛文尼亚人主张建设共和国,尤与塞人不能一致。其卒也,克鲁西亚与斯洛文尼亚代表各牺牲其宗旨,为"南斯拉夫"民族一致之主张。十一月二十四日,南斯拉夫国会开会议于阿格拉姆,正式宣布南斯拉夫王国,举塞尔皮亚王彼得为南斯拉夫王,王储亚历山大为摄政王,柏希起为国务总理,格洛希兹为副总理,脱龙别起为外交总长。其时蒙丹尼格罗亦为南斯拉夫分子,以蒙王尼古拉无可位置,于十二月一日由蒙国会表决废王,实行归并于南斯拉夫王国,南斯拉夫之统一始告成。

◎波兰国务总理伯特莱夫斯基

◎波兰总统毕尔坐斯基

◎南斯拉夫国务总理柏希起

◎南斯拉夫摄政王亚历山大

南斯拉夫摄政王亚历山大于日内瓦。其时克鲁西亚及斯洛文尼亚以与塞尔皮亚异其宗教,而斯洛文尼亚人主张建设共和国,尤与塞人不能一致。其卒也,克鲁西亚与斯洛文尼亚代表各牺牲其宗旨,为"南斯拉夫"民族一致之主张。十一月二十四日,南斯拉夫国会开会议于阿格拉姆,正式宣布南斯拉夫王国,举塞尔皮亚王彼得为南斯拉夫王,一七储亚历山大为摄政王,柏希起为国务总理,格洛希兹为副总理,脱龙别起为外交总长。其时蒙丹尼格罗亦为南斯拉夫分子,以蒙王尼古拉无可位置,于十二月一日由蒙国会表决废王,实行归并于南斯拉夫王国,南斯拉夫之统一始告成。

捷克斯洛伐克、波兰、南斯拉夫既由奥匈联邦分裂而出,德兰西耳伐尼亚与蒲果维那两州亦准备并入罗马尼亚。至推米斯伐为罗塞两国所争地,加里西亚为波兰与乌克兰所争地,亦皆脱奥匈联邦之羁勒云。

即当时之匈牙利,亦不愿再与奥大利合作。十月二十八日,布达佩斯民众实行一不流血之革命,要求匈牙利独立,自行建设共和国。十一月一日,前首相铁察突为兵士刺死,而匈牙利之独立,益无阻碍。二日,独立党领袖喀老利在议会宣言曰:"喀尔王已取消匈牙利人对彼之尽忠宣誓,至异日匈牙利应采取何等政体,一听诸匈牙利人民自行表决之。"十六日,匈牙利正式宣布独立,改为共和国,喀老利被选为总裁焉。

◎奥大利国务总理伦纳

不特匈牙利已也,奥大利亦不愿再为君主国。十月三十日,维也纳学生工人群集国会前,要求废弃汉帕斯堡皇朝,改政体。时有军官某,突呼其侣将所戴军官帽上之帝国带结除去,一时附和极众;国会中高悬之皇旗亦遭扯下,民势大张。喀尔卒于十一月一日下逊位诏，其文曰：

"朕自即位以来，适当大战，时时欲救吾民于水火而登之衽席；且欲修正宪法，以利民而福国。朕对于所统治之各民族，始终爱护，决不阻其自由之发展。嗣今将使奥大利另行组织一国，其责任当委之民选之代表，朕决不少有干预。朕但愿大地利国民，在此新政府之下，当力泯畛域，和衷共济，以谋复已伤之元气，享他日之幸福，朕实有厚望焉。"

诏令既下，越三日，议会宣布奥大利共和国。翌年二月，"日耳曼"民族之奥大利国民四百万，无论男女，皆得参与选举。三月，新国会开会，社会民主党首领萨安兹被选为总统，伦纳为总理；至是而喀尔遂出走瑞士矣。

奥大利民国成立，汉帕斯堡皇朝相传六百余年之统绪，遂告终于喀尔之手。欧洲最古之皇朝，向之盛极一时者，至是忽一落千丈。犹忆奥皇兼圣罗马帝国皇号时，有不可一世之概；列侯分峙，莫敢与京，当时号称极盛。自皇军沃斯丹利兹一役，汉帕斯堡虽日以衰弱，然至大战时，犹足宰制世界，号称八大强国之一。今则已矣。奥匈联邦之故土：有划归罗马尼亚而成大罗马尼亚者；有并于塞尔皮亚而成南斯拉夫者；有曩时瓜分于俄，德，奥之波兰土地而一一还之于波兰人者。又有新建设之三共和国：曰捷克斯洛伐克，曰匈牙利，曰奥大利。奥大利于是时，仅拥有旧日奥匈联邦西部一隅之地；昔为大帝国，今则等之小朝廷矣。古人喻兵于火，不戢自焚，观之奥匈联邦，较然可见。且至是而"中欧罗巴"四国中坚强不屈者，惟有一德意志。呼！亦仅矣！

第四节　德意志之求和及其革命

保加利亚与土耳其两国相继败衄，一片降幡，既已随风飘飐，而奥匈联邦又复一败涂地；斯时之德意志，孤军深入，独力难支，已无可讳。果也外而力竭之兵，退自比法；内而革命之声，传遍全国。十月二十六日，鲁登道夫以精力已竭，辞职去，政府以格勒纳承其乏。至三十日，兴登堡亦知事不可为，上书政府，其言曰：

"自马西顿尼亚败耗传来，同时吾西战场预备兵亦渐告罄，无法补充。以今日大势观之，敌人之力日益充足，我已不能使彼俯首听命。盖欲抵御敌军连续不断之攻击，非我军有极大之团结力不为功。无如我军地位，已极动摇；若至万不得已时，亦惟有行其自然而已。盖今日我国之情形，即牺牲兵士千万，亦殊无益。欲救我德意志及我同盟国人民，一言以蔽之，惟有停战而已。"

观夫兴登堡之言，可以窥见德军此际之实力矣。矧当是时，四境之内，紊乱不堪；人民要求和平而外，复以饥饿故，要求食物。又美总统威尔逊往日有愿与德人民议和之宣言，于是国人厌乱之心，不谋而合；革命党人，一再举义。一九一九年十月三十一日，海军舰队将士，突奉出港命令，疑为赴战。战斗舰"多林根"号上尉某，因召集全舰兵士，晓以大义，誓必殉国。兵士闻之，非惟不愿效忠于霍亨诧伦皇朝，且公举代表进谒司令，有所要挟。方谈判时，兵士忽将各蒸汽锅下之火，尽行熄灭，舰不能行；又怂恿同泊是地之战斗舰"海里果兰"号，速谋响应，不转瞬而两舰尽叛。时第一舰队司令某竭力压制，且将轰击两舰；两舰兵士颇为所慑，遂被解至威廉哈文待讯。然其时他舰队相继起义者，已有不可遏抑之势。历一昼夜，各舰兵士及威廉哈文之海军卫戍队，在在起事；而基尔、柯克司哈文、勃龙蒲丹尔、爱姆顿、留培克亦相继树赤色旗帜。德皇介弟海军上将亨利亲王逃出基尔。至十一月二日，德舰队什九尽入革党掌握，而基尔爱姆顿之海军根据地，亦相继失守。柏林孟兴诸大城之社会党，亦思乘机而动矣。

先是，德总理麦克司于十月二十七日电美总统威尔逊，谓现政府确能代表德意志人民，要求停战，即往日专横之军界，今亦服从云云。十一月五日，威尔逊复书，谓"联军"各国，已以全权畀福煦上将，与德代表商停战，将来和议，当根据威氏一九一八年一月国会之演辞及嗣后陆续之宣言。六日，爱兹保格偕德代表团道法军阵线而抵工比尼东八英里之来东特。德代表入福煦花车，接受条件。时福煦而外，有英海上参谋总长惠米司，盖为接洽关于海军事项者。凡由福煦提出之条件，仅有接受与不接受之两途，期以七十二小时为限。十一月十一日晨五时，德代表签字于休战约。亡何，而各战场皆停战矣。约之大要如下：

（一）德军须于十四日内退出比利时、法兰西、亚尔萨司、洛兰及卢森堡。

（二）德军须于一月内退出来因河左岸，"联军"得由来因河之桥端麦因兹，可勃伦兹，可洛尼前进右岸三十千米。

（三）取消勃来斯脱里脱夫司克及蒲加来司脱两和约；德军须退出俄罗斯，罗马尼亚，奥匈联邦与土耳其各地。

（四）德意志由俄罗斯罗马尼亚两国所取得之金币，交予"联军"保管，至和议告成为限。

（五）德军舰及潜艇概行交出，由"联军"看守；并交出军用自动车五千辆，火车头五千个，火车十五万辆，飞机一千七百具，重炮五千尊，机关炮二万五千尊。

（六）"联军"对德之经济封锁如故。

（七）德意志所俘"联军"兵士，悉数交出。

休战期限，原定一月；期满续延，略有更动，以翌年《凡尔赛和约》签订时为止。无何，"联军"自德代表接受休战条件后，即长驱越比京勃留塞耳，入卢森堡，抵萨尔勃留根及亚尔萨斯方面之来因河。十一月十三日，比王阿尔倍躬率比军复琴脱；十九日，复益凡斯；二十二日，重入故都。法军统帅贝登于十一月十九日占曼芝，升擢为上将；二十五日，与"联军"统帅福煦同入司脱拉司堡。时人以比利时土地落于德人之手凡四载，今则归诸故主，若去珠之复还；亚洛两州见割于德人凡四十八年，今仍举以畀法，似完璧之归赵：诚快事也。迨至十二月中旬，法军前进百七十英里，英军百五十英里，美军百六十英里，比军百六十英里；英军管理可洛尼一带，美军管理可勃伦兹一带，法军管理麦因兹一带。

至"联军"处置德意志军舰，十一月二十二十一两日，德潜艇三十九艘驶至哈惠起，归英将泰利脱收管。二十一日，德劳得少将率无畏舰九艘（"大弗来得里""阿尔倍王""凯撒""皇储威廉""皇后""巴燕""侯爵""摄政王路脱卜尔""大主选亲王"），战斗巡洋舰五艘（"散得利兹""特弗令格""风代汤""兴登堡""毛奇"），巡洋舰七艘（"喀尔斯路安""弗兰克福""朋堡""勃罗末""可洛尼""勃来门""勃来姆赛"），驱逐舰五十艘，计四十一万吨，概行交出；惟一驱逐舰中途触水雷沉没。大队既抵福斯海湾口期会处，英海军统帅弼德传令英军舰导德舰往奥克南群岛中之司加伯弗罗而禁锢焉。乌乎！德意志舰队之实力，非不足与英吉利颉颃于海上，特德当局以陆军为天下雄，果能用我之长，击人之短，其取胜如操左券，雅不欲以海军作孤注之一掷；迨陆军失利，而海军又复骚动，纵使勉力一战，军心已不可恃，况谋变之事相继而来乎？谈者谓窦毕兹以二十余年之精力，造成世界第二等强大之舰队，意盖欲一战而取英吉利海上之霸权也；乃未鏖赤壁之兵，竟丧"余皇"之舰，窦毕兹诚有不堪回首者矣！

德意志至此，陆军退矣，海军降矣，质言之，帝国之赖以横行于世界者，已尽失其所恃矣。自西战场观之：比利时已恢复故土；法兰西已重得亚洛两州；来因河右岸，又为"联军"置戍矣。自东战场言之：波兰兵正大举进攻扑顺与丹济，捷克斯洛伐克已占领上西来细亚；罗马尼亚已否认蒲加来司脱和约而加入"联军"；君士但丁堡已在"联军"舰队威权之下；多瑙河畔，且为爱司半来以重兵相压矣。回想当年，诚不胜今昔之感也！

当休战约未签前数日，德意志人民始悟败衄之影响，及耻辱之将至，咸一致归咎于霍亨咤论皇朝，力迫威廉二世退位，势颇汹汹。威廉二世不得已离柏林，赴司伯大本营。顾其时海军既叛，民势益张，极端社会党领袖里勃克耐希脱复为大规模之革命运动，德意志联邦南部巴燕等又为分立之呼号。社会党领袖夏德门径电德皇，谓其同党之举动，彼不能再负责任。十一月八日，巴燕社会党领袖埃士纳与党人废路易王，改为巴燕共和国，并电德皇不再受任何君主政体之约束。德意志首相麦克司再电德皇，劝其早日逊位，以顺民意。时威廉二世雄心未死，尚欲率其军队驰赴柏林，剿灭各路民军，幸为兴登堡所阻，遂不果。兴之言曰："军心已乱，陛下一身之安全，且不能保，遑谋再举乎？"威廉闻之，遂于十一月九日与随侍武官数人逃往荷兰；不数日而皇储弗来得里威廉往从焉。皇帝与太子既离德境，首相麦克司亲王遂发表宣言如下：

"我皇帝已决定逊位，由首相暂摄国政。至逊位诏下后，皇太子亦将宣布不复继承大统。至正式摄政之一人，我皇帝已属意下议院议员爱勃脱任之；并冀其早日颁布普遍选举，召集国会，借解决德意志最后之政体及他民族之愿加入德意志版图者。"

自此宣言发表后，德意志境内之喧哗益甚；来因与凡斯脱法利亚诸州实业区域，尤似燎原之火，不可扑灭。皇室表号，均遭毁裂；赤色旗帜，触目皆是；亨堡、勃来门、来伯齐西诸大城均同时参与革命。至于柏林，十日晨九时起全城忽然罢工。兵士数千人，咸手赤色旗帜，乘装甲自动车蜂拥入市；各厂工人相继联合。既而水兵三千，来自基尔，加入民军，声势益盛。于是柏林之官廨之街衢，以及桥梁车站，尽为工人所占。倏忽之间，皇室徽号，已一变而为赤色旗帜。万声喧豗中，下议院前突有向众报告，举社会民主党领袖爱勃脱为首相者，一时欢呼之声，不啻雷动，而德意志革命之胜利，已由电浪传遍世界矣。或谓社会民主党之胜利，乃得之旧教派之中央党及新教派之自由党两方之助力云。

九月之中，德意志联邦君主尽被推翻，列表如下：

君主名	邦名	尊号
威廉二世兼德意志联邦皇帝	普鲁士	王
路易三世	巴燕	王
威廉二世	维登堡	王
弗来得里沃古斯脱	萨克逊	王
弗来得里二世	拔腾	大公
弗来得里弗兰兹	曼克伦堡希惠林	大公
弗来得里沃古斯脱	沃尔登堡	大公
威廉恩斯脱	惠玛	大公
阿铎尔夫弗来得里六世	曼克伦堡斯脱来兹	大公
恩斯脱	勃龙司惠克	公
查理斯爱德华	萨克斯戈堡古他	公
爱德华	恩哈尔脱	公
恩斯脱二世	萨克斯沃尔登堡	公
朋那特	萨克斯孟宁琴	公
来沃卜尔	里彼	侯
亨利二十七世	劳安斯	侯
弗来得里	伐尔代克	侯
阿铎尔夫	休姆堡里彼	侯
巩丹	希伐兹堡罗度司塔脱	侯

◎德废皇寄寓荷兰之别墅

自威廉二世抵荷兰，荷兰故人朋丁克伯爵馆之阿曼龙根别墅。皇储弗来得里威廉亦旋赴维尔林根。荷兰人民对于政府此举，颇多不慊；而在朝要人，或慑于"联军"之战胜，虑以逋逃薮，致人责让，亦啧有烦言。独荷女王威尔罕米那之偶配亨利亲王为德人，又与德废皇威廉二世谊关姻娅，当道且多亲德派，故威廉二世父子得为一时寓公。然别墅四周，均有武装警察，更番守卫。废皇不得越园外一步，仅日以伐木为消遣，丁丁之声，时闻于外；较之往日不可一世之气概，今昔之感，能无慨然！至德意志境内外人民，尚以未见德皇逊位诏，激昂异常；"联军"亦大为不满，遂向爱勃脱政府要求德皇签逊位诏，以安内外之心。德皇乃于十一月二十八日签逊位诏，越二日而公布于柏林，其文如下：

◎侨居荷兰之德废皇

"在此文上，朕声明永久放弃普鲁士王冕及德意志联邦皇冕。朕同时取消在德意志帝国及普鲁士王国以内之文武百官陆海两军对于朕尽忠之宣誓。朕更希望彼等对于德意志帝国有新组织，以保护德意志人民，不为无政府党与饥荒与外国势力所蹂躏也。"

德太子弗来得里威廉亦于十二月一日自维尔林根签永久不继承大位书，其文如下：

"自皇帝下逊位诏后，或因他种关系，继承问题，必且及余，余今正式宣布永久不复继承普鲁士王冕与德意志皇冕也。"

德意志之君主，既相继去矣；当日陆海军大将之归宿又何如？鲁登道夫百战百胜而有最后之一败。语有之："常胜之家，难与虑敌"，其说信矣。鲁既尸其咎，自不能见容于民主政府之下，卒乃赴瑞典，依其外祖父家，而资休养焉。窦毕兹手创海军，迭著劳绩，而战功未奏，舰队投降。彼固不必引咎，然以坚持"无限制"潜艇政策，致美利坚愤而参战，无端树一强敌，败机已兆，丛诟滋谤，百喙难辞，卒乃割其美髯，出走瑞士焉。麦耿生自罗马尼亚取道匈牙利回国时，匈总裁喀老利暗受"联军"意旨而逮捕之。有睹其被执时情状者，谓麦与喀问答时，悲愤交集，几至垂涕；对于彼国执政，且以为弃予如遗，颇多怨望。麦氏为阶下囚者数阅月。其余诸大将，或被拘囚，或自窜伏，凄凉末路，大率相同。惟兴登堡身统大军，远戍国外，坐镇如故；其言曰："余不愿离我军队，所以防我国之不测也，异日班师而后，遣散卒伍，尽我本分，行将解甲归田，以终我天年耳。"兴之言如此。又当德意志新政府成立时，兴复上书，愿受驱策；推其心，但知有国，不知有君，故虽在德意志共和政府之下，尤为全国人民所崇拜，亦可谓矫矫不群者矣。

是时之德意志，外患亟矣，复有内讧。内讧者何？国事改造之意见，每每不能一致；约计分为三派。一为复辟派：旧日之贵族与将领，鉴于己国突然失败，莫不归咎于执政；又恐其个人权利，从此消灭，时时望死灰之复燃，此盖以复辟为宗旨者。一为共产派：社会党首领里勃克耐希脱者，以为革命必须彻底，欲彻底，非由无产阶级当国不可；他如资本家与地主，皆在扑灭之列，不仅芟除贵族已也，其法悉仿俄罗斯。时独立社会党领袖哈山，朋司登，考次基等既表同情，而巴燕总理埃士纳及驻德俄大使拉台克亦均予以援助，此盖以共产为宗旨者。一为缓和派：即现在诸执政是也，其中坚皆社会民主党分子，如爱勃脱，夏德门辈，尤得基督国民与民主两党之辅助；基督国民党为前中央党之改名，民主党乃前进步党之急进分子，及前国民自由党之左翼所合并而成者也。

初，爱勃脱政府于十一月三十日宣布临时选举律，于未来之国会选举，用隐名投票法。凡德意志国民，年龄满二十者，不论男女，均有选举与被选举权，惟但书被选者姓名而不书选举人姓名，解决未来之国是新律也。乃社会党领袖里勃克耐希脱与女党员卢森堡殊不谓然；二人主张以无产阶级膺国是，且预组织"斯巴达古司"团，以备一旦武力解决之用。斯巴达古司者，古脱拉司剑客，当西历纪元前七十三年时，曾率被压迫之民众反抗罗马，数获胜利，两载后力竭战死，史家每乐道之。里卢二人之组织此团，盖有所取义也。至是新国会选举行将告竣（一九一九年一月），"斯巴达古司"团得柏林警察之助，突然起事；然终以众寡不敌而败北，团员数百人尽战死。至一月十五日，里勃克耐希脱与卢森堡遭暗杀，"斯巴达古司"团遂失败。十九日，新国会选举，得告完成焉。

◎德国社会党领袖里勃克耐希脱

　　同年二月六日，德意志新国会开会于惠玛，缓和派占三百三十二席，内社会民主党一百六十四席，中央党九十一席，民主党七十七席。其余国民党三十四席，独立社会党二十四席，无党派者七席，与缓和派之三百三十二人，立于反对地位。然六十五人中，又互相水火。议员中有女子二十八人，为德意志女子参政之始。十一月，国会通过临时宪法，并举爱勃脱为临时总统，委夏德门组织内阁。阁员之中：社会民主党七，中央党三，民主党三，独立社会党一。

　　新政府虽规模粗具，而国内紊乱之状，依然不堪言喻。二月二十一日，巴燕总理埃士纳为复辟党所刺，举国骚扰。新政府虽力持镇静，而复辟共产两派，各标异帜，已伏将来反抗之机。尤可虑者，"联军"各国，乘战胜之后，盛气凌人，层层压迫；至于国内，战事虽停，而民仍患馁，困苦之状，不堪缕述：国之可胜而不可败也，于此可见已！

◎德意志总统爱勃脱

◎德意志国务总理夏德门

第五节　俄罗斯之别开一局

纵横欧陆，不可一世之德意志帝国。经四年余之血战而败于一旦；说者以德之军队无力应战，故有此不可收拾之状。信是说也，顾何以数十年来所编练之海军，忽一旦而倒戈？又何以辇毂之下之各大城镇，一旦而竞立赤帜？是必有绝大之潜势力充塞于其间，促国民反动之机而速其独立者。势力维何？殆即传自苏俄之社会主义乎？宣传愈广，革命愈烈。执是以言，"联军"之胜德，苏俄政府亦与有力。为"联军"计，方将感激之不暇，而斯时之俄罗斯，反不能博"联军"之欢心者，亦自有说。俄之当国者，皆为无产阶级，视他国之贵族专制资本垄断者，有若冰炭之不相投，故苏俄政府者，不惟"中欧罗巴"诸国慁之，即"联军"诸国亦慁之。缘是休战以前，俄受"中欧罗巴"与"联军"两方之威胁；休战以后，复受"联军"四面包围之策。幸苏俄政府，奋斗经年，始得于国际间巩其势力，内则为共产主义之试验室，外则为异日阶级战争树先声，是诚有史以来所仅见，吾故名之曰俄罗斯之别开一局。

自一九一八年三月勃来斯脱里脱夫司克和议成立后，苏俄政府，忍辱负重，其目的专为国内之建设。其时都会已南迁莫斯科，借以避德军汹汹压境之势，亦借以易控制全国也。七月，全俄"苏维埃"大会通过新宪法，其大要如下：

（一）新宪法之根本问题，由现在过渡时期观之，在于完全破坏资本制度，厉行废止人类之剥削，并以实现其社会主义之故，用强大有力之全俄"苏维埃"之形式，为无产阶级参政之基础。

（二）俄罗斯为工人、兵士、农夫代表者之"苏维埃"共和国；此等"苏维埃"有中央及地方之一切权力。

（三）苏俄共和国地方权力之组织，则有省、县、郡、村之各"苏维埃"大会，各选举其执行委员会，为施行上级"苏维埃"之一切命令，及决定一切关于地方性质之重要问题。

（四）苏俄共和国，男女国民之满十八岁者，不论其属何种宗教、民族、国籍，苟从事于社会生产，而自食其力之人，或"苏维埃"之兵士，皆有"苏维埃"之选举及被选举权。

（五）全俄"苏维埃"大会为苏俄共和国之最高机关。全俄"苏维埃"大会复选举全俄中央执行委员会；委员人数以二百名为限。全俄"苏维埃"大会闭会时，以中央执行委员会为共和国之最高机关。

（六）中央执行委员会以统辖苏俄共和国国务故，得任命人民委员评议会，又任命各人民委员会（按即行政各部），统辖行政上种种事务。人民委员评议会之议员，为各人民委员会之委员长（按即各部总长）。

（七）一切土地、森林、矿产、铁道、工厂、银行等，皆归全国民所有。

（八）苏俄共和国于"不劳无食"之主义之下，宣言一切国民有劳动之义务。

（九）以实际确保劳动者有教育机会之故，苏俄共和国有供完全无费之教育于劳动者之责任。

（十）以保障劳动者良心真正自由之故，使寺院与国家分离，学校与寺院分离，并保障一切国民宗教与反宗教宣传之自由。

（十一）苏俄共和国对于资本帝国两主义下之被压迫者，负援助之义务，使人类咸脱羁绊。

（十二）苏俄共和国国民皆有服役军事之义务，惟劳动者得执武器。

俄罗斯既专心内治，对于德意志之威胁，遂不得不唯命是听。由是德意志因和议成立，攫得之利益有三：（一）移调戍俄军队，以厚西战场之兵力；（二）援照和约，迫令俄人供给原料食料；（三）俄旧藩属之政治经济，由德人操纵。自同年三月至六月间，德以全力与"联军"相搏，对于东方，仍兼筹并顾。如乌克兰、立陶宛、芬兰、高加索等地，无不有德军踪迹。其在乌克兰者，助其领袖司哥罗拍斯基压迫革命，俾德军得肆其无厌之求。其在拉他维亚与爱斯多尼亚者，运动波罗的各省独立，而保护之。其在立陶宛者，以立陶宛临时政府曾于一九一七年十二月宣布独立，与德联盟，规定军事贸易税务货币，两方均通力合作，威廉二世旋承认其独立；立陶宛感之，为任战争担负。其在芬兰者，则败其革命军首领孟纳汉，囚其社会党人，并将遣亲贵王其国而卵翼之矣。旋又联合土军占阿曼尼亚，乔其亚，及高加索各城镇，而分占黑海北岸要港及邻近地。又其时西伯利亚被释放之德奥俘虏纷占铁道，据要隘，夺民食，攫器具，掠军装库。综观以上数事，德之于俄，不啻视为外府，取求无艺，舐糠而及于米，而俄人苦矣。

苏俄政府，日受德意志之横暴，拒之不可，谕之不听，驳斥之置不理；无已，将乞援于"联军"诸国，以声德军之暴。顾"联军"诸国，前既闻苏俄之否认旧时债额，而战时所订密约，又为其发露无余；即所谓勃来斯脱里脱克司克和约，亦纯出于德人之要盟，况其时"联军"所袒护之反多数党，绝而复苏；苏俄处境之难，已可想见。然而列宁者，固一知彼知己而不肯变易其初衷者也，乃毅然宣言于中央执行委员会曰："我国国土，顷已幅裂；所得而保守者，不过大俄罗斯一部。与其拥大邦而徒存守府之空名，与不可必之利益，无宁保护我社会主义之策源地为得计。"彼尤洞见世界资本帝国之症结：英与德既势不并立；日与美尤积不相能。兹四国者，若勠力以谋我，其势力之伟大，直可吞没蕞尔之苏俄共和国而有余；不知四国之情势，早已在在分裂，所谓目能见千里而不自知其眉睫者欤！

◎列宁对群众演说时之神气

故当德军强盛之日，列宁着着退让。苏俄政府迫于德之威胁，不得已而与乌克兰芬兰两国订谦恭之条约；德人有嗾白俄居民要求独立者，斜食物，罔弗取携，运归其国；甚至褫俄人之衣，夺俄人之食，以予国人。似此暴行，非特多数党衔之刺骨，即反多数党亦愤皆欲裂，良以多数党与反多数党同为俄人故也。于是米拔克遂遭暗杀；米骨未寒，而埃克况又傅刃腹中：不及一月，而流血事凡两见。呼！怨毒之于人，甚矣哉！

同时俄罗斯境内之反多数党又乘机纷起：潼河流域之"哥萨克"军队与高加索州相继宣布独立；皇室宿将亚历山夫、谢米诺夫、柯尔却克、乌洛夫等又在西伯利亚组织政府。先是，西伯利亚临时政府于二月间宣布成立于托姆斯克，然不久为赤军所占。至七月，复辟党霍尔伐脱（中东路坐办）亦另组织政府于哈尔滨，称托姆斯克政府之续焉。

时则有"捷克斯洛伐克"军队者，约十万人，自一九一七年十一月间，由奥匈联邦赴俄后，率居俄南部及乌克兰，意欲加入"联军"为"捷克斯洛伐克"民族之自决而奋斗。及勃来斯脱里脱夫司克和议成，此等军队得苏俄政府许可，道西伯利亚而抵海参崴，旋乘船赴意法助战。"捷克斯洛伐克"军队对于俄内政，原守中立。一部分先抵海参崴，而留待出发者，忽与赤军发生冲突。托罗次基为德所胁，欲解除"捷克斯洛伐克"武装。"捷"军不服，遂开战。时在俄德俘已照约释放，遂加入赤军助战。是时战区有二：一在西伯利亚，先抵海参崴之"捷"军任之；一在福尔加流域，留待出发者任之。寻在西伯利亚之"捷"军节节胜利，败祖德派于海参崴及伊库次克而据黑龙江流域；至七月中旬，又沿西伯利亚铁道至托姆斯克以西一千三百英里而抵福尔加流域。同时在福尔加流域之"捷"军占萨玛拉、星皮尔斯克、客让等地，进至乌拉山之乌发，并据有产谷最丰之地，使欧俄西伯利亚之食物供给忽中断，苏俄大震。然"捷"军勇则勇矣，而兵力单薄，国境辽阔，苦不能持久；欲持久，洵非得"联军"之救济不可。

"联军"各国欲以武装干涉俄罗斯，讨论已数月；其所以干涉之故，实欲借俄罗斯之力，复划东战场战线，以分德军之势，而拊其背。兹事体大，谈何容易？以军事言，"联军"方以全力持德军于西战场，一旦抽兵远调，备多力分，于"联军"亦大不利；以政治言，"联军"诸国与俄罗斯为友邦而非敌国，一旦干预其内政，名义至不正，而适足以滋国内政党之口实：有此两故，武装干涉，自不易成为事实。及"捷克斯洛伐克"军节节胜利，而"联军"干涉之计定矣。

"联军"进军之途有二。一自磨门海滨之阿姜格尔登陆，以护卫磨门铁道；磨门铁道者，成于一九一六，沿北冰洋磨门斯克而至彼得罗格拉特，以输运英、法、美入口之战争物品者也。"联军"此举：足以阻德芬两国联合军之袭击，一也；预断德意志在北冰洋之潜艇根据地，二也；"联军"大批战争供给品，方络绎于途，不致落敌人之手，三也。一自海参崴登陆以防卫西伯利亚铁道，亦借以接济"捷克斯洛伐克"军队。"联军"诸国，又议定赴阿姜格尔之军队，英军主之，而法美两军为之辅；赴海参崴者，日军主之，法、英、美、意、华军为之辅：其计划如此。

先是，英国海军陆战队于一九一八年三月在磨门斯克登陆。至六月，英将波尔率"联军"继之，占白海海口凯姆，并宣布俄领磨门海滨须归"联军"保护。八月二日，"联军"占阿姜格尔。七日，波尔助反多数党组织地方临时政府，举吉可夫斯基为领袖。至九月下旬，"联军"复自阿姜格尔沿特维那河南进五十英里。嗣后以人数不足，交通不便，遂不能再进。

西伯利亚有日将大谷统率"联军"于一九一八年八月在海参崴登陆，阅一月而肃清乌苏里与黑龙两江流域，且沿西伯利亚铁道而抵贝加尔湖，于是与"捷克斯洛伐克"军联接一气矣。西伯利亚至是亦入"联军"掌握。惟"联军"中意见分歧，号令不一。而俄人所组反多数党临时政府，又夥颐不可悉数；畴为正式，畴为割据，尤不易区别。至于其地"联军"虽云合作，然日本以兵额之多，出他国上，复以西伯利亚东部及"满洲"等地，均已划入势力范围之内，大有指挥群雄唯我独尊之概。且日美两国，尤多龃龉。司梯芬斯者，美人也，奉"联军"指派，往修西伯利亚铁道；司梯芬斯所率工程师，又皆美人，由是为日军所拒者数阅月。迨西战场休战约成立，日以美人一再之请，将西伯利亚戍军七万三千人减至二万五千,并允交西伯利亚铁道与美工程师队修理。当是时,"联军"虽奄有西伯利亚,终不能乘胜以捣苏俄者,有由也!

自阿姜格尔与海参崴两处"联军"登陆后,"联军"诸国与苏俄政府已立于战争之地位。于是莫斯科柏林两政府,不得不愈形接近。八月二十七日,两政府于《勃来斯脱里脱夫司克和约》,补以附约,其大要如下:

(一)德意志许苏俄政府自由将俄罗斯实业充归国有。

(二)俄罗斯旧属波罗的省爱斯多尼亚与利服尼亚皆离俄独立,惟俄于波罗的海滨得有自由港口三:曰来凡尔,曰里加,曰文道。

(三)高加索之拔古及其地之石油矿仍归俄有,惟德人亦得采用其一部分。

(四)俄罗斯担任驱逐"联军"于北部(指阿姜格尔)。

(五)德意志担任阻止"联军"假道芬兰以攻击俄罗斯。

(六)俄赔偿德六千兆马克。

观此则俄德两国既因受"联军"之压迫而愈形接近。"联军"亦尽力联合反多数党政府而使之统一。一九一七年秋间,选出之反多数党国会议员重集于乌发,议建全俄政府,并推阿夫克生的夫为总统,武路戈斯基为总理,以沃姆斯克为国都。至九月,权力骎骎遍西伯利亚、萨玛拉、沃伦堡、乌发、乌拉、阿姜格尔诸州,以及霍尔伐脱所组织之政府,亦见归并,大致已稍稍就绪矣。然至十一月十八日,沃姆斯克政府忽为海陆军总长柯尔却克(前黑海舰队总司令)推翻,总统阿夫克生的夫被俘,柯尔却克自为"迭克推多"。"捷克斯洛伐克"军队表示剧烈反对,谢米诺夫、喀尔米各夫、霍尔伐脱等亦相继去,而反多数党之内部益形纠纷矣。

"联军"之武装干涉俄罗斯也,俄内部反多数党相继响应。柯尔却克等外,尚有但尼金,兰格尔相继起于南部,郁滕尼起起于西北部。而接济彼等以军官与辎重者,"联军"也。然其内部实不能一致,以视多数党之有主义有组织而奋斗者,不可同日语,而成败亦于是判矣。

以无产阶级当国之苏俄政府而与帝国主义之德意志握手言好,名既不正,势不能若水乳之交融。特俄为"联军"压迫过甚,殴之使与德合,铤而走险,急不暇择,此"联军"之咎,非出俄之本愿也。故俄与德,外虽亲睦,苏俄政府所持以号召群众者,依然舌敝唇焦,有万劫不变之概。故至一九一八年十一月休战时,论者以为德意志之败,败于地势之陷于重围,败于民食之穷于罗掘,又败于外交政策之不达权变,而不知俄人暗中之宣传,实为德人之催命符,譬之又若化学化合中之接触剂,有以增加其速率也。德意志败而《勃来斯脱里脱夫司克和约》由是而消灭,苏俄政府所应对付者,仅"联军"与反多数党矣。

"联军"之以武装干涉俄内政也，固为俄人所不喜。此不仅多数党然也，即与多数党立于反对地位之社会革命党与宪政民主党亦莫不尔。用是之故，复辟党以渐有觉悟而一变其仇视多数党之政策，加入赤军，与"联军"战。休战之后，法兰西亟为整理计，其望德人之赔偿也，若饥者之待食，自无暇顾而言他。英吉利以工党之反对，海外贸易之急须恢复，亦不复能干涉俄事。日本业攫得亚洲俄罗斯之利益，私愿已偿，其他亦非所愿闻。美利坚自否认巴黎和议以迄撤兵，共和民主两党，争执不已，亦不能再顾俄事。卒也一九一九年秋，俄罗斯北部之"联军"先行撤退；至一九二〇年春，西伯利亚之"联军"继之。由是反多数党势益孤：郁滕尼起、但尼金、兰格尔相继战败，遁走外国；柯尔却克且被杀焉。"苏维埃"统治之俄罗斯经两载余之转辗奋斗，备尝艰苦，至此而竟告统一。顾苏俄政府之对于旧日外藩，仍一本其民族自决之主义，不加干涉，故波兰、芬兰、立陶宛、拉他维亚、爱斯多尼亚、乌克兰皆先后得完全独立；至苏俄之对于被压迫国家，如土耳其、波斯、阿富汗、中国，复尽取消其向日帝国时代所取得之权利：名义既顺，地位又复巩固。社会主义与资本帝国两主义之对垒形势既成，而世界乃开一新纪元矣。

第二十四章 巴黎和议

第一节 和议之经过

战争之后,必有和议,此通例也,然有史以来,和议可谓多矣,而旋战旋和,旋和旋战,至有朝盟坛坫而夕见兵戎者,如是者,亦不一而足。此次奥塞启衅,战祸蔓延,为害之烈,既为前所未闻,由是各国人民,想望太平,以为循是以往,谋国是者,不欲绝战祸之根株则已,否则惩前毖后,当于未来之和会中,个个憬悟,开诚心,布公道,力谋世界永久之和平,不致重蹈覆辙,必且有堂堂正正之条件,以为准则,预解将来一切之纠纷。夫如是,必使会议之时,无我诈,无尔虞,一也;各国既具诚意,在在当予公开,二也;国不分大小,势不论强弱,一律平等,三也;俾各民族有充分之自决权,四也;果尔,则世界和平,可望久远,威尔逊氏"以战止战"之策,明效亦于是大著,庸非各国之所馨香祷祝者哉?

时德人之所以签休战约者,本冀根据威氏和平十四条,以为和议之基础。即"中欧罗巴"之突然革命,改造政体,亦所以应威氏与德意志人民议和之一语,冀于未来和会中,获得较宽之条件也。然一载以前,德意志尝威胁苏俄,与之订《勃来斯脱里脱夫司克和约》矣,苏俄何尝非民主国,何以德人不因俄人之请求而予以较宽之条件?今德意志虽号称民主,而欲于"联军"帝国主义下希冀一较宽之和议,试问昔日己之欲施于俄人者何如乎?矧"联军"自身,早为密约所束缚,决不因威氏之理想,而概付牺牲,观既往以测将来,而和会前途,殆可想见矣!

和议成矣墟墓遍矣
（大战之结果）

◎瑞士寓意画

第二十四章 巴黎和议

财殚力匮

（大战之代价）

◎美国寓意画

"联军"苦德人久矣，今忽转败为胜，复仇之声，万众一词。克来蒙苏者，复仇之雄也，彼尝对众议院宣布其将来和会之宗旨，谓非结盟不足以维持均势，斯言也，对于威氏之废弃结盟，已先予以打击，且克氏者，知有法兰西之安全，而不知有世界之安全者也，故法人咸戴之，以为惩德之前锋。路合乔治力持治德皇罪，将使德意志倾囊倒箧，无复有一钱之存在，斯说一出，路氏遂获胜于一九一八年十二月之选举。奥兰度知有伦敦密约，不知其他。此欧洲三强国之代表，其所表见，实与威尔逊之宗旨相径庭而主张不同者也。况威之在本国，不能得全国人民之同意，罗斯福塔虎脱两前总统，曾会同发表宣言，斥威氏和平十四条之迂阔，攻击不遗余力，果也选举结果，参众两院，共和党员独得多数。无何，威氏所率民主党败于内，不得已而毅然赴欧，参与和会，至是而威氏不啻身入蜂房，在在被蜇矣！

威氏于一九一八年十二月四日乘"华盛顿"号抵法，彼所以乘是舰者，必因舰名之佳，欲媲美于开国之伟人也。十三日抵法，时欢呼之声，响如雷震。法政府以密拉亲王邸为威氏行辕；密拉者，拿坡仑之妹壻，亦即拿部下之名将也。巴黎大学复赠威氏以名誉博士学位，此为该校历来未有之盛举，而威氏首得之，尤足为无上之光宠。后威氏又赴伦敦，游罗马，受两国君主之优待，其热诚尤难言喻。说者谓威氏抵法后，遍游名胜，流连古迹，每有所遇，辄叹羡不置，其意中之和平十四条，已于欢迎中，尽化为子虚乌有矣！

威氏之抵法也，与"联军"领袖法、英、意三国总理及驻英法之两日本大使先为几度非正式会议，以定将来之指置。至定法京巴黎为和会地点者，则以"联军"各国，惟法之受创为最深，亦惟法军之战功为最巨故也。开会日期，定一九一九年一月十八日；是日也，亦即一八七一年普法一役，威廉一世以战胜故，兼为德意志联邦皇帝，在法兰西凡尔赛故宫受加冕礼之一日也。

此次参与和会之独立国凡二十有七，自治领土五。列席代表又分为五、三、二、一，凡四等。时美和坚，英吉利，法兰西，意大利，日本代表各五人；比利时、巴西、塞尔皮亚代表各三人；我中国与希腊、罗马尼亚、葡萄牙、波兰、捷克斯洛伐克、暹罗、海夹子、加拿大、澳大利亚、南非、印度代表各二人；布利维亚、古巴、爱加度、戈德美拉、海蒂、洪度拉斯、里半利亚、尼加拉加、巴拿玛、秘鲁、乌鲁甘、纽西兰代表各一人：总计代表共七十人。

和会中，中立诸国未曾邀入，即加入"联军"之蒙丹尼格罗及不同臭味之俄罗斯，亦未得参与，而德、奥、保、土更无论矣，是又可名之曰片面之和会！至高丽、爱尔兰、阿皮西尼亚，诸受压迫之民族，亦乘时派遣代表至巴黎，将以求民族之自决焉。

一九一九年一月十八日，巴黎外交部和平厅中和会开幕矣。法总统普嘉赞致祝词后，即推选议长副议长；法总理克来蒙苏当选为议长，美国务卿兰辛，英总理路合乔治，意总理奥兰度，日总代表西园寺，当选为副议长，法兰西驻瑞士大使迪他司他则被委为秘书长。各国全权代表而外，尚有专门委员、专门教授、新闻记者、绘图技师、顾问、咨议、秘书等、济济一堂，诚盛举也。

自一月十八日至五月七日，对德草约完成。和会中除仪式外，实际悉由诸分科委员会解决，如国际联盟委员会、战事责任委员会、赔偿委员会、国际劳动立法委员会等，凡十有七种。每有会议，概守秘密，且必由五大强国操纵其间，盖最高会议之组织，出自五大强国，故一切大权，皆在其掌握也。至各国所派代表，美则有总统威尔逊及国务卿兰辛，英则有总理路合乔治及外交总长贝尔福，法则有总理克来蒙苏及外交总长毕勋（庚子时驻华公使），意则有总理奥兰度及外交总长宋尼诺，日则有前总理西园寺及代表牧野：所谓十头会议者也。然此十头会议又觉庞杂，于是由十头会议而减为五头会议。五头会议者，由五大强国各派代表一人，即威尔逊、路合乔治、克来蒙苏、奥兰度、西园寺是也。迨日本因山东问题已获胜利，对于欧洲事务，认为无足置喙，于是日代表退出，而所谓五头会议者，去其一人矣。及意大利以阜姆问题不能如愿，于是意代表又退出，而所谓五头会议者，又去其一人矣。所余者，惟克来蒙苏、路合乔治、威尔逊三人，时人目之为三头会议者也。威尔逊夙以民族自决，外交公开相号召，实则所议各事，仅在克氏之私邸，否则为路威二氏之私馆，而正式会场中无闻焉。夫以世界之大，人民之众，其命运乃操于此三头之掌握，宁非咄咄怪事！

◎巴黎和会中之四头

路合乔治　奥兰度　克来蒙苏　威尔逊

和会何为而有五强？何为而减为三头？又何为而堂堂正正之议场，一变而为少数之武断？此无他，恃武力以为后盾而已。不然，以吾国地大物博，何以于此次和会，不为鸡口，而为牛后？以比利时教育实业之发达，尝倍蓰于意大利，何以各国又右意而左比？时比利时总代表于芒斯大会前质问，五强何以龙断世界，而弱小受其支配，强权乎，抑公理乎？克来蒙苏则谓五大强国，于战役劳苦功高，本无延请弱小参与之必要，所以延请弱小者，顾及其利益耳。其气焰如此。

"联军"三十五国之中，意见分歧，未尝有一致之主张。威尔逊之第一目的，为国际联盟之实现，欲得国际联盟之实现，非得实力诸国之同意不可，故威氏于英吉利首牺牲和平十四条中之海上自由。英代表既得操纵海上，继承德意志海外领土之大部，且得威氏之让步，于是询谋佥同，咸赞助国际联盟焉。

威氏于法兰西，既任其侵占德意志土地，而吸收其脂膏，犹以为未足，进而要挟不可必得之赔偿，威氏于此，非但不置一词，且复商定结法、英、美三国同盟，以与德抗，此与和平十四条中之民族自决，与废弃同盟两则，又大相矛盾者也。

斯时克来蒙苏及其他法代表，坚持极端帝国主义；法人中有赞成者，亦有反对者。二月十九日，克在私邸为自称无政府党之阁打所狙击，一弹贯肺部。当是时，人咸以克氏年迈，将有性命之虞，然越十日而克氏办公如常，其抱负亦不因此而稍减。阁打亦以克氏之意，幸得末减云。

英法等国之对于国际联盟，无在不敷衍威氏。二月十四日，国际联盟草案告竣，翌晨，威氏因公返美，越一月而复来巴黎。时匈牙利共产党政府崛起，与苏俄相呼应，会场之中，飞电传来，各国于此，知和会之久延为不利，遂立开三头会议。自是英法抛弃其从前之消极主张，而采取美国之积极主张，议定，将国际联盟案，插入和约，作为和约之一部。

我国之青岛，为德意志强行租借之一港，而和会中又认为德意志殖民地之一者也。我国代表顾维钧王正廷出席最高会议，要求由德意志直接交还，各国皆首肯，独日本代表牧野持异议，强硬反对。各国以此案不能一时解决，遂暂行搁置。嗣后连续审议国际联盟草案，行将告竣，而牧野忽要求联盟约中，须插入"废去人种差别待遇"一案，英美两国之排斥黄人职工，由来旧矣，若容纳牧野之要求，不特威氏政治地位，将受其影响，即和议全约，亦绝无通过美国国会之希望。然日人之所以提出是案，非为正义，非为人道，彼盖借以抵制威氏，使彼于青岛问题，先有所顾虑，而不得不予我让步云尔。卒之威氏对于"人种平等"，加以否认，为日人继承青岛权利之通过条件。又其时意代表奥兰度欲强据旧奥属之阜姆港为意有，威氏以该港应留给南斯拉夫，而斥意代表之要求为非义。奥氏大愠，与宋尼诺相继退出和会而归国；濒行时，又发表宣言，谓威氏宜速了解我意国国民真精神之所在，语意颇决绝。于是和会场中，顿形黯淡，而适予日代表以可乘之机矣。日代表以意代表返国，则五大国所组织之最高会议，已缺而不全，而其事又猝发于德议和代表将到之时,心知此种恶剧,必为英美两国所不喜,乃复故作腔势,以为恫吓,谓要求而不我许,则将步意使之后尘而去。当是时,法、英、美三国代表,不欲于战败国代表之前,暴露其丑态,尤不顾授社会党与极端社会党以可乘之隙。亡何,德代表先后莅会,青岛问题,又系对德和约中亟待解决之一款,非若阜姆之仅系对奥问题,尚可从缓也。四月二十八日,开各国代表总会议,将国际联盟规约,与对德和约与国际劳动规约,一一通过,盖和约全文,皆以此三部构成。而对德和约中之青岛问题,已将德人所有山东权利,悉数让归日本矣。夫意索阜姆,而英法代表,不闻有助威氏者,以英法与意预有密约也。日之继承青岛占领及山东权利,而英法代表不得不祖日而拒我国者,亦与日人预有密约也。即如威氏不尝以力扶正义语我国代表者乎?至是亦自食其言而不顾,非徒食言,即蒸腾一时之和平十四条,亦尽成梦幻泡影,此亦足见威氏之为人矣!

以上所述,美、英、法、意、日强国五,而英、法、意、日四国,又皆于和会之前,互有密约;惟威氏一人,与彼四国,诚谚所谓同床各梦者也。彼于事前,既未及预防,一旦临事,穷于应付,亦势所必至然。威氏以和平十四条为和议基础,本为两方所承诺,抵法之后,果能坚持前议,昌而从事,庶不失为公正,即不我从,则拂袖而去,急流勇退,亦未为失策。乃形势既变,而犹逗留其间,甘为傀儡,光明磊落之大丈夫,当不出此!

此外如往日俄罗斯、奥大利、土耳其三帝国之弱小民族问题;如波兰、捷克斯洛伐克、罗马尼亚、塞尔皮亚、希腊、阿曼尼亚等之疆界,如何规定,颇滋纷扰。然会议既为五大强国所龙断,亦惟有追随其后,以待解决已耳。

◎凡尔赛会场席上之德代表

梅尔旭埃　赖因纳脱　赍芝堡　兰超　其司勃兹　苏经

五月一日,"联军"各国,正式接见德代表。其领袖为兰超,兰盖德之外交总长也。其余五人,为司法总长赍芝堡、交通总长其司勃兹、议长赖因纳脱、银行总裁梅尔旭埃、大学教授苏经。七日，适"路惜推尼亚"号沉没之四周年，"联军"各国全部代表列席，首由秘书长迪他斯他交和约全文于德使兰超。和约全文，凡八万言。议长克来蒙苏谓德代表如约中各项，尚有疑问，可于十五日内，用法英两国文字，提出询问书，无愆期。旋兰超向众演说曰：

"德虽败北，然对于战争责任，诸国当分其仔肩，不当使德独承其罪，盖酿成此大祸者，皆为既往五十年前之欧洲诸国，好行其帝国主义之故也。"

德代表浏览和约之后，连续抗议，口辨为会议所禁，乃撰为驳覆书两通，于十二日提交会议。其一以和约全文，苛酷难受，一为国际联盟与对德和约无关，若请德加入，何以案尾无德意志署名地位，一再抗议而后，兰超乃于十七日返国，报告详情。十九日再至巴黎，二十日要求驳覆书展期，最高会议许展八日，至二十九日为止。至期，兰提出抗议书，洋洋六万言；六月十六日，最高会议亦以同样长文驳斥之，并限德代表七日签字，否则"联军"将行必要手段。兰不得已再归国，交国会讨论。乃德国会方加讨论，而福煦统帅，忽率法、英、美三国联军待命出发，若谓德意志而拒绝签字，则将渡来因河而直捣柏林矣。斯时也，德意志果低首下心而签字乎？抑拒绝签字乎？各新闻纸之驳斥，各政治家之讨论，与夫夏德门内阁，爱勃脱总统，皆主张拒绝签字者也；乃全国多数厌战之人民，及独立社会党则反是。于是夏德门内阁总辞职，社会民主党党员鲍胡蔼被召组阁。时社会民主党、中央党、民主党，又恐拒绝签字，则独立社会党与极端社会党，必乘时而起，于是签字一说，得以决定。六月二十三日，为最高会议所予限期之末日，德国会以大多数通过无条件签字案；二十七日，派新代表外交总长密和勒与殖民总长培尔奉命赴巴黎，接受和约。

◎《凡尔赛和约》之签字

第二十四章　巴黎和议

◎联军过凯旋门之盛况

福煦　霞飞

一九一九年六月二十八日，正奥皇储斐迪南被刺后第五周年，双方代表，即于是日午后三时签订对德和约。签字处为凡尔赛故宫，即往日威廉一世以战胜法兰西之余威，被戴为德意志联邦皇帝，而受加冕礼之处也。法人之用意，亦诚深矣！七月十四日，"联军"麇集巴黎，游行过凯旋门，为战胜之纪念，霞飞、福煦、贝登、海格、潘兴与诸名将均参与。一时军乐齐鸣，旌旗蔽天，人民纵观，途为之塞。同日克来蒙苏致书贝登，有言曰："见此日者，不虚此生矣。"克氏意气之盛。可见一斑！

《凡尔赛和约》，我国代表，因山东问题，屡诉不得直，请修正不许，请保留亦不许，请约后声明又不许，不得已拒绝签字。我国代表何为而拒绝签字乎？此则我国民之义愤有以致之。当是时，我国代表中，主张签字者颇不乏人；北京政府，又电巴黎我国代表团，劝令签字。顾威氏于最高会议，曾向我国代表声明，无能贯彻其主张；我国代表，以彼方情形电告北京政府，且谓此次和会主张失败之原因，一由一九一七年二三月间，日本与英法诸国早有密约，已将青岛攫为己有，二由于一九一八年九月，我国当局，与日本政府有同意之山东换文，美国于此，爱莫能助云云。此电一到，群情愤怒，目曹汝霖、章宗祥、陆宗舆为卖国；其时曹任交通总长，章任驻日公使，陆任造币厂总裁。五月四日，北京各校学生三千余人，群集天安门，行示威运动，秩序仍不紊，一面电告海外，主张对外交坚持到底；一面要求政府，惩办曹、章、陆三罪人。旋有少数学生，焚曹汝霖私宅，攒殴章宗祥几死，以泄愤。警察承政府意旨，逮系多人。然学生气益奋，亡何，义声四播，而各省，而各埠，通都大邑，商罢市，士罢课，一致要求政府释放被逮各学生，免曹、章、陆三人职，以谢天下。北政府知民气之不可遏也，准曹等辞职，时排斥日货之举，已遍全国矣。迨五四运动之讯传至巴黎，留法学生亦相率奋起，围我国总代表陆征祥私寓，使不敢签字，于是我国代表拒绝签字遂决。

意大利代表签字者为蒂笃尼。初，奥兰度归国，得其国会多数之信任，重至巴黎，然不久两阁员皮苏拉蒂与尼蒂辞职，奥兰度亦以阜姆问题，终无大望，而和约签字之期又日迫，乃提出内阁总辞职书而归国。意王乃命尼蒂组阁，蒂笃尼者，乃尼蒂阁内之外交总长也。

当《凡尔赛和约》未签字前数日，因于司加伯弗罗之德降舰，除"拔腾"号而外，同时自行轰沉。说者以当会议时，法人对于德舰，食指频动，思攫而有之，作为赔偿之一部。然法果得此，则于原有舰队而外，具有兼人之力，势将与英舰队相颉颃。以英人之智，宁有弗知，乃为先发之计，授意德军官出此轰沉之一策，并借口当是时之英舰队适戍巡于外，不及阻止，使法人不复见疑。然法人闻之，究不无蛛丝马迹之可寻，宜其喷有烦言也。或又谓德舰队总司令劳得当开战时，已密受威廉二世之悑意谓德舰而不获胜，宁可沉，不可降；今既不幸而降矣，借兵赉粮，如资敌何，毁而沉之，以报故主，视沉船破釜，济河焚舟，犹过之，此实德人大战后最勇之一举，此又一说也。然而悲矣！

巴黎会议，事属对德，《凡尔赛和约》，既于六月二十八日签定，威氏即于翌日起程返美，路合乔治，西园寺等亦相继归国，由毕勋、兰辛、贝尔福、蒂笃尼、牧野，新组织五国会议，以代行最高会议职权，处理对奥、匈、土、保诸约。

初，奥大利共和国总代表国务总理伦纳率代表团于五月十四日抵法。三十一日，"联军"各国开总会议，通过对奥和约，六月二日，正式交付。奥代表接受后，归国商榷，厥后几经抗议，而对奥和约修正案，始于八月终脱稿，九月五日交付奥代表。奥人知"联军"各国，意极坚决，不敢再存奢望，遂于九月六日，在国会通过，十日，双方代表正式签字于圣吉曼。其时我国代表，知不签奥约，将不得进国际联盟，而约中所载奥大利放弃在我国之权利利益之条文（如奥匈在天津租界暨其他公产等），将不可得，于是我国代表之对于奥约亦签字焉。

阜姆问题，至为纠纷，尼蒂新阁，既迁就威氏而签奥约，诗人阿农齐哇，突于九月十五日率同志数千人占阜姆，旋又占柴拉（在达尔马西亚）。阜姆公民，投票表决，莫不祖阿农齐哇，换言之，即愿隶属意大利之谓也。然嗣后新选举之国会，则又祖护尼蒂，换言之，即阜姆不必归意之谓也。延至翌年一月，和会最高会议，又提议阜姆与柴拉归国际联盟担任保护；阿突利亚的克海边东部至阜姆为止，阿尔巴尼亚之大部，里萨来西那两岛则归意；阿突利亚的克海其余岛屿，如达尔马西亚，阿尔巴尼亚北面一小部归南斯拉夫。南斯拉夫闻之，竭力驳斥，于是阜姆问题，又成一不能解决之悬案。

奥约既签，和会继续进行对保和约，九月十七日，"联军"方面交约于保加利亚总代表国务总理戴驼罗夫。戴以横遭舆论之攻击，不久于其位。新国务总理施丹勃利斯基兼任总代表，十一月二十七日，保约乃在纳意签字。

继保约而签字者为匈约。初，匈极端社会党领袖科红，率其徒众于一九一九年三月揭赤帜，推翻喀老利，设立共产政府，意在取法俄罗斯，"联军"即欲与之订约而无自。厥后罗军乘隙攻入匈境，匈王党乘机推翻科红，与"联军"各国订立和约，于是《脱里阿农和约》，亦于一九二〇年六月四日告成云。

最后之一约，厥为土约，双方代表于一九二〇年八月十日签约于山佛尔，土代表仅能代表苏丹摩哈默特六世。其时土耳其爱国志士基玛尔（见第十一章第二节）已树革命之帜于阿那多利亚（一九一九），以声讨苏丹政府之丧权辱国，反对列强之肆行侵掠，登高一呼，四方皆应，于是另组政府于安戈拉，基玛尔被推为国会议长兼行政首领，否认苏丹政府，而《山佛尔和约》，亦遭拒斥焉。

以上系和议经过之大略情形，自各国和约签定后，而参与和议代表，遂以为和议既成，各归本国，而和会乃闭幕。

第二节　和约之大概

巴黎会议所产生之和约凡五种：曰《凡尔赛和约》，曰《圣吉曼和约》，曰《脱里阿农和约》，曰《纳意和约》，曰《山佛尔和约》。有是五种，而世界之形势，为之一变，而战败国之疆域之政治之军事与经济，其所受之损失，尤更仆难数。惟和约原文，冗长难读，非撮其要，不足以了然于心目，爰本斯意，择其重要者，以次述之。

《凡尔赛和约》，签订于一九一九年六月二十八日，德意志共和国国会于七月七日批准，其所受损失，分述如下：

疆土上之损失

（一）亚尔萨斯洛兰两州归法。

（二）欧奔与麦尔曼提归比。

（三）梅梅尔交付"联军"，由"联军"转与立陶宛。

（四）以扑顺及西普鲁士两省之大部分与波兰。

（五）上西来细亚与东普鲁士南部之居民，得由公民投票表决，加入波兰共和国。（东普鲁士于一九一九年公民投票表决，加入德意志共和国；上西来细亚复于一九二一年投票表决，加入德意志共和国，其他各城镇，亦有愿加入波兰共和国者，然居少数。后国际联盟复划定西来西亚与德意志与波兰之地界。）

（六）丹济及四面附近地，定为自由区，俾波兰得通波罗的海。

（七）希兰司惠克隶于何国，由公民自行投票表决之。（希省北部投票表决归丹麦）

（八）萨尔流域之政治权归国际联盟，经济权归法兰西，皆以十五年为期，期满或归国际联盟，或归德意志，或归法兰西，由该地公民自行投票表决。

（九）德意志海外领土，一切放弃：其在中国租得之胶州，与所得山东省各种权利利益，概由日本继承；太平洋赤道以北诸岛屿归日本；赤道以南诸岛屿归英属澳大利亚；萨摩阿岛归英属钮西兰；德属西南非由并于英属南非自治联邦；德属东非归英吉利，惟该地之西北一小部，割归比利时；德属喀墨龙与多果兰由英法两国剖分之。约中得继承德意志领土诸国，大抵为国际联盟委任国。至德意志在中国、暹罗、里半利亚、摩洛哥、埃及、土耳其之权利及利益，概行取消。

政治上之损失

（一）取消勃来斯脱里脱夫司克与蒲加来司脱两和约。

（二）承认比利时、波兰、捷克斯洛伐克、奥大利之完全独立，与完全主权。

军事上之损失

（一）德意志军额及军官，共减至十万人。

（二）德意志取消征兵制。

（三）德意志西部炮垒，在来因河东五十千米者，尽行拆毁。

（四）凡军用品之进口与出口，概予停止。倘制造军用品，须先经"联军"各国规定。

（五）海军限定战斗舰四艘，轻巡洋舰六艘，鱼雷艇十二艘，惟不得复有潜艇；海军人员总额以一万五千人为限。

（六）除上文规定外，如有别种军舰，须交出或拆毁。

（七）拆毁海里果兰炮垒。

（八）基尔运河及他河流均公开。

（九）波罗的海滨不得建筑炮垒。

（十）海底电线十四道，须一概交出。

（十一）德意志承诺前皇威廉二世受国际高等法庭之审判，其余违犯战时公法之德人，亦分别惩治。（一九二〇年，英、法、意三国政府，根据《凡尔赛和约》，以德废皇有违约侵入比利时，实行无限制潜艇政策，及施用毒气等罪状，要求荷兰政府引渡审讯。荷兰政府据无国际法庭有合法之审判法权存在之理由驳斥之；旋复声言担保德前皇不再扰乱世界和平，故审判之议遂寝。）

经济上之损失

（一）德意志于"联军"各国所受之损失，担负完全责任。至"联军"各国人民所受损失，德意志先交付二百亿金马克。此后交付赔款，则由"联军"赔偿委员会规定。

（二）"联军"各国损失之船只，应按照被沉之吨数，由德意志一一赔偿。其法先将所有德商船及停泊海滨内河各船只，交与"联军"各国，不足，则另造新船以补偿之。

（三）"联军"各国区域内，战时为德意志所毁坏者，其重行建筑之工程，由德人担任。

（四）德意志以煤及煤产品供给法兰西、比利时、意大利三国。

（五）德意志前在比利时、法兰西，所取得之美术品，悉数交还。

（六）德意志以相当之价，偿还罗文被焚之手稿与印刷品。

赔偿一项，未经《凡尔赛和约》详细酌定者，一九二一年"联军"赔偿委员会始定为二千一百六十亿金马克。时德意志及"联军"方面之经济家，咸谓上列之数，实已溢出德意志全国财力之外，故和约中之赔偿问题，实为大战后最为纠纷之一事，而亦扰乱和平种子最烈之一事也。

约末又声言德意志赔偿问题一日不解决，即来因河左岸及可洛尼，可勃伦兹，麦因兹桥首之"联军"一日不撤。德意志而能践约，"联军"当于五年后退出可洛尼，十年退出可勃伦兹，十五年退出麦因兹。此为《凡尔赛和约》之大概。

自和约观之，德意志所失欧洲土地，面积约二万六千平方英里，即全国面积百分之十三以上；人口八百余万，即全国人口百分之十二以上；所失海外属地，在百万平方英里以上，人口千二百万以上。所失欧洲土地，类皆实业最盛之区（煤铁尤为大宗），益以海外属地尽失，航务一时灭绝；且"联军"封锁，至德意志国会批准和约后，方得解除；食粮缺乏，饥民遍野。纵令国际和平，完全恢复，而内困于原料之缺乏，外迫于盘旋之无地，益以间旷工人，所在皆是，无从安插。自今以往之德政府，纵有巧妇，难为无米之炊，坐困谬台，尤乏点金之术，诚有难乎为继者矣。

当《凡尔赛和约》签字之日，法、英、美三国同盟亦签订，其大要如下：

法兰西倘受德意志侵犯时，英美两国须负出师援助之义务。

观此则法兰西不忘德意志之报复，顾前瞻后，又多一重保障。然威氏大言废除盟约，曾几何时，躬自反汗，狐埋狐搰，此之谓矣！如威氏者，尚有何说？

《圣吉曼和约》，系一九一九年九月十日"联军"各国与奥大利所签订。《脱里阿农和约》，系一九二〇年六月四日"联军"各国与匈牙利所签定。此两约内容相仿佛，兹并述其大要如下：

（一）奥大利与匈牙利各取消勃来斯脱里脱夫司克与蒲加来司脱两和约。

（二）奥大利与匈牙利除互相承认独立外，并各承认波兰、捷克斯洛伐克、南斯拉夫之完全独立；放弃往日奥匈联邦内非奥匈民族所居之土地，以予波兰、捷克斯洛伐克、南斯拉夫、罗马尼亚、意大利诸国。

（三）奥大利与匈牙利取消在埃及、摩洛哥、暹罗及中国之权利利益。

（四）奥大利与匈牙利尽将往日奥匈联邦之舰队，多瑙河小舰队，空中驾驶机等交付"联军"。

（五）奥大利陆军以三万人为限；匈牙利以三万五千人为限。

（六）奥大利与匈牙利应负之赔款，由"联军"赔偿委员会分别酌定之。

新奥大利共和国，地不过四万平方英里，人民不过九百万；新匈牙利共和国地不过三万五千平方英里，人民不过八百万。视战前奥匈联邦时拥有二十六万平方英里之土地，五千一百余万之人民，泱泱大邦，雄视欧洲，前后悬绝，不能无今昔之感也！

纳意和约，一九一九年十一月二十七日"联军"各国与保加利亚所签定，其大要如下：

（一）保加利亚取消勃来斯脱里脱夫司克与蒲加来司脱两和约。

（二）保加利亚之度勃罗剧州，割隶罗马尼亚。

（三）保加利亚之马西顿尼亚洲之大部，割隶南斯拉夫。

（四）保加利亚之脱拉司州海滨，归希腊，惟保加利亚货物经过时，得予免税。

（五）保加利亚军额限三万三千人。

（六）保加利亚偿款二十二亿五千万金法郎，分期交付。

山佛尔和约，"联军"诸国与土耳其苏丹代表于一九二〇年八月十日签定，然土耳其国会否认之，其大要如下：

（一）土耳其取消勃来斯脱里脱夫司克与蒲加来司脱两和约。

（二）海夹子独立。

（三）阿曼尼亚独立，由国际条约予以保障。

（四）柏来斯丁、米索波泰米亚、乔但流域、叙利亚四地，由国际联盟委任国保护；前三者归英，余一归法。

（五）西西利亚划入法兰西势力范围；南阿那多利亚包含阿达利亚海口划入意大利势力范围。

（六）士麦那及其附近一带（小亚细亚海边），脱拉司州、阿突利亚堡、加里波利土股、因勃洛司与推耐铎司两岛，均归希腊。

（七）独特加南斯群岛（在爱琴海，岛十二），一九一二年为意军所占，仍归意。

（八）达特奈耳与抱斯福两海峡及其附近，定为国际区域，惟土耳其于君士但丁堡，仍操有限制之主权。

此五和约之外，又有他种约定：如波兰得为东加利西亚委任国者二十五年（按东加利西亚有居民一千六百万，大半为乌克兰人）；如波兰与捷克斯洛伐克两国，以公民投票表决德兴之谁属；如意大利与希腊另约，意让出阿尔巴尼亚南部及独特加南斯群岛（路特与加斯丹洛利坐不与焉）以予希，希则于该岛租一地与意大利，以为上煤之用，并承认阿尔巴尼亚大部归意保护；如北冰洋中之司比兹堡群岛，自来无人管领，至是归诸挪威，如荷兰，之于比利时，取消昔尔脱河航行之苛律，等等。此外"联军"各国与新兴诸小国，如波兰、捷克斯洛伐克等，增广版图诸小国，如罗马尼亚、南斯拉夫、希腊等，皆与订立新约；并于政治经济而外，复予以种族宗教二者之保护，于波兰罗马尼亚，则予犹太族以保护，至塞尔皮亚则予天主教以保护是也。以上皆一九一九年至一九二〇年事。

第三节　《国际联盟规约》与《国际劳动规约》

巴黎和议，战胜者之片面和议也。所谓国际联盟，其名是而其实非，一片面之国际联盟也。不然，战败诸国若德，若奥，若匈，若保，若土，其国际之名义自在也，何以不得与会？俄罗斯虽别创一局，其国际之名义自在，何以与会各国，以为非同道而屏之？墨西哥虽内乱频仍，其国际之名义亦自在也，何以"联军"各国又歧视之，使不得入会也？兹略述国际联盟规约之大要如下：

会员

（一）凡签字和约之"联军"各国，及被请加入诸中立国，即为国际联盟发起会员。

（二）凡完全独立国，或属地，或殖民地，如有议会三分之二之同意，得加入国际联盟为会员。

（三）凡联盟会员，若经两年之豫先通告，得退出联盟；惟退出时，将所有国际义务，及本规约所定一切义务，须完全履行。

机关

（一）大会由联盟会员代表组织之。除常会外，遇事机迫促时，得随时在该会所在地，或在其他择定地点开会。会员只有一投票权，不得派三人以上之代表。凡属于范围以内之事务，及有关世界和平之任何问题，皆应处理之。

（二）行政院由美、英、法、意、日五国之代表与联盟之其他四会员代表组织之；四会员由议会随时选定。此院至少须开年会一次，或在联盟所在地，或在其他择定地点。开会时，凡列席于行政院各会员，只有一投票权，并只派代表一人，凡属联盟范围以内，或关系世界之任何问题，皆得处理之。

（三）联盟所在地，设有秘书厅，所置秘书长，兼为大会及行政院之秘书长。

防护国际间之战争

（一）联盟会员，互相尊重，并保持领土完全，及现有政治上之独立，与防御他国之侵犯。

（二）联盟会员约定倘会员中发生争执，势将决裂时，当将争执之事，提交公断，或先归行政院审查，非俟公断判决，或行政院报告后，三个月期满以前，不得遽行开战。

（三）公断之法，或用裁判，或用劝导，两者皆由经常国际裁判法庭主之。

（四）如联盟会员，不愿由国际裁判法庭解决，亦须接受行政院或大会之裁判；前者由全数投票表决，后者由列席之行政院全数及大会多数表决。惟受裁判之会员，不得投票。

（五）联盟会员，如不服上两种判决，而擅行开战者，其他会员立与断绝种种关系，由行政院开会商定陆海两军行动，以示惩罚。

（六）如有非联盟会员对于联盟会员以战事相恐吓者，由行政院开紧要会议，讨论对付方法而实行之。

《保守国际条约》

（一）凡联盟会员中种种私约，概不得存在，并此后不得订立与本规约抵触之别种条约。

（二）国际契约，如《公断条约》，如区域谅解，如孟禄主义，此皆关于维持和平者，不得视为与本规约内各条有所抵触。

承认减缩军备

（一）联盟会员为维持和平，须减缩军备至最低之点，以足保卫国家之安宁，及共同实行国际义务为度。

（二）行政院审度，凡一国地势及其特别状况，应预定前项减缩军备之计划，以便各国政府之考虑，及决定此项计划，至少每届十年，应重行考量，加以修正。

（三）行政院担任筹适当办法，阻止私人制造军火，及战事材糙之流弊。

此外国际联盟，又当担任特别职务，如废止贩卖妇孺，禁止贩卖鸦片，及危害药品，防遏与国际有关之疾疫等；其最要者，莫若管理国际区域，如萨尔流域、丹济自由市等；及处理争执地点之公民投票表决事务，如希来司惠克、东普鲁士、上西来细亚等。若联盟会员之接管德意志殖民地，及土耳其之疆土者，谓之国际联盟之委任国；此委任国须时时报告管理情形于联盟。

国际劳动机关，为劳动者体育智育德育三者之福利起见，附设于国际联盟，其组织法有二：一为国际劳动大会，年开大会一次，每国得派代表四人，其中二人为政府代表，一为雇主代表，一为劳动代表，专讨论劳动问题，提议劳动法案者也；一即国际劳工局，担任搜罗与分给劳工消息，预备大会时讨论之秩序，督理国际劳动条约之施行等事。

缔约各国，知气候、风俗、习惯及经济上工业上惯例，各不相同，因之劳动状况，不能立即统一，但深信劳动不应视同商品，故思应有规定之方法与原则，为各工业机关就其特别情形所能行者，勉力适用。在此种方法与原则中，下列各项，尤为特重：

（一）劳动不应仅视为货物或商品。

（二）一切事与法律不相背者，工人及雇主皆得有集会权。

（三）付给劳动工资，应按照时代及地方情形，以期得保其生活之程度为限。

（四）采用每日八小时，每周四十八小时工作之定制，不论何地尚未施行者，应以此为目的。

（五）采用每周至少二十四小时休息之制，星期日应设法包含在内。

（六）废止幼童之劳动，并限制青年男女之劳动，使得继续受教育并确保体育之发展。

（七）男女同等之劳动，以受同等之工资为原则。

（八）各国规定关于劳动情形之标准，应确保合法居住其国内之劳动者受经济上之公平待遇。

（九）为确保适用保护劳动者之法律及章程起见，每国应设稽查制度，妇人得以参加。

一九一九年十月，据和约，国际劳动大会开大会于华盛顿，讨论事务两阅月，一致通过履行勃恩大会于一九〇六年通过之废止妇孺夜工，及不合卫生之工作，及废止黄磷制造火柴两案；至救济失业，亦规定办法焉。

国际联盟之地点，联军各国佥定瑞士之日内瓦，国际劳工局亦附设焉。何以故？以瑞士为列强公认之中立国，由来已久，其地又适当全洲之中心。且瑞士人民，又分德意志、法兰西、意大利三族，日内瓦为法兰西族麕集之地，国际联盟而择此地，非无因也。

瑞士湖山之胜，见称世界，而日内瓦尤为全国之冠；古来文学家、科学家、社会学家，类以此为渊薮，而骚人墨客，探奇索幽，又咸推为世外之桃源焉。乃自大战以迄言和，间谍出没，策士辐辏，情状一变。至国际联盟成立，一般政客，纷至沓来，冠盖相望，于是日内瓦天然之胜境，变而为笔舌竞争之场，不复如前日之幽闲矣！而瑞士人顾以国际联盟相度其地，犹自诩为"世界都会"，不大可惜哉！

一九二〇年一月，国际联盟行政院开会于巴黎，法代表蒲局埃被推为主席，英人特罗门特授为经常联盟秘书长。同年九月，开第一次大会于日内瓦。威尔逊既为发起国际联盟之第一人，且其时"联军"各国及被邀中立诸国，既已联袂而来，列席与议，而威氏所代表之美利坚，忽而否认和约，否认和约，即不必加入国际联盟，其事亦殊出世人意外也！

◎日内瓦

此伞真能遮蔽风雨乎
（国际联盟）

◎美国寓意画

最后之暴君
(生活程度)

◎英国寓意画

第四节　和约之反响于美利坚

《凡尔赛和约》及其他诸和约，其性质纯根据于复仇与强权而始行缔结者也。既为复仇与强权，势不能无反响。然反响而出于战败诸国，此情事之常也；即一时战败诸国，含垢忍辱，俯受羁勒，亦以其力之所不能抗，非真心悦而诚服也。乃当时第一声之反响，不在战败诸国，而反在战胜之美利坚，亦云奇矣！

当美利坚之参战也，一为反对德意志之无限制潜艇政策，一则希望以公道正义为和议之基础，结束世界最后之战争。美人中有谓以吾国财力之雄厚，战胜德意志，仍当还我不预外事之旧政策，庶光明正大之心，足以表白于天下，此一说也；或又谓以吾国地位之优越，一旦战胜德意志，将使世界之民主政治，得强有力之担保，而黩武之害，可不复见于将来，此又一说也。由前之说，是谓偏见；由后之说，徒有理想。实则多数美人中，平昔对于欧陆战事，各各莫名其妙。迨美利坚于战争方酣之际，遽尔加入，"联军"数年来之所想望于美利坚者，既如愿以偿，而美人乃欣欣然自鸣得意，以为吾美利坚既居领袖之地位，且必惟吾国之马首是瞻，故对于威氏之始而宣布战争目的，继而有国际联盟之提倡，群然附和，如响斯应也。不谓德既败北，巴黎和会，意见纷歧，各国便其私图，几无一人能谋公共之利益者；威氏至此，既不能贯彻其初衷，而夷考其行，复在自相矛盾，于是国内舆论，一落千丈矣。

一九一八年十一月美国国会选举告竣，共和党党员占大多数，民主党不敌也。然共和党员之对于民主领袖威氏，颇有以其发起之国际联盟而与之表同情者。迨威氏携赴和会之僚属，无有共和党一人在其中，在威氏之意，以为对外政策，本系一党之政见，情势不得不尔，不图借题相攻者之纷纷然伺隙而起也。斯时也，斥威氏不为公道正义之和平尽力，而反为复仇与强权尽力者有之；谓为不守高尚之孟禄主义，而反被牵入欧洲纷争之漩涡者亦有之。前者与威氏个人之主张相枘凿；后者与美利坚自来所揭橥之政策相刺谬；而威氏遂为众矢之的矣。

威氏于一九一九年七月归自巴黎，征尘甫息，物议纷起。参议院中共和党党员之攻击，无论已，即向时道同志合臭味相投之民主党党员，亦间有攻击甚力，而无复存投鼠之忌者。当是时，谓其组织国际联盟之不当者有之，责其山东问题解决之不合者有之，其甚者，斥为违背华盛顿建国时垂戒之言，使闭关自守之美利坚，一旦牵入盟约漩涡之中；虽言人人殊，要皆持之有故，言之成理，足以箝威氏之口，使之无可解免者也。不宁唯是，德籍美人，见祖国之重受压迫，而大呼不平；意籍美人，见祖国之不得阜姆，而指为不公；

原隶爱尔兰者，闻爱人之要求独立不许，要求自治不遂，其卒也，诉之和会，亦不之理，于是向之仇视英人者，至是亦迁怒于威氏；他若国会议员之斥其侵越权限，口语藉藉，更无论矣。语有之，"千夫所指，无疾而死，"谓夫舆论之可畏也。威氏于此，其如口众我寡何！

自是威氏与参议院大多数议员，各执一是。参议院以非立保留案，不予批准和约；威氏则以非完全批准不可：相持不下者，垂一载。一九一九年九月，威氏出游各省，将欲以滔滔汩汩之演说，博国民之同意，不谓甫至甘萨司，忽病痿痹，势濒危，于是所定计划，不得不因之中止。翌年三月，参议院以大多数通过对于《凡尔赛和约》十四保留案，而少数民主党议员又起而阻止批准予以保留之《凡尔赛和约》。一九二〇年五月，国会通过取消对德奥宣战案，然威氏亦否认之。

威氏与国会，既若冰炭之不相投，至一九二〇年十一月大选，民主党虽努力逐鹿，竟为高材捷足者所先得。新总统哈定，共和党参议院议员也，一旦继威氏而为总统，对于国会通过之取消对德奥宣战案，立行签字，于是美利坚与"中欧罗巴"，不复立于战争之地位。自美一方面言之，曩时所订《凡尔赛和约》，国际联盟规约，以及美法两国之盟约，自是俱归无效。

当威氏之初抵欧岸也，"中欧罗巴"诸国，恃为公正之护符，而德人尤赖为一线之生机。即"联军"各国中，赞成和平十四条者亦不乏人，盖所谓永久和平者，凡属方趾圆颅之伦，无一不日夕祈祷者也。威氏一出，而世界上被压迫之民族，如高丽、印度、埃及、爱尔兰等，皆以为拨云雾而见天日，诚欢诚喜，距跃三百，一若威氏之出，几等于"弥塞亚"矣。然使威氏之和平十四条能一一见诸事实，诚不失为世界空前之一伟人，即儗之"弥塞亚"，亦无不可；至于其本国之人望，则尤驾华盛顿林肯而上之。否则威氏能坚持和平十四条，始终不变，即不幸而终归失败，则史册之上，亦必因其坚忍不拔，奉以美名。计不出此，至自食其言而不顾，殆所谓首鼠两端者耶？由是战败诸国，衔之次骨；战胜诸国，意存藐视；被压迫诸民族，对之则愤眥欲裂；别开一局之俄罗斯，又始终窃笑于旁也。迨威氏归国而后，复受其国民之裁判，以致精神懊丧，一蹶不能复振，此亦自取之咎也，其可慨也夫！

第二十五章 大战中人口与财产之损失

第一节 人口之损失

老子曰："佳兵者，不祥之器。"子舆氏曰："率土地而食人肉，罪不容于死。"战祸之酷烈，古人所由痛心也。此次世界大战，为时凡四载有奇，断胫折足，刳腹流肠之惨，亦既不忍悉状矣，而其他之死于饥饿疾疫者，虽得百郑侠，不能为之图；一将功成，万人枯骨，此次战祸之沦为枯骨者，岂徒万人而已哉。今先从人口之损失言之，美人李德非尔曾举重要交战团员十六国汇表如下：

（一）"中欧罗巴"诸国

国名	兵数	死	伤	被俘与失踪	损失总数
德意志	一千一百万	一百六十一万一千一百零四	三百六十八万三千一百四十三	七十七万二千五百二十二	六百零六万六千七百六十九
奥匈联邦	六百五十万	八十万	三百二十万	一百二十一万一千	五百二十一万一千
土耳其	一百六十万	三十万	五十七万	十三万	一百万
保加利亚	四十万	十万零一千二百二十四	十五万二千三百九十九	一万零八百二十五	二十六万四千四百四十八
统计	一千九百五十万	二百八十一万二千三百二十八	七百六十万零五千五百四十二	二百一十二万四千三百四十七	一千二百五十四万二千二百一十七

（二）"联军"诸国

国名	兵数	死	伤	被俘与失踪	损失总数
俄罗斯	一千二百万	一百七十万	四百九十五万	二百五十万	九百一十五万
法兰西	七百五十万	一百三十八万五千三百	二百六十七万五千	四十四万六千三百	四百五十万零六千六百
大英帝国	七百五十万	六十九万二千零六十五万	二百零三万七千三百二十五	三十六万零三百六十七	三百零八万九千七百五十七
意大利	五百五十万	四十六万	九十四万七千	一百三十九万三千	二百八十万
美利坚	四百二十七万二千五百二十一	六万七千八百一十三	十九万二千四百八十三	一万四千三百六十三	二十七万四千六百五十九
日本	八十万	三百	九百零七	三	一千二百一十
比利时	二十六万八千	二万	六万	一万	九万
塞尔皮亚	七十万零七千三百四十三	三十二万二千	二万八千	十万	四十五万
蒙丹尼格罗	五万	三千	一万	七千	二万
罗马尼亚	七十五万	二十万	十二万	八万	四十万
希腊	二十三万	一万五千	四万	四万五千	十万
葡萄牙	十万	四千	一万五千	二百	二万
统计	三千九百六十七万六千八百六十四	四百八十六万九千四百七十八	一千一百万零七万五千七百一十五	四百九十五万六千二百三十三	二千零八十九万二千二百二十六

此十六国而外，尚有波兰兵之加入"联军"者，凡十五万人；捷克斯洛伐克军队之在西伯利亚，法兰西，意大利者，凡十八万人；海夹子革命后，以二十五万人加入"联军"抗土耳其。综计以上新增之交战团员，共五十八万人，合"联军"原有之三千九百六十七万六千八百六十四人，与"中欧罗巴"之一千九百五十万人相抗衡，统计两方兵士之总数，几六千万人，亦足令闻者咋舌矣！

试即六千万兵士中，晰言之，死者约八百万人，残废者约六百万人，他若人民之直接间接死于是役者，数亦与毕命战地者，略相当也。

试更就"联军"方面与中立诸国言之，其人民仓卒遇难，死于德意志之潜艇、水雷、气艇、飞机、及军舰之炮击者，为数又复不尠。比法人民之被祸者，当在十万以上。而阿曼尼亚，叙利亚，犹太，希腊人以不甘受制于"中欧罗巴"故，而死于饥饿疾疫或屠杀者，亦有四百万之多。至"中欧罗巴"人民受"联军"封锁政策，罗掘既尽，无所得食，由是因饥饿疾疫而坐毙者，虽无确数，然一入其境，道殣相望。至波兰、立陶宛、乌克兰，室如悬磬，野无青草，饿莩而外，战死者尤累累不绝，此则视石壕哀啼之妇，新丰折臂之翁，惨状尤为过之耳。

◎战骨丛瘗所之一

至于此次疾疫，为历史上所罕见者，有所谓"西班牙流行性感冒"焉，状至危险。患是症者，每缘是而病肺炎，以致不可救药。闻此症起于一九一八年春，交战各国，死亡接踵，无何而蔓延及全球者垂一载，死亡总数，达六百万人。由上推算，则此次世界大战所损失之生命，至少亦有二十兆云。

抑此次大战中死亡者，大都为膂力方壮之少年，亦即为生殖力最强之国民。据统计家言，谓其时滋生之人口，以抵死亡之数，相差甚远。丹麦统计家陶陵谓战时兵士之死亡为十兆人，人民死亡为五兆人，此十五兆人所减少之生育，至少亦二十兆人，死于有形者什之四五，死于无形者亦什之六七，悬拟之，约有三十五兆云。

挪威"战后社会情状调查会"最新统计，兵士死亡十兆，人民三十五兆，合之为四十五兆，此第就欧罗巴一洲言之，土耳其与亚洲俄罗斯尚不与焉。要之人口损失，实占欧罗巴全洲人民百分之十一。说者以战后法兰西全国人口计之（亚洛两洲在内），尚不足四十二兆，譬言之，不啻举全法人民而尽死之，而犹虞不足焉，惨哉！

第二节　财产之损失

人口之损失，既如上所述，其随人口而同尽者，厥为财产。美人罗杰斯复举重要交战国自一九一四年八月至一九一八年八月公债之增高（作美金计算），列表如下：

（一）"中欧罗巴"诸国

国名	一九一四年八月	一九一八年八月	增加数
德意志	十一亿六千五百万	三百亿	二百八十八亿三千五百万
奥大利	二十六亿四千万	一百三十三亿一千四百万	一百零六亿七千四百万
匈牙利	十三亿四千五百万	五十七亿零四百万	四十三亿五千九百万
统计	五十一亿五千万	四百九十亿零一千八百万	四百三十八亿六千八百万

（二）"联军"诸国

国名	一九一四年八月	一九一八年八月	增加数
英吉利	三十四亿五千八百万	三百亿	二百六十五亿四千二百万
英吉利属地	十四亿五千四百万	三十亿	十五亿四千六百万
俄罗斯	五十亿零九千二百万	二百五十三亿八千三百万	二百零二亿九千一百万
法兰西	六十九亿九千八百万	二百五十二亿二千七百	一百八十六亿二千九百万
美利坚	十二亿零八百万	一百五十亿零八百万	一百三十八亿
意大利	二十七亿九千二百万	七十六亿七千六百万	四十八亿八千四百万
统计	二百零六亿零二百万	一千零六十二亿九千四百万	八百五十六亿九千二百万

"联军"各国中，以英吉利公债为最巨，综计四年来增加之数，已达二万六千五百兆，其八千兆则贷其属地与"协商"国，"协商"中又以俄罗斯意大利居多数。由美利坚借出者，共八千五百兆，英得四千兆，法二千五百兆，意一千二百五十兆，其余则分借俄、比、希、塞、罗、捷、古巴、里半利亚诸国。至德意志与奥匈联邦，其公

债之增高，均为土耳其保加利亚两国所借也。

公债之增高，令人惊异如此！然此种损失，不过财产之一部分，至战时所收入之税项，或直接，或间接，则有所得税，奢侈税，战时利息税种种。一九一八年中，每法人（兵士不在此例）平均纳税一百九十法郎，课税之重，债额之大，卒增加多数纸币。至各交战国银行内所贮现金，四稔以来，一如畴昔，然此等现金之总数，与银行担负之比率，已自五四点三降至九点四，全世界生活程度之突然增高，职是故而。

或谓财产之损失，系指金钱之耗费，产业之毁灭，国外置业之抛弃等等而言。此次大战，损失实数，无从详细调查，故不能得一确实之报告。惟即受创最重之比法两国观之，据一九一八年十二月法众议院预算委员会报告法兰西北部损失之总数，内含工业、农业、森林、建筑、机械种种，达六百四十亿法郎云。若援此数以推测比利时之损失，当亦不在二百亿法郎下也。来姆之大教堂，建自十三世纪，为自来法兰西帝王受加冕典礼之所，其雕镂之精工，著闻全欧，今亦为炮弹所毁；罗文之藏书楼，古籍充栋，至可宝贵，今已尽遭祖龙之厄：即此两事观之，其被毁之价值，已不可以更仆数也。美国某经济会，举交战国财产之损失（作美金计算），列表如下：

（一）"中欧罗巴"诸国

国名	财产损失数目
德意志	四百亿
奥匈联邦	二百五十亿
土耳其	五十亿
保加利亚	二十亿
统计	七百七十亿

（二）"联军"诸国

国名	财产损失数目
英吉利	五百二十亿
美利坚	四百亿
法兰西	三百二十亿
俄罗斯	三百亿
意大利	一百二十亿
罗马尼亚	三十亿
塞尔皮亚	三十亿
统计	一千七百二十九亿

即上表两统计数而总括之，知大战中所损失之财产为二千四百九十亿金圆，而比利时希腊等国尚不与焉；欧罗巴外，亦有数国未经列入。至沉于司加伯弗罗之德意志舰队，其值为三亿五千万金圆，亦未列入。观此则大战中损失之财产，其巨更可知矣。

第二十六章 大战中科学之应用于军事

第一节 近百年来科学之进步

聚无数聪明英俊之学子,以研精科学,及其有成,乃出而公诸世,使天下人咸与蒙其利而广其用,此莫大之幸福也。然自奥塞构兵而战云急,举无数生灵而驱入于枪林弹雨之中,不幸而为猿鹤,为虫沙,其傥而得免者,则回溯当日之浩劫,莫不谈虎而色变。之役也,将谓为战术之新奇欤?彼其从横捭阖,阴谋诡计,糜烂不至若是之烈也。将谓为战具之精良欤?而甲善输攻,乙长墨守,尽其具,几于山可移,海可倒,风云雷电可以备驱策,其用不可谓不广。然而不可以呫嗫办也,吾则曰:"此次之战争,与其谓为战术战具之角逐,毋宁谓为科学之大战争为适当也。"夫聚群雄于一隅,而相忌相嫉,相则效,相倾轧,不惮于和平未裂以前,咸各镂肝鉥肺,钩心斗角,以从事于科学之研究,所谓炉造化而炭阴阳,几无时无地而不求颛精焉。蓄之也久,故发之也烈;取之也精,故用之也宏。科学之应用于战争,乃于是焉始。

不观夫自维也纳会议以迄今日,为时以及百年;此百年中,科学之成绩如何,非可历历数乎?电报电话之用以递消息传语言也,几乎要天涯比邻矣!电车、汽车、汽船之用于交通也,几几乎不胫而走,不翼而飞矣!石油灯、煤气灯、电灯之用于建筑也,几乎要无幽弗烛,容光必照矣!麻醉剂之用以解剖,防腐剂之用以澌灭微菌,几令我国之和,缓,扁,华望而却走矣!其他若摄影,若纺织,若打字刈草各种机器,所谓以人巧夺天工者,又更仆难数矣!他如物质原子说、生物细胞说、生物进化说、微菌病原说,标新领异,无义弗搜。益以二十世纪之初,飞机、自动车、无线电报电话之相继发明,天地菁华,日以发泄。所以增进人类之幸福者,且方兴而未艾,一言以蔽之,曰科学之成绩是已。

然则科学者，所以增进人类之幸福，而不当假之以为杀人之具，此义盖易喻也。然而仁人之得饴，所以养老也，而盗跖得之以黏牡；不龟手之药，所以洴澼绕也，而吴人资之以利水战。欧洲各国，为寝兵之空谈，而备战则皇皇如弗及，一旦横决，祸水蔓衍，向之研精科学而欲以增进人类之幸福者，不旋踵而悉化为杀人之利器矣。

　　试征之普鲁士：彼其于十九世纪之初，首创通国皆兵制，各国效之，而欧洲形势，为之一变。自是而后，不战则已，战则军队必更多，糜费必更巨，而祸害必更烈。惟其然也，欧洲各国，从事于军器之精益求精，故于十九世纪之末造，枪炮之速率骤增矣。一八六六年普奥哥尼格来兹一役，普军所用来复枪之速率，较远于奥军而获胜。迨一八七〇年普法一役，法枪优于普，而卒以普之炮优于法而又获胜。夫炮队在拿翁时代，已甚重要，嗣是而后，尤为一军之胜负所关。炮之向射实弹者，旋代以裂弹矣。机关炮发明而后，射击益灵捷，而战祸愈烈矣。至炸药一端，当十九世纪末无烟炸药发明后，寻常之有烟黑色火药，废弃不用矣。至于海面，变化更大。十九世纪中叶所用之战舰为木制者，后乃以帆代桨，继又以汽力而代风力。克里米亚之战，法兰西始用铁甲舰；于是诸国仿效，而海上军备，焕然一新。十九世纪之末，潜艇始告成功，于是由海面战争而及于海底。二十世纪之初，飞机气艇发明后，空中战争，遂伏于此。迨大战既启，科学之应用于军事者日益繁，所发明者亦日益美备，此其受害者所以日益剧烈也。总之，往昔战争，类皆平面之战争，此次战争，则立体之战争；上达天空，下穷海底，不在非战场。向之期科学为人类幸福者，反不免为人类祸矣，噫！

第二节　陆地战争

　　陆地战争，今与昔异；所以异者，以今日之战争，大抵为壕堑战争故也。一九一四年战端既启，德意志以久经训练之雄师，所向披靡，行且直捣巴黎矣，乃至玛因河而遽为法军所阻；其故盖由俄军已攻入东普鲁士，以拊德军之背，柏林告急，德人势不得不抽调攻法之师旅，往解东普鲁士之围，即世所称泰伦堡役是也。夫大战初启，德人欲一鼓灭法，还师破俄；"协商"欲借俄军之力，夹攻德奥，而使之速败：故玛因河与泰伦堡两役，皆出乎两方之预算。惟其然也，而战事即由是延长；于是两方复开掘壕堑，以图持久，至战争告终而后已。故此次战争，谓之壕堑战争也可。

第二十六章　大战中科学之应用于军事

壕堑战争，利于守而不利于攻。欲攻破壕堑，必须费去多数之生命，多数之炮弹，方克有济。麦耿生于度那耶克河上之捷，乃攻克壕堑之明效，世称其用兵之神；然其代价，亦可想见。索姆河一役，法英联军虽获小胜，而得不偿失，亦足征壕堑战争之困难矣。

冲锋包抄，则用骑兵；短兵肉薄，则用步兵；攻坚城，轰巨垒，则用炮兵。平地战争，骑兵为上。壕堑战争，骑兵已不复占重要之位置，惟天气炎热之区，如米索波泰米亚埃及等地，骑兵尚复重用。舍此以外，实恃步兵与炮兵而已。

交通之便利，实为陆地战争胜败之关键。大战之初，德军于东西战场，势如破竹，则以铁道布置有方，而运输便利也。玛因河上法军之胜，虽由德军回救东普鲁士而力分，与夫霞飞将军之军略，而要不得不归功于加里安尼将军所遣之自动车队；此自动车队所经之路，法人盖早有成算也。凡尔登之终不落于德人之手者，法军之接济有方，交通便利使然也。厥后美国加入，不数月而兵士之在战场者，已逾百万，此亦轻便铁道输运之力也。

自无线电报发明，世界消息，皆由电浪为之传达；交通之便，无过于此。大战中尤有较无线电报为便利者，即无线电话是也。无线电话发明于一九〇七年，至一九一五年，始奏传布远方之成效，即自美京华盛顿至法京巴黎之试验是也，共计路程三千六百英里。无线电话之成效既著，于是"联军"各国，首先应用于军事。当时军舰与司令部，及军舰之与军舰，飞机之与平地，及飞机之与飞机，推之其他各处，皆得由电浪传语矣。

◎奥国司各达厂之攻垒巨炮

炮之精利，为大战中决胜之要点，其种类约分为四：（一）野战炮，炮身长，而口径小，射出之轨道为一平行线。此炮专用于野战，以法之"克勒索"炮厂之七十五毫米口径之炮为最著；其射击之的为三英里，放射之次数，每分钟可多至二十次，法美两军皆用之。（二）攻垒炮，炮身不甚长，而口径大，射出之轨道为一抛物线。德国"克虏伯"厂之四二厘米口径之炮，及奥国"司各达"炮厂之三十点五厘米口径之炮为最著，比利时波兰各炮垒之攻陷，皆借此两种短炮之力，而"司各达"炮之成绩尤佳。（三）铁道炮，为炮中之最庞大者，载于车上，驱机而行于铁道，故名。此炮射出之轨道为一抛物线。最著者如德国于七十五英里外射击巴黎之炮，炮身重四十万磅，炮子亦三百三十磅，其直径为九英寸，实足骇人听闻者也。德人用此炮射击时，适当一九一八年三月二十九日，是日为天主教节期，所射之炮子，坠于"圣节凡"教堂，堂中死七十五人，伤九十人，被害可谓烈矣。（四）壕沟炮，所用以专攻濠沟者，射出之子弹为鱼雷式，内贮最强烈之炸药。射出之轨道，亦为抛物线。此等炮以英国之"司多克司"炮为最著。

机关炮则此次大战中所用最广，而德军尤甚，盖其步军冲锋时务须以此炮为辅也。英军所用之机关炮为"麦克信"式与"路惠斯"式两种，法军所用为"霍启基思"式与"圣爱的恒"式两种，美军所用则为"卜郎宁"式。

机关炮之外，又有手弹；其式一如机关炮，而便于狙击。计分两种：一用以守，一用以攻。弹内可贮自二十二盎司至三十二盎司之炸药，杂以金类坚锐之粒屑，或蓄以毒气：故其炸裂处之一百五十半径内之生物，不死则必伤也。其形有圆如橘者，有椭圆如卵者，后因抛掷不便，乃于弹之一端加一木柄焉。

◎德国七十五英里外轰击巴黎之巨炮

保护壕堑，不得不抵制机关炮与手弹。抵制之法，则以沙袋堆叠沟上，如城雉然弹遇沙袋，不能炸裂矣。

沙袋而外，又有所谓铁丝网者，用以阻止敌军之直入。法以铁丝缔结成网，散布要隘，敌军遭此，莫能蓦越。若以电流通之，则触此网者，必触电而毙。或有以子弹炸毁此网而图抵制者，然耗多许之子弹，终不能毁少许铁丝网，是自损其赀也，故铁丝网为保护壕堑之良具；在"汤克"炮车未创行以前，无论如何军器，不能与之敌也。

◎法军方面之铁丝网

试述"汤克"炮车之历史：初，美人霍尔脱鉴于寻常车轮止能行于平地，不能驶行山上，乃以钢片炼环绕其车轮，以为登山之用，于是履山如平地矣。然此不过"汤克"之雏形，英人司文登见而异之，当战云迷漫之际，发明"汤克"炮车，以为出奇制胜之具，当英人造此炮时，以敌国间谍四布，严守秘密，初名之曰"陆地巡洋舰"，后因此名易启人疑，乃改名"汤克"。英文"汤克"，即贮水器之义，意若谓近东战场，如米索波泰米亚，如埃及，天气炎热，又多沙漠，此"汤克"盖为运水之用也。一九一六年九月十五日，"汤克"炮车始用于战场，德军大骇。盖"汤克"之外壳，其铁甲甚坚，其轮之钢片炼，虽遇危崖峭壁，皆能超越而过；若有树林梗前，则摧折之而直入。"联军"得此奇货，声势转盛。自"汤克"之制出，有机关炮而无所用，有铁丝网而无可阻，所谓横行无阻者是也。英国"汤克"炮车之种类凡二：其较大者，内可贮野战炮，以毁灭敌军机关炮之巢穴。其较小者，内置机关炮用以战敌国之步兵，炮车中可乘二十余人。法国仿造之"汤克"，较英国之"汤克"为小，每辆可载八人。其不同之点，英国之"汤克"，其钢片炼绕车之全体，法国则钢片炼专绕于车轮。嗣后英法各造小"汤克"甚多，每车载二人，车小而行速，其用至灵便也。至德人仿造之"汤克"，以材料缺乏，似较劣也。"汤克"

内之兵士，则殊不适，以发炮时之声浪热度，令人震荡郁闷；又以空气不透，烟焰弥漫，竟有因不得呼吸而坐毙者。且不幸而遇大炮子弹，则全队齑粉，情至凄惨也。

◎英国之汤克炮车

第三节　海上战争

海上战争，以智利海滨、福尔克兰、海里果兰、道格滨、里加海湾五役为小战外，裘脱兰一役，为有史以来世界第一大海战，而亦英德海上最后之颉颃也。海战之靡费，十倍于陆战，以一刹那间而数千万金所制之巨舰，可毁于炮弹，毁于水雷鱼雷，毁于飞艇潜艇；故海战者，实两方战舰之互相毁灭耳。裘脱兰一役，德海军拟冲出北海，一扫英国之封锁，尔时英国海军，颇受巨创，然德人卒以众寡不敌，计不得逞。说者谓德人于此次战争，凡关于海战上应用之科学，与其所发明，至为夥颐，诚所谓虽败犹荣者矣。

总之，此次大战，其胜败之数，无在不系夫科学。数理家先测量炮准而后射击，天文家先测气候而后放毒气，地质家之埋伏水雷，心理学家之选择相当人员，至所谓美术家者，于海上战争，尤有莫大之关系。何以言之？战舰之在海面，上有飞翔天空之飞机气艇，下有蛰伏水底之潜艇，每易为敌人窥见，于此而筹保护之法，则以相当色漆，髹于船身，或似天色，或似海色；以用天色，则此舰之回光与天色无异，用海色则此舰之回光与海色无异；甚有取海天相接之色者。至商船或装运船，则用各种色漆。以眩潜艇之视察。总之，色泽之如何，在其环境，亦在美术家之随机应变。天气依日光而转移，亦由于空中尘氛之厚薄；北海天气暗，地中海天色明，故舰上所髹之漆色，亦因以不同。夫蟾蜍之色如泥，蚱蜢之色如草，此为天然之保障，美术家以生物原理，应用于军事，足证科学与美术，美术与军事，皆有密切之关系也。试观"爱姆顿"，一德国之小巡洋舰耳，沉"联军"军舰商船凡二十五艘，以其能利用色漆也。

◎髹色漆之装运船

潜艇为海战之利器，德人尤利用之，总计被击沉之船只，其数逾一千五百万吨，损失造船费及所载货物，其价值约华银一万四千兆银圆。即以一九一七年论，"联军"船只，被德潜艇击沉而受损失者，每日平均计之，亦在二百万银圆以上，亦骇人听闻矣。或曰，英为海上霸王，德以后起之故，避其所长，攻其所短，故专恃潜艇，与英人角逐于海底；其往来之飘忽，出没之无定，在英人亦闻而色变也。至德潜艇之构造，其精锐亦远出各国之上。试观战事初启时，德潜艇长约一百五十英尺，宽可十二英尺；在海面一小时，可行十二海里，在海底则行九海里。厥后战事愈烈，构造愈精，其船身有长至三百英尺者，其行驶海面之速率，每一小时内，由十二海里而增至十八海里，海底则由九海里而增至十二海里；行踪倏忽，殆无异鱼之游泳，惟历时过久，必须至海面，行其呼吸耳。又每潜艇在海底，不能踰三小时之久，有时而能历两昼夜者，亦以其在浅水处耳。浅水处则有养气筒放出养气，以助呼吸，有苛性钾匣以吸收炭酸气故也。又潜艇之升降，全借乎压载器中所贮水量之收放。潜艇之在海底，不能株守一处，换言之，即须时时行驶故也。此由压载器中所贮之水，或收或放，全艇即随之而动；若艇身下沉至二百英尺，即不能胜水之重量，遂不免于覆没也。至艇之后段，置"提塞耳内燃机"二（此机为德人提塞耳所发明，故名），所用以行驶海面也。其仅能行驶于海面者，则以他种内燃机，皆借空气之力，助其燃烧，若在海中，则此等机器，必用尽空气，艇中之人，遂不免窒息而死也。"提塞耳机"之燃料，为石油之重者（寻常灯内所用石油）。石油之轻者曰"加宿林"，所不宜用于潜艇者，以其易于挥发，而猝生火险也。"提塞耳机"之燃烧，用空气之压力；空气被压至五百磅每方英寸时，温度可升高至法氏表一千度，重石油被燃而机发动矣。又重石油无挥发之易炸气体，故为潜艇之唯一燃料。至潜艇行驶海底，则用摩托电机。艇内除"提塞耳机"摩托机而外，尚有机件多种，如压载器内水量之收放，鱼雷之射击，及无线电等，无在而非机也。一潜艇既无在非机，其容积自不能过大，而躯体臃肿之人，尤不相宜也。以艇既下沉，温度必降，瘦小之人，多着衣服，已广占地位而不留空隙。若为臃肿之人，则大莫能容矣。潜艇之最大者，可容四十人。艇中以传音器为耳，四望镜为目。传音器之传音，由于电磁；四望镜之助视察，由于凸镜之远视（望远镜之理），与夫三棱镜之折光而达于海中也。潜艇之军器凡二，以雪茄式之鱼雷为最要。所谓鱼雷，实即一磨托船，自备压紧空气之磨托机也。此种鱼雷长可自十五英尺至二十余英尺，宽可十四英寸至二十英寸，内贮"脱里拿尔"炸药，可四百磅，其前端有机如针，一触即发。然鱼雷价甚昂贵，故又不得不备第二种军器，即三英寸至六英寸口径之炮；行于海中时，此等炮皆涂以油脂，以防锈蚀，全透出海面，洗净油脂，即可用矣。潜艇在战争时，皆由无线电接受其本国海军部之命令，惟其传放之机，电浪不甚远耳。艇身备有锯齿，以便遇钢网时，破网而出也。

潜艇有二缺点：一虽装有巨炮，不能与别舰交锋，盖其压载器一中子弹，水即乘隙而入，其沉没可立待；一即其所载之石油，偶或露出海面，便露痕迹，若敌舰踪迹追袭，其毁灭亦可必也。

◎德国潜艇U字第五十三号

◎德国载货潜艇德意志号

抵制潜艇之法，约分为三：一驱逐舰，其舰身甚轻，而驶行甚速，视潜艇在海面时约增两倍，在海底时约增三倍；二水面飞机，即飞机之能驶行海面者，时或飞翔空中，抛掷炸弹；三传音机，以电磁之理，探察潜艇声浪，因而追击。此三者，所以抵制潜艇之法也。然吾闻德潜艇名"德意志"者，自亨堡逸出北海，渡大西洋而抵美国，复由美国满载粮食而归，未尝为敌舰所发觉，亦足见其行踪之神出鬼没矣。

大战之将毕也，意大利发明一种"海面汤克"，其底方，而行于海面，若不入水然，两旁置鱼雷各一。先是奥大利于阿突利亚的克海诸军港，以横木浮于海面，使敌人军舰，不能绝流而渡，至是而海面"汤克"，竟能越之，以船底之两旁，有铁链二，其制如陆地上之"汤克"而较小耳，海面"汤克"之得名以此。

大战将了，英国又发明一种不装甲小战舰，其速率较驱逐舰尤大，所以不装甲者，以其速率之大，能避炮火之轰击，而其所载之炮，皆为十八英寸口径，较无畏舰所载十六英寸口径之炮为尤大也。炮长可七英尺，重一百五十吨，弹重三千六百磅，内贮炸药五百磅，可射击三十英里以外，其力亦罕见矣。英国倡造此种战舰时，颇守秘密，直至大战告终，德舰降伏，始行宣布云。

海边炮垒，足以轰击敌舰，然敌舰若乘雾来攻，则岸上不能视察，即不能还击，于是而筹自卫之策，则当布水雷于要隘，以防敌人之偷袭。水雷有二种：有停泊者，有浮行者。大战时，德人密布水雷于英国海滨，英国亦密布水雷于德国海滨以报之。厥后德人又布浮行水雷于北海，地中海，大西洋等处，"联军"船只被毁外，中立国船只，被沉没者，亦难以更仆；缘此种浮行水雷，既无一定之处，一时尤难扫净，迨其后停泊之水雷，亦脱锚而浮行海上，故大战虽了，而在水雷未尽扫清以前，海行者殊多危险也。

总之，大战时军舰商船之沉没于海底者，不可胜数。战事既终，欧美各国，咸知沉没货物，其数甚巨，思有以取出之，于是备器遣人，入海摸索。然海面既波涛汹涌，洋海中无情之压力，皆足为梗，诚所谓望洋向若而叹者矣。说者谓斯时也，果能取出被沉没之货物，往时西班牙无畏舰队歼灭后之损失，亦得入海探取之矣，然非俟科学再进之后，不能达目的也。

第四节　空中战争

空中战争，所以辅海陆战争之不逮，而范围亦视海陆为大。盖海有舰队，陆有军队，划鸿沟以为守，两方即不能踰越尺寸。至于空中，则有飞机。有气艇，若高屋之建瓴水，其势足以俯视一切。所谓窥探敌营，抛掷炸弹，又其余事。然则古人所云，飞将军之自天而降，至今日而几于信矣。故飞机也，气艇也，皆空中战争之要具也。请先述飞机。

飞机者，为一种机艇，虽不能视空气为轻，而能利用风之压力于其机叶，而自由翱翔于天空。大战开始，飞机种类，至为繁夥，有用以窥探敌人者，有用以抛掷炸弹者，有用以交战者，构造各异，而驾驶之术亦不同，兹为分类如下。

抛掷飞机，则以载炸弹故，其体甚重，而驶行甚缓，此为飞机中之最大者，有若德国之"戈太"机，意国之"加不落尼"机，其上可乘三人，装三炮，备九百匹马力之机三，携炸药二千七百五十磅，总共能载重四千磅，亦可为巨矣。

◎法国之飞机

◎飞机中之抛掷炸弹

交战飞机,则以海上战争,凤以重大之战斗舰为利器,至于空中之交战飞机,则贵轻小而不贵重大,彼此适得其反也。此种飞机,仅能容短小精悍者一人,其速率则一小时内行一百五十英里;军器为一机关炮,司机者欲射击,可用手指按电钮,俾两传导体相遇而电路通,炮子于是发焉。

飞机之驶行最速者,当以推前机装于前面者为第一,盖自来飞机之推前机,皆在后面也。推前机上,则置一偏出之轮,所以防子弹之伤前面机叶也。

大战之末,德人又发明一种"空中汤克",亦交战飞机之一也。机上置机关炮一,装于能旋转之一木圈上,所以攻敌国之飞机也。机之四周,皆装铁甲,故名"空中汤克"。

海面飞机者,能驶行空中,亦能驶行海面。此种飞机,类皆用以对付潜艇,故备有无线电话机。当其侦得潜艇之所在,可立时报告驱逐舰,而加以攻击。机中又备有炸弹,以便下击潜艇;且备有鱼雷,以便侦得潜艇时,降落海面,至射放鱼雷后,再上升空中也。

◎德国之气艇

以上所述,皆为飞机之大概。然德人于飞机之外,又有一种气艇,即世所称最著名之"齐泊林"气艇是也。此艇原理,与气球相同。气艇气球之所以能上升者,以内贮之气,较轻于空气耳。此气较空气轻十五倍,为元素中之最轻者,故名轻气,亦名氢。

空气之密度,与气球之上升有关;离地益近,则空气益密,其趋向由下而上,其空气即由密而渐稀也。气球上升至一定点，即高悬天空，不再升降，盖由空气于此点之体积，适与气球之重量相等故也。

气球上升益高，则所遇之气候益冷，故足以紧压空气，使之液化，而增其重量。若在烈日下，则日光之热，又能使之开放，而减其重量。若膨胀过甚，则气球有迸裂之虞。故每气球之下部，必留一活门，以便氢之放出。气球中备有沙袋为压载物；苟氢一遇冷，即压紧而增其重量，如是则沙之抛掷，可使之不下降也。此种气球，既无机械，又无驾驶之器，仅能随风飘荡，以达其欲至之处而已，然自"齐泊林"气艇发明后，气球已视为陈旧物矣。"齐泊林"气艇之异于气球者，以其能自行驾驶，不受束缚于风及气候故也。艇形似一雪茄。旧式之艇，贮氢于一大囊，新式者则分贮于数十小囊，庶一囊破裂，不至波及其余。此种小气囊，皆置于一大囊之中。至气艇之外壳，及附壳之棚，必以金类中之坚且轻者为之，如铝然。铝虽轻，而不甚坚，于是有铝与锌相和之合金起而代之。最新者，则为一种合金名"独拉路明"者为之；此合金之百分成分，铜为三，镍为一，余则为铝，虽较铝为重，其坚则四倍之或五倍之也。

◎齐泊林伯爵

德国最大之"齐泊林"气艇，其长为七百六十英尺，其宽为七十五英尺，其气囊可贮二百万立方英尺之氢，此气艇之重量，虽为五十吨，然较空气为轻，故能高升。

氢之性易自燃，故内燃机不能置于气囊之附近。最可虑者，即为飞机之攻系，盖飞机既较"齐泊林"气艇为小，而又较为灵便故也。设飞机盘旋其上，则船中所备之机关炮，无从仰攻，且其庞大之外壳，反为其保护之具；不幸氢囊之上，偶中一弹，则全艇被焚矣。

即氢囊之中，无空气以助其燃，而氢囊周围，决不能完全周密，故有时而氢或漏泄，而艇亦必被焚矣。倡"齐泊林"气艇者，名齐泊林，以人名其艇者也。齐至欧战未，鉴"联军"飞机之蒸蒸日上，而发明之气艇，反不免相形见绌焉，故于一九一七年三月，郁郁而卒。

氢之易燃性，大不利于军用之气艇；斯时而有相当之气，足以代之，而又不至如氢之易燃者，其惟氦乎？氦较氢约重一倍，自氢而外，原素中之最轻者当推氦。且其性不与他素化合，不自燃，亦不助燃，故为贮气囊之无上妙品。所以不遽用于大战中者，亦有大原因焉。氦之天然产处有二：一在地球以外，一在地球以内。地球以外者，则在日之四周，吾人无从取得者也。地球以内者，即指地球之表面及内层而言，例如空气中，氦占百万分之四，其量过微，其取法亦甚难，吾人固无从利用者也。惟天然矿产，如铀及钍之矿，皆含有氦，然其物稀价昂，亦无从而利用之。惟当大战初起时，有查得美国之奥克拉麦，探克萨司及甘萨司，皆有天然氦井，此种氦并可取得多量之氦，而气艇中以氦代氢之议，于是乎倡。顾氦之性质，最难液化，液化既难，即不能携带与搬运。所以不能液化者何，以无从得极低之温度也。由是其价亦至昂贵，计氦一立方英尺，约值华币三百至一千二百圆，则一"齐泊林"气艇中，所需之氦，其最廉之价亦为六千兆银圆，故氦艇之制造，直托之梦想耳。厥后氦之液化机，逐渐发明，每立方英尺之氦，仅值华币一角六分，然此时大战已终局矣。总之，氦井发现益多，并其液化法日益简，则其价亦必廉，其应用亦因之日繁矣。今条例其利益如下：

（一）氦艇既无火险，又能作海陆之迅速远行。

（二）氦艇之内燃机，及推前机，可同置于气囊壳内而无危险。

（三）氦艇中可自由吸烟，不致有意外之危险。

今日英美诸国，其于已制成之数氦艇外，方且竭力从事制造，或氦艇，或飞机，无一不指为载客之用，实则寓兵于工寓兵于商之意，其载客云云，不过假托之词已耳。

第五节　化学之应用于战争

海牙平和会开会之第一次，距大战十有五年，至第二次开会，距大战仅七年耳，当时和会揭橥之宗旨曰弭兵，弭兵目的不能达，于是与会各国，同意表决，期减轻战争中之诸惨剧，所谓禁止毒气之应用于战争，即其一端也。然一九〇〇年吾国拳匪之乱，联军攻陷天津，即背约用氯气炮，狐埋狐搰，相去几时，此次大战中各国之破坏战时约法，又可预言也。英军首用"特姆特姆弹"（特姆特姆，印度城名，在加尔格塔之东北，相距五英里，有军需制造局，其所出子弹之一种，其壳之顶，较柔软，以便射入人体后，即行炸裂，痛苦异常，无不立死者，此弹为海牙平和会所禁用），德人斥之；德军首用毒气，"联军"斥之。总之，互相效尤，两方皆伯仲间耳；明于责人，而昧于责己，其英德之谓矣！

德意志以化学冠世界，英国伦敦皇家理科大学化学教授铁尔敦爵士，提倡英国化学，其演说中拟德之化学家如海滨之沙，盖形容德国化学家之多也。德国雄心勃勃，每一种发明，莫不应用于军事，而于化学为尤盛。如前所述，玛因河第一役既告终了，两方开掘壕堑，为持久计，德国柏林大学化学教授奈恒斯脱首倡利用毒气，以为军队夺取壕堑之地。一九一五年四月二十三日薄暮，德与英法军相持于皮克斯旭得与郎其麦克之间，忽有一浓厚之气，呈绿黄色，自德军壕堑吹至"联军"壕堑，军士闻之，皆窒息，时则死伤接踵，全军溃乱，德军乘胜夺得"联军"十五英里前线。寻此气为空气冲淡，英法之援军亦至，"联军"收其溃卒，得以复集，是为此次大战中用毒气之始。

毒气不仅限于气体，即液体之易于蒸发者，固体之研为细末者，其效果亦正与气体同。所以均称之为毒气者，以其皆能如气体之挥发，触于人身，轻者致伤，重则立毙也。今就其毒性分类如下：

（一）窒息类 此种毒气，专攻入人之咽喉，气管及肺；若久吸其浓厚者，必致窒息而死。

（二）血毒类 此气有毒性而不具刺激性。有专攻神经者，吸之昏眩而死；专攻血轮者，血液循环中止而死。

（三）流泪类 此气专攻目部，使目受刺激而流泪，致不能视。

（四）发泡类 此气专攻皮肤，外皮触之，即发生水泡，嫩皮触之，即行迸裂，皆痛痒难忍。

（五）引嚏类 此气亦攻嫩皮肤，而尤以鼻孔中之嫩皮为最，吸之发喷嚏不止。

各种毒气，既依其毒性而分类，然亦有一毒气而兼数种毒性者，如芥末气，则有第一第三第四三种毒性。若因其气化性之互异，则又分速缓两种；缓者亦有数小时至数日之久。

凡有一毒气之施放，必有总攻击以随其后。毒气之选择，必有以下五种之特点：

（一）此气必可得自多量；

（二）此气毒性，必能速达敌军；

（三）此气必能易受压力而成液体，以便盛入器皿而便携带；

（四）此气既受压力而成液体，若压力除去，则具极大之气化力；

（五）此气必重于空气，以冀其能自上坠下。

氯（即绿气）似具有上列五种之特点，故大战中用之亦甚广，一九一五年四月二十三日，德人首先所用之毒气即此气也。溴为红色液体，故用时不必使受压力，在平常温度，即气化；其毒之猛烈，过于氯，惟难得其多量，且其价亦较贵，故不若氯之用为广也。且溴既为液体，则盛贮也易，常于弹丸中用之。溴与氯皆属成盐素族，故抵御之法亦同。抵御之法，军士各戴一防护面具。自顶至颈，妥密保护。此面具为一胃形之囊，制以绒布橡皮牛皮等物，而橡皮最为适用。德国以战时橡皮缺乏，代以牛皮，较为笨重。两目之前，遮以透明体之假象牙，英人则用玻璃质积成数层，中隔以假象牙体质，明了如玻璃，而无虞碎裂。当口鼻处，则贮以碳酸钠或硫代硫酸钠所浸透之棉花块，盖此二物能吸收氯与溴而变其毒性也。

大抵有一种毒气，必有一种化学品以抵制之，嗣后毒气愈出愈多，且有以数种毒气合用者，则保护之法，亦日益完备。保护之法惟何？即根据于物理之吸收及化学之中和。面具之内，分列三层。第一层为易于吸收气体之炭质；炭质之所以能吸收气体者，以其多孔也。炭质中以杏仁壳及他种果壳所成之炭最为适用，大部分之毒气，大概为此层收去。第二层为甘油浸透之棉花，浸于硫代硫酸钠或碳酸钠之溶液内，以吸收氯溴等气。第三层为"友罗托落宾"浸透之纱布，再加过锰酸钾，以抵制氯化炭氧基，及棉花一层，所以防固体氢化砒质也。此法于呼吸上似不灵便，然抵制毒气，实为最佳之法也。

◎毒气之防护一

一九一七年夏间，当德人攻以帕时，施放一新气，气作淡黄色，味似芥末，因名之为芥末气；法人名之曰"以帕利脱"，因其用于以帕之役也。此气为害甚烈，良由其气味轻淡，气化极缓，有延长至四五日而其气仍在者，故人多忽之，以致不可救药。此气入目则目盲，触呼吸器则呼吸器发炎，着皮肤则发生水泡；又毒雾凝结，则成雾珠，偶落衣上，尚不至有何影响，若触于皮肤，则痛若针刺，水泡渐生，痛痒异常。有时惟烟卷之烟，可解此毒，故吸烟者，每得于无意中，保护其身体。此种毒气，防护之法，法人则除用假面具及呼吸器外，又以氯化钙油膏涂于皮肤，或穿亚麻仁油涂过之衣服，俱颇有良效云。

◎毒气之防护二

若在毒气浓厚之战场，上法实不足应用，须戴一大笼罩于面部，随身携有压紧之氧。然法既笨重，且以有限之氧，抵无限之毒气，即不死于毒气，亦死于窒息也。若壕堑地穴之中，毒气凝聚不散，必穿重笨之器具以抵制之，亦云苦矣。由是观之，防护毒气方法，尚未尽善尽美也。至房屋营帐战幕之防护，或用吸气机之吸收，或以防御药品之遍洒，要之适量施用，各视其境况而异。

毒气之由天然之力而输送者，每不可恃，其故有二：一曰时机，风势之顺逆，非人力所能操纵；二为毒气经过之路程，必为空气冲淡，既失效力，等于虚掷。于是于施放毒气而外，又用一种毒气弹，一用此弹，而风之顺逆，绝无关系矣。毒气弹之构造，与寻常子弹相仿佛，惟内部之钢铁，易为毒气所蚀，欲免此弊，涂磁须多。每弹分前后中三部：前部贮炸药，触物即发；中部贮液体毒气，弹裂则气化；后部亦贮炸药，以便放射，放射之机如炮，其理亦与炮同。

法国巴黎大学化学教授莫勒，对于大战德法两国所用之毒气，汇成两表，载于一九二〇年之法国《科学评论》内，列之如下：

（一）德意志所用之毒气

施放时期	法文原名	汉文译名	公式	物态	毒性
一九一五年四月	Chore	氯	Cl_2	气体	窒息
一九一五年六月	Brome	溴	Br_2	液体	窒息
一九一五年六月	Bromure de benzyl	溴附一烷代困	$C_6H_5 \cdot CH_2Br$	液体	流泪
一九一五年七月	Bromacétone	溴酮	$CH_3 \cdot CO \cdot CH_2 \cdot Br$	液体	窒息 流泪
一九一五年八月	Chlorosulfonate de méthyle	氯磺酸一炭烷	$SO_2{<}^{Cl}_{OCH_3}$	液体	窒息
一九一五年八月	Chlorolformiate de Chlorométhyle	氯烷酸氯烷基	$CL \cdot COOCH_2Cl$	液体	窒息
一九一五年八月	Bromométhyléthylacétone	溴代二烷基酮	$CH_3 \cdot CO \cdot CHBrCH_3$	液体	窒息 流泪
一九一五年七月	Chloroformiate de trichlorométhyle	氯烷酸三氯一烷基	$Cl \cdot COOCCl_3$	液体	窒息
一九一六年十二月	Phosgène	氯化炭氧基	$COCl_2$	液体	窒息
一九一七年五月	Chloropicrine	硝基三氯烷	$CCl_3 \cdot NO_2$	液体	窒息 流泪
一九一七年七月	Sulfure d'éthyle dichloré (Ypérite)	双氯二烷硫醚	$S{<}^{CH_2 \cdot CH_2Cl}_{CH_2 \cdot CH_2Cl}$	固体	窒息 流泪 发泡
一九一七年七月	Diphénylchloroarsine	二个困基氯亚砒基	$(C_6H_5)_2AsCl$	液体	窒息 引嚏
一九一七年九月	Phényldichloroarsine	二氯砒化困基	$C_6H_5AsCl_2$	液体	窒息 引嚏
一九一七年九月	Chlorure depénylcarbylamine	困基二氯烯钽	$C_6H_5N{=}C{=}Cl_2$	液体	呕吐 （致命毒）
一九一八年四月	Oxyde de méthyle dichloré	双氯二烷醚	$CH_2Cl \cdot O \cdot CH_2{-}Cl$	液体	
一九一八年四月	Dichloroéthylarsine	二氯砒化二烷基	$C_2H_5AsCl_2$	液体	引嚏 （致命毒）
一九一八年四月	Dibromoéthylarsine	二溴砒化二烷砒基	$C_2H_5AsBr_2$	液体	引嚏 （致命毒）
一九一八年六月	Cyanure de diphénylarsine	二个困基氰亚砒基	$(C_5H_5)_2AsCN$	固体	引嚏
一九一八年九月	N. éthylcarbazol	二烷䓬基联困	$\begin{array}{c}C_6H_4{-}C_6H_4\\ \diagdown N \diagup \\ \mid \\ C_2H_5\end{array}$	固体	引嚏

（二）法兰西所用之毒气

施放时期	法文原名	汉文译名	公式	物态	毒性
一九一五年九月	Tetrachlorosufure de carbone	四氯硫化炭	$CSCl_4$	液体	窒息
一九一五年十二月	Iodacétone	碘酮	$CH_2I \cdot CO \cdot CH_3$	液体	流泪
一九一五年十二月	Chlorured'O-nitrobenzyle	氯代一烷基（一）硝基（二）囷	$C_6H_4 \begin{cases} NO_2(2) \\ CH_2Cl(1) \end{cases}$	液体	流泪
一九一五年十二月	Iodure de benzyle	碘代一烷基囷	$C_6H_5 \cdot CH_2I$	液体	流泪
一九一六年二月	Chlore	氯	Cl_2	气体	窒息
一九一六年二月	Phosgène	氯化炭氰基	$COCl_2$	气体	窒息
一九一六年七月	Ac.cyanhydrique（sous forme de Vicennite）	弱酸	HCN	液体	立毙
一九一六年十二月	Chloropicrine	硝基三炭烷	$CCl_3 \cdot NO_2$	液体	流泪 窒息
一九一六年十二月	Acroleine	三炭烯醛	$CH_2{=}CH{-}CHO$	液体	流泪 窒息
一九一六年十二月	Bromacétone	溴酮	$CH_2Br \cdot CO \cdot CH_2$	液体	流泪 窒息
一九一六年十二月	Chlorosulfonate d'éthyle	氯磺酸二炭烷	$SO_2 \begin{cases} Cl \\ OCH_3 \end{cases}$	液体	窒息
一九一八年五月	Sulfured'éthyle dichloré（Ypérite）	双氯二烷基硫醚	$S \begin{cases} CH_2 \cdot CHCl \\ CH_2 \cdot CHCl \end{cases}$	液体	窒息 流泪 发泡
一九一八年九月	Sulfate de méthyleet chlorhydrine sulfurique	硫酸二个一烷基及氯磺酸	$SO_2O \cdot CH_3O \cdot CH_3 et SO_2HCl$	液体	窒息

毒气而外，又有所谓液体火者，其功用殆与毒气同，盖两军对峙于壕堑，液体火与毒气，皆足驱敌人退出壕外，而即并其壕堑而夺得之。发火之器，约有两种，一能置于一定之处所者，一能随时活动者。其燃料即为石油。然此等发火器之箱，一遇弹丸，立行炸裂，因以燃及其油，故随时活动者，不若置于一定之处，可覆以沙袋，而不使炸裂。有谓与其用复杂之发火器，不若用简单之炸条之为灵便也。故液体火在大战中，不见大用。独于占领敌壕之后，设有敌人潜匿壕中之窟穴，此则为战胜者心腹之患，以潜匿者仍可施放机关枪也，斯时欲清理之，非发射液体火，俾敌人无可潜匿不为功。此发射液体火之器，其形似筒，能放出急流之火，因名火筹焉。

毒气与液体火，无异战争中最新之武器，而化学之对于战事，遂得占极重要之位置。大战以前，军用化学，仅限于炸药一门，至此次大战，即炸药亦有许多之改良，许多之发明，且各国所用炸药有不同者，兹为述之。

寻常无机黑色火药，其百分成分，炭十二点五，硫十二点五，硝石（硝酸钾）七十五，已早视为陈旧之物。大战中只用以引火，而所用"亚摩尼脱"者（亦称矿工平安炸药）颇似黑色火药，因其所含之硝酸铔达百分之八十八以上，余为一分或二分三硝基代并困，及少许之氯化铔，英军用于轰毁曼星维起脱阵角之役（见第二十章第一节）。总之，大战中所用之炸药，几皆为有机体，无烟质。其最普通者有二种，一为硝酸木材质，一为硝酸木材质及硝酸甘油混合而成者，皆属于脂肪族。

硝酸甘油为一种油质，遇震动与热，则炸力甚猛，且同时能发出多量之气质，惟既不稳固，又极危险，故未能直接以此种油质为实习。时则以滴虫土（此系硅藻之遗骸，而含有百分之九十五之硅石者）吸收之而成炸条，所谓"提那米脱"者即此；或以胶质混合而成炸饼。英国所用之无烟炸药名"高地脱"者，为一种炸饼；所含之物，以百分计算之，三十为硝酸甘油，六十五为硝酸木材质，五为矿脂。

以上所述之炸药，皆用于盛手弹及鱼雷，至用于开花弹者，则不炸于炮口，而炸于射中之地，芳香族炸药居多。芳香族炸药之最要者，为苦味酸及其盐类，"朋齐脱"及"脱里拿尔"。

苦味酸，一稳固之炸药也，不若硝酸甘油之易于爆炸；其炸力之大，每秒钟为七千米，故其用甚广，开花弹皆之。其和以少许之氧化物者曰"曼利尼脱"。此"曼利尼脱"当盛于弹丸时，应极留意，偶一不慎，其炸后发出多量之一氧化炭，甚毒，盖与人身血球赤色质化合，阻其氧化，能使人窒息而死也。如一九一五年十二月二日英国某厂之事，工人死者，皆为中一氧化炭之毒故也。苦味酸盐类似较苦味酸为佳；苦味酸钾或苦味酸铔及硝混合，可以盛鱼雷及弹丸。

"曼利尼脱"遇爆发酸汞（系汞溶化于强硝酸中再加入酒精制成者，其公式为 $H_9C_2N_2O_3$，易炸，各种炸药中，以此为最猛，故常于弹丸中之撞帽用之；欲增其撞力，则和以氯酸钾，或硫化锑，或玻璃粉），炸力甚剧。

"曼利尼脱"易蚀金类，铁为最，惟不蚀锡，故弹丸之内壳，多包以锡。"利地脱"者，即苦味酸溶自一百三十至一百四十度时，盛于弹丸，而留一孔于其中，以备参入爆发酸汞，硝酸木材质等类，而和以"脱里拿尔"者为最合宜。

"朋齐脱"（即三硝基代困，公式为 $C_6H_3(NO_2)_3$[264]）为最有价值之开花弹炸药，因其速率每秒钟为八千米，而其炸力较苦味酸尤剧烈也，然其价甚昂贵，故未能多用于军器。

"脱里拿尔"（即三硝基代一烷困，简称 T. N. T.，公式为 $C_6H_2(CH_3)(NO_2)_3$[246]）与"朋

齐脱"相仿佛，而其价较廉，其速率每秒钟为六千七百米。德人于此次大战，用之最广，其开花弹七七号及一〇五号皆盛之。此质不蚀铁，故弹丸无包锡之必要。此种弹丸，每一用过，其外壳皆被烟尘，盖由燃烧之不完全，与夫炭之过量，及氧之不足也。德人所以广用此炸药者，其故有三：一，德国多产一烷困（脱里拿尔之原料）；二，此炸药甚稳固，无意外之危险；三，此炸药燃烧时，无毒气之发出如苦味酸者。"脱里拿尔"既有此三特点，故凿山，辟路，开矿时，往往用之。至以"脱里拿尔"盛弹丸，亦有二法：一，先以此质熔之，乘其未凝结时而盛之；二，以此质用压力机盛于弹丸。此二法：以前者为佳。

炸药中尚有不属于有机体者，如木炭粉末与液体氯所混合之一种，为大战中法人之新发明，法人坚守凡尔登时用之。

总之，毒气于炸药，其最新者，皆为有机质，即属于化学中之有机化学也。有机质之大原料，除一小部分外，厥为煤膏；煤膏得自煤之干馏，换言之，煤实毒气与炸药之大原料也。德国之鲁尔萨尔两流域为产煤最富之区，如一九一三年鲁尔所出之煤，其数为一亿一千五百万吨，而全国所出之煤为一亿九千一百万吨，此法人之所以垂涎也。又一亿九千一百万吨之煤，德人蒸馏约五千五百万吨，其一百万吨为造煤气之用，其余五千四百万吨为制骸炭，锑盐，及煤膏之用。其中煤膏共得四十万吨，起出欧美各国远甚。此煤膏为染料药料香料之大原料，其为毒气与炸药之原料，尚其小焉者也。德意志能利用之，故其实业较他国为发达，而大战一启，德人又取之不竭矣。

如上所述，煤膏为各有机炸药之大原料，然无硝酸，则各炸药，亦无由制成，盖无论何种有机炸药，必有硝酸与之起作用而后成也。硝酸之工业制造，由于硝石。欧美所用之硝石，几无不来自南美智利。大战中英以海军封锁北海，故智利之硝石，不能运往德国，而德人于战时，制造硝酸，又为刻不容缓，乃审知空气含氧，遂用电火花通过空气中，则空气有一部分，变为氧化氮类，再将氧化氮通入水中，即成硝酸。德人又以接触法由空气中之氮制成硝酸及磠精。磠精者，各种肥料之母，用之田事，可以变瘠壤而为沃土者也。余若废纸之造衣服，矿物之成蛋白质，其事若庄周所谓化臭腐为神奇者，不胜枚举。乌乎！德以四面环迫，卒以人力而代天工之巧妙，支持四年有奇；当其签休战约之日，其兵犹远压敌境，岂非有因哉！

总之，化学之应用于战争，至此可称已极。或谓此次战争中，化学杀人之祸，尚未烈也；若至将来，则且陷生灵于无量之劫数。然则将来战祸之可畏，盖可知矣！

第二十七章
结论

  大战息而和议成,旧时代之幕于是闭,新时代之幕于是启。世界林林总总,咸将手额以望太平,宜乎举前日战争之苦而一切忘之矣。虽然,常人之情,痛定思痛。回忆五年来:伏尸千万,流血漂橹;金钱虚牝,几至不可悉数。以彼情状之惨,至有笔不忍述而口不忍道者,谁为为之,一至于此,此吾人所急欲推求者也。

  德意志不尝自诩为世界最优之民族乎?维彼天骄,目无余子,其嗜嚅善战,所向披靡,非不足称雄一时,然而其兴也勃,其亡也忽。当其妄逞强权,迷信武力,世界各国,罔有其对;迨至败挫,而八公草木,触处皆兵。是故兵犹火也,弗戢自焚;德之所以自夸者,亦即所以自杀欤?或谓德之主战:自国内言之,亦由彼国形势,若守孤垒陷重围;自海外言之,复不能开拓疆土,广树势力,与英法诸国联镳并驾;此则由于地域狭小,生齿日繁,工商发达,外觇尾闾,迫而使然,盖亦有不得已之苦衷焉。不宁惟是,尔时勃恩哈第有言曰:"我德意志或统治世界,或不幸倾覆,咸当于一战卜之。"斯言一出,适以触威廉二世之野心,而惊天动地之大战,遂如堤防之横决而不可止!彼英,法,俄,意诸国,又皆夙抱帝国主义而眈眈逐逐者也,唯之与阿,相去几何?下流之归,万不足以服德人之心,所不同者。两方战团,一则实行强权而敢作讼言,一则托词公理而尚蒙假面。执是以言,德意志似犯天下之大不韪。战而败,败而俯首乞和,昔日勃恩哈第所谓"不幸而国家倾覆"者,至是而验矣!观于德之败,益见世界民族,犹是横目二足;决不得优甲而劣乙,伸彼而抑此,其理不尤彰彰欤!

  今试即大战后之欧罗巴,与大战以前一一相较,民族主义其自兹而益昌乎?若波兰,若捷克斯洛伐克,若海夹子,若阿曼尼亚,若芬兰,若立陶宛,若拉他维亚,若爱司多尼亚,非由此次大战,得脱强国之羁绊而独立乎?向之法人、意人、丹人、罗人、塞人、希人之为异族所衔勒者,不又重隶祖国之版图乎?德意志既与所辖之丹人、波人、法人,在在离而为二,不已为一纯粹民族之国家乎?若奥,若匈,若俄,又不从此为纯粹民族之国家乎？异日奥德两国，果能痛脊令之难，维同舟之谊，合两国而为一，无复有此疆尔界，将见欧罗巴自瑞士外，已在在具有民族建国之基础矣。

所可惜者，今日民族主义之发展，仅限于一部分小国；其他大多数民族，抱有向隅之憾者，犹不胜枚举。聚蛮触于一角，合冰炭以同炉，此欧罗巴他日之隐忧也。养痈于身，其终必溃；遗火于薪，转瞬必燃：事理然也。今试举列国间隐伏之祸根，分述如下：

（一）亚尔萨斯、洛兰　亚尔萨斯东部与中部，皆为德人所居，惟西部为法人耳；洛兰居民，德法各半。今亚洛两州重归法兰西，在法人视之，以为耻已雪，仇已复矣，然其如德人何？

（二）萨尔流域　完全德地也，"联军"据和约遣戍，以十五年为期，政治权归国际联盟，经济权归法兰西，则与占领地无异矣。此十五年中，亦难保无乱事也。

（三）可洛尼、可勃伦兹、麦因兹　此德属三桥端，今皆为"联军"所占；而三桥端西又为德地，德人日与外兵接触，其痛楚当如何？

（四）欧奔与麦尔曼提　德人割让此两地以予比利时，其地居民，皆有不忘祖国之心。

（五）亚兰群岛　岛在波罗的海，各国纷争，已历百年。一八〇九年由瑞典割以畀俄，作为芬兰之一部，但岛民大半为瑞典产。大战后，芬兰独立，瑞典要求收回该岛，而国际联盟仍归之芬兰；对于瑞典，仅附以保障宗教，言语，习惯等条件：不知能永久相安否也。

（六）丹济　在东普鲁士海滨。据此次和约，东普鲁士与其余德地，被割为两截，两截中有一通海之狭地则改属波兰，而此狭地之天然出路名丹济者，则又归国际联盟管理而独立。其地居民，波兰人不过百分之七，其余悉为德人，德人岂甘心哉？

（七）梅梅尔　东普鲁士之东，波兰第二狭地在焉，其尽端处曰梅尔，大战时为法军占领，既由"联军"交予立陶宛，而其地居民，与丹济同，多数为德人，波兰亦垂涎也。

（八）上西来细亚　据约由公民投票表决，然其结果，大多数倾向德意志。国际联盟将其地划分为二，半归德意志，半归波兰。此非最后之解决，显然也。

（九）德兴　波兰与捷克斯洛伐克互争其地，本拟开公民大会解决，一九二〇年之大使会议，决将该地分属双方。处置之法，非常纠纷：如西部煤区归捷克斯洛伐克，而波兰亦得分享其权利；中央铁道归捷克斯洛伐克，而沿此铁道之要城德兴则归波兰；又有波兰人所居之一大区域，划予捷克斯洛伐克。如此分配，欲不酿乱，得乎？

（十）东加利西亚　此处暂属波兰；将来属于何国，须至一九四四年开公民大会决定之。境内加尔拍脱山中之油田，半为英人所有，而法比亦附有资本。至城镇如来姆堡确为波兰外，村乡区域则属于鲁舍尼亚人，皆表同情于乌克兰。又东加利西亚为波兰与罗马尼亚间之一种连锁，借以合抗俄国者，其最后之命运，尚未定也。

（十一）倍萨拉皮亚　俄旧省有居民二百七十万人，内罗马尼亚人百万，乌克兰九十万，犹太三十万。一九二〇年，和约将此地断归罗马尼亚，并附载俟俄政府得各国正式承认后再议细则等语。但俄国于此约并未加入，日后纠纷，恐不得免也。

（十二）度勃罗剧　旧属保加利亚，有保人二十五万；自第二次巴尔干战争，让于罗马尼亚，大战中为保军恢复若干时，大战后又被割于罗马尼亚。保人对此，必不甘心也。

（十三）脱伦底诺　在梯落尔省间，其地有操德语之人口，今为意大利所占。

（十四）阜姆　有谓此海口应归南斯拉夫者，为其商业上通阿突利亚的克海之天然出路，与脱里安斯脱之应为奥国出口地相同。然意大利极端反对之，实以其地居民，意大利与南斯拉夫各居其半。此问题之纠纷，自可想而知。

（十五）柴拉　该地沿达尔马西亚全线，为意大利与南斯拉夫冲突之根源，其情形与阜姆正复相同。

（十六）蒙丹尼格罗　该地已为南斯拉夫所并，王室中人均去国他适。惟境内独立党人，伏处山谷，群谋光复；而阿尔巴居亚向与南斯拉夫不和，若为党人勾结，不免发生乱事。

（十七）阿尔巴尼亚　阿尔巴尼亚划界问题，本极困难；其南部人民，回耶两教，各占半数，又时有宗教种族冲突之虞。

（十八）代特加起　保加利亚脱拉斯州海口与沿海滨，今为希腊割断，致保不能直通爱琴海。保国处战败之后，力不能与希争，将来奋斗，恐不得免。

（十九）君士但丁堡　据山佛尔和约，达特奈耳与抱斯福两海峡及其附近地，概充为国际区域；而君士但丁堡则又为英国海陆军以"联军"名义占领者也。然土国会已宣言否认山佛尔和约，且其独立运动正在进行中。

（二十）奥大利　奥大利与德意志，同种同文国也。大战后，奥德两国人民，极欲合并为一，而为"联军"各国所阻，遂不果，当俟异日之机缘何如耳。

（二十一）爱尔兰　为英吉利属地之一，其种族、文字、宗教，又与英吉利不同。爱人之求脱离英之羁绊也，已数百年于兹矣，干戈相寻，至今未已。全爱人民，除乌尔斯得一小部外，大概可分为两派：一为求爱尔兰之自治而仍隶英吉利；一为求爱尔兰完全脱离英吉利而独立。此盖最难解决问题之一也。

欧罗巴情势既如此，欧罗巴以外，又不言可知。颇闻埃及、印度、安南、高丽、斐列宾之国民，各个大声疾呼，求民族自决而不得矣！即如我国，彼列强盖以半殖民地待我，我亦乘时要求脱离其羁绊而无术矣！此而谓民族问题之已解决，其将谁欺？

是故今日所宜注意者，即民族主义之发展，仅限于世界一部分之小国。同时诸大国反得乘此时会，益厉行其帝国主义。今姑就战胜之英、法、日、意、美五国，分别论之。

大战结果，英吉利之劲敌德意志几不国。英之对德政策，视前日之挫西班牙，摧荷兰，大创法兰西，如出一辙也。又大战以前，英已奄有世界最大之版图，今则益之以土旧属之米索波泰米亚，柏来斯丁与乔但流域；犹以为未足，又益之以德所属之诸殖民地，若东非，南非，喀墨龙与多果兰各一部分及太平洋中赤道以南诸岛屿。又自好望角完成一铁道直达开罗，而尽有其周围之地；其余，波斯既全入英吉利势力范围之中，于是自开罗至新嘉坡周围一带海陆，亦皆入其掌握。呜呼！英吉利一蕞尔岛国耳：三百年前，其面积不过五万平方英里，自帝国主义发展以来，已增至一千五百万平方英里，占全球土地三分之一，全球可居可耕之地一半以上；当日之基本民族，不过六百万，现已增至五百兆以上。近又交欢美利坚以厚其势，一言以蔽之，今日之世界，乃"盎格罗萨克逊"民族帝国主义下之世界也。

法兰西自败德意志而后，陆军之精强，遂为世界冠，且骎骎乎以欧陆之霸主自任矣。亚洛两州俱已收复，其势力已充塞来因河以东矣。顾犹恐其力之不足以胁德，进而结英吉利美利坚以为奥援；又不足，则联比利时、波兰、捷克斯洛伐克、罗马尼亚、南斯拉夫诸小国以厚其势。且以所得殖民地言之，则有叙利亚，西利西亚之国际联盟委任权，喀墨龙与多果兰各一部分之加入版图，摩洛哥之增厚保护权。以所得经济言之，则有洛兰之煤，萨尔之铁，以增长其固有之富源。质言之，即继承往日德意志实业繁盛之区，以播其帝国主义之势力而渐及于世界耳。故帝国主义之发展，英吉利而外，当推法兰西。

至言乎意大利，往日奥匈联邦内意族所栖之地，已尽增入其版图；而阿突利亚的克海复入其势力范围之中。法兰西而为欧陆之霸主，意大利即其次焉者也。

日本乘欧陆多故，竭力发展其实业与商务，故战后日本之富力，视战前已增加一倍。又借《凡尔赛和约》之力，占领青岛，继承德意志在山东之权利（华盛顿会议后，以上情形略有变动），并乘势攫得太平洋赤道北德属诸岛屿。自此泱泱大邦，益雄视东亚矣。

美利坚参战结果，其所得者，不在直接在间接。孟禄主义业为欧罗巴各国所承认。他如大战以前，既已高掌南美，远跖东亚，及加入大战，遂得乘此干预欧事。而纽约一地，竟代伦敦而为世界金融之中心。至其以二千五百万金圆购得丹属西印度群岛（一九一七），先后收海蒂（一九一五）、桑多度敏哥（一九一六）、尼加拉瓜（一九一六）为保护国，与夫干涉墨西哥内政，若是者，非亟图帝国主义之发展而何？

综观以上诸国，国势不同，而所抱主义则一，故对于弱小，则肆行侵略。侵略之策，或以政治，或以经济；其所恃以为后盾者，武力也。今者大战结束，八大强国，又去其三；五国之中，利害又各不兼容。试言英吉利：英人自昔抱维持欧陆均势之政策，至于今不二。均势维何？即不使欧陆有绝对优胜之强国是也。设有一国者，突然崛起，英必联合与国以挫败之，而摧其垒，俘其士，殚其财力，使之不复能振而后已。若是者，可证之昔日之法兰西。拿坡仑一世之力征经营也，喑呜叱咤，不可一世；英不尝联普、奥、俄诸国以败之乎？今威廉二世之雄视欧陆，与拿坡仑一世无以异也；英又联法、俄、意诸国以挫之。百年之间而摧折大敌者二，亦云狠矣！顾德意志虽挫，而继德意志以争霸欧陆者，必又属之法兰西。若举英之往事以为例，则英人之视法兰西，犹其视拿坡仑威廉二世已耳，焉有不投袂而起者乎？此可预言者一也。德意志与俄罗斯，非同为今日失意之国乎？语有之："同欲相趋，同难相死。"处惊涛骇浪之中，虽若胡越人之同舟，断不复介介于宿憾。俄德之合，意中事耳。法人知之，于俄德之间，树一波兰，以为两国之梗；且知波兰之非二国敌也，而又资之以险要，济之以军资，俾有所恃而无恐。法人之虑，不可谓不远。然异日俄德两国，终若今兹之失意也则已，若一旦毛羽丰满，六翮已备，朝垂回溪之翅，夕奋渑池之翼，二憾齐起，以谋报复，波兰必首当其冲，而战事复作矣。此可预言者二也。日美两国之积不相能，由来久矣；而种族问题，尤为近日冲突之焦点，而在在可以触发者也。大战以后，英不愿继续英日同盟而倾向于美；英美之交，一时必固结而不可解。日人于此，势必结外援以厚一己之势力，以与英美抗。试思日本将来之外援，舍联俄德，又将谁赖乎？此可预言者三也。斯三者，吾盖于将来之大势，筹之熟而料之审，殆有必出于此之理；然世界风云，变幻无常，以为必然，则又不可。且今日者，大战方告结束，欧洲各国，精力垂竭，设当此时而轻启战端，甘为戎首，必犯天下之大不韪，列强又岂肯邃冒此恶声哉？唯其然，故借巴黎和议以支配世界；而巴黎和议之性质，可略言之如下：

（一）产出国际联盟之规定五大强独揽世界大权；

（二）国际联盟造成一部分会员之利益，使全部会员俱负责任；

（三）战胜国处置战败国，宛若处置罪犯，使之控诉无路；

（四）双方和约，完全违背相互主义；

（五）和约本旨，凡受外族羁绊之民族，应各完全独立，然其结果，只偏于一部分所厚之民族；

（六）赔偿损失，只及片面；

（七）继续旧式均势主义。

要而言之，此次和议之本旨，若谓为民族主义之发展，无宁谓为旧式均势主义之继续为适当也！且夫人之所以畏盗者，非畏其人，畏其刃耳。试观当日和会，列强罔不获有优越权，而与会诸国之非列强敌者，不得不低首下心而予以承认，其故何哉？即以列强有海陆军为护符，犹大盗之挟利刃以胁人也。故自大战以迄言和，以武力始，亦以武力终。至新均势之产出，亦即所以维持列强固有之势力，俾永久不敝；欲永久不敝，故不得不暂泯畛域，使大力者有所联合，则一切小者弱者将历万劫而不复，其用意如是而已！意前总理尼蒂见《凡尔赛和约》之过酷，发为公正之言曰：

"昔者德意志亦尝败法兰西矣；一八一五年及一八七〇年两役，德人于法兰西民族之结合，未尝肆行摧毁，亦未尝于经济上一致其死命。自一九一九年而后，法兰西当轴之举措，直举当日德人所未尝加之法兰西者，竟一一施之德人，殊与其已往之事迹，不相符合。且德意志者，吾人认为世界文明与光明之中心者也，今而后，恐将与世界相隔绝矣，岂不可惜！"

尼氏之言，至为悲痛。彼以"联军"一方之要人，而亦为此不平之鸣；公道在人，即此可见。又当代法国大文豪弗郎司之言曰：

"此次大战，决非一明知故犯之罪孽，实欧洲历来之生活所致也。《凡尔赛和约》，实为甘心毁灭文明之一事；盖我法兰西文明，本有恃于欧罗巴文明者也。自今以往，欧罗巴非俟《凡尔赛和约》修改后，绝无复有文明之一日也。"

弗氏之言，痛快极矣！弗氏，法人也；其叱政府措置之非，可为至矣尽矣！今之大公无私如弗氏者，有几人哉？至谓欧罗巴非俟《凡尔赛和约》修改后，无复有文明；然则今日欧洲情况之若何，实有不忍言者矣！

大战之初起也，世界强国凡八：曰英，曰德，曰法，曰俄，曰奥，曰意，曰美，曰日；其中称民主国者仅法美两国，余则均为君主国。追大战告终，而欧洲著名之三皇室，若汉帕斯堡与罗玛诺夫与霍亨咤伦者，皆以兵败而颠覆，而德意志联邦内诸王室亦相继仆，于是君主国之仅存者，惟英、意、日三国。俄、德、奥、匈既由君主而改为民主，而中欧东欧新兴诸国，若波兰、捷克斯洛伐克、芬兰、爱斯多尼亚、拉他维亚、立陶宛、阿尔巴尼亚复起而应之，其政体相同也。于是世界之上，自南北美洲什九为民主国外，欧罗巴诸国自经此次战争，变更政体，亦泰半与南北美洲相辉映。而我中华民国亦早于大战前为亚细亚树先声，即其间遭袁世凯之僭窃，张勋之复辟，要皆不旋踵而俱败，以是知专制魔力，虽号万能，决不能与民权相抗衡，而潮流所趋，无间中外。向日所称天王圣明等美名词，不过等之土龙刍狗。即君主立宪，世所称彼善于此者，亦且日就衰落，如晨星硕果之仅存。大势如此，诚可为民权主义庆也。

抑吾于此次大战，又有深感焉。五年来之主持战事者，德、奥、俄三国之帝，英意二国之王，与夫法美二国之总统也；比、塞、罗则附其骥尾，日本则为之掎角。其他若军政两界之领袖人物，虽间有与闻，而为数极少。斯时以血肉之躯出入于枪林弹雨之中者，要皆大多数之平民耳。一则暴骨战场，断胫折足；一则高踞民上，坐享富贵：苦乐之悬殊，可为甚矣！且夫兵，凶器也，战危事也，当大战之初起也，有仁者晓来斯出，大声疾呼曰："不可战！不可战！非然者，予将运动全欧罢工，以消战祸于万一。"不知斯言一出，适以触抱帝国主义者之怒，而晓来斯遭暗杀矣。晓来斯死而大战果发，绵亘五载，人口损失近五千万，财产损失几五千万万（银圆）：自古战祸之惨，殆未有过于是者！迨至大战结果，俄皇尼古拉遭惨死，德皇威廉与奥皇喀尔不容于国人而狼狈出走。谚有之曰："成则王，败则寇。"俄、德、奥不幸而失败耳；若使败者胜者各易一地，则英意之君主，法美之总统，其命运安知不与俄、德、奥皇室等乎？法兰西，战胜国也；战胜国与战败国当不同。何以实业繁盛之区域，一变而为荒烟蔓草？又何以熙攘往来之民众，一变而为惊雁哀鸿？由此观之，战败国固失矣，战胜国亦未为得也。且战败之国，未有不思刷耻不求自存者；又安知其不卧薪尝胆，生聚教训，以图报复？果尔，恐天下终无复有宁谧之一日。不宁唯是，方今科学进步，一日千里，杀人利器，层出不穷，一旦劫运复开，吾又恐世界赤子，将无有孑遗也，不诚大可悲耶！

予是以知俄罗斯之国民，对于此次战役，已有彻底之觉悟；彼其合政治革命与社会革命而同时并举也，即其见端也。夫尼古拉二世与其群僚欲陷全国于战争旋涡中者，纯出一二人之私意。迨兵连祸结，民不堪命，于是有一九一七年三月之革命。义旗甫揭，若响斯应；皇室之覆，易若振槁，可谓幸矣。然一转移间，而全国政权又属之资产阶级。观其所抱继续战争之政策，武力迷梦，先后一辙。以暴易暴，不知其非，于是又有同年十一月第二度革命之一役，更是两役，而曩日盘踞俄罗斯之贵族资产两阶级，始同归于尽；其摧陷廓清之功，洵非小小补苴者所可比，而俄罗斯革命事业，至此遂告成功。自兹以往，将与国外之资本帝国两主义相肉薄矣！

新俄罗斯建国之大纲，质言之，可得两端，一为铲除社会之阶级，一为铲除国际之阶级。彼之以无产阶级秉国政，乃铲除社会阶级之先声也；铲除社会阶级，而社会之不平等除矣！彼之与弱小民族缔结平等条约，乃铲除国际阶级之先声也；铲除国际阶级，而国际之不平等泯矣！社会与国际之不平等既消弭，而后社会愈团结，国际无隔阂；无所谓贫富贵贱，亦无所谓大小强弱也。将见人人甘其食，美其服，安其居，乐其俗，虽举社会国际两名词而废弃不用可也，岂不美哉！

中山先生有言曰：

"新世界国家，与以前国家不同；通常国家，仅能保民，而不能教民养民。……今日所抱改造新世界之希望，则非徒保民而已；举凡教民养民，亦当引为国家之责任。试观俄国新政府，彼之革命发生，尚在我后，成绩较我为优，因其目的不在谋一人生活与一家生活，而在谋公众生活。如牛乳等之精良食品，先给幼者老者病者，次及军人，最后始及于普通人。又如贫民之无力入学者，国学须设法扶助，使得入学。此即所谓人人不独亲其亲，人人不独子其子。以教以养，责在国家。大同世界所以异于小康者，俄国新政府之计划庶几近之。"

虽然，俄罗斯之新计划，明明如彼矣，而加以訾謷者，亦颇不乏其人。今且姑置毁誉不论，第就事实论之，则有如下数端：

（一）俄罗斯革命之成功，为社会主义者政权斗争之成功。

（二）俄罗斯社会主义者之成功，能否保持久远，当视其政策之能否适应环境以为断。（一九二一年，俄罗斯因种种环境关系，已改行新经济政策）

（三）以目前论，俄罗斯虽未能以所揭橥之主义战胜全世界，而列强亦未能以反对其主义得扑灭之，故俄罗斯之在今日，实具有一种未可侮之势力。（一九二○年后，英、法、意等国且相继承认之矣）

是故世界各国，社会主义之实行，俄罗斯实为首倡。至若今日之德意志奥大利诸国，亦皆由社会党秉其国政；有谓其于社会主义尚未能彻底者，然予劳动阶级以几许之保障，则可断言也。

社会主义，反乎资本主义之主义也，其应用在于工业国家。至于工业尚未发达之国家，仍不免被蹂躏于帝国主义铁蹄之下，非沦为殖民地，即沦为半殖民地，故当务之急，在谋民族之独立，若遏制将来资本主义之发达，则用预防政策而已足，故中山先生主张以节制资本为解决我国民生问题之一端，诚不刊之论也。

此不独我国然也，世界各国，其社会之情形之历史均不同，即其改造之方法与程序，亦必因之而有异，至社会与国际两种阶级之必须铲除，则犹天经地义之不易也。故此次世界大战，譬言之，若大雨然，大雨之后，四野滂沱，百卉怒茁，每有不可遏抑之势；俄罗斯之革命，大雨后茁长之第一卉也，嗣是而甲坼，而敷荣，虽所呈状态，或有不同，至其蓬蓬勃勃之生机，庄严灿烂之现象，先后实一揆也。未来之世界，殆亦如是乎？

附录一 参考书报汇志

一 报

《日内瓦日报》
《邹里希日报》
《巴黎时报》
《巴黎晨报》
《巴黎人道报》
《维也纳日报》
《柏林日报》
《伦敦时报》
《伦敦每日电报》
《巴黎图画报》（周刊）
《科学评论》（两周刊）
《科学与人生》（月刊）

二 书

《世界史纲》（*The Outline of History*） 威尔斯（Wells）著
《欧洲近世政治与社会史》（*Political and Social History of Modern Europe*） 海司（Hayes）著
《近世与今世史》（*Modern and Contemporary History*） 夏比罗（Schapiro）著
《今世时期》（*L'poque Contemporaine*） 麦齐（Malet）著
《德意志史》（*Deutsche Geschichte*） 服尔夫（Wolf）著

《德意志及下一次战争》（Deutschland und der Nächste Krieg）　勃恩哈第（Bernhardi）著

《大战之外交背景》（The Diplomatic Background of The War）　西摩（Seymour）著

《世界战祸由来》　雷殷著

《一九一四年战史图说》（Histoire Illustrée de la Guerre de 1914）　哈诺多（Hanotaux）著

《英勇之法兰西及其联盟国》（La France Heroïque et Ses Alliés）　极弗罗　拉古刘曼同（Geffroy, Lacour et Lumet）著

《伦敦时报战史》（The Times History of The War）

《纽约时报欧战史》（New York Times, The European War）

《文学汇编世界战史》（The Literary Digest History of The World War）

《大战全史》（Geschichte des Krieges）　斯推门（Stegemann）著

《大战全史》（A History of The Great War）　勃根（Buchan）著

《大战简史》（A Brief History of The Great War）　海司（Hayes）著

《世界战史》（History of the World War）　西门治（Simonds）著

《世界战史》（History of The World War）　玛起（March）著

《世界战争军事史指南》（A Guide to The Military History of The World War）　福禄新亨（Frothingham）著

《大战如何结束》（Comment finit La Guerre）　孟强（Mangin）著

《苏俄共和国》（The Russian Soviet Republic）　劳斯（Ross）著

《一九一八年后之欧罗巴》（Europe Since 1918）　基朋司（Gibbons）著

《欧罗巴之衰颓》（The Decadence of Europe）　尼蒂（Nitti）著

《欧战之教训与中国之将来》　黄郛著

《战后之世界》　黄郛著

《中国近时外交史》　刘彦著

《欧战期间中日交涉史》　刘彦著

《大战中物理学之应用》（Les Applications de la Physique pendant la Guerre）　维业龙（Vigneron）著

《大战中之发明》（Inventions of The Great War）　庞特（Bond）著

附录二　人名、地名对照表

旧译	外文	今译
罗特	Ludd	勒德分子
罗马	Rome	[今同]
罗马尼亚	Rumania	[今同]
罗培克	Roebeck, de	罗贝克
罗斯	Loos	[今同]
罗斯福	Roosevelt	西奥多·罗斯福
罗玛诺夫	Romanov	罗曼诺夫
罗尔菩加斯	Lule Burgas	布尔加斯
罗赉	Roulers	鲁塞拉雷
实珠顿	Potsdam	波茨坦
宝意爱特	Boy-Ed	博伊德
窦伐尔	Duval	杜瓦尔
宝那	Düna	杜纳
宝拨依	Dubail	迪巴伊
窦拉孰	Durazzo	都拉斯
窦毕兹	Tirpitz, Alfred von	提尔皮茨
苏匈	Souehon	苏本
苏伐尔基	Suwalki	苏瓦乌基
苏吸	Souchez	苏谢
苏佛拉	Suvla	苏夫拉湾
苏克利诺夫	Sukhomlinov	弗拉基米尔·亚历山德罗维奇·苏霍姆林诺夫
苏斐亚	Sofia	索菲亚
苏意	Souilly	苏伊利县
苏经	Schucking	舒金
苏路门群岛	Soloman Islands	所罗门群岛

旧译	外文	今译
苏玛利兰	Somaliland	索马里兰
苏维埃	Soviet	[今同]
苏维尔	Souville	[今同]
苏尔甫利诺	Solferino	苏法利诺
苏尔根	Schulgin	舒尔金
苏尔道	Soldau	贾乌多沃
苏彝士	Suez	苏伊士
苏苏尔路	Susurlu	[今同]
铎孟	Dormans	多尔芒
摄政王路脱卜尔	Prinzregent Luit, pold	"柳特波德摄政王"号战列舰
霸胡	Pau, Paul	波城
霸顺	Pozen	波赞
铁尔登	Tilden	蒂尔登
铁察	Tisza	蒂萨河
兰辛	Lansing, Robert	罗伯特·兰辛
兰贡	Rangoon	仰光
兰超	Broekdorff–Rantzau, von	卜洛克多夫·朗超－冯
囊西	Nancy	南锡
鞑靼	Tartar	[今同]
霍尔伐脱	Horvath	霍瓦斯
霍尔脱	Holt	霍尔特
霞飞	Joffre, Jules César	[今同]
赛门特利亚	Semendria	斯梅代雷沃
薄利苏夫	Borrissof	波里索夫
薄脱墨	Bothmer	博特默
戴郎	Teheran	德黑兰
戴驼罗夫	Teodorov	特奥多罗夫
戴诺司	Tahynos	塔西诺斯
鹅岭	Côte de l'Oie	鹅海岸
槟榔屿	Penang	槟城
瞿林司基	Gilinsky	吉林斯基
萨凡	Save	萨瓦河
萨以色尔	Saillisel	萨伊塞勒

旧译	外文	今译
萨加罗夫	Sakharov	萨哈罗夫
萨安兹	Seitz	塞兹
萨衣	Sailly	萨伊
萨冷	Salins，Guyot de	塞林-古约特
萨那亚	Sanna-i-Yat	珊娜逸
萨克斯戈堡古他	Saxe-Coburg-Gotha	萨克森-科堡-哥达
萨克斯孟宁琴	Saxe-Meiningen	萨克森-迈宁根公国
萨姆卜	Sambor	松博 [柬埔寨]
萨姆沙纳夫	Samsonov	萨姆索诺夫
萨服夫	Savof	萨沃夫
萨服埃	Savoy	萨瓦
萨拉多哥	Salatrucul	萨拉特库尔
萨拉意	Sarrail	萨拉伊
萨郎特拉	Salandra	萨兰德拉
萨洛司	Saros	撒洛斯
萨洛尼加	Salonica	萨洛尼卡
萨玛拉	Samara	萨马拉
萨蒲罗夫	Saburoff	萨普诺夫
萨尔	Saar	萨尔河
萨尔伐多	Salvador	萨尔瓦多
萨尔勃留根	Saarbrücken	萨尔布吕肯
萨尔堡	Saarburg	[今同]
萨摩以德	Samoyedes	撒摩耶人
萨摩司克	Zamosc	扎莫希奇
萨摩业	Samogneux	桑奥盖于
萨独伐	Sadowa	萨多瓦
萨诺克	Sanok	[今同]
谭古德	Degoutte	德古特
谭尔闵新琴	Delminsingen Kraft von	德尔明辛力·卡夫·冯
罗士基	Ruzsky	鲁兹基
罗文	Louvain	勒芬
罗夫诺	Rovno	[今同]
罗司多夫脱	Lowestoft	洛斯托夫特
罗司笃夫	Rostov	罗斯托夫

旧译	外文	今译
罗司笃克	Rostok	罗斯托克
罗米利亚	Rumelia	鲁米利亚
罗伯孙	Robertson	罗伯逊
罗佛来笃	Rovereto	罗韦雷托
罗佛蒙	Louvemont	卢韦蒙
罗阿落司加	Rawaruska	拉瓦鲁斯卡
罗姆尼加	Lomnica	鲁穆尼卡
罗姆柴	Lomza	沃姆扎
罗洪	Roon, von	冯·隆
罗勃司比	Robspièrre	罗伯斯庇尔
罗倍	Roubaix	鲁贝
欧弗来脱	Euphrates	幼发拉底河
欧奔	Eupen	奥伊彭
欧拔尔	Urbal	乌尔巴
邓格尔	Dankl, von	丹克尔
邓恩堡	Dernburg	德恩堡
邓罗	Damloup	当卢
墨士	Meuse	默兹河
墨西哥	Mexico	[今同]
墨维尔	Merville	梅维尔
墨赉	Murray	默里
赉芒	Leman	勒芒
赉芝堡	Landserg	兰兹贝格
赉起次基	Lechtski	列奇斯基
赉伦甘拍夫	Rennenkampf	伦纳坎普夫
鲁舍尼亚	Ruthenia	鲁塞尼亚
鲁登道夫	Ludendoff, Eric	埃里希·鲁登道夫
鲁尔	Ruhr	[今同]
鲁尔沃夫	Ruhrarf	[今同]
鲁铎尔夫	Rudolf	鲁道夫
德古曲	Tecuciu	特库西由
德来卜夫	Trepov	特列波夫
德拉志基	Treitschke	特赖奇克
德意志	Deutschland	[今同]

旧译	外文	今译
德兴	Teschen	捷欣 [旧称：泰申]
德兰西耳伐尼亚	Transylvania	特兰西瓦尼亚
德兰西高加西亚	Transcaucasia	外高加索
摩耳达维亚	Moldavia	摩尔达维亚
摩那哥	Monaco	摩纳哥
摩那斯抵	Monastir	莫纳斯提尔
摩其来夫	Mogilef	莫吉列夫
摩胡	Meaux	莫 [法国地名]
摩洛哥	Morocco	[今同]
摩哈默特五世	Mohammed V	穆罕默德五世
摩哈默特六世	Mohammed VI	穆罕默德六世
摩哈默特阿里	Mohammed Ali	默罕默德阿里
米耳柴	Mirza	穆扎尔
摩拿利	Maunoury	莫努里
摩得意	Maud'huy	莫德·胡伊
摩得落司	Mudros	穆德罗斯
摩达尼亚	Mudania	木达尼亚
摩兰哈非特	Mulai Hafid	穆莱·哈菲德
战士	Warrior	[今同]
儒拉	Jura	侏罗山
笃玛	Thomas, Albert	托马斯·艾伯特
晓来斯	Jaurès, Jean	饶勒斯
鲍胡蔼	Bauer	鲍尔
卢森堡	Luxemburg	[今同]
赖因纳脱	Leinert	莱讷特
独特加南斯	Dodecanese	多德卡尼斯群岛
龙勃洛司	Lambros	兰布罗斯
龙惠	Lonwy	隆威
诺丁恩	Nottingham	诺丁汉
诺司克立夫	Northcliffe	诺斯克利夫
诺服乔其司克	Novo Georgievsk	新乔治耶夫斯克
霍夫门	Hoffman	霍夫曼
霍耳斯丹	Holstein	荷尔斯坦因
霍佛	Hoover, Herbert	胡佛·赫伯特

旧译	外文	今译
霍亭咤伦	Hohenzollern	霍亨索伦王室
霍亭堡	Hohenberg	霍恩贝格
霍姆斯	Homs	[今同]
霍恒	Horne	霍纳
霍特	Hood	胡德
霍真度夫	Hoetzendorf, Conrad von	康拉德·赫岑多夫
玛拉司底	Marasesti	默勒谢什蒂
玛洛司	Maros	马罗斯
玛尔金	Malkin	马尔金
玛尔维	Malvy	马尔维
玛维兹	Marwitz, von der	冯·德尔·马维兹
玛摩拉	Marmora	马莫拉
玛德利特	Madrid	马德里
蒙木斯	Monmouth	蒙茅斯公爵
蒙丹尼格罗	Montenegro	黑山
蒙丹洛	Montello	蒙特洛
蒙米拉意	Montmirail	蒙米拉伊
蒙美提	Montmedy	蒙梅迪
蒙斯	Mons	[今同]
蒙提第哀	Montdidier	蒙迪迪耶
蒙发尔公	Monfalcone	蒙法尔科内
蒙玛脱	Montmartre	蒙马特高地
蒙福公	Monfaucon	蒙福孔
蒲凡	Bourvet	布韦特
蒲加来司脱	Bucharest	布加勒斯特
蒲利斯	Boris	鲍里斯
蒲局埃	Bourgeois	布我乔亚
蒲果维那	Bukowina	布科维纳
蒲格	Bug	布格
蒲留歇	Blücher	布吕歇尔
蒲落尼	Boulogne	布洛涅
蒲尔龙	Bourlon	布隆
蒲蒙	Beaumont	博蒙特
蒲罗维克	Boroevic	博罗维奇

旧译	外文	今译
蒲龄	Burian	伯里安
维也纳	Wien	[今同]
维司斗拉	Vistula	维斯瓦河
维司巴顿	Wiesbaden	威斯巴登
维司落加	Wisloka	维斯杜拉
维希可佛	Wyszkower	维兹库沃
维希革拉特	Vishegrad	维谢格拉德
维克多爱玛钮尔	Victor Emmanual	维克多·伊曼纽尔
维米	Vimy	维米
维果	Vigo	维哥
维来果得来	Viller Cotterets	维勒·科特雷特
维其伦西亚	Vigilancia	维吉朗西亚
维起脱	Wytschæte	维兹迟特
维得利勒法郎沙阿	Vitry-le-François	维特里勒·弗朗索瓦
维登堡	Würtemberg	符腾堡
维维亚尼	Viviani, René	[今同]
维尔那	Vilna	维尔纳
维尔东	Virton	维尔通
维尔林根	Wieringen	维林根
维赛	Visé	[今同]
维罗卜伐	Virubova, Anna	安娜·维鲁波娃
潼	Don	顿河
刘佐	Lützow	吕佐夫
扑顺	Posen	波兹南
潘兴	Pershing, John	[今同]
滕甘克	Dunkirk	敦刻尔克
厉沃旦	Lyautey	利奥泰
拨林斯登	Princeton	普林斯顿
蔡阁塞洛	Tsarko-Selo	沙尔科·塞洛
巩丹	Guenther	根瑟
巩勃尔	Combles	孔布勒
鼐西米	Nesimy	内西米
鼐佛	Neva	涅瓦河
兴加来夫	Shingarev [von	申加雷夫·冯

旧译	外文	今译
兴登保	Hindenburg, Paul	兴登堡
奥利泰	Olita	奥利塔
奥沙维兹	Ossowietz	奥索维茨
奥待萨	Odessa	敖德萨
奥纳	Ornes	奥尔内斯
奥特那特	Aud Narde	奥德纳德
奥陆拉	Aurora	奥罗拉
奥斯登特	Ostende	奥斯滕德
奥兰治	Orange	[今同]
奥兰度	Orlando, Vittorio	奥兰多
爱比那尔	Epinal	埃皮纳勒
爱比罗司	Epirus	伊庇鲁斯
爱生	Essen	埃森
爱加度	Ecuador	厄瓜多尔
爱伐脱	Ewarts [d'	埃瓦茨
爱司半来	Esperey, Franchet	弗朗谢特
爱司多尼亚	Esthonia	爱沙尼亚
爱耳里西	Ehrlich, Paul	保罗·埃尔利希
爱利文	Erivan	埃里温
爱克司	Eix	埃镇
爱克司拉夏班尔	Aix-la-Chapelle	艾克斯拉沙佩勒
爱朋	Eben	埃本
爱姆司	Ems	埃姆斯
爱姆顿	Emden	埃姆登
爱勃脱	Ebert, Friedrich	弗里德里希·艾伯特
爱纳	Esnes	埃斯内斯
爱兹保格	Erzberger, Mathias	马蒂亚斯·尔兹伯格
爱格里拍伦加	Egri Palanka	克里瓦帕兰卡
爱琴海	Aegean Sea	[今同]
爱斯葵斯	Asquith, Herbert H.	赫伯特·亨利·阿斯奎斯
爱斯端埃	Estaires	埃斯泰尔
爱尔白生	El Bassan	巴桑
爱尔平	Elbing	埃尔宾
爱尔倍	Elbe	易北河

附录二 人名、地名对照表

旧译	外文	今译
爱尔兰	Ireland	[今同]
爱德华七世	Edward Ⅶ	[今同]
爱萨	Essad	埃萨德
爱兰脱	Ailette	艾莱特
阁打	Cottin，Emile	埃米尔·科丁
瑶企那	Jotchina	日本
赫德林	Hertling, von	乔治·冯·赫特林
盖拍拉脱	Guépratte	古普拉特
嘉利	Cary，de Langle de	盖瑞德朗格乐
嘉来定	Kaledine	耶诞
嘉通	Khartum	喀土穆
齐多米	Zhitomir	日托米尔
齐吉林	Tchitcherin	几丁质
齐泊林	Zeppelin，von	齐柏林
汉尼拔	Hannibal	[今同]
汉帕斯堡	Hapsburg	哈布斯堡
汉特生	Henderson	亨德森
福其	Forges	福格斯
福南	Fournet	福奈特
福根呼顺	Falkenhausen，von	亚力山大·冯·法肯豪森
福根海	Falkenhayn，von	冯·法金汉
福斯海湾	Firth of Forth	[今同]
福煦	Foch，Ferdinand	[今同]
福禄伦司	Florence	佛罗伦萨
福尔加	Volga	伏尔加
福尔克兰	Falkland	马尔维纳斯群岛
玛因	Marne	马恩
玛利	Marie	玛丽
玛利王后	Queen Mary	玛丽女王
玛利察	Maritza	马里查河
邹里希	Zürich	苏黎世
极里旭	Jericho	耶利哥
葡萄牙	Portugal	[今同]
瑙维克	Novikh	诺瓦克

361

旧译	外文	今译
滑铁卢	Waterloo	[今同]
瑞士	Schweiz	[今同]
瑞典	Sweden	[今同]
新芬	Sinn Fein	[今同]
新桑代克	Neu Sandec	新桑德克
葛门夏	Kermanshah	克尔曼沙
葛贲	Grey, Edward	爱华德·格雷
裘里阿尔拍	Julian Alps	阿尔卑斯山脉
裘脱兰	Jutland	日德兰半岛
蒂拍佛尔	Thiepval	蒂耶普瓦勒
蒂笃尼	Tittoni	蒂统尼
雷克雅未克	Reikjavik	[今同]
雷德门德	Redmond, John	约翰·雷德蒙德
道伯脱	Dorpat	多帕特
道格滨	Dogger Bank	多格浅滩
道脱蒙	Dortmund	多特蒙德
塔司非里爱夫基	Tasfiri-Efkiar	塔斯菲里·埃夫基亚
塔虎脱	Taft, William	威廉·霍华德·塔夫脱
塔格利亚门多	Tagliamento	砾石河
塞山克司	Sussex	萨塞克斯
塞拉约佛	Serajevo	萨拉热窝
塞拉龙	Sierra Leone	塞拉利昂
塞尔皮亚	Serbia	塞尔维亚
塞萨来	Thessaly	色萨利
达西亚	Dacia	达契亚
达姆司塔脱	Darmstadt	达姆施塔特
达马丁	Dammartin	丹马丁
达特奈耳	Dardanelles	达达尼尔海峡
达特诺司	Dardanos	达答诺斯
圣卜尔	St.Pol	圣波尔
圣古明	St.Gobain	圣戈班
圣古尔	St.Goar	圣歌亚
圣司梯法诺	St.Stefano	圣斯特凡诺
圣吉曼	St. Germain	圣日耳曼

旧译	外文	今译
圣米哀尔	St.Mihiel	圣米埃尔
圣沃曼	St.Omer	圣奥默尔
圣孟乌	St.Menehould	圣梅内豪尔德
圣贡	St.Gond	[今同]
圣节凡	St.Gervais	圣热尔韦
圣广丹	St.Quentin	圣昆汀
路子克	Lutsk	卢茨克
路不利尼兹	Lublinitz	卢布利尼茨
路不贲脱	Rupprecht	鲁普雷希特
路合乔治	Lloyd George, David	劳合乔治
路克司堡	Luxburg	卢森堡
路易哈芬	Ludwigshafen	路德维希港
路昔推尼亚	Lusitania	卢西塔尼亚
路香薄	Rochambeau	罗尚博
路勃林	Lublin	卢布林
路度司多	Rodosto	罗多斯托
路特	Rhodes	罗兹
路特西亚	Rhodesia	罗德西亚
路祥阁	Rodzianko	罗齐安科
路维起	Lowicz	洛维奇
路德	Root, Elihu	伊莱休·鲁特
奥士	Oise	瓦兹
奥大利	Österreich	奥地利
奥司丹利兹	Austerlitz	奥斯特利茨
奥司丹落特	Osterode	奥斯特罗德
奥司多维克	Ostrowiecs	奥斯特威斯
奥克南	Orknev	奥克兰
菩南	Burney	伯尼
菩度	Burdur	布尔杜尔
菩耶提夫	Bojadiev	博贾迪耶
菩阿勒	Boisleux	布瓦莱
菩罗	Bolo	博洛
提司来利	Disraeli	狄斯累利
提司脱	Diest	提斯特

旧译	外文	今译
提克司密特	Dixmude	迪克斯梅德
提阿士	Diaz	迪亚兹
提阿佩革	Diabekr	迪尔贝克
提登霍芬	Diedenhofen	迪登霍芬
惠米司	Wemyss	威米斯
惠得	Witte	怀特
惠得培	Whitby	惠特比
惠提琴	Weddigen	韦迪根
惠玛	Weimar	魏玛
惠台	Weidai	韦代
惠尔斯	Wells，H.G.	赫伯特·乔治·威尔斯
惠灵吞	Wellington	惠灵顿
散	San	撒恩
散因	Seine	塞纳河
散来斯	Seres	塞尔
散南格来	Senegalais	塞内加尔人
散特勒	Seidler，von	辛德勒
散得利兹	Seydlitz	塞德里茨
散得哀尔拔	Sedd-el-Bahr	塞德埃尔巴赫
散尔	Serre	塞尔
散赍脱	Sereth	塞尔斯
斯巴达	eparta	[今同]
斯巴达古司	Spartacus	斯巴达克斯
斯丹来	Stanley	史丹利
斯丹福	Stanford	斯坦福
斯古塔利	Scutari	斯库台湖
斯甘地那维亚	Scandinavia	斯堪的纳维亚
斯拉服尼亚	Slavonia	斯拉沃尼亚
斯古罗蒂司	Skouloudis	斯库路迪斯
斯洛伐克	Slovakia	[今同]
斯都加	Stutgart	斯图加特
斯脱留玛	Struma	斯特鲁马
斯麻尔根	Smorgen	斯莫根
斯基纳维司	Skierniewice	斯凯尔涅维采

旧译	外文	今译
斯德丁	Stettin	今波兰什切青
喀各夫	Kharkov	哈尔科夫
喀老利	Karolyi	卡罗里
喀美南夫	Kamenev	加米涅夫
喀拔洛夫	Khabalov	卡巴洛夫
喀门特西尔伐	Carmen de Sylva	卡门·德席尔瓦
喀拉及伦	Karajeyren	卡拉杰瑞恩
喀拉格起	Karagatch	卡拉加奇
喀拉乔治维起	Karageorgevitch	卡拉乔治维奇
喀勃利诺维起	Cabrinovitch	卡布里洛维奇
喀斯	Kars	卡尔斯
喀斯丹	Gastein	加斯泰因
喀斯巧	Kaschau	卡萨
喀煜	Caillaux, Joseph	卡约
喀尔	Karl	卡尔
喀尔斯路安	Karlsruhe	卡尔斯鲁厄
喀尔诺基	Kalnoky	卡尔洛奇
喀墨龙	Kamerun	喀麦隆
狮	Lion	[今同]
里海	Caspian Sea	[今同]
解发	Jaffa	雅法
恺撒	Cæsar	[今同]
意大利	Italy	[今同]
顺松	Zenson	泽森
发洛	Faroe	法罗群岛
琴脱	Ghent	根特
弼德	Beatty, David	戴维·贝蒂
越飞	Joffe	约菲
堪兰	Kerry	凯里郡
答也郎	Tellyrand	塔列朗
留培克	Lübeck	吕贝克
菊木利亚	Chumuria	楚木黎亚
黄金海岸	Gold Coast	加纳黄金海岸
莱多夫福培克	Lettow-Vorbeck	莱托-沃尔贝克

旧译	外文	今译
捷克斯洛伐克	Czecho-Slovakia	[今同]
华沙	Warsaw	[今同]
华盛顿	Washington	[今同]
善白西	Zambasi	赞布斯
善米司	Zaimis	扎伊米斯
普加赉	Poincaré, Raymond	雷蒙·普恩加莱
普鲁士	Preussen	[今同]
腓力波里	Philipolis	菲利波利斯
腓力维尔	Philippeville	菲利普维尔
乔但	Jordan	约旦
乔治五世	George V	[今同]
乔治亚	Georgea	乔治
黑勃脱旭	Herbertshöe	赫伯特什
黑海	Black Sea	[今同]
黑詹果维那	Herzegovina	黑塞哥维那
费歇	Fisher, John	约翰·费歇尔
费赉起	French, John	约翰·弗朗斯
番市	Fez	非斯
番利	Ferry	弗瑞
番埃香贝诺阿士	Fère Champenoise	香槟酒庄
番埃泰特诺埃	Fère-en-Tardenois	费尔昂塔德努瓦
劳安斯	Reuss	罗伊斯
劳林孙	Rawlinson	罗林森
劳恒	Laon	拉昂
劳恩堡	Lauenburg	劳恩堡
开士第	Kezdi-Vasarhely	凯蒂-瓦沙海利
开高	Keckau	凯考
开普敦	Cape Town	[今同]
开罗	Cairo	[今同]
凯旋	Triumph	[今同]
凯旋门	Arc de Triomphe	[今同]
凯尔特	Celts	[今同]
凯赉	Carey	凯里
汤司汉	Townshend	汤森

旧译	外文	今译
汤其亚	Tangier	丹吉尔
汤马司	Thomas，Hugh	托马斯·休
汤马沙夫	Tomasov	托马索夫
斐迭南奥皇储名	Ferdinand，Franz	斐迪南·弗朗兹
斐迭南保王名	Ferdinand	斐迪南
斐律宾	Philippines	菲律宾
钮及赛	New Jersey	西泽西州
钮乎堡钮和斯	Newport News	纽波特纽斯
钮西兰	New Zealand	新西兰
钮芬兰	Newfoundland	纽芬兰
钮恩堡	Nürnberg	纽伦堡
无抗	Irresistible	[今同]
无制	Indomjiable	[今同]
无畏	Fearless	[今同]
无倦	Indefatigable	[今同]
无挠	Inflexible	[今同]
无敌	Invincible	[今同]
菩太	Botha，Louis	博塔·路易斯
菩克萨起	Buczacz	布兹阿克兹
康沃尔	Cornwall	[今同]
康哥	Congo	刚果
康华力斯	Cornwallis	康华丽
康瑙赉	Conolly	科诺利
梅克尔	Meckel	[今同]
梅度斯	Maidos	麦多思
梅特涅	Metternich	梅特烈
梅尔旭埃	Melchior	梅尔奇奥尔
梅诺司	Maynooth	梅努斯
曼芝	Metz	梅斯
曼星	Messines	梅西讷山脊战役
曼徐安亚	Meziers	麦兹尔斯
曼尔西哀	Mercier	麦希尔
曼克能堡希惠林	MecklenburgSchwerin	梅克伦堡–什未林
曼克能堡斯脱来兹	MecklenburgStrelitz	梅克伦堡–施特雷利茨

旧译	外文	今译
脱瑞安斯脱	Trieste	的里雅斯特
脱里阿农	Trianon	特里亚农
脱拉西	Tracy	特蕾西
脱拉斯	Thrace	色雷斯
脱来比宋特	Trebizond	特拉布宗
脱来里	Tralee	特拉利
脱伦底诺	Trentino	特伦蒂诺
脱伦脱	Trent	多伦多
脱龙别起	Trumbitch	特伦比齐
脱罗容	Troyon	特洛扬
脱兰斯哇	Transvoal	特拉斯沃拉
麦及司的克	Majestic	马杰斯蒂克
麦司脱里脱	Mastricht	马斯特里赫特
麦因兹	Mainz	美因茨
麦耳可拉	Marcora	马可拉
麦利兹	Maritz	马里茨
麦克司	Max	麦克斯
麦克司惠耳	Maxwell	麦克斯韦
麦克拉各夫	Maklakov	马克拉科夫
麦克马洪	MacMahon	[今同]
麦星	Macin	默钦
麦伦古	Malancourt	马朗库尔
麦耿生	Mackensen，August von	奥古斯特·冯·马肯森
麦尔曼提	Malmedy	马尔默迪
麦萨利克	Masaryk	马萨里克
麦苏林湖	Masuren	马祖里
基司	Keyes	凯斯
基弗里	Kifri	基夫里
基安夫	Kiev	基辅
基利亚	Kilia	[今同]
基利拔	Kilia Bahr	基里亚巴赫
基沃利蒂	Giolitti	乔利蒂
基沃伦	Kiolen	基琳
基克基利塞	Kirk-Kilisse	柯克·基利斯

旧译	外文	今译
基亚那	Guiana	圭亚那
基纳	Guinea	几内亚
基纳美	Guynemer	盖内默
基酰玛	Guillaumat	吉约马
基玛尔	Kemal，Mustapha	穆斯塔法·凯末尔
基尔	Kiel	[今同]
基尔司	Kielce	凯尔采
基尔利拔拔	Kirlibaba	基里巴巴
基尔哥	Kirku	基尔库
复仇	Vengeance	[今同]
智利	Chile	[今同]
渡佛	Dover	多弗海峡
哥脱来	Courtrai	科特赖克
哥斯镇	Goschen	格斯车恩
哥锡加	Corsica	科西嘉岛
哥萨克	Cossacks	[今同]
哥罗米哀	Coulomiers	库洛米耶
特文斯克	Dvinsk	德文斯克
特弗令格	Derfflinger	德福灵格
特各司	Derkos	德科斯
特米余萨	Demir-Hissar	德米赫沙
特米脱里夫	Dmitriev	德米特里耶夫
特瑞安	Driant	德里昂
特利那	Drina	德里娜
特拉玛	Drama	德拉玛
特来斯顿	Dresden	德雷斯顿
特姆特姆	Dumdum	达姆弹
特洛古	Drocourt	卓科特
特勃林	Dublin	都柏林
特勃来卿	Debreczin	德布勒森
特培	Derby	德比
特惠脱	De Wet	德威特
特维那	Dvina	德维那河
特罗门特	Drummond	德拉蒙德

旧译	外文	今译
陆克	Roques	卢克斯
许恒	Schoen, von	舍恩
堂董	Danton	丹东
培尔	Bell	贝尔
雪尔	Scheer, von	舍尔
昆司汤	Queenstown	昆士顿
干米生	Jamiesen	杰米森
麻利亚	Morea	玛利亚
叙利亚	Syria	[今同]
第阿拉	Diala	迪亚拉
粒努亚	Renourd	雷诺尔德
设得兰	Shetland	[今同]
启来乃加	Cyrenaica	昔兰尼加
梵尼瑞洛司	Venizelos	萨洛尼卡
勒加多	Le Cateau	勒卡托
勒南	Renaix[weg	雷奈
荷尔惠克	Bethmann-Hollweg	特奥巴登·冯·贝特曼·霍尔维格
荷兰	Holland	[今同]
毕加第	Picardy	皮卡迪
毕勋	Pichon, Stephen	斯蒂芬-皮孔
毕尔坐司基	Pilsudski	皮尔苏斯基
推来肖背	Theresiopel	特雷西奥佩
推来金阁	Terestchenko	捷列申科
推耐铎司	Tenedos	特罗多斯山脉
密多	Muteau	穆托
密拉	Murat	米拉
密和勒	Müller	米勒尔
密罗仁	Mülhausen	米卢斯
梯落尔	Tyrol	蒂罗尔州
梯尔	Thiers	梯也尔
梯蒙	Thiaumont	蒂奥蒙特
梯摩克	Timok	蒂莫克
符一喜	Woyrsch, von	冯·沃尔西

附录二　人名、地名对照表

旧译	外文	今译
符其	Vosges	孚日山脉
符齐安	Vouziers	武济耶
符龙坐夫	Woronzov	沃龙佐夫
莫勃其	Maubeuge	莫伯日
莫勒	Moureu	穆勒
莫勒意	Moureuil	莫雷伊
莫斯科	Moscow	[今同]
莫德拉	Mudra	莫德尔
康士但丁	Constantine	康斯坦丁
高利清	Glitzin	格里津
高胡	Gough	高夫
高尔	Caures	科雷斯
高尔蒲	Corbeaux	科布
恩尼斯高端	Enniscorthy	恩尼斯科西
恩佛	Enver	恩佛
恩度拉	Andola	安多拉
恩哈尔脱	Annhalt	安哈尔特
恩班法将名	Humbert, G.L.	G.L. 亨伯特
恩班法议员名	Humbert, Charles	查尔斯·亨伯特
恩格	Ancre	安克雷
恩格伐	Ungvar	安格瓦
恩斯坦	Einstein, Albert	阿尔伯特·爱因斯坦
恩斯脱	Ernst	恩斯特
桑勾利阿诺	San Guliano	圣朱利亚诺
桑米歇尔	San Michele	圣米歇尔
桑多度敏哥	Santo Domingo	圣多明各
桑利	Senlis	桑利斯
桑马利诺	San Marino	圣马力诺
桑推	Santé	桑托
桑基沃伐尼	San Giovani	圣约翰
桑达斯	Sanders, Liman von	利曼·冯·赞德尔斯
桑铎那	San Dona	圣多纳
乌多	Otto	奥托
乌克	Ourq	艾瑞克

旧译	外文	今译
乌克兰	Ukrainia	[今同]
乌定	Udine	乌迪内
乌孰克	Uzsok	乌索克
乌嚣诺夫	Ulyanov，Vladimir	弗拉基米尔·乌拉扬诺夫
乌斯古勃	Uskub	乌斯库布
乌尔斯得	Ulster	乌尔斯特
乌鲁甘	Uruguay	乌拉圭
乌鲁米亚	Urumiah	乌鲁米亚
海牙	Hague	[今同]
海司勒	Haeseler，von	海斯勒
海夹子	Hedjaz	汉志
海里果兰	Heligoland	黑尔戈兰岛
海来司	Helles	海勒斯
海林琴	Herringen，von	海尔林根－冯
海威	Hawaii	夏威夷
海格	Haig，Douglas	道格拉斯·黑格
海发	Haifa	海法
海蒂	Haiti	海地
海兰娜	Helena	海伦娜
马西航	Marchand	马尔汉德
马西顿尼亚	Macedonia	马其顿
马利恒	Malines	马林
马利诺夫	Malinoff	[今同]
马克西米伦	Maximillan	马克西米利安
马克思	Max，Karl	卡尔·马克思
马夏尔	Marshall	马歇尔
马夏尔群岛	Marshall Islands	马绍尔群岛
马特加斯加	Madgascar	马达加斯加
马琴泰	Magenta	玛根塔
马尔抱罗	Marlborough	马尔堡
马赛	Marseilles	[今同]
马丽安群岛	Marianne Islands	玛丽安群岛
哥皮能	Gumbinnen	古谢夫
哥本哈根	Copenhagen	[今同]

旧译	外文	今译
哥尼洛夫	Kornilov	科尔尼洛夫
哥尼格来兹	Konigrätz	柯尼拉兹
哥尼斯堡	Königsberg	哥尼斯堡
哥林脱	Corinth	柯林斯
哥索服	Kossovo	科索沃
哥伦比亚	Columbia	[今同]
徐勃罗其	Zeebrugge	泽布鲁格
徐墨孟	Zimmermann	齐默尔曼
索姆	Somme	[今同]
索恒	Souain	苏安
索尔夫	Solf	[今同]
班路诺	Belluno	贝卢诺
班乐卫	Painlevé, Paul	潘勒韦
班罗	Belleau	贝洛
殷司得堡	Insterburg	因斯特堡
殷美门	Immerman	伊曼
殷勃洛司	Imbros	格克切岛
倍罗脱	Beirut	贝鲁特
倍尔福脱	Belfort	贝尔福
倍萨拉皮亚	Bessarabia	比萨拉比亚
托波尔斯克	Tobolsk	托博尔斯克
托尔恒	Thorn	绍恩
托罗次基	Trotzky, Leon	托洛茨基·利昂
拿坡仑一世	Napoleon I	拿破仑一世
拿坡仑三世	Napoleon III	拿破仑三世
拿维拔柴	Novibazar	新巴扎尔
倪凡尔	Nivelle	尼维尔
倪安保	Nieuport	纽波特
倪采	Nietzsche	尼采
倪马尔	Djemal	杰马尔
埃	Aa	[今同]
埃士纳	Eisner, Kurt	艾斯纳·库尔特
埃及	Egypt	[今同]
埃克况	Eichhorn	艾希霍恩

旧译	外文	今译
埃得尔弗来得里	Eitel Friedrich	弗里德里希·艾特尔
纳夫夏板儿	Neuve Chapelle	讷夫-坎贝乐
纳容	Noyon	努瓦永
纳意	Neuilly	纳伊
纳尔逊	Nelson	纳尔逊河
纳维尔	Neuville	[今同]
郎司董	Lansdowne	兰斯当
郎其麦克	Langemark	朗马克
郎特西	Landrecies	朗德勒西
郎格	Langres	朗格勒
郎斯	Len s	伦斯
郎萨克	Lanrezac	兰雷扎克
泰立脱	Tyrwhitt	特威特
泰恒	Thann	坦恩
泰伦堡	Tannenberg	坦嫩贝格
泰特诺埃	Tardenois	塔尔迪尼斯
泰诺卜尔	Tarnopol	塔尔诺波尔
泰诺夫	Tarnow	塔尔诺
泰欧	Tahure	塔胡瑞
夏比得	Chapitre	扎皮特
夏打古	Chattancourt	沙唐库尔
夏拔兹	Shabatz	沙巴茨
夏勒陆埃	Chaleroi	沙莱罗伊
夏尔尼	Charny	[今同]
夏德门	Scheidemann，Philipp	菲利普·谢德曼
夏龙	Châlons	夏隆
格尼拉里伯	Gnila Lipa	格尼拉·利帕
格那赛瑙	Gneisenau	格尼瑟瑙
格拉司果	Glasgow	格拉斯哥
格拉提司加	Gratisca	格拉提斯佳
格洛特-加龙省诺	Grodno	格罗德诺
格落代克	Grodek	格罗德克
高夫	Corfu	科孚岛
高加索	Caucasus	[今同]

旧译	外文	今译
高却果夫	Gortchakov	戈尔恰科夫
高利司	Gorlice	格尔利茨
高利安	Cauri è res	科里埃
哈里起	Halicz	加利奇
哈里尔	Halil	哈利勒
哈姆	Ham	汉姆
哈胡仁	Hausen, von	冯·豪森
哈度蒙	Hardaumont	哈道蒙特
哈勒	Haller	[今同]
哈得卜尔	Hartlepool	哈特尔浦
哈惠起	Harwith	哈威
哈玛代	Hamadan	哈马丹
哈尔滨	Harbin	[今同]
哈诺佛	Hanover	汉诺威
勃企杜特	Berchtold	德迈
勃自柴尼	Brzezany	布热扎尼
勃宋服	Bezonvaut	贝佐努特
勃利松	Brissons	布里松
勃里司多	Bristol	布里斯托尔
勃里阿蒙	Brialmont	布里阿尔蒙特
勃里爱	Briey	布里埃
勃明恩	Birmingham	伯明翰
勃拉	Bras	布拉
勃拉彭	Brabant	布拉邦特
勃拉邓堡	Bradenburg	布兰登堡
勃拉铁诺	Bratiano	布拉提亚
勃来希柯夫斯加雅	Breshkovskaya	布雷什科夫斯卡娅
勃来拉	Braila	布勒伊拉
勃来门	Bremen	不莱梅
勃来姆哈	Blemheim	布伦海姆
勃来姆赛	Bremse	布鲁姆
勃来斯老	Breslau	布雷斯劳
勃来斯脱里脱夫司克	Brest-Litovsk	布列斯特利托夫斯克
勃姆爱木里	Boem-Ermoli	伯恩姆-艾末莉

旧译	外文	今译
勃洛提	Brody	布罗迪
勃恒	Bern	伯尔尼
勃恩	Bœhn, von	冯·伯恩
勃恩哈第	Bernhardi	伯恩哈迪
勃根	Buchan, John	约翰·布坎
勃留塞耳	Bruxelles	布鲁塞尔
勃郎斯丹	Braunstein, Leber	布劳恩斯坦因
勃孰拉	Bzura	不楚拉河
勃尔甘	Boelke	博尔克
勃龙司惠克	Braunschweig	布伦瑞克
勃罗末	Brummer	布鲁默
勃罗其	Bruges	布鲁日
勃罗细落夫	Brussilov	布鲁西洛夫
勃罗萨	Brusso	布鲁索
勃兰丁	Branting	卜兰廷
勃兰纳	Brenner	布伦纳
勃兰泰	Brenta	不伦塔
神尾	Kamio	卡密欧
容那	Jonnart	乔纳特
挪威	Norway	[今同]
秘鲁	Peru	[今同]
盎凡斯	Envers	恩维瑞斯
乃巴尔	Nepal	尼泊尔
展来脱利	Tseretelli	泽雷泰利
兹洛他里伯	Zlota Lipa	佐罗塔-利帕
伦甘塞	Nungesser	农热塞
伦纳	Renner	[今同]
俾士麦	Bismark, von	俾斯麦
俾路支	Baluchistan	俾路支斯坦
般斗恒	Béthunes	今：贝图内
般利奥白	Berry-Au-Bac	贝里欧巴克
柯尔却克	Kolchak	科尔恰克
约各司塔脱	Jacobstadt	雅各布·斯塔特
约瑟弗来得里	Josef Friedrich	约瑟夫·弗里德里希

旧译	外文	今译
约瑟斐迭南	Josef Ferdinand	约瑟夫·费迪南德
约翰内斯堡	Johannisburg	[今同]
洛夫贝来	Lufberry	卢伯里
洛夫真	Lovtchen	洛夫琴
洛衣	Roye	罗伊
洛治	Lodz	罗兹
洛拍可夫	Lupkow	卢普科夫
洛维诺	Rovigno	罗维尼
洛兰	Lorraine	洛林
美西那	Messina	墨西拿
美利坚	United States	[今同]
美咖	Mecca	麦加
美哈第亚	Mehadia	迈哈迪亚
美宁	Menin	梅嫩
美善利勃	Mezerib	梅泽里布
威廉	Wilhelm	[今同]
威廉哈文	Wilhelmshaven	威廉港
威廉恩斯脱	Wilhelm Ernst	威廉·恩斯特
威塞尔	Wesel	韦塞尔
威尔罕米那	Wilhelmina	威廉·敏娜
威尔逊英将名	Wilson, Henry	威廉·亨利
威尔逊美总统名	Wilson, Woodrow	伍德罗·威尔逊
度司堡	Duisburg	杜伊斯堡
度克拉	Dukla	杜克拉
度那耶克	Dunajec	杜纳耶茨河
度勃利起	Dobritch	多布里奇
度勃诺	Dubno	杜布诺
度勃罗剧	Dobrudja	多布鲁贾
度伦	Doiran	杜兰
度蒙	Donaumont	多努蒙特
柏夫洛夫司克	Pavlovsk	巴甫洛夫斯克
柏夫洛维起	Pavlovitch	帕夫洛维奇
柏希起	Pashitch	帕希奇
柏林	Berlin	[今同]

旧译	外文	今译
柏奔	Papen	巴本
柏来斯丁	Palestine	巴勒斯坦
柏乡代尔	Passchendaele	帕森代尔
柏苏别沃山	Monte Pasubio	蒙特帕苏比奥
耶大	Jadas	贾达斯
耶可伐	Jakova	雅科娃
耶尼那	Janina	雅尼纳
耶卯司	Yarmouth	雅茅斯
耶西	Jassy	雅西
耶伐洛	Yavalo	伊瓦洛
耶果	Jagow, von	贾戈夫
耶路斯拉夫	Jaroslav	雅罗斯拉夫
耶路萨冷	Jerusalem	耶路撒冷
哀半南	Epernnay	埃佩尔内
哀末利希	Emmerich	艾默里奇
哀司得南	Esternay	艾莎尼
哀司基歇	Eskir Sheher	埃斯基尔·舍尔
哀弗尔	Eiffel	埃菲尔
哀因	Aisne	埃纳河
哀米希	Emmich, von	冯·埃米希
哀耳拉姆尔	El Ramle	埃尔拉姆勒
哀耳善龙	Erzerum	埃尔祖鲁姆
哀耳静琴	Erzingin	埃尔津金
哀伦启	Erenkeui	伊瑞恩库伊
哈山	Haase	哈泽
哈士菩克	Hazebrouck	阿泽布鲁克
哈代其	Hardinge	哈丁
哈米突	Hamid	哈米德
阿第其	Adige	阿迪杰
阿麦特	Amade, d'	阿马德
阿曼尼亚	Armenia	阿尔梅尼亚
阿曼龙根	Amerongen	阿梅隆根
阿富汗	Afganistan	[今同]
阿达利亚	Adalia[d'	安塔利亚

旧译	外文	今译
阿农齐哇	Annunzio, Gabriel	阿布里埃尔·邓南遮
阿蒲司诺脱	Arbuthnot	阿布诺
阿蒲格	Abouker	阿布克
阿蒙底埃	Armentiers	阿美蒂尔斯
阿尔支利	Algeria	阿尔及利亚
阿尔巴尼亚	Albania	阿尔巴尼亚
阿尔平	Albion	阿尔比恩
阿尔拍	Alps	阿尔卑斯山
阿尔其西拉司	Algeciras	阿尔赫西拉斯
阿尔其亚	Algiers	阿尔及尔
阿尔非利	Alfieri	阿尔菲
阿尔倍	Albert	阿尔贝
阿尔梅来达	Almereyda	阿尔梅雷达
阿尔脱几希	Altkirch	阿尔特基克
阿萨	Assa Val d'	阿萨河谷
阿萨恒	Azannes	阿扎讷
阿罗泰	Aluta	阿鲁塔
阿铎尔夫弗来得里六世	Adolf Friedrich Ⅵ	阿道夫·弗里德里希六世
胥乃	Sinai	西奈
红帽	Bonnet Roug	贝纳特-罗格
侯爵	Markgrof	[今同]
秋丹克	Chotek, Sofia	索非亚-乔特克
凤代汤	Von Der Tann	冯·丹恩
飞加罗	Figaro	费加罗
苟米哀	Cumi è res	屈米埃
柳别工	Rubicon	卢比孔
珂不路鲁	Kuprulu	克普鲁
保加利亚	Bulgaria	[今同]
洪度拉司	Honduras	洪都拉斯
南斯拉夫	Jugoslavia	[今同]
郁滕尼起	Yudenitch	尤德尼奇
皇储威廉	Kronprintz Wilhelm	威廉王子
星皮尔斯克	Simbirsk	辛比尔斯克
施丹勃利斯基	Stambulisky	伊斯坦堡

旧译	外文	今译
屋勃来诺维起	Obrenovitch	奥布雷诺维奇
科司他里加	Costa Rica	哥斯达黎加
科红	Kun，Belo	昆－贝洛
客司多利亚	Kastoria	卡斯托尼亚
客让	Kazan	喀山
查尔斯	Charles	[今同]
查理维尔	Charleville	沙勒维尔
香板尼	Champagne	香槟
香的言	Chantilly	尚蒂伊
香纳维尔	Champneuville	尚普纳维尔
香霍斯脱	Scharnhorst	沙恩霍斯特
革拉凡洛脱	Gravelotte	格拉维洛特
革拉伯山	Monte Grappa	蒙特格拉帕
革拉蒙	Gramont	格拉蒙
革林兰	Greenland	格陵兰
苛拉桑	Khorasan	霍拉桑
苛特斯坦	Kurdestan	库尔德斯坦
苛脱爱耳阿玛拉	Kut-el-Amara	库特艾尔韦
苛斯顿提	Kustendi	库斯特恩蒂
柯克司哈文	Cuxhaven	库克斯港
科罗希兹	Koroshetz	科罗舍茨
柯斯麦南克	Kusmanek	库斯马内克
拔司的	Bastilles	巴士底
拔多	Batum	巴统
拔来斯蒂	Balestier	巴利阿里
拔拔达	Babadagh	巴达
拔脱番尔	Bartfeld	巴特菲尔德
拔勒豆克	Bar-le-Duc	巴勒迪克
拔登堡	Battenberg	巴滕伯格
拔斯拉	Basra	巴士拉
拔雅席	Bayazid	巴亚济德
拔叶斯	Beyers	拜尔斯
拔蒲那	Babuna	巴布纳
拔尔门	Barmen	巴冕城

附录二 人名、地名对照表

旧译	外文	今译
拔尔起克	Baltchik	巴尔奇克
拔笃基	Batocki	巴托基
拔腾	Baden	巴登
阿不耳	Appel	阿布尔
阿丹来	Athenry	雅典
阿夫落那	Avlona	阿夫洛纳
阿皮西尼亚	Abyssinia	埃塞俄比亚
阿加孟农	Agamemnon	阿伽门农
阿加第尔	Agadir	阿加迪尔
阿米恒	Amiens	亚眠
阿安能	Einem, Karl von	艾琳·卡尔·冯
阿多埃	Artois	阿托瓦
阿伐尔那	Avarna	阿瓦那
阿而克痕	Argonne	阿贡
阿西阿果	Asiago	阿夏戈
阿西哀洛	Arsiero	阿尔谢罗
阿坐夫	Azof	亚速海
阿克	Acre	阿克雷
阿克拔	Akaba	阿克巴
阿利孰那	Arizona	亚利桑那州
阿利苏萨	Arethusa	阿瑞杜莎
阿利阿定	Ariadine	阿里亚丁
阿里菩奴	Ari Burnu	阿里·伯鲁
阿那多利亚	Anatolia	安纳托尼亚
阿那法太	Anafarta	阿纳法尔塔
阿佛来斯果	Averescu	艾弗里斯库
阿佛尔	Avre	阿夫尔
阿来卜	Aleppo	阿勒颇
阿其司	Arges	阿尔杰什
阿的尼	Attigny	安提尼
阿刺伯	Arabia	阿拉伯
阿服古	Avocourt	阿沃库尔
阿非利加	Africa	非洲
阿美利加	America	美国

旧译	外文	今译
阿拉罕	Araheim	阿拉海姆
阿拉斯	Arras	[今同]
阿拉斯加	Alaska	[今同]
阿儿丹	Ardennes	阿登高地
阿儿勃来希脱	Albrecht	阿尔布莱希特
阿拔斯二世	Abbas II	阿巴斯二世
拔阿斯希米	Abbas Hilmi	阿巴斯·希尔米
阿姆斯得登	Amsterdam	阿姆斯特丹
阿姜格尔	Archangel	阿尔汉格尔
阿洛斯脱	Alost	阿尔斯特
阿勃罗齐	Abruzzi	阿布鲁佐
阿特利亚的克海	Adriatic Sea	亚得里亚海
阿突利亚堡	Adrianople	亚德里亚诺
阿伦倍	Allenby, Edmund	埃德蒙·亨利·海因曼·艾伦比
阿伦斯丹	Allenstein	艾伦斯特恩
阿索龙	Asolone	[今同]
阿索龙山	Monte Asolone	[今同]
阿席席叶	Aziziyeh	阿齐齐耶
阿格拉姆	Agram	萨格勒布
阿特久度尔	Adjudul	阿杜杜拉
波那劳	Bonar Law	安德鲁·博纳·劳
波拉	Borah	[今同]
波门	Pommern	波美拉尼亚
波的尼亚	Bothnia	波斯尼亚
波来符那	Plevna	普列文
波度尔司克	Podolsk	波多尔斯克
波海米亚	Bohemia	波西米亚
波斯	Persia	[今同]
波塔来司	Pourtales	普塔莱斯
波尔	Poole	普尔
波罗的海	Baltic Sea	波罗的海
波兰	Poland	[今同]
来凡尔	Revel	利维尔

旧译	外文	今译
来文得罗	Reventlow	雷维特洛
来奴阿	Lenoir	勒努瓦
来因	Rhein	莱茵
来西那	Lesina	莱西那
来沃卜尔	Leopold	莱奥波德
来伯齐西	Leipzig	莱比锡
来东特	Rethondes	雷通代
来拔希	Laibach	莱巴赫
来姆	Rheims	莱姆斯
来姆堡	Lemberg	伦贝格
来姆诺司	Lemnos	利姆诺斯岛
来业维尔	Regneville	雷涅维尔
来端尔	Rethel	赫泰勒
拍司各夫	Pskov	普斯科夫州
拍里贝脱	Pripet	普里皮亚季河
拍拉霍服	Prahovo	普拉霍夫
拍来司堡	Pressburg	布拉迪斯拉发
拍来坐	Plezzo	蒲来佐
拍来多利亚	Pretoria	比勒陀利亚
拍伦甘脱	Plunkett	庞克托
拍留内	Prunay	普鲁奈
拍勒希丹脱	Ploegsteert	普卢赫斯泰尔特
拍勒希抵	Ploechti	普洛希蒂
拍斯芬特	Pathfinder	帕斯芬得
拍劳克	Plock	普沃茨克
拍鲁墨	Plumer, Herbert	赫伯特·普卢默
拍鲁墨女士	Plumer, Miss	普卢默女士
拍罗脱	Pruth	普鲁特河
拍罗笃卜卜夫	Protopopov	普罗托波波夫
拉夫加	Rawka	罗卡
拉反埃	La Fēre	拉斐尔
拉司波丁	Rasputin	拉斯普丁
拉加士	Lacaze	拉卡兹
拉台克	Radek, Karl	卡尔·拉德克

旧译	外文	今译
拉他维亚	Latvia	拉脱维亚
拉西尼	Lassigny	[今同]
拉利萨	Larissa	拉里萨
拉伯洛	Lapallo	拉帕洛
拉伯兰	Lapland	拉普兰
拉法也脱	Lafayette	拉斐特
拉拔山	La Bassée	拉巴塞
拉耶克	Layak	莱亚克
拉度姆	Radom	拉多姆
拉度斯拉服夫	Radoslavoff	拉多斯拉夫夫
拉马喜	Lammasch	今：拉马施
拉发	Rafa	拉法
拉玛提	Ramadie	拉马迪
拉罗非	La Laufée	[今同]
拔卜姆	Bapaume	巴波姆
拔士尔	Basel	巴塞尔
拔生	Beisan	贝散
拔古	Baku	巴库
拔司克	Basques	巴斯克
林尼克	Rymnik	瑞姆尼克
虎	Tiger	[今同]
虎底哀	Hutier, Oskar von	奥斯卡·冯·胡蒂尔
虎梅	Hume	休谟
呼山	Husein	侯赛因
呼衣	Huy	休伊
呼逊	Hussein, Kemal	侯赛因·凯末尔
果姆	Guam	关岛
果尔池	Goltz, von Der	戈尔茨
果兰	Courland	库尔兰
彼得	Peter	[今同]
彼得罗色内	Petroseny	皮特森尼
彼得罗革拉特	Peterograd	皮特罗格拉德
居沃芙山	Monte Ciove	蒙特乔夫
居伯罗司	Cyprus	塞浦路斯

旧译	外文	今译
孟纳汉	Mannerheim	曼纳海姆
孟强	Mangin，Charles	芒让
孟禄	Monro	门罗
孟兴	München	慕尼黑
抱勃尔	Bobr	今：博布尔
抱斯福	Bosphorus	博斯普鲁斯海峡
抱尔	Ball	鲍尔
抱尔萨	Borsa	博尔绍
门什维克	Menshevik	孟什维克
门加克司	Munkacs	穆卡喀什
门罕	Mannheim	曼海姆
门飞司	Memphis	孟菲斯
其士	Guise	今：吉斯
其凡	Givet	济韦
其夫及里	Gievgheli	耶夫赫利
其生	Giessen	吉森
其司勃兹	Giesberts	吉斯伯茨
朋丁克	Bentinck	本丁克
朋司笃夫	Bernstorff	斯托夫
朋西萨	Bainsizza	巴斯加
朋堡	Burnburg	伯恩堡
朋斯丹	Bernstein	伯恩斯坦
底弗里斯	Tiflis	第比利斯
底安利宫	Château Thierry	蒂耶里堡
底拉那	Tirana	地拉那
底格里斯	Tigris	[今同]
底尔西脱	Tilsit	苏维埃茨克
法勖达	Fashoda	法绍达
法毓尔	Fayolle	法约尔
法尔摩斯	Falmouth	法尔茅斯
法萨利亚	Pharsalia	法萨利亚
法兰西	France	法国；法兰西
法兰克	Franks	弗兰克
帕里司伦特	Prisrend	帕里斯伦德

旧译	外文	今译
帕里来拍	Prilep	普里莱普
帕来夫里	Plevlie	帕里维
帕来西司	Plessis	普莱西
帕拉塔那	Platana	普拉塔纳
帕尔多司克	Pultusk	普乌图斯克
亚宁	Arnim，Sixt von	阿尼姆
亚历山大	Alexander	亚历山大
亚历山大卜尔	Alexandropole	亚历山德罗波莱
亚历山大利亚	Alexandria	亚历山大德里亚
亚历山夫	Alexeiev	阿列克谢耶夫
亚历山特来泰	Alexandretta	亚历山大塔
亚历山德拉	Alexandra	亚历山德拉
亚历西斯	Alexis	亚力克西
亚尔然丁	Argentine	阿根廷
亚尔萨斯	Alsace	阿尔萨斯
亚兰	Aland	奥兰
波司尼亚	Bosnia	波斯尼亚
贝龙	Peronne	佩隆
克凡希	Koevess，von	冯·科维斯
克老山维兹	Clausewitz	克劳塞维茨
克利西亚	Krithia	克里希亚
克利斯金	Christian	克里斯蒂昂
克里司他尼亚	Christiania	克里斯蒂安娜
克里米亚	Crimea	[今同]
克松	Curzon	屈尔宗
克来西	Cressy	克雷西
克来蒙苏	Clemenceau，Georges	乔治·克列孟梭
克拉可夫	Cracow	克拉科夫
克拉司尼克	Krasnik	克拉希尼克
克拉沃伐	Craiova	克拉约瓦
克拉皆伐兹	Kragujevatz	克拉古耶瓦茨
克拉翁	Craonne	克拉翁讷
克拉道克	Cradock	克拉多克
克拉玛兹	Kramarcz	克拉玛斯

旧译	外文	今译
克洛兹	Klotz	科洛茨
克伦斯基	Kerensky	亚历山大·弗多洛维奇·克伦斯基
克理伦阁	Krylenko	克列连科
克勒勃	Groeber	格罗伯
克勒索	Creusot	克鲁梭
克脱西凤	Ctesiphon	泰西封
克森	Kherson	赫尔森
克虏伯	Krupp	[今同]
克尔勃	Kœber	赫伯
克鲁巴都金	Kuropatkin	库罗帕特金
克鲁西亚	Croatia	克罗地亚
克龙司塔脱	Krostadt	克罗斯塔蒂
克龙曼尔	Clommel	克朗梅尔
克罗克	Kluck, Alexander von	克鲁克
克罗干	Kruger	克鲁格
克兰马丁尼兹	Clam-Martinitz	克兰姆-马提尼茨
克兰脱	Crete	克兰托
克兰斯顿	Gladstone	格莱斯顿
阜姆	Fiume	里耶卡
服胡	Vaux	沃
牧野	Makino	马基诺
并司克	Pinsk	平斯克
丘吉尔	Churchill, Winston	[今同]
冈的尼	Cantigny	康蒂尼
儿服夫	Lvov	利沃夫
板儿脱	Perthes	珀思
屈景颐	Szechenyi	塞切尼
金普龙	Kimpolung	金波隆
昔尔脱	Scheldt	斯海尔德河
迪他斯他	Dutasta	杜塔斯塔
直布罗陀	Gibraltar	[今同]
奈恒斯脱	Nernst	能斯特
抵贝利亚司	Tiberias	提比里亚

旧译	外文	今译
陀罗米阿尔拍山	Dolomite Alps	多罗米蒂山
芬克	Fonck	丰克
芬兰	Finland	[今同]
东拔山	Monte Tomba	蒙泰通巴
东耶	Tunja	通哈
芙洛	Vol o	沃洛
芙尔根	Vulcan	瓦肯
奇利果	Jellicoe, John	约翰·拉什沃思·杰利科
奇诺亚	Genoa	热那亚
明司克	Minsk	明斯克
明斯得	Münster	明斯特
林心琴	Linsingen, von	林辛根
罕门司塔脱	Hermannstadt	锡比乌
罕尔	Herr	赫尔
罕尔倍林	Herbebois	赫伯波娃
罕尔新福斯	Helsingfors	赫尔辛基
那米尔	Namur	那慕尔
那伐	Narva	纳尔瓦
那伐利诺	Navarino	纳瓦里诺
那波利	Napoli	那不勒斯
那席里叶	Naziriyeh	纳齐里耶
那塔尔	Natal	纳塔尔
那赉夫	Narew	纳雷夫河
那萨利脱	Nazareth	拿撒勒人
利皮亚	Libya	利比亚
利克	Lyck	埃乌克
利姆	Lim	[今同]
利服尼亚	Livonia	利沃尼亚
利昂	Lyon	里昂
利班	Ribec	里贝克
利斯	Lys	[今同]
利爱其	Liège	列日市
利蒲	Libau	利耶帕亚
利文萨	Livenza	利文扎

旧译	外文	今译
里半古	Ribecourt	里贝库尔
里半利亚	Liberia	利比里亚
里加	Riga	[今同]
里企诺夫斯基	Lichnowsky	里奇诺夫斯基
里沃特沃罗	Rio d'Oro	里约热内卢
里东	Lithons	立顿
里彼	Lippe	利珀
里勃克耐希脱	Liebknecht, Karl	卡尔·李卜克内西
里斯奔	Lisbon	里斯本
里尔	Lille	[今同]
里萨	Lissa	利萨
沃代尔	Oder	奥得河
沃乎芬堡	Auffenberg, von	奥芬伯格
沃古斯多	Augustowo	奥古斯托
沃司脱洛兰加	Ostrolenka	奥斯特罗文卡
沃希利达	Ochrida	奥赫里德
沃姆斯克	Omsk	鄂木斯克
沃勃里芙	Auberive	奥伯里夫
沃特路蒙	Haudromont	奥德罗蒙
沃脱伦笃	Otranto	奥特朗托
沃得尔斯堡	Ortelsburg	什奇特诺
沃尔沙伐	Orsova	奥尔绍瓦
沃尔登堡	Oldenburg	奥尔登堡
沃蒙	Haumont	豪蒙特
贝打古	Bethincourt	贝坦库尔
贝希柏	Beersheba	贝尔谢巴
贝那晓	Bernard Shaw, George	乔治·萧伯纳
贝耐代梯	Benedetti	贝尔代蒂
贝耐第克脱十五世	Benedict XV	本尼狄克十五世
贝得罗	Berthelot	贝特洛
贝登	Pétain, Henri Philippe	亨利·菲利浦·贝当
贝散勒	Beseler, von	贝瑟勒
贝第汲夫	Berdichef	今：贝迪切夫
贝莱	Perry	佩里

旧译	外文	今译
贝路弗利兹	Below, Fritz von	弗里茨·冯
贝路乌多	Below, Otto von	奥拓－冯
贝尔他	Bertha	伯莎
贝尔革拉特	Belgrade	贝尔格莱德
贝尔福	Balfour, Arther James	巴尔福
贝诺	Pernau	珀诺
米索波泰米亚	Mesopotamia	美索不达米亚
米得利	Mitry, de	米特里德
米得罗维察	Mitrovitza	米特络维兹
米第亚	Midia	米迪亚
米尔纳	Milner	[今同]
米谢尔	Michæl	迈克尔
米罗各夫	Milyukov	米柳科夫
米兰	Milan	[今同]
西司多伐	Sistova	思维什托夫
西西利	Sicily	西西里岛
西伐斯	Sivas	锡瓦斯
西利司脱利亚	Silistria	西里斯特里亚
西利西亚	Cilicia	奇里乞亚
西伯利亚	Siberia	[今同]
西克思脱	Sixtnus	西斯
西拔司笃卜尔	Sebastopol	塞巴斯托波尔
西格弗里	Siegfried	齐格弗里德
西班牙	Spain	[今同]
西特起	Siedlce	谢德尔采
西得南	Sydney	悉尼
西园寺	Saionji	[今同]
西奥克南岛	West Orkney Islands	奥克尼群岛
西维达尔	Cividale	奇维达莱德尔夫留利
余伯	Hipper, von	海波文
吴佛	Woëvre	沃夫尔
低恒	Thiene	蒂耶内
迪伦	Dillon	狄龙
亨堡	Hamburg	汉堡

旧译	外文	今译
辛慈	Hintze，von	兴泽-冯
但尼金	Denikin	[今同]
宋尼诺	Sonnino，Sydney	松尼诺
坐阿芙	Zouaves	佐阿夫兵团
君士但丁堡	Constantinople	君士坦丁堡
李博	Ribot，Alexandre	亚历山大·里博
李德霍芬	Richterhofen，von	里奇霍芬-冯
杜威	Douai	[今同]
杜伦	Doullens	杜朗
杜姆巴	Dumba	杜姆巴
伯特来夫斯基	Paderewski	帕德雷夫斯基
伯脱拉司	Patras	佩特雷[希腊]
伯萨加	Passaga	帕撒加
却那克	Chanak	恰纳克
却泰嘎	Tchatalja	恰塔利亚
却裁	Tcheidze	恰兹
佛尼斯	Venice	威尼斯
佛拉尼亚	Vrania	瓦拉尼亚
佛其尼亚	Virginia	维吉尼亚州
佛南西亚	Venetia	威尼斯
希司堡	Schässburg	锡吉什瓦拉
希伐兹堡罗度司塔脱	Schwartzburg-Rodolstadt	鲁多尔斯塔特
希沃	Schio	斯基奥
希里芬	Schlieffen，von	施里芬
希来司惠克	Schlesweg	石勒苏益格
希腊	Greece	希腊
沙加耳	Sokal	索卡尔
沙皮斯基	Sobieski	伯斯基
沙司勃来	Salisbury	索尔兹伯里
沙司汉帕顿	South hampton	汉普顿南部
沙狄尼亚	Sardinia	撒丁岛
沙阿松	Soissons	苏瓦松
罕甫利希	Helfferich，Karl	卡尔·赫尔费里奇
罕拍夏亚	Hampshire	汉普郡

旧译	外文	今译
朱塔	Rotherthurm	罗瑟姆
匈牙利	Ungarn	[今同]
收弗冷	Suffren	萨夫伦
衣松苏	Isozo	伊松佐
百度阿	Padua	帕多瓦
好望	Good Hope	[今同]
好望角	Cape of GoodHope	[今同]
休士	Hughes	休斯
休姆堡里彼	Schaumberg-Lippe	沙姆伯格·利佩
休姆兰	Shumran	舒兰
企那	Tcherna	切娜
企诺夫	Tchernov	切尔诺夫
企兰	Jerram	耶拉姆
旭尼	Chauny	绍尼
旭蒙	Chaumont	肖蒙
旭尔恒	Chaulnes	肖恩斯
安戈拉	Angola	安哥拉
安戈勒	Angola	安哥拉
安定	Aidin	爱丁
安泰勃	Aintab	安泰普
安得拉喜	Andrassy	安德拉西
安劳合	Andlauer	安德劳尔
吉那服达	Chernavoda	今：切纳沃达
吉拨起夫	Tcherbachev	切尔巴乔夫
吉拉特	Gerard	热拉尔
吉青纳	Kitchener	基奇纳
吉宁	Czernin	切尔宁
吉鼎颐	Cettinje	采蒂涅
吉诺维兹	Czernowitz	切尔诺维茨
伊文甘拉特	Ivangorod	伊万哥罗德
伊伐诺夫	Ivanov	伊万诺夫
伊利诺阿	Illinois	伊利诺斯
伊希抵拍	Ishtip	伊什蒂普
伊拔尔	Ibar	伊巴

旧译	外文	今译
伊班克	Ipek	伊佩克
伊善德	Izzet	伊泽特
伊诺司	Enos	伊诺斯
伊萨蓓拉	Isabella	伊莎贝拉
伐尼安亚	Wagnière, Georges	乔治-瓦尼埃
伐那	Varna	瓦尔纳
伐希罗维尔	Vacherauville	瓦卡鲁维尔
伐瑞安服	Valievo	瓦列沃
伐拉克亚	Wallachia	瓦拉基亚
伐佛尔	Wavre	瓦韦尔
伐恩	Van	瓦纳
伐伦新	Valenciennes	瓦伦西亚
伐达	Vardar	瓦尔达尔
伐尔代克	Waldeck	瓦尔德克
伐尔脱	Warthe	今：瓦尔塔河
多士拉	Tuzla	图兹拉
多尼斯	Tunis	突尼斯
多林根	Thoringen	索林根
多果兰	Togoland	多哥兰
多瑙	Danube	多瑙河
多尔	Toul	图勒
多尔多开	Turtukai	图尔图凯
多尔米诺	Tolmino	托尔米诺
多尔起亚	Tulcea	图尔恰
多尔南	Tournai	图尔奈
多诺山佛林	Turnu-Severin	德罗贝塔-塞维林堡
多罗意	Troyes	特鲁瓦 [法]
米也郎	Millerand, Alexandre	米尔朗
米加利司	Michælis	米其利斯
米多	Mitau	米托
米拔克	Mirbach, von	冯·米尔巴赫
弗郎特	Flandre	法兰德斯
弗禄利那	Florina	弗洛里纳
弗兰克福	Frankfurt	法兰克福

旧译	外文	今译
弗兰克诺	Frankenau	弗兰克瑙
弗兰兹约瑟	Franz Josef	弗朗兹·约瑟夫
弗兰兹约瑟街	Franz Josefsgasse	弗兰兹约瑟夫大街
司斗克	Stürgkh，Karl	卡尔·斯特尔格赫
司斗墨	Stürmer	斯图莫
司文登	Swinton	斯温顿
司丹尼斯老	Stanislau	斯坦尼斯劳
司比兹堡群岛	Spitzbergen	斯匹次卑尔根岛
司各达	Skoda	斯柯达
司各勃来夫	Skobelev	斯科别列夫
司加波罗	Scarborough	斯卡伯勒
司加伯弗罗	Scapa Flow	斯卡帕湾
司加格拉克	Skagerrak	斯卡格拉克海峡
司伯	Spa	今：斯帕
司伯衣	Spahis	土耳其骑兵
司彼	Spee，von	斯皮－冯
司的尔	Styr	斯特里河
司哥罗拍司基	Skoropadsky	斯科罗帕德斯基
司脱利	Stryj	斯特瑞
司脱拉司堡	Strassburg	斯特拉斯堡
司得提	Sturdee	斯特德
司得罗尼察	Strumnitza	斯特鲁姆尼察
司惠夫脱晓而	Swiftshire	斯威夫特郡
司笃克姆	Stockholm	斯德哥尔摩
司磨兹	Smuts	扬·史末资
加半赉	Capelle，von	卡佩勒
加尼克阿尔拍山	Carnic Alps	卡恩阿尔卑斯山
加司丹洛利坐	Castellorizzo	卡斯特罗里佐
加司丹尔弗伦哥	Castelfranco	卡斯泰利纳
加司丹尔诺	Castelnau，de	卡斯特尔诺
加伐利尼	Cavalini	卡瓦里尼
加而曼脱	Calmette，Gaston	卡尔梅特
加里西亚	Galicia	加利西亚
加瑞安	Galilee	加利利

旧译	外文	今译
加里波利	Gallipoli	加利波利
加里波的	Garibaldi	加里波第
加来	Calais	[今同]
加拉兹	Galatz	[今同]
加波来笃	Caporetto	卡波雷托
加拔推拍	Gaba Tepe	伽巴帖培
加菲尔特	Garfield	加菲尔德
加南	Cannæ	[今同]
加度那	Cadorna, Luigi	卡多纳
加拿大	Canada	[今同]
加泰洛	Cattaro	卡塔罗
加泰基	Carthage	迦太基
加富尔	Cavour	凯沃尔
加路林群岛	Caroline Islands	卡罗琳群岛
加瑙文	Carnovan	卡诺万
加赛尔	Cassel	卡塞尔
加尔拍脱	Carpathes	喀尔巴阡山脉
加尔格塔	Calcutta	加尔各答
加尔宿拍	Calthorpe	卡尔索普
加尔索	Carso	喀斯特
加诺司	Ganos	加纳人
加诺帕司	Canopus	加农普斯
加萨	Gaza	加沙
加罗尔	Carol	卡罗尔
印度	India	[今同]
列宁	Lenin, Nikolai	[今同]
代朋内	Debeney	德伯内
代所希	Desouches	德苏什
代特加起	Dedeagatch	德迪加奇
代能	Denain	德南
代尔喀赛	Delcassé, Theophile	德尔卡塞
古巴	Cuba	[今同]
古那	Kurna	库尔纳
古来雅	Goliah	歌利亚

旧译	外文	今译
古姆喀来	Kum Kale	库卡尔
古梅尔	Gomel	戈梅尔
古德奴	Goodenough	古迪纳夫
甘必大	Gambetta	岗背塔
甘央	Quéant	凯昂
甘林特	Kerind	克林德
甘勃来	Cambrai	康布雷
甘曼尔山	Mont Kemmel	蒙特卡梅尔
甘斯门德	Casement	甘斯门特
甘塔拉	Kantara	肯塔拉
甘德	Kent	肯特
皮克司旭得	Bixchoote	比克斯霍特
皮阿拉	Biala	比亚拉
皮阿里司笃克	Bialystok	比亚韦斯托克
皮来番尔	Bielefeld	比勒费尔德
皮洛司笃克	Bielostock	比洛斯托克
皮勃斯丹	Bieberstein	比伯施泰因
皮得利斯	Bitlis	比特利斯
皮罗	Bülow, Bernhard von	伯恩哈德·冯·比洛
皮罗	Bülow, Karl von	卡尔·冯·布洛
皮苏拉蒂	Bissolati	彼斯拉蒂
尼不	Dnieper	第聂伯河
尼古拉	Nicolas Nicolaivitch	[今同]
尼古拉二世	Nicolas Ⅱ	[今同]
尼甘利亚	Nigeria	尼日利亚
尼加拉加	Nicaragua	尼加拉瓜
尼西平	Nisibin	尼西宾
尼希	Nish	尼斯
尼门	Niemen	尼曼河
尼格逊	Nixon	尼克松
尼斯	Nice	尼斯
尼斯得	Dniester	德涅斯特河
尼蒂	Nitti	[今同]
尼达	Nida	[今同]

旧译	外文	今译
可卜夫	Kopov	科波夫
可凡尔	Kovel	维科尔
可夫诺	Kovno	考那斯
可不里克伊	Koprikeui	库普瑞库维伊
可可	Cocos	科库斯
可尼亚	Konia	科尼亚
可利察	Koritza	科里察
可洛尼	Cologne	科隆
可洛奈尔	Coronel	科罗奈尔
可勃伦兹	Coblenz	科布伦茨
可落米亚	Kolomia	科洛梅亚
可尔姆	Cholm	科姆
可尔麦	Colmar	科尔马
弗冷斋	Pflanzer–Baltin	冯弗朗泽－巴尔丁
弗里士	Frise	弗里斯
弗拉利	Fleury	弗勒
弗拉堡	Freibourg	弗里堡
弗拉蒙	Flamand	佛拉芒人
弗来得里	Friedrich	弗里德里希
弗来得里威廉	Friedrich Wilhelm	弗雷德里克·威廉
弗郎司	France，Anatole	安纳托利·法朗士
弗郎沙埃	François	弗朗索瓦
毛特	Maude	毛德
毛尔泰	Malta	马耳他
以色兰	Islam	伊斯兰教
伊莱沙伯王后	Queen Elizabeth	伊丽莎白女王
以帕	Ypres	伊普尔
以散	Yser	伊瑟
以斯脱利亚	Istria	伊斯特拉
不耳串米希	Przemysl	普热梅希尔
不耳察希尼子	Przasnysz	普扎斯内什
不列他尼	Bretagne	布列塔尼
不里司抵那	Prishtina	普里什蒂纳
不拉格	Prague	布拉格

旧译	外文	今译
比利时	Belgique	[今同]
比阿士	Pearse, Padraic	皮尔斯
比拉尼	Pyrénées	比利牛斯
比亚佛	Piave	皮亚韦
比特蒙	Piedmont	皮德蒙特
比勒司	Piræus	比雷埃夫斯
戈那利司	Gounaris	古纳里斯
戈利齐亚	Gorizia	戈里齐亚
戈朋	Goeben	格本
戈郭夫	Guchkov	古奇科夫
戈路	Gouraud	古罗
戈阁	Gourko	古尔科
戈尔	Gaul	高卢
戈德美拉	Guatemala	危地马拉
戈弥金	Goremykin	戈尔米金
戈罗阿	Gaulois	高卢人
巴比伦	Babylonia	[今同]
巴西	Brazil	[今同]
巴拉甘	Paraguay	巴拉圭
巴格达特	Bagdad	巴格达
巴拿玛	Panama	巴拿马
巴散	Bazaine	巴赞
巴散利	Boselli	博塞利
巴尔	Boers	布尔人
巴尔干半岛	Balkan Peninsula	[今同]
巴黎	Paris	[今同]
巴燕	Bayern	巴伐利亚
巴赛洛那	Bacelona	巴塞罗那
平恩	Byng, Julian	朱利安·拜恩
必得	Pitt	皮特
白利安	Briand, Aristide	阿里斯蒂德·白里安
他拉脱	Talaat	塔拉特
由留克	Hulluck	哈勒克
瓜唯脱	Koweit	科威特

旧译	外文	今译
立陶宛	Lithuania	立陶宛
叨尔西	Torcy	托尔西
叨罗斯	Taurus	托罗斯山脉
本丹	Panther	潘瑟
本贝	Pompey	庞贝
本得	Panter	潘特
包安斯脱	Beust	博伊斯特
包果	Borgo	博尔戈
包尔都	Bordeaux	波尔多
卡伐那	Kavarna	卡瓦尔纳
卡伐拉	Kavala	卡瓦拉
卡孙	Carson, Edward	爱德华·卡森
卡邓	Carden	卡登
布加司	Bourgas	布尔加斯
布加度司	Bogados	博格达斯
布利维亚	Bolivia	玻利维亚
布里希开维起	Purishkevitch	普利希克维奇
布达佩斯	Budapest	[今同]
友琴	Eugene	尤金
夫人路	Chemin des Dames	贵妇小径
日内瓦	Genève	[今同]
牛伦堡	Nüremberg	纽伦堡
勾尔门	Kühlmann, von	库尔曼
斗墨尔	Turmel	蒂梅尔
方登勃罗	Fontainbleau	枫丹白露
中欧罗巴	Mittel-Europa	中欧
尤苏卜夫	Yusupov	尤苏波夫
公桑伏	Consenvoye	孔桑瓦埃
公台	Condé	孔代
文度	Windau	温杜
文得凡尔	Vandervelde	范德维尔德
丹尼埃	Tergnier	泰尔尼耶
丹麦	Denmark	[今同]
丹济	Danzig	但泽

旧译	外文	今译
木希	Mush	姆矢
木伦	Morin	莫兰
木苏耳	Mosul [von	摩苏尔
毛奇	Moltke. Helmuth	[今同]
工比尼	Compiègne	贡比涅
于芒斯	Hymans	海斯曼
士麦那	Smyrna	士麦拿；伊兹密尔的旧称
山佛尔	Sevres	德塞夫勒省
山姆林	Semlin	塞姆林
山塘	Sedan	色当
山让	Sézanne	塞扎讷
土哥	Turcos	土耳其人
土哥英	Tourcoing	图尔宽
土耳其	Turkey	[今同]
土耳其斯坦	Turkestan	[今同]
大山	Oyama	欧亚马
大主选亲王	Grosse Kurfuest	格罗斯－库尔福斯特
大谷	Otani	原公版书英文不全
大洋	Ocean	[今同]
大查尔斯	Charlemagne	查理大帝
大马士革	Damascus	[今同]
大隈	Okuma	大熊町
凡来斯	Veles	韦莱斯
凡洛那	Verona	维纳罗
凡南坐拉	Venezuela	委内瑞拉
凡斯脱法利亚	Westphalia	威斯特伐利亚
凡尔	Vesle	韦勒河
凡尔文	Vervins	韦尔万
凡尔登	Verdun	[今同]
凡尔塞	Versailles	[今同]
卜西那	Posina	波西纳
卜色拉	Bossora	博索拉
卜里亚福拉	Pria Fora	普锐亚
卜拉	Pola	波拉

旧译	外文	今译
卜林切布	Prinzip, Gavrilo	加夫里洛·普林西普
卜耶拉弗兹	Pojarevatz	普加瑞瓦兹
卜勃留司克	Bobruisk	博布鲁伊斯克
卜真	Bozen	博尔扎诺